Lab Jahrbuch 2000
für Künste und Apparate

Kunsthochschule
für Medien Köln

Verlag der Buchhandlung
Walther König, Köln

lab

jahrbuch 2000 für künste und apparate

Redaktion

Thomas Hensel

Hans Ulrich Reck

Siegfried Zielinski

Herausgegeben von

der Kunsthochschule für Medien Köln mit dem Verein der Freunde der Kunsthochschule für Medien Köln

Besonderer Dank gilt den Stiftern des Jahres 1999	Annemarie und Helmut Börner-Stiftung, Colonia Media, Delbrück & Co Privatbankiers, Galerie Gmurzynska, Egon Wilhelm Kaufmann, Dr. Kortmann GmbH, Kreissparkasse Köln, Kunsthaus Lempertz, Alfred Neven-DuMont, Westdeutscher Rundfunk
DIE DEUTSCHE BIBLIOTHEK – CIP-EINHEITSAUFNAHME	LAB: Jahrbuch … für Künste und Apparate / hrsg. von der Kunsthochschule für Medien Köln mit dem Verein der Freunde der Kunsthochschule. – Köln: König. Erscheint jährl. – Aufnahme nach 1995/96 (1996)
HERAUSGEBER	Kunsthochschule für Medien Köln mit dem Verein der Freunde der Kunsthochschule für Medien Köln.
KONZEPT UND REDAKTION	Thomas Hensel, Hans Ulrich Reck, Siegfried Zielinski
GESTALTUNG	Silke Fahnert, Uwe Koch, Köln
ABSCHLUSSREDAKTION	Monika Rohde, Bonn
SEKRETARIAT DER REDAKTION	Heidrun Hertell, Suse Pachale
ÜBERSETZUNG AUS DEM SPANISCHEN	Jens Münchrath (S. 196–208)
VORBEREITUNG DER BILDVORLAGEN	Dagmar Keller
LOGO	Uwe Loesch
HERSTELLUNG	Druckerei Fries, Köln

ISBN 3-88375-437-7

Printed in Germany
http://www.khm.de

inhalt

erinnern, vergessen, entinnern. das gedächtnis des internet. klaus bartels

1. WWW und sekundäre Oralität

In ihrem Beitrag zu einem 1997 unter dem Titel *Mythos Internet* erschienenen Sammelband äußerte die Berliner Philosophin Sybille Krämer die Überzeugung, bei den elektronischen Netzen handele es sich um eine Form des kollektiven Gedächtnisses.[1] Mit dieser Auffassung steht sie nicht allein. Die scheinbar unbegrenzte Speicherkapazität der durch das Internet verbundenen Rechner wird in vielen Publikationen entweder als utopische Verheißung oder als Apokalypse erlebt. Der amerikanische Quantenphysiker Frank J. Tipler, Verfasser eines Buches mit dem Titel *Die Physik der Unsterblichkeit*, freut sich beispielsweise, daß nunmehr alles, was geschieht und durch Datensätze dokumentierbar ist, von den Netzen aufgefangen, gleichsam unvergeßbar wird. Nach seiner Meinung resultiert aus der elektronischen Unvergeßbarkeit die universelle Auferstehung aller jener gestorbenen oder in Zukunft sterbenden Lebewesen, die sich als Datenkonfiguration beschreiben lassen. Eine eher skeptische Position bezieht der amerikanische Literaturwissenschaftler Joseph Tabbi. Für ihn ist die Vorstellung, Kultur sei ein grenzenlos expandierender Datenspeicher mit unendlicher Verknüpfbarkeit und stetig zunehmender Komplexität, ein postmoderner Alptraum.[2]

Utopisten und Apokalyptiker interpretieren das Internet übereinstimmend als gigantischen Speicher, der jederzeit beliebig oft von den sogenannten ›Usern‹ angezapft werden kann. Aber das Internet ist strenggenommen kein Speicher, sondern ein *»physikalisch vorhandenes Netzwerk von Netzwerken«*[3] und als solches lediglich das weltweite materielle Substrat für Speicher- und Abrufvorgänge. Die über die Netzwerke erreichbaren Informationen lassen sich mit den Browsern des 1989 am europäischen Kernforschungszentrum CERN entwickelten WorldWideWeb betrachten.

WWW besteht im wesentlichen aus zwei Formalismen, der Hypertext Markup Language, abgekürzt HTML, und dem Hypertext Transfer Protocol, abgekürzt HTTP, den meisten bekannt als Kürzel in Internet-Adressen. Mit HTML, einer leicht erlernbaren Sprache, lassen sich Informationen unterschiedlichster Art, seien es Texte, Bilder, Töne

[1] Sybille Krämer: Vom Mythos ›Künstliche Intelligenz‹ zum Mythos ›Künstliche Kommunikation‹ oder: Ist eine nicht anthropomorphe Beschreibung von Internet-Interaktion möglich? In: Stefan Münker und Alexander Roesler (Hg.): *Mythos Internet*. Frankfurt/Main, 1997, S. 83–107, hier S. 102 f.

[2] Joseph Tabbi: *A Review of Books in the Age of Their Technological Obsolescence.* http://www.altx.com/ebr

[3] Jan-Mirko Maczewski: *Studium digitale. Geisteswissenschaften und WWW.* Hannover, 1996, S. 14.

oder Videos beschreiben. Sämtliche im WWW dargestellten Informationen sind daher hypertextfähig. Darunter ist die Möglichkeit zu verstehen, durch Anklicken von ›nodes‹ und ›links‹, das sind markierte Wörter, Bilder oder Ikonen eines Dokuments, auf ›Knoten‹ und ›Verweise‹ einer anderen Ebene eines anderen Dokuments zu springen, von dort nach demselben Muster auf wieder eine andere Ebene und so fort. Der allgemeine Jargon bezeichnet diese Bewegung durch den Hypertext des WWW als ›Surfen‹. Der Lesefluß bricht sich kontinuierlich an Myriaden von Knotenpunkten, die ihn woanders hin verzweigen, als es die ursprüngliche Absicht des ›Surfers‹ gewesen sein mag. Dieser läßt sich, je nach Stimmung, von ›nodes‹ und ›links‹ treiben, anstatt einer linearen Strategie zu folgen.

Das assoziative Gleiten im WWW zeigt eher Ähnlichkeiten mit einem Gespräch als mit einem Lesevorgang. Auch das Gespräch nimmt zumeist unvorhersehbare Wendungen, und zwar an Knotenpunkten: Wenn die Gesprächspartner unterschiedlicher Meinung sind, wenn ein Gedanke nicht klar ausformuliert wird, wenn sie assoziieren, werden sie den zunächst eingeschlagenen Pfad der Unterhaltung verlassen und auf andere Wege verzweigen, mit dem Ergebnis, daß beide sich am Ende des Gesprächs nicht mehr an dessen Ausgangspunkt erinnern.

Literale Eingabemedien wie die Tastatur verdecken diesen oralen und dialogischen Grundzug der Netzkommunikation, aber es wurde schon vorgeschlagen, das WWW auch ohne akustische Eingabemedien als orale Instanz im Sinne von Walter J. Ongs »sekundärer Oralität« zu verstehen.[4] Die Verschaltung von Handy und Internet zeigt die Richtung der Entwicklung deutlich genug an. Unter sekundärer Oralität versteht Ong literaturbasierte Mündlichkeit im Unterschied zu ›primärer‹ vorliteraler Oralität. Diese Unterscheidung traf Ong vor dem Hintergrund der großen Reoralisierungswelle infolge der Verbreitung der Stimmenübertragungs- und Stimmenspeichermedien Telefon, Schallplatte, Tonband, Radio und Fernsehen.[5]

Ong war überdies der Meinung, daß mit der zweiten Oralität auch charakteristische Merkmale der in Kulturen primärer Oralität gesprochenen Sprache wiederauflebten, wozu gedächtnisstützende Formeln, Redundanzen oder visuelle Metaphern gehörten. Memoriale Sprachfiguren waren während des Überganges zur Schriftkultur nicht einfach verschwunden, sie wurden in die mit der griechischen Manuskriptkultur sich entwickelnde Gedächtniskunst integriert. Die antike Mnemotechnik, ein erstes vom Ritual gelöstes System der Manipulation von Zeichen zum Zwecke der Gedächtnisbildung[6], war, wie die sekundäre Oralität, literaturbasiert. Sie setzte die Ausformung der Rhetorik voraus, deren vierten Teil, das Einprägen der zuvor schriftlich fixierten Rede, sie als ›memoria‹ bildete. Memoria oszillierte von Beginn an wegen ihrer Nähe zur mündlichen Rede zweideutig zwischen Schriftkultur und Oralität. Es war in politischen Debatten allgemein üblich, daß die Redner frei sprachen, zumindest nicht vom Blatt ablasen. Anwälte durften in Prozesse keine Akten mitnehmen. Sie mußten Details des Falles, die Argumente der eigenen und die Gegen-

[4] Vgl. Kathrine Kveim: *The World Wide Web – an instance of Walter Ong's Secondary Orality?* http://www.angelfire.com/oh/kathrine/dissertation.html

[5] Walter J. Ong: *Orality and Literacy. The Technologizing of the Word.* London, 1982.

[6] Vgl. Niklas Luhmann: Kultur als historischer Prozeß. In: derselbe: *Gesellschaftsstruktur und Semantik. Studien zur Wissenssoziologie der modernen Gesellschaft.* Band 4. Frankfurt/Main, 1995, S. 31–54, hier S. 33.

argumente der gegnerischen Partei, im Grunde den schlimmstmöglichen Verlauf der Verhandlung antizipieren und im Gedächtnis abspeichern.

Dies taten sie nach den Regeln der ars memoriae, worunter die bis zur Perfektion entwickelte Methode zu verstehen ist, Gedächtnisbilder an mentalen Orten abzulegen. Diese imaginären Orte sind dreidimensional, ein Haus, mehrere Häuser entlang einer Straße oder riesige Paläste und Theater. Die Bilder können für Wörter oder Sachen stehen. Der Gedächtniskünstler begibt sich während seiner Rede, seines Plädoyers oder einfach auch nur zum Zweck der Argumentation, virtuell in das Gebäude, ruft die eingespeicherten Bilder auf, verzweigt zu anderen Bildern, indem er in andere Räume wandert, zu Texten, Argumenten oder Sachen. Er geht seine Rede, sein Plädoyer, seine Argumentation in einem eingebildeten Datenraum ab, wechselt bei Bedarf die Richtung, überquert die Straße, betritt ein anderes Haus, kehrt wieder zurück, benutzt diese Tür oder jene usw.

2. Mnemotechnische Spuren im Netz

Die mnemotechnischen Bilder sind, wie die Wörter oder Sachen, für die sie stehen, ›hypertextualisiert‹, das heißt: immer wieder neu verknüpfbar. Dieser nicht-lineare Zusammenhang von Bild und Text in einem imaginären dreidimensionalen, das zweidimensionale Format der Manuskriptseite sprengenden Raum weist unverkennbar Übereinstimmungen mit der Web-Architektur auf. Die Navigationsmetapher ist mit der Mnemotechnik ebenso kompatibel wie das Konzept eines architekturalen Hypertextraums, des »writing space«.[7] Der Begriff des ›Surfens‹ ist gekoppelt an die Vorstellung eines Datenozeans. Die Namen der bekanntesten Web-Browser *Netscape Navigator* bzw. *Internet Explorer* transportieren die Vorstellung einer Netzlandschaft bzw. eines zu explorierenden Informationsraums. Der Button ›home‹ führt den Navigierenden immer wieder nach Hause, möglicherweise auf seine eigene ›home page‹. Das WWW ist, mit anderen Worten, »space-binding«.[8] Das Hypertextuniversum zeigt nicht nur Spuren sekundärer Oralität, sondern verwendet in der Spatialisierung und Indexikalisierung der Information auch analoge topologische Methoden der antiken Gedächtniskunst. Suchmaschinen sind »ja nichts anderes als hochtechnisierte Register«[9], Indices mentaler Gedächtnisorte (indices locorum); und die postmoderne Bildwerdung der Schrift auf den Bildschirmen recycelt klassische memoriale Bildhaftigkeit.[10]

Die Rede vom Internet als Extension des kollektiven Gedächtnisses unterschlägt diese deutlichen Spuren der Manuskriptkultur. Aber welche Funktion hat die Mnemotechnik im ›Gedächtnis Internet‹? Zunächst ist daran zu erinnern, daß das Gedächtnis kein Speicher ist; denn zum Gedächtnis gehört das Vergessen. Nach Auffassung des Soziologen Niklas Luhmann liegt die Hauptfunktion des Gedächtnisses »im Vergessen, im Verhindern der Selbstblockie-

[8] Vgl. Kathrine Kveim: *The World Wide Web*, s. Anm. 4, S. 7.

[7] Jay David Bolter: *Writing Space. The Computer, Hypertext, and the History of Writing*. New Jersey, 1991.

[9] Ulrich Schmitz: *Zur Sprache im Internet. Skizze einiger Eigenschaften und Probleme.* http://www.linse.uni-essen.de/papers/sprache_internet.htm, S. 6.

[10] Zum Bildhaftwerden der Schrift vgl. Ulrich Schmitz: *Schriftliche Texte in multimedialen Kontexten*. http://www.linse.uni-essen.de/papers/schriftl_Texte.htm

rung des Systems durch ein Gerinnen der Resultate früherer Beobachtungen«.[11] Nichtvergessenkönnen führt zur Mnemopathie wie im Falle eines durch den Bericht des russischen Psychiaters Alexander Lurija zu einiger Berühmtheit gelangten Patienten. Bei diesem Patienten, sein Nachname Shereshevski wurde später bekannt, handelte es sich um einen geborenen Mnemotechniker, der – auch gegen seinen Willen – eine Unmenge Informationen speicherte, sie aber nicht wieder loswerden konnte. Shereshevski hatte, gefoltert von der Nichtvergeßbarkeit, in seiner Verzweiflung verschiedene Künste des Vergessens angewandt, aber nur eine wirkte wirklich, die Anwendung der Mnemotechnik im Dienste des Vergessens. Shereshevski speicherte in einem mnemonischen Bild das Nichtauftauchen eines Gedächtnisbildes.[12] Er verwendete intuitiv eine Art Retromnemonik, eine Technik der Entinnerung, um einen Begriff des Schweizer Germanisten Wolfram Malte Fues zu verwenden.[13] Nach Umberto Eco ist, wenn überhaupt, lediglich dieses Verfahren geeignet, um systematisch und bewußt vergessen zu können.[14]

Auf der Ebene sozialer Systeme käme es ohne Vergessen zur ›Infokalypse‹. Die Massenmedien haben daher, wiederum nach Luhmann, die doppelte Funktion, Informationen zu speichern und zu löschen. Nur sofern sie diese Doppelfunktion erfüllen, fungieren sie als Gedächtnis der Gesellschaft.[15] Die Besonderheit des Internet im Konzert der Massenmedien besteht darin, daß es nicht nur Erinnern oder Vergessen bewerkstelligt, sondern darüber hinaus Strategien der Entinnerung beherbergt. Diese Strategien ergeben sich aus den ›retromnemonischen‹ Implikationen des WorldWideWeb. Das WWW ist nicht nur kein Gedächtnis, es ›entinnert‹ Gedächtnis. Diese These werde ich im folgenden diskutieren. Ausgangspunkt ist die gegen postmodernen Speicherwahn konzipierte Monographie des Linguisten Harald Weinrich über Vergessenstechniken der abendländischen Kultur.

3. Suchmaschine Linearität

Zu Beginn seiner Untersuchung behandelt Weinrich griechische Quellen, u.a. die Erzählungen des Odysseus am Hof des Phäakenkönigs Alkinoos über die drei Versuchungen des Vergessens, die allesamt Versuchungen gegen das Menschsein sind. Es handelt sich um die Episoden bei den Lotophagen, bei der Zauberin Kirke und bei der Nymphe Kalypso: 1) Das pharmakologisch herbeigeführte Vergessen bei den Lotosessern ist dem Tode benachbart: Der Verzehr von ›Blumenspeise‹ gehört zu den Ritualen ägyptischer Totenkulte. Vergessen ist hier gleichbedeutend mit Sterben. 2) Kirke führt das Vergessen herbei, indem sie die Gefährten des Odysseus in Schweine verwandelt. Hier stürzt das Viehsein die Menschen ins Dunkel des Vergessens. 3) Kalypso schließlich verspricht Odysseus gegen dessen Liebe die Unsterblichkeit, die ultimative Form des Vergessens, da es in diesem Zustand weder Vergangenheit, an die man sich erinnern

[11] Niklas Luhmann: *Die Gesellschaft der Gesellschaft.* Frankfurt/Main, 1997, S. 579.

[12] Vgl. Alexander R. Lurija: Kleines Porträt eines großen Gedächtnisses. In: derselbe: *Der Mann, dessen Welt in Scherben ging. Zwei neurologische Geschichten. Mit einer Einführung von Oliver Sacks.* Reinbek bei Hamburg, 1992, S. 147–249, hier S. 194 f. Lurija drückt das etwas unscharf aus als »Fixierung auf das *Fehlen von Bildern.*« Es handelt sich selbstverständlich um eine *mnemotechnische* Fixierung.

[13] Wolfram Malte Fues: Re-membering, Dis-membering: Fictionality and Hyperfictionality. In: Thomas Wägenbaur (Hg.): *The Poetics of Memory.* Tübingen, 1998, S. 391–398. Ich zitiere nach dem unveröffentlichten deutschen Typoskript *Erinnerung, Entinnerung. Fiktionalität und Hyperfiktionalität.*

[14] Umberto Eco: An *Ars Oblivionalis*? Forget It! PMLA 103/1988, S. 254–261.

[15] Niklas Luhmann: *Die Realität der Massenmedien.* 2., erw. Aufl., Opladen, 1996.

könnte, noch Gegenwart und Zukunft gibt, sondern lediglich die ewig gleiche Dauer.[16]

Allen drei Versuchungen widersteht Odysseus. Er behauptet ihnen gegenüber sein Menschsein: Er ist sich stets seiner Herkunft bewußt, seiner Heimat, seiner Abstammung, seiner Ehefrau. Er hat eine Biographie, die er vor Alkinoos ausbreitet, ein Gedächtnis, das ihm erlaubt, zwischen der Vergangenheit, den Katastrophen, Irrfahrten und Verzauberungen, von denen die Odyssee berichtet, und der Zukunft, der erneuten Vereinigung mit seiner Frau, zu unterscheiden.

Die stete Gefährdung dieser Identität ist Odysseus wohl bewußt, wie aus seinem im übrigen von Weinrich nicht behandelten Bericht über die Konfrontation mit den Toten im Hades hervorgeht. Um nähere Auskünfte über die Rückkehr in die Heimat zu erhalten, öffnet Odysseus, einem Rat der Kirke folgend, durch Opferung mehrerer Tiere die orale Enzyklopädie des Totenreichs. Unentwirrbares Geschrei dröhnt ihm entgegen: Die Verstorbenen drängen zur Opfergrube, um mittels des Blutes in ein Scheinleben zurückzukehren und ihre Botschaften anzubringen. Es genügt nicht, nur den Speicher einzuschalten. Odysseus benötigt eine Suchmaschine, mit der er den unstrukturierten Lärm dekodieren kann. Diese Suchmaschine ist das lineare Erzählen. Um überhaupt etwas verstehen zu können, zieht Odysseus sein Schwert und bringt den Zugang zum Blut in eine geregelte Reihenfolge. Er zwingt die Verstorbenen

> »in Ordnung und Reihenfolge, nötigt jede und jeden, sich zu identifizieren, und befragt auf diese für ihn sinnvoll werdende, ihn sinngewiss machende Weise alle. Wenn sich der weiße Lärm der Vergangenheit nicht in Farben und Konturen, in eine Reihe von Stimmen ordnet, die man Name für Name, Geschichte für Geschichte anhören kann, lösen die Bilder der Vergangenheit sich ineinander auf und verlieren die Form, in der das Ich sich an sie und sie an sich selbst zu erinnern vermag.«[17]

Odysseus ist gegen den ständigen Angriff der Vergangenheit auf die Gegenwart durch ein Erzählen gewappnet, das die Vergangenheit in eine Ordnung und Reihenfolge bringt, jeden Toten identifiziert und seinen Namen nennt. Nur diese Ordnung, das Gedächtnis, schafft die Gegenwart als jene Grenze von Rückschau und Vorschau[18], die Odysseus zum sterblichen Menschen macht.

Nachdem er von Teiresias die gewünschten Auskünfte erhalten hat, recherchiert Odysseus weiter im Datenpool des Hades, bis sich unzählige Scharen von Geistern mit grauenvollem Getöse um ihn versammeln und ihn bleiches Entsetzen bei der Vorstellung ergreift, »es sende mir jetzo die strenge Persephoneia/tief aus der Nacht die Schreckensgestalt des gorgonischen Unholds« (*Odyssee* XI, 634 f.). Er fürchtet sich vor dem Blick der Gorgo, da dieser sein Blut erstarren lassen und ihn in eine jener außengelenkten, von den Göttern ferngesteuerten Puppen zurückverwandeln wird, als welche Homer die

[16] Vgl. hierzu Harald Weinrich: *Lethe – Kunst und Kritik des Vergessens.* München, 1997, S. 26 ff.

[17] Fues: *Erinnerung, Entinnerung,* s. Anm. 13, S. 4 f.

[18] Heinz von Foerster: Was ist Gedächtnis, daß es Rückschau *und* Vorschau ermöglicht? In: Siegfried J. Schmidt (Hg.): *Gedächtnis. Probleme und Perspektiven der interdisziplinären Gedächtnisforschung.* Frankfurt/Main, 1991, S. 56–95.

Helden der *Ilias* schildert. Er rettet seine mühsam erworbene Autonomie, indem er flüchtet. Der Name der Gorgo kennzeichnet die ältere rhizomatische Schicht der durcheinanderlaufenden Geräusche, auf die Odysseus beim Öffnen des Hades-Speichers stößt. Lineares Erzählen, die Authentifizierung der Verstorbenen und ihrer Informationen, ist durch diese netzförmig verwobene Schicht stets gefährdet.[19] Die Hades-Episode verweist im übrigen darauf, daß die rituellen Wurzeln der antiken Gedächtniskunst im Totenkult liegen.[20]

4. Die monastische Reoralisierung des Literalen: Entinnerung

Die von Odysseus gewaltsam durchgesetzte lineare Textstrategie, für Fues das Paradigma abendländischer literaler Subjektkonstruktion, ehe ihm der Hypertext den Garaus machte[21], errichtet freilich eine sehr fragile Ordnung. Denn das nur durchs Erzählen von den Toten abgeschirmte Subjekt erweist sich durchaus als anfällig für manipulative narrative Eingriffe, wie sie schon weit vor dem Hypertext der Heilige Bernhard von Clairvaux vornahm. Auf der Grundlage monastischer Gedächtnistechniken entwickelte er eine effektive Strategie der Entinnerung. Er entinnerte seine Novizen ihrer weltlichen Biographie.

Da der Orden der Zisterzienser, dem Bernhard angehörte, nur Erwachsene in der Mitte ihres Lebens, etwa im Alter von dreißig Jahren, rekrutierte, ergab sich die Notwendigkeit, die Erinnerung der Novizen an ihr früheres überwiegend erfolgreiches weltliches Leben umzukodieren, ihre Biographie umzutexten. Janet Coleman hat im Unterschied zu Weinrich, der sich erstaunlicherweise überhaupt nicht für Bernhard interessiert, detailliert und ausführlich dessen Entinnerungsstrategien untersucht. Eine Kurzversion mit dem Titel *Das Bleichen des Gedächtnisses* erschien 1991 in deutscher Sprache. Unter ›Bleichen‹ versteht Coleman

> »die Ersetzung der in ihrer Abfolge erinnerten subjektiven, privaten, sinnlichen Lebensgeschichten durch eine äußere, universale, autoritative Schrift-Geschichte, deren Text so memoriert wurde, daß bestimmte ›Haken‹-Wörter die freie Assoziation anderer Bibelwörter ohne Kontext und Ordnung auslösen würden.«[22]

Die weltliche Biographie der Zisterzienser wird mit dem kanonischen Textuniversum ›verhakt‹. Dies ist möglich, weil die Biographie, siehe Odysseus, ohnehin nur ein Textkonstrukt ist. Bernhard verwendete die monastische Hakentechnik, eigentlich eine Gedächtnistechnik, im Stile einer Retromnemonik: er benutzte sie kontraproduktiv. Zu Hilfe kam ihm die monastische Praxis des ›Wiederkäuens: Die Mönche pflegten die heiligen Texte zu lesen, indem sie die Wörter murmelten, dem Text ihre Stimme liehen, ihn in ihre Körper einschrieben und wiederkäuend ›verdauten‹. Die Hakentechnik wurde beibehalten, die Ver-

19 Bolter: *Writing Space*, s. Anm. 7, S. 113, geht davon aus, daß (orale) Netzwerke älter als das Schreiben sind.

20 Vgl. Stefan Goldmann: Statt Totenklage Gedächtnis. Zur Erfindung der Mnemotechnik durch Simonides von Keos. *Poetica* 21/1989, S. 43–66.

22 Janet Coleman: Das Bleichen des Gedächtnisses. Hl. Bernhards monastische Mnemotechnik. In: Anselm Haverkamp u. Renate Lachmann (Hg.): *Gedächtniskunst: Raum–Bild–Schrift. Studien zur Mnemotechnik.* Frankfurt/Main, 1991, S. 207–227, hier S. 225. Sehr viel ausführlicher mit Bernhard befaßt sie sich in ihrem Buch über antike und mittelalterliche Gedächtnisse. Vgl. Janet Coleman: *Ancient and Medieval Memories. Studies in the Reconstruction of the Past.* Cambridge, 1992. Fues: *Erinnerung, Entinnerung*, s. Anm. 13, S. 9.

weise allerdings erfolgten über lautliche Assoziationen, über Rhythmen und auch über eigenkörperliche Gefühle, die durch bestimmte Hakenwörter ausgelöst wurden. Das Gemurmel der Mönche ›dekonstruierte‹ das kunstvoll errichtete literale ›Ich‹ der Schriftkultur. Das Mönchsindividuum verschwand im Universum der Verweise. Coleman beschreibt den Zusammenhang von Wiederkäuen und Hakentechnik folgendermaßen:

> »Die *oratio* trägt dazu bei, die Worte der Schrift im Geist zu durchtränken; verbale Echos können dann in solchem Maße das Gedächtnis erregen, daß eine bloße Anspielung auf ein Bibelwort genügt, um spontan ganze Passagen aus anderen Stellen der Bibel aufzurufen. Diese Wörter werden als ›Haken‹ beschrieben, die sich mit einem oder mehreren andern verhaken, schließlich eine Kette bilden und das Gewebe der Gedankenassoziationen des Mönchs bilden. Wenn ein Mönch schreibt, wird seine Schrift schon im Entwurf gänzlich von diesen weit ausgreifenden Reminiszenzen dominiert. Meist zitiert der Mönch mittels solcher im Geist und unter der Feder sich gruppierender Haken-Wörter aus dem Gedächtnis. Beim bloßen Hören von Wörtern, die zufällig einen Anklang an bestimmte andere haben, wird eine Kettenreaktion von Assoziationen ausgelöst; auf diese Art werden Zusammenhänge zwischen Wörtern gestiftet, die untereinander lediglich eine zufällige und äußerliche Verbindung unterhalten. Das Wort oder die Stelle, die dieses in den Sinn gekommene Wort beinhaltet, erfährt hier deshalb eine Kommentierung. Monastische Autoren scheinen ihre Texte nicht immer nach einem logischen Schema zu verfassen, sie folgen eher einem psychologischen Plan von Wort- und Lautassoziationen, die wir als Abschweifungen betrachten würden. Man hat kein Interesse daran, Mnemotechnik antiker Varietät zu lehren (...) noch herrscht hier die Aristotelische logische und dialektische Verknüpfung von ›natürlich‹ aufeinanderfolgenden Wörtern oder Ereignissen. Verglichen mit diesen älteren Techniken sind die wiederkäuenden Reminiszenzen der Mönche von einer geradezu wilden Phantastik.«[23]

Die Heilige Schrift also stellt das Zentrum eines gut funktionierenden mnemotechnischen Systems dar. Sie steuert die Assoziationen der Mönche mit Haken, in der Wirkungsweise den ›links‹, den Knoten, Ankern, Verknüpfungen und Pfaden des Hypertextes ähnlich, und fördert die Konstruktion eines hypertextartig wuchernden, potentiell grenzenlosen heiligen Textkorpus.

Durch Entinnerungsstrategien sollten die Zisterzienser zu wandelnden Konkordanzen dieses Textkorpus werden. Voraussetzung dafür war 1) die Spiritualisierung persönlicher Erinnerungsbilder, die Verknüpfung beispielsweise eines höfischen Bildes mit seinem geist-

[23] Coleman: *Das Bleichen des Gedächtnisses*, s. Anm. 22, S. 208 f.

lichen Pendant durch Hakenwörter, d.h. die Konvertierung privater Erinnerungen in die der Gemeinschaft; 2) die Lähmung des Mönchskörpers durch das virtuelle Verstopfen seiner Sinneseingänge und die alleinige Konzentration auf die Stimme Gottes; 3) das Bleichen des Gedächtnisses, die Entzeitlichung der Zeit durch Entinnerung. Bernhard beseitigte die Vergangenheit, die biographischen Stationen eines Mönches vor seinem Klosterleben, und die Zukunft, denn er sagt, »deine Sünden *sind* dir vergeben«, und nicht, »deine Sünden *werden* vergeben werden«. Die Mönche wurden von einem ewig präsenten Textraum aufgesogen. »Texterinnerungen«, so Coleman, »ersetzten und verdrängten Lebenserinnerungen.«[24] Das einzige Hilfsmittel gegen Gehirnwäsche, denn darum handelt es sich hier, ist das Festhalten und unablässige Memorieren der eigenen Biographie, die Aufrechterhaltung der Geschichten, die um das alte Selbst kreisen[25], also all das, was Bernhard seinen Mönchen abgewöhnte.

5. Entinnerung im Netz

Verhaltensweisen und mentale Einstellungen von Netzbenutzern ähneln den drei monastischen Entinnerungstechniken auf verblüffende Weise. So ist erstens für den von Sherry Turkle in ihrem Buch *Life on the Screen* interviewten Industrie-Designer Case zum Beispiel das Überschreiben der eigenen Biographie mit fremden Texten zur Gewohnheit geworden. Als Mann spielt er in Internet Chats vorzugsweise Jimmy Stewart-Rollen und als Frau Charaktere nach dem Katherine Hepburn-Typ. Um sich zu artikulieren, benutzt er Medienikonen mit festgelegten Rollenschemata. Diese Ikonen überschreiben die biologische Familie, denn die beiden Stars stehen für Vater und Mutter, sie verzweigen als ›Haken‹ oder ›links‹ das wirkliche Leben Cases in den universellen Hypertext der Medien.[26] Die Lähmung der Userkörper wird zweitens spätestens dann einsetzen, wenn Datenbrille und Datenhandschuh zu geläufigen Eingabemedien geworden sind und die wirklichen Sinne mit virtuellen verstopfen. Die Erfahrung der Geschichtslosigkeit, die schon jetzt die Arbeit am Computer begleitet, wird drittens mit diesen Schnittstellen exponentiell wachsen.

Die Vergleichbarkeit von Hakentechnik und Hypertext-›links‹ beruht auf einem verwandten Textverständnis. Ted Nelson, einer der Väter von Hypertext, hatte sich bei der Konzeption seines einflußreichen hypertextförmig geschichteten Dokuversums XANADU, das die gesamte Literatur der Welt vernetzen soll, an der Struktur kanonischer Textuniversen orientiert; er berief sich verschiedentlich auf das Verfahren der Talmud-Interpretationen; seine home page führt die Bibel als ultimatives Beispiel eines vernetzten Hypertextes an.[27]

Aber bei Nelson gibt es keinen zentralen Text, auf den alle anderen Texte bezogen wären. In seinem Hypertextuniversum befinden sich lediglich frei flottierende Texte und Verweise, die nirgends zu einer greifbaren eindeutigen Identität gerinnen. Hypertext ist nicht nur ein Angriff auf das lineare Erzählen, es suspendiert auch fixe

24 S. Anm. 22, S. 225.

25 John Kotre: *Weiße Handschuhe. Wie das Gedächtnis Lebensgeschichten schreibt.* München, Wien, 1995, S. 132.

26 Vgl. Sherry Turkle: *Life on the Screen. Identity in the Age of Internet.* New York, 1995, S. 219.

27 Vgl. Ted Nelson: *Examples of Parallel Documents.* http://www.sfc.keio.ac.jp/~ted/TN/PARALUNE/parexamples.html, S. 1.

Identitätsbildungen und fördert liquide Persönlichkeitsstrukturen. Shelley Jacksons vom »Homer der Hypertexte« Michael Joyce[28] gelobte Hypertext-Erzählung *Patchwork Girl* demonstriert programmatisch diesen Zusammenhang von entlinearisiertem Erzählen und fließender Identität. Programmatisch ist dieser Text auch, weil er das Lebensgefühl einer von der Reoralisierung des Literalen besonders betroffenen Generation an den uns wohlbekannten Motiven der Odyssee beschreibt.

Bei dem *Patchwork Girl* handelt es sich um ein Schnittmuster, aufgetragen auf einen Frauenkörper – Assoziationen zu den schematischen Viehschaubildern in Fleischerläden und Kochbüchern, die angeben, wo die Koteletts und wo die Filets sitzen, sind beabsichtigt. Das Schnittmuster kann auseinandergenommen und in beliebigen Konstellationen ›zusammengenäht‹ werden. Die filetierten Körperfragmente sind mit ›links‹ an Textsegmente gekoppelt, so daß durch das Vernähen jeweils ein neuer Frauenkörper und ein neuer Text entstehen sollen (was mir als ›Leser‹ bisher allerdings noch nicht gelungen ist). Textkorpus und Schemakörper bilden das Substrat des *Patchwork Girls*.

Alle Motive des Vergessens, gegen die Odysseus das lineare Erzählen mobilisiert, sind von Shelley Jackson in ihrer Erzählung realisiert: Der Episode bei den Lotophagen, dem Totsein, entspricht bei Jackson das Grab, aus dem man die Heldin wiederauferstehen lassen kann. Der Kirke-Episode, der Verwandlung der Gefährten in Schweine, korrespondieren die verschiedenen Viehschaubilder des *Girls*. Die Unsterblichkeit, der Kern der Kalypso-Episode, ist das Hauptmotiv insofern, als der Leser über die ständige Neuschöpfung des *Patchwork Girls* Leben auf eine höhere Stufe transformiert:

> »Eine Stufe, die erreicht ist, wenn das Medium, mit dem gelesen wird, unter Strom steht; wenn der Text, der gelesen wird, elektrifiziert ist; und wenn der Leser, der vor dem Bildschirm sitzt, sich mit dem elektrischen Gerät kurzschaltet und begreift, daß er selbst nichts anderes ist als eine Patchwork-Existenz, die mal so und mal so aussehen könnte oder eben mal ganz anders, die aber, weil sie unter Strom steht, sich als lebendig begreifen darf.
> Ohne diese Elektrizität erscheinen das Buch, der Text, die Autorin und der Leser allesamt tot. Erst wenn sie zerstückelt und miteinander verknüpft und wieder verknüpfbar sind, dann erscheinen sie als wirklich lebendig.«[29]

Patchwork Girl hat keinen Inhalt, keine Handlung, keine Geschichte, die Heldin besitzt keine persönliche Identität; einziger Sinn ist die elektrische Elevation, die digitale Auferstehung.

Die Erzählerin läßt gewissermaßen das Schwert des Odysseus sinken. Eine Außeninstanz, wie sie weiland die Gorgo zu sein drohte, nimmt das *Patchwork Girl* ans Gängelband: Strom aus und Strom an, Erstarrung und Wiederbelebung bestimmen den Rhythmus seines

[28] *taz Hamburg*, 4./5. Januar 1997, S. 32.

[29] Stephan Porombka: *Lustmord am Text. Einige Interpretationsversuche am Tatort; erste Rückschlüsse auf den Täter oder die Täterin.* Vortrag an der Europa-Universität, Frankfurt/Oder, 12.2.1998, unveröffentlichtes Typoskript, S. 23.

Lebens. Das Elektrizitätswerk tritt an die Stelle durch Vernunft und Schläue mühsam erworbener Innensteuerung. Vergangenheit, Gegenwart und Zukunft schnurren zusammen. Literale Identität verschwindet zugunsten immerwährender Verknüpfbarkeit, getreu dem von Sherry Turkle breit dokumentierten Phantasma vieler Netz-Freaks, das Leben im Netz sei das eigentlich wirkliche Leben. Unbemerkt von den Mainstream-Usern predigt seit einiger Zeit die immer größer werdende Gemeinde der *TechGnostiker*[30] die Theologie der Leibflucht, der Stellvertretung des realen, wirklichen, leiblichen Lebens durch digitale Wiedergeburt. In seinem Film *eXistenZ* hat David Cronenberg diese Vorstellung auf den Begriff gebracht, als er die Spieler eines gleichnamigen Computerspiels durch eine gigantische und als solche auch eindeutig erkennbare Nabelschnur vernetzte, die sie in unterschiedliche elektrische Existenzen ›linkte‹. Sowohl für die Spieler als auch für die Zuschauer blieb unerinnerbar, auf welcher Ebene gerade gespielt wurde; denn das Gedächtnis ist transitorisch, das Ergebnis einer zufälligen, jederzeit anders verknüpfbaren Datenkonfiguration. Das wußte schon Vannevar Bush, als er 1945 den externen hypertextförmigen Speicher »*memex*« entwarf, um die aus den Köpfen fliehenden Gedanken einzufangen und der ubiquitären Alzheimerisierung vorzubeugen.[31]

30 Vgl. Erik Davis: *TechGnosis. Myth, Magic & Mysticism in the Age of Information.* London, 1999.

31 Vannevar Bush: *As We May Think.* http://www.isg.sfu.ca/~duchier/misc/vbush/vbush-all.shtml, S. 6: »(...) memory is transitory«.

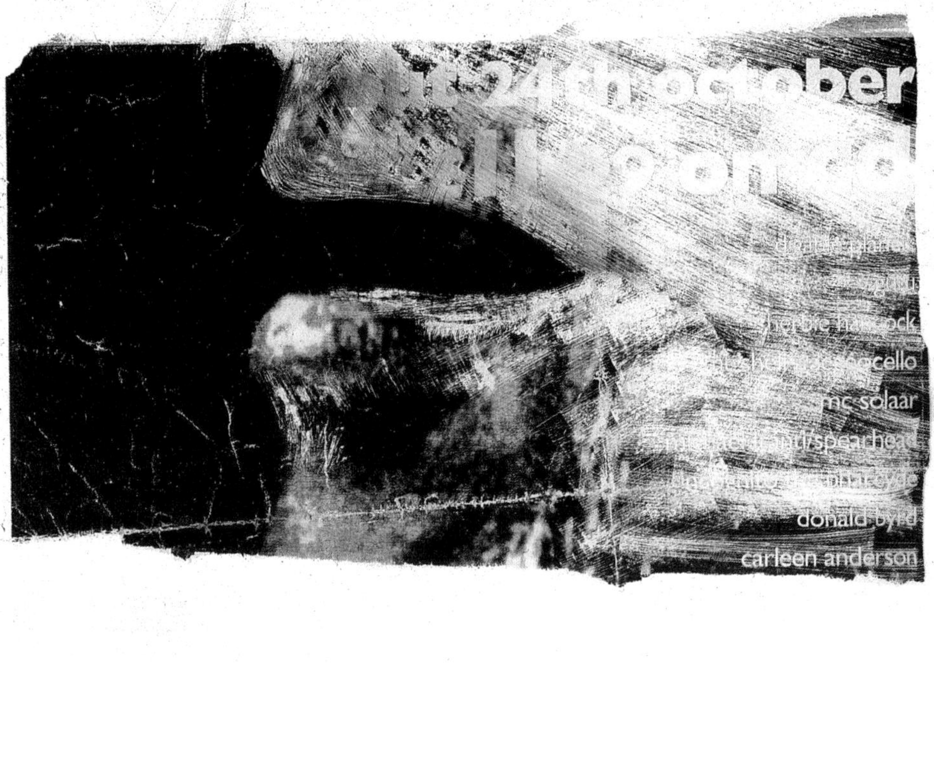

JUANMUNOZ TO J.B.

a mouth speaks out alone.
john berger

Yes it's my mouth. Alone on the white page. Outside it's snowing. My two lips and, in the night between, a tongue. You can see it? You lip-read? You are so young. But you do lip-read.

The snow is falling everywhere. On lies and on what is true. The flakes make no distinction, they land gently on both. Did you notice I said »on what is true« not »on the truth«. The single truth is also a lie. This is something I have learnt since it began to snow.

The blizzards were forecast, but, like any winter, they took us by surprise. The President of the Republic addressed the nation. Don't ask me which nation, for if I tell you, the paper on which I am drawn may be torn up. Here I only have the status of an emigrant. Perhaps you can see that by my lower lip. You can see a little home-sickness?

The President told the people they were living through a period of transition and that in his heart he was with every one of them. A transition towards what? one might ask. Perhaps a period of eternal snow? He didn't say. He himself was lost in a drift. He smiled and went on and on; the one thing which became clearer and clearer was that he was lying. At the end he was even able to turn words which mean nothing at all – words like ›*development*‹ and ›*modernisation*‹ – at the end he was even able to transform these into lies. He was on the telly – immediately following the latest reports about the snow.

Whilst he was speaking, I watched his mouth. I don't claim to be an expert but a mouth is all I am, albeit a foreign mouth, so I watched with a certain interest. His is like a bladder wrack blister. I refer to his mouth. This is the effect of thirty years of using words, speaking them, to distract attention from what is happening behind his listeners' backs. Most stooges, decoys and stool pigeons get bladder wrack. It comes from the indifference of the lips to what they're pronouncing. Also called Pop-weed, it belongs to the kelp family, in the class of phaephyceae! Did you see the tongue touching the back of the top teeth to make the ›c‹? Examine mouths carefully. Bladder wrack comes from a contempt for words.

For example, the President of the Republic argued that if we all consumed more, there would be fewer unemployed. When I heard this I thought of my old friend, the Arse, and I made one of his noises.

The snow flakes now are as large as goose feathers. You can't see across the road. In Europe there are 30 million unemployed. I too taste their bitterness. Each of them speaks and not one is heard. They speak to their fear in the night. To each I'd like to whisper in the dark: may I kiss you? And then do it.

Given my age, it might not be welcome. Several of my teeth have already gone. I can offer speech and kisses – not much else. I'm beginning to disgust you? No. There's one more thing, if you're patient. I can demonstrate for you an exercise which makes lying more difficult. We all know what it is to go along with a lie. And sometimes afterwards we want to bite off our tongue. This exercise helps us not to lie.

First I gargle with the word **nothing**. You take some words from the past and listen to them. Any words will do. I take a poem written in Japanese during the twelfth century. The poet was named Saigyo. **Nothing.**

> No reason to feel betrayed
> by somebody
> who was a total stranger
> until a given moment
> of a day already gone.

Nothing. Now in Japanese:

> Utoku naru
> Hito wo nanitote
> Uramutamu
> Schira ezu shiranu
> Ori mo arishini

Did you see the Japanese tip of my tongue?

When a language is young it hauls like a single horse unaware of its own strength. Conscious only of the load and the path. **Nothing.** Naivety is only possible with an old language. In a young language only a single word can lie. In an old language an entire speech can lie. **Nothing.**

Young words are so beautiful. **Nothing.** Sapho's words. From Sapho's lips.

A god faces you
listening closely
to your words
to your laughter
which tears the heart
in my ribs.

Nothing.

Now you must part the words. Like cunnilingus. Cunni. Nothing. Lingus. Pull them up like covers over you. Nothing. Travel on them. Nothing. You and I could make a child with words. Tell nobody.

Now spit them out and start to say other words, your words, as if they too were nothing. Let them speak for themselves without your pronouncing them!

Good. Go on. Don't forget to mould every part of the word, all the length of the word. Silently.

You are a sculptor at this moment and the word is argil. Squeeze it. Make it larger. Make the word as you desire it – nobody knows more about desiring than we mouths do.

Make the word as you want it, always without pronouncing it, and the word will become more and more itself. This is the glistening miracle of the mouth.

Don't hurry. OK. Cough. It happens. You went too quickly. Here's a glass of water. Just swallow...

The word you were doing – which, like you, I shall not pronounce, but I, as you can imagine, am able to lip-read and so I know what it is, this word should be very slow, you went too quickly, that's why you choked, you were impatient. This word, which your tongue turns around again now, must be as slow as a snow flake falling. Or as slow as pity.

There are fast words. The one you've chosen is a slow one.

Good. Good. You're learning well. It'll be impossible for you to lie soon. Or almost.

Before you go, may I give you a kiss? No? Another time? In another blizzard? I'm always here. You can find me in the same place on the white page any evening – unless a job comes. Anyway, sweetheart, it's been a pleasure talking with you...

live. vermischte meldungen.

felix philipp ingold

Live

Dort! die Frau
im Gedränge vorm Wühltisch. Wie sie den
herabgerutschten Träger ihres Tops *versonnen* über
die Schulterkuppe zurückschiebt.
Während ich nun mit einem Ruck ihr rundes Gesicht
umwende. Zu mir.

Rebellen

Gut gebellt. Weltpresse ist
dabei. Macht der *Meinung* Beine. Während mit Blut
im Mund das Opfer kräht.

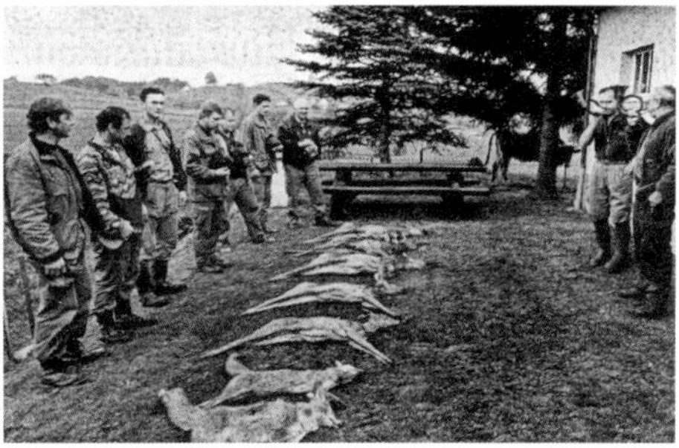

So

Wo Sonne ein Wort
ist ist
kein Schatten. Nur Erinnerung.

Betty

Erster Sprung der jüngsten Katze
von meiner Schulter herab. Mit allen vieren auf die Tastatur.
Gfjiuziuhüg'o. Dies die Spur. Der Fall war das Tier.

Augenschein

Etwas
wenn ich unbemerkt dich beobachte
verändert sich. Ich oder du oder wir. Aber was denn nun *wirklich.*

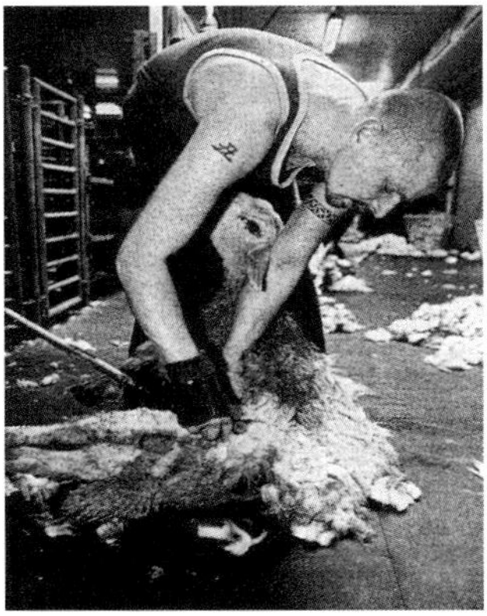

Paradies

Wo Steine
Namen haben. Statt keine
Schatten.

Gabriel

hält seine schwere Yahama auf dem Pannenstreifen an. Bleibt noch eine Weile auf dem Sattel hocken. Tastet seine Brusttaschen ab. Klaubt ein Ränftchen Rosinenbrot hervor. Klappt mit der andern Hand das Visier seines Helms hoch. Beginnt genüsslich zu kauen.
Denkt an Ostern zurück. An das Gebrüll der mächtigen Turmglocken. An die rüstige Luft. Und jetzt fällt's ihm ein. Er hat die Flügel im Barockzeitalter vergessen.
Kopfschüttelnd kickt er die Maschine an. Bei der nächsten Ausfahrt verlässt er die Autobahn. Biegt ab in einen alten Film von Godard.

Eben

Statt Leben
machen. Sind wir die Jetzten. Biss
in die Luft.

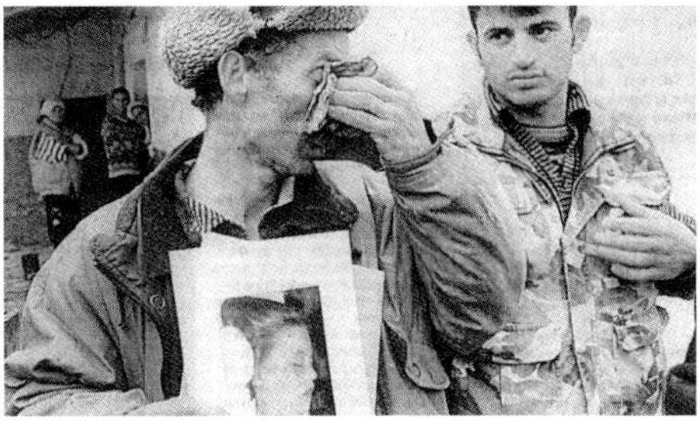

Augenweide

Schon ist das Jahrtausend aus. Aber
auf dem prallen Augenweiss des Toten hockt jetzt
sirrend eine Fliege. Wie für immer.

....

....
....
....

Notton

Gummigutt und
breitblättriges Greiskraut schiessen
sirrend aus dem Parkett.

Wer

nestelt wem die Hundemaske
vom Geschlecht. Und wessen Kommen
ist zuerst. Zu spät.

....

....
....
....

Comte

»Zweifellos hält sich eine Katze
ohne *ich* sagen zu können gewöhnlich nicht
für eine andre als sich selbst.«

Faust

hebt mit einem Schlag das
Kinn. Gesicht platzt auf. Und Blut. Und
plötzlich alles Kuss.

Zitat

Noch aus dem
totesten Wort dröhnt das Geheimnis
des Wissens.

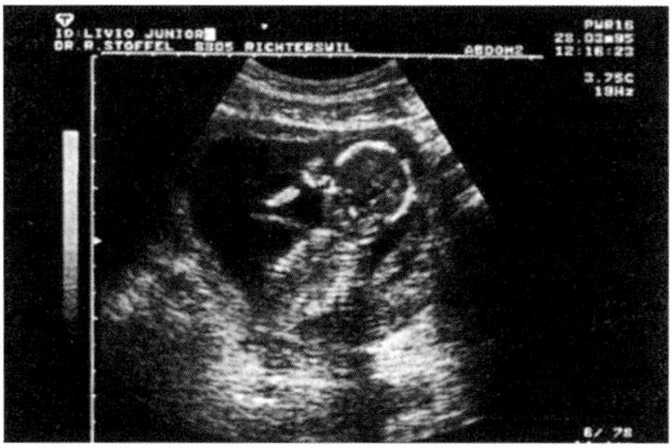

Hochzeit

Geflochten die noch feuchten Zotten. Jetzt
sind Knall und Rauch verwandt. Zwischen Kleist und.
Und Seele.

....

....
....
....

Da

die Mimose. So
bebt Angst. Blüht leichter
Zittern.

Ich

Es
als
Gesicht.

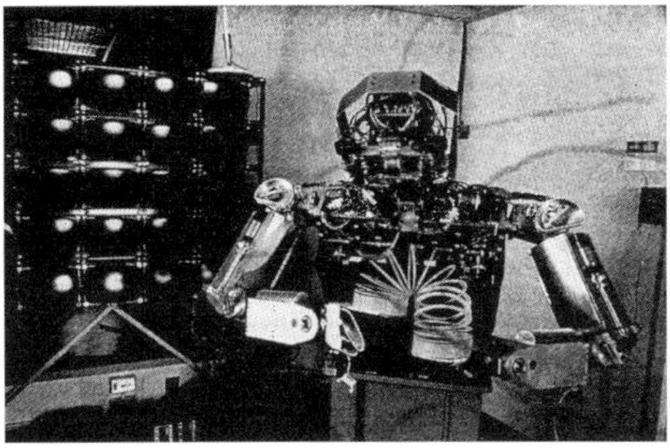

Zecke

Einmal im Fall
sich geirrt. Ist es wieder gut
zu machen. Und durch wessen Tod.

Messer

Bleibt *das*
was schneidet. Das Wort
sitzt wie die Klinge fest im Heft. Verwundert.

Irisch

Hier werden die Glocken
(*damit sie schlagen*)
geschlagen. Nichts von Geläut.]

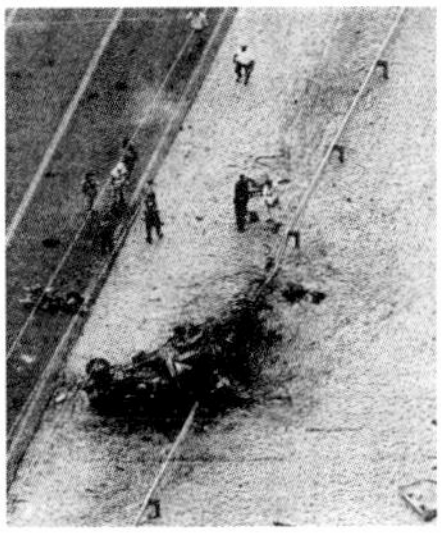

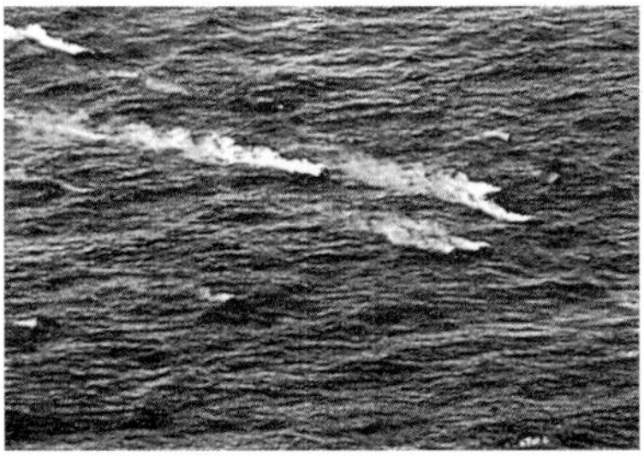

Eden

Die Eva sticht
in See. *La nave va.* Bekloppte
Erde.

Narciso

In der Pfütze sich kräuselnd zwischen den Schuhn
mein Gesicht. So war ich's schon immer.
Bevor es mich gab.

Kunst

Lachen mit Augen
Zähnen Händen Nabel Schwanz und *allen*
Ösen und Nieten *zugleich*. Dabei die Menschenwürde
wahren.

Fütterung

Eine Handvoll frischgepflückter
Augen vor diese spezielle Sau. Geworfen. Kurz das seltenste
Glitzern im Koben. Und schon ist's gefressen.

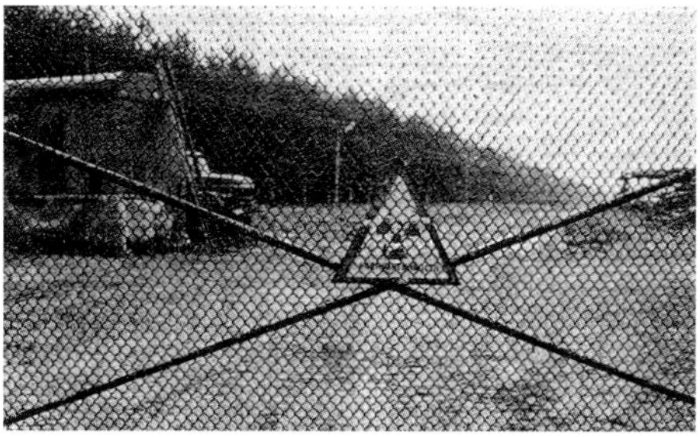

Liebe

Hängst du
mein Bild am Boden auf
ist's mir lieber.

Blutig

Noch auf der Schwelle
frisst mir der Hund die frische Wunde aus
der Hand.

Fiat lux

Das Licht
das zum Einschlafen taugt
ist das beste. Zum Sterben nicht genug.

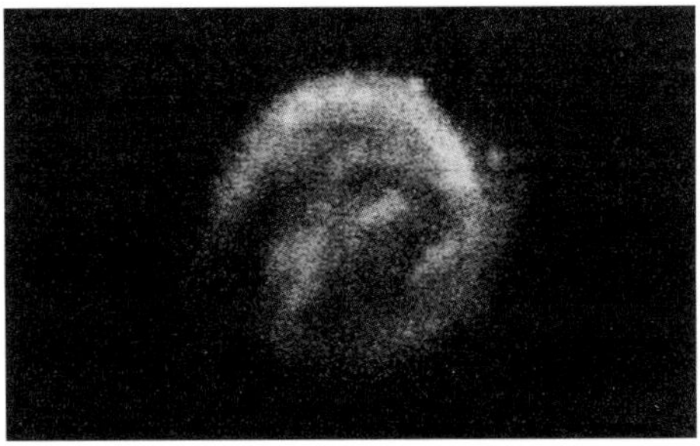

Wallis

für C. B.

Wie Wein. Der spart. Kaum
blüht die Glut. Und
aber rauscht's.

Nietzsche

Wer denkt schon an frischer
Luft. Der im Freien den Verstand verliert. Am Hals
eines Tiers.

Orpheus

Für einen Augenblick
das Leben
geben. Für einen Blick die ganze Kunst.

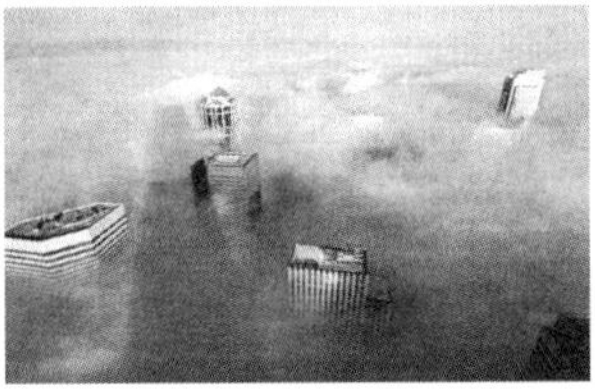

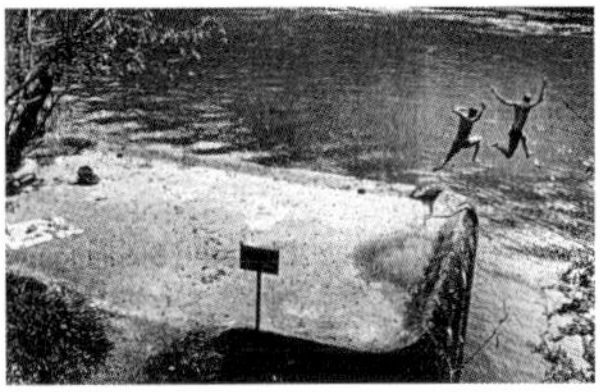

»KopfFall«

für C. W.

Was ist das dort bei dir
am Kopf. Dort ungeheuer oben an der Stirn. Ob Stern.
Ob Einschussloch. Ob Fliege. Es sitzt.

Engelssprache

ruft jedes Wort
beim Namen auf. Totenliste für null
Stimmen.

P.S.:

(Engelssprache bestehend aus den Namen aller die verschieden sind. Auch Totenstille.)

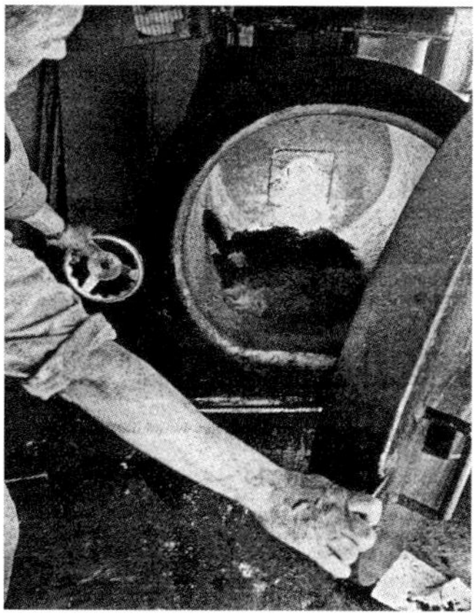

Abbildungen: Archiv des Verfassers

großformatige bewohner für unendliche welten.

elisabeth von samsonow

Kosmologie und Anthropologie der Entgrenzung
bei Giordano Bruno

Man tut vielleicht gut daran, zum Anlaß des vierhundertjährigen Todestages oder auch Ermordungstages am 17. Februar 2000 von Giordano Bruno einen Bericht mit denjenigen philosophischen Thesen beginnen zu lassen, für die er berühmt und berüchtigt ist. In seinem Fall sind das zugleich die Punkte, die in der Rezeptionsgeschichte seiner Werke für die unglaublichsten Verzerrungen gesorgt haben. Unterschiedlichste Motive gelehrter Leser haben in Brunos sogenanntem Pantheismus bzw. in seiner Lehre von den unendlichen Welten und in seiner Fassung des vom Furor besessenen Heros ideale Projektionsflächen für heftigste Vereinnahmungen gefunden. Selbst in einer wenig tiefgehenden Annäherung an Bruno scheinen diese beiden Themen notwendig aufeinander zu verweisen, insofern eine unendliche Welt durchaus einen großformatigen Bewohner einfordert. Wie aber die beiden Reflexionslinien – Kosmologie und philosophische Anthropologie – *strukturell* miteinander verknüpft sein könnten, darüber gibt es in der Literatur der Bruno-Freunde kaum Andeutungen. Um also einen Ausweg zu bahnen aus der ewigen Alternative zwischen Brunos Kosmologie und Anthropologie, gilt es zu zeigen, daß seine *Kosmonautik* die *Projektion in extenso* einer extrem konstruktivistischen Gedächtnismetaphysik darstellt. Ich will also versuchen

- einmal den inneren Zusammenhang zwischen der Affektenlehre und dem Pantheismus bei Bruno zu erhellen
- und zum zweiten Brunos Fassung des Verhältnisses zwischen Mensch und Natur in der Ars memoriae zu kommentieren.

Die Kunst der Erinnerung, so viel sei vorausgeschickt, scheint mir der Schlüssel auch zu Brunos Kosmologie zu sein. Die Kunst der Erinnerung stimmt die unendlichen Welten mit dem Unendlichwerden des Geistes zusammen. Der Kosmos bildet die Extroversion eines unendlich gefalteten (komplizierten) Gedächtnisses.

I. Affektenlehre und Pantheismus

Mir scheint eine Theoretisierung des Verhältnisses zwischen der Affektenlehre und dem Pantheismus unter dem Oberbegriff der Rhetorik, was als Forschungsansatz in Bezug auf die Rekonstruktion der Affektenlehren der Renaissance und des Frühbarock gängig geworden ist, in der Perspektive auf Bruno zunächst nicht angemessen; ich ziehe vor, dieses Verhältnis unter dem Titel einer *Anthropologie der Entgrenzung* in den Blick zu nehmen. Ich tue dies in der Absicht, den Pantheismus als Konsequenz aus einer gewissen Affektenlehre einsichtig zu machen, was wohl unter dem eingeengten Blickwinkel eines rhetorischen Deutungsansatzes zum Scheitern verurteilt wäre. Um eine Synopsis von kognitiver Strategie und Kosmologie zu ermöglichen, möchte ich sogar die emphatischen und ekstatischen Töne bei Bruno erhalten wissen, die man sonst schon deswegen überhören muß, weil sie vornehmlich dazu gut sind, gewisse Bruno-Autoren zu adrenalisieren. Das Motiv der Überspanntheit, das mystische Motiv, ist für meine Interpretation sowohl aus ästhetischen wie aus systematischen Gründen unverzichtbar. Ich möchte nur eingangs den älteren kosmologischen Hintergrund der Philosophie Brunos in Erinnerung bringen und, um Brunos leibhaftige Investition des Menschen in den Kosmos in den Blick zu bekommen, kurz auf die Kosmogonie der Alten Welt zurückgreifen.

Hier nämlich werden Entgrenzungserfahrungen in den Akten des Lachens, Niesens, Ejakulierens, ja selbst des Wasserlassens und Defäkierens zur Deutung der Schöpfungshandlungen herangezogen. Das Motiv der Kreation wird immer als *emotiv* aufgefaßt, die ursprünglichste Motion ist immer eine Emotion, die leibliche Zuständlichkeit konsequent modifiziert. Das klassische Beispiel für diese Akte der Welterzeugung aus dem ›Überströmen‹ ist die Erschaffung von Schu und Tefnut in der Ejakulation Atums. Daß solche Vorstellungen auch im philosophischen Denken präsent bleiben, und zwar insbesondere in der Metaphysik, belegen etwa die Schöpfungskommentare des Spätmittelalters, wo vom vor Liebe überfließenden Gott als Urheber der Schöpfung die Rede ist. Robert de Grosseteste beispielsweise zeigt im *Hexaemeron*, wie es zur Schöpfung kam, indem Gott nicht mehr an sich halten konnte, inkontinent wurde. Was ich damit sagen will, ist, daß alle diese göttlichen Welterzeugungsarten aus dem Vorhandensein eines übermäßigen, jedenfalls aber nicht unerheblichen *inneren affektiven Drucks* verstanden werden können. Innerer Druck ist die Ursache göttlichen »Hinausbrechens in die Schöpfung«, wie es bei Kepler heißt (deus irrupuit in creationem), weil er sich nicht mehr in der Einfachheit des Punktes erhalten konnte. Affektiver Druck ist also die Ursache von *Ausdruck*.

Die komplementäre, für eine ›Anthropologie der Entgrenzung‹ grundlegende Variante ist jene Erfahrung, die weniger durch das Sichbahnen inneren Drucks als durch das Wirksamwerden eines äußeren Sogs zustande kommt. Hier geht es weniger um Expression als vielmehr um Extension und Expansion eines Selbst, das in der

Kontaktnahme mit der Welt – in welcher Gestalt auch immer – affiziert wird. Giordano Bruno reklamiert diesen Pathos der Entgrenzung des Selbst im Sog für sein Modell des *ergriffenen Heros*. Dieser ist der Akteur in dem einen Hauptdrama, das auf der philosophischen Bühne des Monismus spielt, nämlich im Stück von der Einheit des Stoffes in allen Lebewesen, Formen und Dingen etc. Der unterlegte Zusammenhang von Allem mit Allem zeigt sich in der hohen Anfälligkeit des Heros für die Welt‹, und insbesondere für den Affekt der Liebe, der seine adäquate Reaktion auf die Erkenntnis ursprünglicher Zugehörigkeit mit einem Affizierenden darstellt und zudem – in Brunos Erkenntnisdrama in außerordentlich prägnanter Weise – als Medium der effektivsten Entgrenzungserfahrung fungiert. Der Heros ist immer verliebt, in die Welt verstrickt oder verwickelt.

Die für die Renaissance so bedeutsame (und bis in das späte 18. Jahrhundert wirksame) *Affektenlehre* entwickelt sich dort, wo es eine erhöhte Aufmerksamkeit für das Thema des Menschen, der ›unter Einfluß steht‹, gibt – bzw. in unserer Terminologie: für den Menschen, der *dem Sog ausgesetzt ist*. Die erotische Attraktivität, die ein anderes ausübt, vermag der Metempsychose ähnliche Vorgänge in Gang zu setzen: Die Seele des Liebenden zieht in den Körper des Geliebten ein und lebt dort, den seinen verwaist zurücklassend, weiter.

»Die Herrschaft Cupidos stützt sich darauf, daß die Seele des Liebenden, nachdem sie ihren Körper verlassen hat, in einem fremden lebt und handelt. Die Transformation Cupidos findet dort statt, wo ein für sich Toter in einem fremden Leben lebt, weshalb er ja eigentlich nicht so sehr in einem ihm fremden Domizil lebt, sondern wieder gleichsam in seinem eigenen.«[1]

Bruno steht mit seinen Überlegungen auf dem Boden einer präcartesianischen Psychologie, die Beseelung im Gefälle von viel und wenig Seele, feiner oder grober, viel oder wenig Körper denkt, also sich dem Einfluß, den die Trennung der res cogitans von der res extensa ausgeübt hat, entzieht. Diese Psychologie entstammt einer älteren, stark symbolisch artikulierten Physiologie, die Astrologie und Säfte- oder Temperamentenlehre miteinander verklammerte, was auch ihren medizinischen oder materialistischen Grundton erklärt. Alle Wesen werden aus den Elementen der sublunaren Welt zusammengemischt, wobei ihre jeweiliger Mischungskoeffizient auch etwas über ihren inneren Zustand aussagt. Der Fluß der Transformation und Komplexionen bringt auch den affizierten Heros der *Eroici furori* bei Bruno hervor. Der Heros, der in den Sog des geliebten Objekts gerät, fängt an, das Begehrte wie eine ersehnte (erhungerte) Speise zu umschließen, bis er ganz in jenes verwandelt ist. Handelt es sich bei dem geliebten Objekt um Gott, so steht natürlich die Apotheose bevor, da die Transformation oder Metanoia stets in einer Entsprechung bzw. Verähnlichung zum Affizierenden stattfindet. Der Heros ist der, der mit der Empfänglichkeit seiner Seele operiert, manövriert und sie im besten Falle kognitiv zu nutzen lernt. Insofern er selbst Ort der Transformation ist, löst er leibhaftig ein, was das Prinzip des Monismus formuliert: daß es nur einen Stoff in unendlichen

[1] G. Bruno: De vinculis in genere (übs. v. E. v. Samsonow). In: *G. Bruno*. Ausgewählt und vorgestellt v. Elisabeth v. Samsonow, hg. v. P. Sloterdijk, München, 1995, S. 227.

Variationen gibt. Aus der Warte des Erlebens bzw. des Subjekts stellt sich der Monismus Brunos als strategische Bewältigung von Affektivität dar bzw. als jene Zumutung an ein begrenztes Wesen, sich an das Ganze in Form *starker Entgrenzungserfahrungen* anzuschließen. Der Heros hat teil am sich stets verwandelnden Gesicht der Materie, die alles ist und alles sein kann, das große Prinzip der Wandlung, das immer es selbst und immer ein anderes ist. Dabei steht die ›ubiquitäre Subsistenz‹ der Materie, für ihr hartnäckiges Dasein, Immer-und-überall-Sein, für die implizierte Leiblichkeit, die sich der affektive, d.h. also imaginierende Geist mit dem Spinozas teilt. Die Anschaulichkeit der Wahrnehmung gründet in der leiblichen Verfaßtheit des Erkennenden, d.h. das Organ, um das es geht, ist die Imagination, die die Affektionen der Sinne als Welt *in extenso* deutet.

Die Amplitude, der der Heros zu entsprechen versucht, ist also die Gleichumfänglichkeit mit der absoluten Extension Gottes, d.h. er strebt einen Zustand an, der zu seiner Explication – wie wie im Falle Gottes bei Spinoza – *keines äußeren Objektes* mehr bedarf. Der unendliche Gott, der sich in einer unendlichen Welt verkörpert, hat sich sozusagen in das Geliebte als Maximum konvertiert, es gibt nichts mehr, was sich außer ihm befände. Die Metaphysik Brunos verbindet den absoluten Anspruch eines ersten Prinzip auf Explikation/Expression mit dem Anspruch auf absolute Expansion. Und tatsächlich ist aus der Perspektive höchster affektiver Entgrenzung betrachtet der Pantheismus oder genauer: eine näher zu betrachtende *metaphysische Tautologie oder die Konvertibilität* der (der eingefalteten und der ausgefalteten) Substanz(en) das kongeniale philosophische Konzept.

Bruno greift mit diesem höchsten philosophischen Ansprüchen zurück auf die Tradition pantheistisch angelegter Metaphysik, die zu den schwierigsten und meist umstrittenen Unternehmungen des Denkens gehört hat und gehört.

Bruno hat sich beispielsweise mit Hinweisen auf die Epikuräer und auf David von Dinant in die große Linie ketzerischen Denkens eingereiht, das die Einheit und Äquivalenz allen Stoffs gefordert hat, die Einheit von Geist und Materie, von Gott und Welt. David von Dinant hatte in *De tomis* geschrieben, daß Gott die Materie aller Dinge sei, und genau als Urheber dieser Position zitiert ihn Bruno in *Della causa* und merkt an, man habe ihn, David von Dinant, offenbar mißverstanden. *De tomis* schließt konzeptuell an die Demiurgie des Timaios an, wo in der *Zerteilung des einen Stoffes* der intelligible Kosmos entsteht. David von Dinant scheint in seiner Schrift *De tomis* das Verfahren des Scotus Eriugena aufgenommen und das Thema von Einheit und Vielheit in einer Logik bzw. Dialektik der Zerschneidung erfaßt zu haben.

Die Schwierigkeiten, die die Denker des einen Stoffs hatten – auch Lukrez gehört zu ihnen – lagen zum einen in der Darstellung der Dispositionen und Differenzierungen dieses Stoffs und, weiter, in der Einsetzung von Prinzipien, die paradoxerweise die Last der Differenzierung zu tragen hatten, ohne zugleich die Einheit des Stoffs aufzuheben. Mit den Mitteln der alten Substanz-Ontologie des Mittelalters geriet die These vom einen Stoff in vielen Erscheinungsweisen zu einer scheußlichen Theorie, deren Schwerfälligkeit und plumper Mystizismus vielleicht mehr noch als ihre mangelnde Übereinstimmung mit der kirchlichen Lehrmeinung die Verdammung verdient hat. Hier wäre vielleicht anzumerken, daß weder die griechische Mythologie noch das Christentum sich die Ungeheuerlichkeiten haben erlauben wollen, die der Hinduismus in den göttlichen Geschichten durchspielt, nämlich etwa die *Verwandlung des einen Gottes in einen anderen* (etwa Shivas in Vishnu), um sich in dessen Kostüm die Vorteile zu sichern, die sonst nur dem anderen gewährt worden wären. Das heißt, es gab hier in der christlichen Philosophie eine tiefsitzende Abneigung und theologische Tabu-Angst gegenüber dem Denken der wandelbaren Substanz, die vielleicht die Strafmaßnahmen, die gegen solche Idee angewendet wurden, wenn schon nicht rechtfertigt, wenigstens erklärt.

Meine These ist nun die, daß Bruno das Thema des einen Stoffs unter vollkommen veränderten Bedingungen wieder aufnehmen konnte, und zwar insofern, als sich mit der Lehre des katalanischen Philosophen Raimundus Lullus und der Rezeption kabbalistischer grammatischer Techniken gerade in Hinblick auf den schwachen Punkt des alten Monismus, nämlich die kurzschlußartige Gleichsetzung der Substanzen, neue Möglichkeiten eröffneten. Es tritt also hier – und das hat Giordano Bruno, als bald kanonisierter Kommentator lullistischer Schriften nicht versäumt, ständig und gebührend hervorzuheben – der Lullismus in seiner Funktion als Hoffnung oder Utopie seiner Philosophie in Erscheinung. Das Stichwort lautet: conversio (Verdrehung) oder transpositio (Verschiebung).

Lull (oder nach jüngeren Erkenntnissen) Pseudo-Lull behandelt in der Schrift *De auditu kabbalistico* die Möglichkeiten, die sich aus der Kombination der göttlichen Attribute ergeben, wobei in eigentümlichen logischen Schritten vor allem und immer wieder die Konsequenzen aus der *CONVERSIO des Subjekts mit dem Prädikat* erprobt werden. »Est enim conversio transpositio subjecti in praedicatum & e converso.«

> »Die Verdrehung ist nämlich die Verschiebung/Vertauschung des Subjekts und des Prädikats und umgekehrt.«[2]

Das kombinatorische Dispositiv der Lullschen Logik hat erstaunlicherweise zunächst weniger die kombinatorische Vervielfältigung und Erweiterung bis zur Potenzierung als solche zum Zweck als vielmehr die Beantwortung der anstehenden Frage, in welchem Verhältnis denn nun tatsächlich das Subjekt zum Prädikat zu denken sei bzw. in welchem Verhältnis Gott zu seinen neun »qualitates«. Die Aufmerksamkeit richtet sich auf das ›Medium‹ (s. dazu die kleinen Schriften: DE VENATIONE MEDII inter subiectum et praedicatum, und: DE CONVERSIONE SUBIECTI ET PRAEDICATI PER MEDIUM, alle in *Opera omnia* bei

[2] De auditu Kabbalistico, sive ad omnes scientias introductorium. In: R. Lullii: *Opera ea quae an inventam suam artem universalem Scientiarum (...) pertinent (...)*. Argentorati, sumptibus Haeredum Lazari Zetzneri, 1651, S. 46.

Zetzner 1651), welches zur kombinatorisch manövrierfähig gemachte Beziehung zwischen einem Subjekt und einem jeweiligen Prädikat wird. Mit diesem kombinatorisch geladenen ›Medium‹ erlangt die Lullsche Grammatik der Transposition bei Bruno die Würde eines Prozessors einer neuen Metaphysik: diese Metaphysik könnte man durchaus nach Lull als »Passion des Subjekts bezeichnen«: »Namque per talem combinationem intellectus pervenit ad perfectam notitiam propriae passionis de omni subiecto cuiuscunque generis.«

> »Denn durch eine solche Kombination gelangt der Intellekt zur vollkommenen Kenntnis seiner der jeweils ihm eigenen Passion eines jeden Subjekts, von welcher Art es auch immer sei.«[3]

Nähme man etwa an, daß das ›Subjectum‹ die Substanz Gottes ist, läßt sich die Passion des Subjekts als die Passion Gottes in der Attribution oder *Weltwerdung* lesen.

Der Pantheismus alter Prägung, der sich auf eine, auf das Sein der Dinge hin ausgerichtete Metaphysik gestützt hatte, mußte vor der Vorstellung, *eines ein anderes werden zu lassen,* kapitulieren: er hätte damit die Substanz des Dings, das seine Erkennbarkeit garantierte, preisgegeben. Die Transposition nach einem grammatischen Modell erlaubte hingegen, das *Werden* als *Übersetzung* zu denken, das heißt als eine Modifikation oder Veränderung ohne Substanzverlust.

Lulls Theorie bediente sich in der Formulierung dieser These wahrscheinlich der im Buch *Jetzirah* formulierten Grundidee, daß die Elemente der Schöpfung mit dem Alphabet gegeben seien. Ein unter dem Horizont der Schrift ideierter Gott, also der Herr der Schrift, kann folglich im wesentlichen als die *ganze Substanz eines Textes* gedeutet werden, was genau den Sachverhalt ausmacht, auf den sich die Kabbalisten berufen. Damit ist der Horizont einer gewöhnlichen Grammatik oder Rhetorik bereits überschritten. In dem Augenblick, in dem die Metaphysik unter das Regime der Schrift gerät – und das ist hier besonders, aber überhaupt in der Renaissance zweifellos so – öffnen sich für die Deutung des Zusammenhangs zwischen Gott und Welt bzw. Natur neue Perspektiven. Bruno nimmt das Thema des David von Dinant wieder auf, aber er ist nicht mehr auf die Metaphysik der zerteilten Urmaterie angewiesen. Er versucht, wie David von Dinant Gott als die Materie der Welt bzw. die Welt als den Körper Gottes zu denken, aber er hat im Lullismus – und natürlich auch in der Koinzidenzlogik des Cusanus, die aber hier nicht unser Thema ist – eine neue, *elegante Prozeßlogik* für die Konzeption dieses Gedankens zur Verfügung. Sein Denken kreist nun unermüdlich um die Darstellung dieser Form von Kosmologie.

Bruno ist der Denker der Diskretion, der Differenzierung und der Vervielfältigung in der Einheit, allerdings immer innerhalb des Horizonts eines Seins, dessen Funktionen grammatisch und kombinatorisch darstellbar sind. Die Übersetzungsarbeit besteht in der Überführung eines Idem in ein Aliud, zu dem es in einer Relation weniger

[3] S. Anm. 2, Cap. III, S. 67.

der Explikation als der *Expression* steht. Die Installation eines grammatischen Transpositionsprozessors im Zentrum einer neuen Metaphysik legt Gott und Welt als modi ein und der derselben Substanz auseinander, d.h. die *Welt ist Gott* ANDERS AUSGEDRÜCKT. Die Modalontologie – um sie einmal provisorisch so zu bezeichnen – muß einen *Ausdruck des Selben* fordern, da selbst Identität, wie wir aus der Schöpfungsgeschichte wissen, nicht ohne eine Relation ad quem sein kann. Dieser Ausdruck ist eben die Welt als Körper Gottes, in dem, wie Bruno in *Della causa* schreibt, ein unendlich Undargestelltes zu seiner notwendig unendlichen Darstellung kommt. Die Kosmologie ist deshalb die erste Aufgabe der Philosophen, die in ihr eine Art von Protoplastik entwerfen, die die erste Imaginabilität – die erste Vorstellbarkeit – von allem durch ein erstes *All* phantastisch präformiert.

Der als wichtiges Thema der Zeit breiten Raum einehmende Kopernikanismus bei Bruno hat in der Bruno-Rezeption den Blick dafür verstellt, daß Brunos Kosmologie sich vielmehr aus der primären Fragestellung nach dem Status von Raum und Materie herleiten läßt als aus einem allgemeinen Interesse an naturphilosophischen oder physikalischen Themen.

Die erste Schrift, mit der Bruno an die Öffentlichkeit tritt, zeigt bereits den Akzent bzw. die Lösung an, mit der er dem Problem des Monismus zu Leibe rücken wird: nämlich mit einer Konzeption der *memoria,* die die Last der Modifikation bzw. der Übersetzung zu tragen haben wird. Die memoria reift also erst bei Bruno zu dieser *grammatischen Super-Maschine* des *Transfers* (einer ›verschärften‹ *Metapher*) heran, als welche sie in den apologetischen Renaissance-Schriften beizeiten projektiert worden war.

Damit zum zweiten Punkt: Bei Bruno wird die memoria die monistische Substanz – die eine und einzige Substanz – *manövrierfähig* machen. In ihrem Begriff wird ein *anderer Modus* zwar angenommen, aber als *abwesend anwesend* gedacht. Damit ist die theoretische Scheußlichkeit vermieden, die Identität in den Plural setzt, mehrere Selbst, mehrere große Einsen oder mehrere einzige Substanzen annimmt. Der alte Topos von der *corporalitas* des Gedächtnisses, seiner ›Leibhaftigkeit‹, wird von Bruno umgedeutet zum expliziten Motiv der Materialität oder Verkörperung der Substanz. Die *memoria* bewahrt die Identität der Substanz in den verschiedenen Seinsweisen (Modi) und bildet so den *Großen Transformator der ewigen Eins.* Hier erweist sich wiederum der Einsatz der lullistischen Kombinatorik in besonderer Weise als hilfreich, insofern sie in der Tat im Aneinander der Alphabetreihen den Übersetzungsmechanismus als Wendungen der Eins augenfällig macht. *Der Große Schlüssel*, Titel einer von Bruno öfters erwähnten verschollenen Schrift, sperrt genau die Beziehungen, die die alte Seinsmetaphysik so mühevoll reflektiert hatte, mit Leichtigkeit: indem sie eben Relation als transpositio/Versetzung oder translatio/Verschiebung ausgibt.

Umgekehrt ist es so, daß die Faltung des Erkenntnisobjekts in seine Weisen dem Erkennenden eine gewisse Form und Methode der

Erkenntnis zumutet. Die direkte und unmittelbare Erkenntnisintention wird als der Faltung und Chiffrierung nicht gewachsener Habitus ausgegrenzt; Erkenntnisakte werden zu *Entschlüsselungsakten* umgebaut. In den Intentionen und Konzepten der Schatten zu Beginn der Schrift *De umbris idearum* gibt Bruno die Elemente einer Methodik an die Hand, die sich in der transponierenden, d.h. in der Diagnostik von Schattenrissen übt, und zwar jeweils unter der Prämisse, daß Schatten Expressiones, Veränderungen eines Idem, der identischen einen Substanz sind.

Der Materialismus Brunos könnte demnach so zu lesen sein, daß die »mens insita omnibus«, also die Natur, die erste Übersetzung Gottes ist, also jene Veränderung, die ihn zu einem Körper modifiziert. Die Natur ist der Körper Gottes, in der er als Identität abwesend, aber als sie übersetzende Erinnerungen seiner Identität anwesend ist. Das ist das Geheimnis der salomonischen »solaren Kunst«, mit der sich Bruno in der Einleitung zu *De umbris* wichtig macht.

Ich möchte nun abschließend versuchen, die Verschränkung der Affektenlehre mit der grammatischen oder grammatisierenden Metaphysik des Pantheismus in Brunos ›Erfindung‹ der memoria artificialis, d.h. seiner Schattenlehre darzustellen. Ich möchte ferner andeuten, wie sich der *Pantheismus* in Brunos mnemotechnischer Wendung bzw. in Kontamination mit seiner Gedächtniskunst entscheidend transformiert.

Sofern der Mensch als bloß affizierter agiert, kommt er gewissermaßen nur unter die Räder der Natur und desjenigen, was als Gedächtnis der Natur Modus der göttlichen Substanz ist. Im Besitz des natürlichen Gedächtnisses erlebt er, was Descartes als »passions d'âme« beschrieben und Spinoza als die »servitudo hominis« im vorletzten Teil der Ethik ausgemalt hat. In diesem Zustand werden *raptus* und *furor* zwar erlitten, aber es ist noch nicht diese Peripetie erreicht, in der, wie bei Bruno, der Umschlag von der Natur in die Kunst der Erinnerung stattfindet. Bruno definiert den Beginn des Königswegs mit jenem Punkt, an dem das natürliche Gedächtnis zum künstlichen umgestaltet werden kann. An diesem Punkt beginnt das Subjekt mit der technischen Operation seines Gedächtnisses, indem es eine starke phantastische Konstruktion als autosuggestiven Grundplan sich selbst induziert. Solange nur Affiziertheiten auf der Ebene des natürlichen Gedächtnisses vorliegen, d.h. genauer: solange die Imagination nur von den magischen Bildern des Begehrens etc. besessen ist, ist noch kein Subjekt da, sondern nur ein vollständig Ergriffenes, nur Hingerissenes im Zustande seiner Auflösung im Sog des Objekts. »Sed unde inquam haec arti facultas? inde nimirum ubi viget ingenium. Ingenium cuius est proxime? hominis. Homo vero cum suis facultatibus omnibus unde emanavit primo? à natura sané parturiente. Ergo si rem ab exordio inturberis, & ab ipsa radice hanc arborem transplantandam velis evellere: ad naturae cultum, atque recognitionem inclinatur.«

»Und woher kommt also die Begabung zu dieser Kunst (der Erinnerung)? Daher natürlich, wo das Ingenium seinen Ursprung nimmt. Und wem ist dieses Ingenium am nächsten? Dem Menschen. Der Mensch aber mit allen seinen Gaben, woher kam er im Anfang? Aus der Natur, die nichts ist als Gebären. Wenn du also die Sache von ihrem Anfang her angehen willst und diesen Baum, den es zu transplantieren gilt, von seiner Wurzel her angehen willst, dann siehst du, daß er der der Pflege (cultus) der Natur und ihrer Erkenntnis zugehört.«[4]

Mit Hilfe des künstlichen Gedächtnisses taucht das Subjekt gewissermaßen noch einmal tief in die Natur hinein, die es sonst nur erlitte, und schließt sich an eine produktive Sphäre, also an ein kreatives Innen an, wo an der Übersetzung an sich manipuliert werden kann und die Gesetze des Ausdrucks formuliert werden. In der Erfindung des künstlichen Gedächtnisses bezieht sich das Subjekt explizit auf denjenigen Umschlagspunkt, wo die Natur zur begriffenen und damit zur Kunst wird, *wo Modalität hergestellt wird*, und entwickelt in der Aus- und Einprägung von neuen Codes Matrizen für die Möglichkeiten der genetischen, ja sogar der *heterogenetischen Logik des Werdens*. Bruno nennt diesen Umschlagpunkt *cultus*. Dieser liegt im *apex naturae*, im Scheitelpunkt der Natur, die eine Heterogenese oder zweifache Genealogie anstößt, weshalb ganz richtig – und das dürfte für die romantischen Interpreten von nicht unerheblicher Bedeutung gewesen sein – der Mnemotechniker als Co-Operator der Natur aufgefaßt werden kann, als einer, der tatsächlich als Kind der Großen Mutter gelten kann:

»Aber das, wodurch im Allgemeinen die Seele zu allen ihren einzelnen Funktionen gebracht wird, wie beschaffen ist dies und auf welche Weise geschieht dies? Das ist noch nicht hinreichend klar. Es wird also gefragt, was dies sei, wodurch die Seele sich in die Kunst hüllt? Durch welche Kunst hüllt sich die Seele in die Kunst? Nun, paßt es nicht gut, die Kunst als dasjenige zu bezeichnen, wodurch die technische Mutter Natur in vielen wiederholten Akten danach strebt, sich selbst zur Expertin zu machen?«[5]

Alle Operationen beziehen sich in spezifischer Weise auf die Natur:

»Da also alles Mögliche zuvor in der Natur besteht, entweder vor dem Natürlichen, oder in dem Natürlichen, oder durch das Natürliche. So erkennst du auch, daß vom Natürlichen her die Aktion ihren Anfang nimmt; du sollst unbedingt zur Kenntnis nehmen, daß sie durch diese eine Natur Aktion ist. Es unterscheidet aber bis zu einem gewissen Grade die Philosophie üblicherweise ein positiv Handelndes (Agierendes) von einem natürlich Handelnden. Da möchte ich aber nicht dabei sein. Ich will nur, daß

[4] *Ars memoriae, Jordani Bruni Nolani Opera latine conscripta*. Vol. II, Neapoli, 1886, S. 61, Nachdruck Stuttgart-Bad Cannstatt, 1961.

[5] S. Anm. 4, S. 57.

> mir rechtens Folgendes zugegeben wird: daß nämlich derart zu unterscheiden ist, wie das Werkzeug eines damit Operierenden von dem Operierenden selbst auseinanderzuhalten ist, das Medium von einem eine Ordnung Herstellenden und der Arm von einem ihn Herumführenden.«[6]

Die Natur teilt sich mit dem Menschen denselben Modus, der Mensch aber findet in diesem Modus gewissermaßen das Organ *seines eigenen Werdens*, indem er lernt, aus dem Umriß der Schatten Schlüsse zu ziehen auf dasjenige, das diese Schatten wirft. Damit wird er zum großen Operator, Manipulator und Magier. Das Projekt der ars memoriae ist die Herstellung neuer Emanationsbänder, wie sie Bruno in den Code-Listen in *De umbris idearum* angeht.

Spinoza gibt ein Echo der ars memoriae Brunos im fünften Teil der Ethik – die in jedem Fall größere Ähnlichkeit mit Brunos ›imaginationsmagischer‹ Analyse der ›vincula‹ aufweist als beispielsweise mit der *Nikomachischen Ethik* – und zwar dort, wo er von der *Potentia Intellectus seu de Libertate humana* (von der Macht der Vernunft oder der menschlichen Freiheit) handelt, präzise in der ersten *propositio*, wo es heißt:

»Gerade so, wie die Gedanken und Vorstellungen der Dinge im Geiste geordnet und verkettet werden, genau so werden die Affectionen des Körpers oder die Bilder der Dinge im Körper geordnet und verkettet.«

Spinoza erläutert: »Wie demnach die Ordnung und Verkettung der Vorstellungen im Geiste nach der Ordnung und Verkettung der Affectionen des Körpers entsteht…, so entsteht umgekehrt die Ordnung und Verkettung der Affectionen des Körpers, je nachdem die Gedanken und die Vorstellungen von den Dingen im Geiste geordnet und verkettet werden.«[7]

Der Gedächtniskünstler, der dem Entwurf Brunos folgt, wird zwar die *concatenatio* (Verkettung) sich just in Spinozas Manier zum Thema machen, aber weniger, wie mir scheint, um diese oder jene Affekte oder Affektketten produzieren zu können, sondern auch und vor allem aus Interesse am Wesen der Imagination und ihrer erinnerungstechnischen Potenzen. Brunos Pantheismus wird in der Erhöhung der *memoria* und der künstlerischen bzw. konstruktivistischen Bearbeitung ihrer generativen Kräfte selbst transformiert. Der Pantheismus, einmal vom Gedächtniskünstler, vom Erfinder der Schatten und des Schlüssels usurpiert, wird im Nu des Schreckgespensterhaften und des ontologisch Monströsen entledigt und avanciert zum wahren Rahmen einer neuen, eher *kulturphilosophisch oder kulturwissenschaftlich* relevanten Beschäftigung. Ich möchte daher vorschlagen, Brunos sogenannten Pantheismus treffender eher als *PanMnemismus* zu bezeichnen. Eine Revision des Pantheismus Brunos als Pan-Mnemismus eliminiert die Opposition zwischen Bewußtseinsphilosophie und Kosmologie und zeigt die berühmten ›unendlichen Welten‹ als eine notwendige, aus dem Konzept des *komplizierten Gedächtnisses* herrührende Idee.

[6] S. Anm. 4, S. 61.

[7] K. Blumenstock (Hg.): *Spinoza Werke.* lat.-dt., Darmstadt, ⁴1989, S. 511.

Zum Schluß möchte ich noch darauf hinweisen, daß Spinoza höchstwahrscheinlich Brunos Modell und die philosophische Tradition, in die er sich gestellt hat, gekannt hat. Zum großen Teil unbekannt waren diese jedoch den zahlreichen Philosophiehistorikern, die am Ende des 18. bis zum 19. Jahrhundert eine Diagnose zum Verhältnis zwischen Spinoza und Bruno angestellt haben, also beispielsweise La Croze, J.G. Buhle, Johann Jakob Brucker, Agatapisto Cromaziano, Tennemann, Jacobi, Fülleborn, Rixner und Siber, Kirchmann und Moriz Carrière. Versuche, die Kunst der Erinnerung in Brunos Philosophie, insbesondere in seine Metaphysik und Kosmologie einzupassen, sind allerneuesten Datums und haben das Bruno-Bild bis heute nur geringfügig umzugestalten vermocht. Der Spinozismus selbst hätte, falls der Zusammenhang mit Brunos eleganter mnemonische Transpositionsmetaphysik schon im 17. Jahrhundert aus den disparaten Schriften zu rekonstruieren gewesen wäre, eine unvergleichlich argumentationskräftigere philosophische Bewegung sein können, jedenfalls hat man in Bruno einen Anti-Descartes gesehen, der seine Wirkung sogleich machtvoll entfaltet, der Kanonisierung im philosophieschulischen Lehrbetrieb aber widerstanden hat. Ferner ist zu bemerken, daß erst die gegenwärtige Beschäftigung mit der physiologisch orientierten Renaissance-Affektenlehre die richtige Einordnung zumindest eines Teils von Brunos Absichten, wie sie beispielsweise in den *Eroici furori*, in *De vinculis in genere* und in *De magia* entfaltet werden, erleichtert und einen damit der Auseinandersetzung etwa mit dem Schwulst Kuhlenbeckscher Ausprägung enthebt. Kuhlenbeck hat bis heute, bis auf wenige Ausnahmen, das Monopol auf die deutschen Bruno-Übersetzungen inne gehabt, was erklärt, weshalb der deutsche Bruno meist so unvergleichlich schwärmerisch, neurasthenisch und auch kitschig wirkt. Aber man kann hoffentlich auch an die Unendlichkeit geraten, ohne sich das Hirn zu verbrennen.

das weltbild der frühen chinesen.

xinru nie

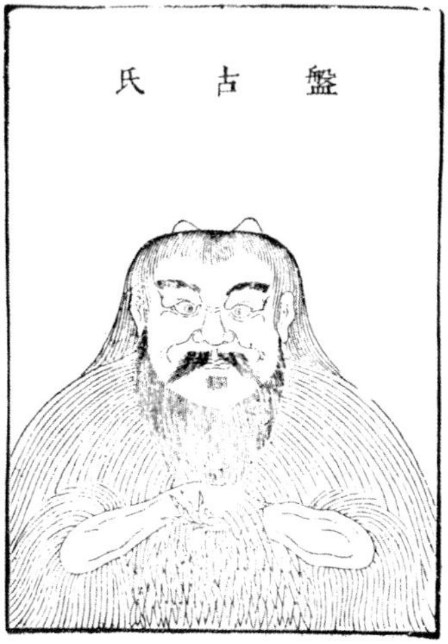

Pangu, Zeichnung aus der Zeit der Ming-Dynastie (1368–644)

I. Über den Ursprung der Welt und der Menschheit

Vor etwa 2200 Jahren schrieb der große chinesische Dichter Qü Yuan[1] ein langes Gedicht mit dem Titel *Fragen an den Himmel*, in dem er Gewissheiten über die Welt, den Kosmos und den Ursprung der Menschheit suchte. Es begann folgendermaßen:

Wer kann den Anfang der grauen Vorzeit beschreiben?

Worauf stützt sich die Beschreibung der Zeit, in der Himmel und Erde noch nicht voneinander getrennt waren?

Wer konnte sich damals schon ein klares Bild von der Welt machen, als alles noch ein Chaos war?

Wie konnte man die Dinge erkennen, die schwebten und von Ort zu Ort zogen?[2]

Seine Fragen bezogen sich vor allem auf die uralten Mythen und Legenden, die man sich zu seiner Zeit in China erzählte.
Ein uralter chinesischer Mythos erklärt die Entstehung der Welt so:

Als Himmel und Erde noch nicht voneinander getrennt waren, war die ganze Welt ein Chaos und sah aus wie ein großes Ei. Dieses barg einen Gott namens Pangu in sich. In dem chinesischen Namen Pangu ist die Bedeutung ›uralt‹ enthalten. 18.000 Jahre lag Pangu in dieser Dunkelheit. Dann erwachte er, öffnete die Augen und bemerkte nur Dunkelheit um sich herum. Er streckte seine Hände aus, ergriff ein Beil und schlug damit in die Luft. Dadurch spaltete sich mit einem lauten Krachen das wie ein großes Ei aussehende Chaos. Alles was leicht und durchsichtig war schwebte nach oben und verwandelte sich in den Himmel. Und alles was schwer und undurchsichtig war sank zu Boden und wurde zur Erde. Nachdem er auf diese Weise Himmel und Erde voneinander getrennt hatte, befürchtete Pangu, dass sie irgendwann wieder zusammenwachsen würden. So stellte er sich – mit den Füßen auf der Erde stehend – zwischen Himmel und Erde auf und stützte mit seinem Kopf den Himmel ab. Der Himmel erhöhte sich jeden Tag um ein Zhang[3], während die Erde jeden Tag um ein Zhang dicker wurde. Im gleichen Maß wuchs auch Pangu. Wieder vergingen 18.000 Jahre und Pangu wurde zu einem unendlich großen Riesen.

[1] Qü Yuan lebte etwa von 340 v. u. Z.–278 v. u. Z.

[2] Qü Yuan (zusammengestellt in der Zeit der Qing-Dynastie von Jiangji): *Shandaige zhu Chuci* (Erläuterung der Gedichte aus Chu durch Shandaige, Chu bezeichnet die Provinzen Hu'nan und besonders Hubei). Shanghai, 1984, S. 68 f.

[3] Alte chinesische Längenmaßeinheit, ein Zhang entspricht 3,33 Meter.

Als Pangu starb, bildete sich aus seinem linken Auge die Sonne, aus seinem rechten Auge der Mond. Seine Hände, Füße und sein Körper verwandelten sich in Gebirge, sein Blut in Flüsse, seine Blutgefäße, Nerven- und Energiebahnen wurden zu Wegen, sein Fleisch zu Ackerland, aus seiner Haut und seinen Körperhaaren entstanden Pflanzen, aus seinem Skelett und seinen Zähnen bildeten sich Edelsteine, Perlen sowie Metalle und sein Schweiß verwandelte sich in Regen und Tau – kurz gesagt, aus dem Körper Pangus formte sich unsere Welt.[4]

Der Mythos von Pangu beschreibt, wie unsere Welt geschaffen wurde. Die Entstehungszeit dieses Mythos ist nicht gewiss. In der Zeit, als Qü Yuan sein Gedicht *Fragen an den Himmel* schrieb, war er bereits allgemein bekannt. Geht man davon aus, dass in der Frühzeit ohne moderne Medien und Verkehrswege die Verbreitung einer Geschichte sehr viel Zeit erforderte, muss der Mythos folglich schon sehr lange vorher entstanden sein. Auf diesen aus grauer Vorzeit überlieferten und bisher von keinem bezweifelten Mythos bezieht Qü Yuan seine kritischen Fragen.

Während der Mythos von Pangu die Entstehung der Welt erklärt, erzählt uns der Mythos von Nüwa, wie die Menschheit auf die Welt kam.

Nach der Entstehung der Welt gab es auf der Erde Gebirge, Flüsse, Pflanzen und Tiere, aber noch keine Menschen. Nüwa, die Göttin der Erde, fühlte sich sehr einsam. Sie versuchte daher, aus gelbem Lehm und Wasser Menschen zu formen. Dies gelang: Sie schuf ein Wesen, das gehen, laufen und sprechen konnte. Voller Freude formte Nüwa bald weitere Menschen, doch im Verhältnis zur Größe der Erde waren es immer noch zu wenige. Sie griff daher zu einer Korbpflanze, die sie in den gelben Lehm eintauchte und dann herumschwenkte. Aus jedem Lehmbrocken, der dabei zu Boden fiel, entstand ein Mensch. Auf diese Weise vermehrten sich die Menschen sehr schnell. Doch war ihre Lebenszeit begrenzt. Nach einer gewissen Zeit alterten sie und starben. Die Erschaffung der Menschen war offenbar eine nie endende Aufgabe. Nüwa kam daher auf die Idee, aus Männern und Frauen Paare zu bilden und sie selbst Menschen zeugen sowie Kinder aufziehen zu lassen. Nun vermehrte sich die Menschheit stetig und bevölkerte allmählich die Erde.[5]

Später brach zwischen Gong Gong, dem Gott des Wassers, und Zhu Rong, dem Gott des Feuers, ein Krieg aus. Gong Gong, der Gott des Wassers, verlor. Gereizt und aufgebracht stieß er mit seinem Kopf gegen eine der Himmelsstützen, den im Westen gelegenen Berg Buzhou, und zerbrach sie. Dadurch kam es zu einer großen Katastrophe. Im westlichen Himmel tat sich ein großes Loch auf und im Osten spaltete ein Erdbeben die Erde. Feuer und unterirdisch fließendes Wasser traten aus, die Menschen ergriffen die Flucht. Nüwa war sehr traurig, als sie die Leiden der Menschheit, ihrer eigenen Kinder, sah. Sie kam ihnen zu Hilfe, indem sie vom Boden der Flüsse bunte Steine heraufholte und sie im Feuer verschmolz. Nachdem sie damit das Loch im Himmel ausgefüllt hatte, tötete sie eine große Schildkröte und benutzte deren vier Füße, um den Himmel

[4] Der Mythos von Pangu findet sich verschiedentlich in den Büchern *Chuci*, *Taiping Yulan*, *Yishi* u.a.

[5] Nach Forschungsarbeiten von Yuan Ke brachte man in der Zeit der Streitenden Reiche (770 v.u.Z.–221 v.u.Z.) sowie in der Frühlings- und Herbstperiode Nüwa als der Göttin der Ehe Opfer dar. Yuan Ke: *Die uralte Mythologie Chinas*. Beijing, 1981 S. 55 f.

abzustützen. Obwohl der Himmel von Nüwa wieder in Ordnung gebracht worden war, neigte er sich von nun an ein bißchen nach Westen. Aus diesem Grund glitten die Sonne, der Mond und die Sterne, die im Osten aufgingen, nach Westen. Und die große Erdspalte im Osten wurde zu einer tiefen Kluft, so dass alle Flüsse auf der Welt in östlicher Richtung zum Meer hin flossen.[6]

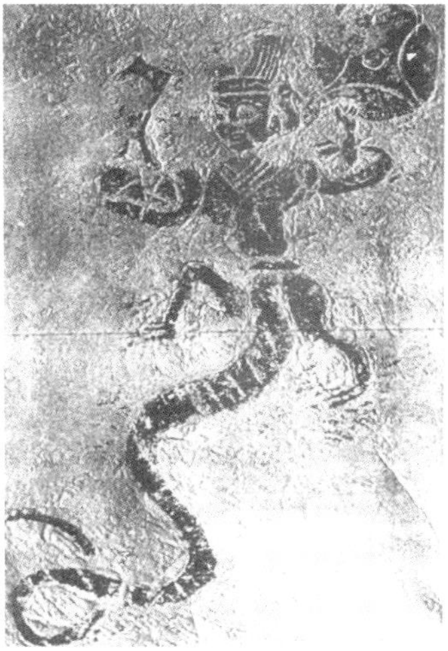

Nüwa, Zeichnung auf einem Ziegelstein, aus der Zeit der Han-Dynastie (206 v.u.Z.–220)

In der Mythologie des alten China wurde Nüwa, die Göttin der Erde, als Schlange mit Menschenkopf dargestellt. So erscheint sie auch auf einem bemalten Ziegel aus der Han-Periode (206 v.u.Z.–220). In der Zeit der Östlichen Han-Dynastie (25–220) definierte der große chinesische Gelehrte Xu Shen ihr Geschlecht als weiblich. In dem von Xu Shen zusammengestellten ersten Wörterbuch Chinas *Shuowen Jiezi* (Erläuterungen der Schriftzeichen und der Wörter) schrieb er: »Wa, weiblich, Göttin in den alten Zeiten, Schöpferin aller Dinge auf der Welt.«[7] Daraus kann man schließen, dass dieser Mythos aus einer Zeit des Matriarchats stammt.

Interessant ist, dass der uralte Riese Pangu, der aus dem Nichts heraus die Welt erschuf und den Himmel von der Erde trennte, männlich und nicht weiblich ist, daher wahrscheinlich einer Zeit des Patriarchats entstammt.

Soziologisch gesehen ist jedoch das Matriarchat die ältere Gesellschaftsform. Zwar sollte die Geschichte von der Entstehung der Welt dem Mythos über die Erzeugung der Menschen zeitlich vorangehen, doch ist sie in Wirklichkeit wahrscheinlich erst sehr viel später entstanden. Diese Vermutung wird dadurch gestützt, dass die Geschichte von Pangu im ältesten Buch Chinas, das die meisten alten Mythen und Legenden enthält, völlig fehlt. Nach Meinung heutiger Wissenschaftler war dieses Buch mit dem Titel *Über Berge und Meere* vor mehr als 2000 Jahren ein Buch für die Magiere, ein »Führer für das Handeln«. »Man kann sagen, dass dieses Buch nicht von einem einzigen Autor und auch nicht innerhalb einer einzigen Epoche verfasst wurde«[8] im Lauf der Jahrhunderte wurde es immer wieder ergänzt und fortgeschrieben. Trotzdem bleibt ein so wichtiges Ereignis wie Pangus Trennung von Himmel und Erde unerwähnt.

II. Größe und Aussehen der Welt

Die auf dem asiatischen Kontinent lebenden Chinesen der Frühzeit glaubten, dass die Erde, auf der sie lebten, so viereckig wie ein Schachbrett wäre und dass der Himmel, der diese rechteckige Erde bedeckte, einem Regenschirm gleicht. Für sie hatte der halbrunde Himmel insgesamt neun Schichten, die sich allesamt jeweils ununterbrochen drehen. Qü Yuan grübelte:

Wer hat den runden Himmel erschaffen, der aus neun Schichten besteht?
Er ist so riesig – wie konnte man das schaffen?
Wo befindet sich das Seil, um den Himmel festzubinden?
Wie wurde der Große Bär am Himmel fixiert?[9]

[6] Der Mythos von Nüwa findet sich an verschiedenen Stellen in den Büchern *Chuci*, *Taiping Yulan*, *Huainanzi* u.a.

[7] Xu Shen, dargestellt und interpretiert von Duan Yucai: *Shuowen Jiezi zhu* (Erläuterung des Wörterbuchs der Schriftzeichen und Wörter). Shanghai, 1986, S. 617.

[8] Yuan Ke: *Shenhua Lunwen ji* (Abhandlungen über den Mythos). Shanghai, 1982, S. 1.

[9] Qü Yuan: *Shandaige zhu Chuci*, s. Anm. 2, S. 70 und 76.

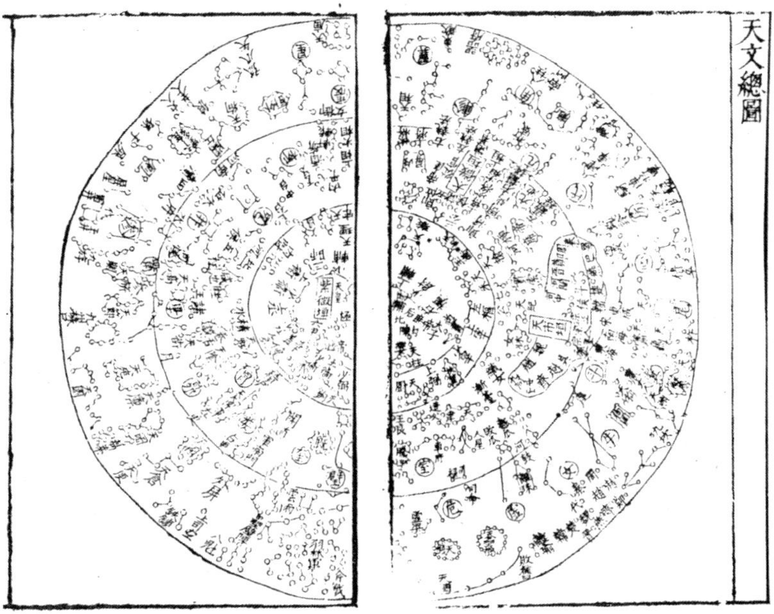

Eine astronomische Karte, Zeichnung aus der Ming-Zeit (1368–1644)

Die Frage nach dem Seil erklärt sich daraus, dass die Chinesen damals höchstwahrscheinlich nicht in der Lage waren, Drehung und Verlagerung als zwei verschiedene Phänomene zu sehen. In ihrem Alltagsleben beobachteten sie zum Beispiel an Wagenrädern, daß sich Dinge, die sich drehen, meist auch fortbewegen, es sei denn, sie drehten sich nur um eine eigene Achse, die sie ›festhält‹, wie z.B. bei Windmühlen- oder Wasserrädern. Als die Menschen die Bewegung der Sterne im Himmel beobachteten, fanden sie, dass der Himmel sich zwar dreht, jedoch nicht verlagert. Da es offenbar keine Achse gab, die lang genug war, um den Raum zwischen Himmel und Erde zu überbrücken, fragte sich Qü Yuan folgerichtig, wie der Himmel dann wohl befestigt sei. Er vermutete, daß der Himmel vielleicht mit einem Seil an der Erde festgebunden sei; doch wo sollte dieses sein? Bisher hatte es noch niemand gesehen oder in einem Buch erwähnt.

Zur Größe des Himmels oder der Erde gab es damals keine konkreten Angaben. Man konnte sie jedoch in etwa aus einigen alten Schriften ableiten. So beschreibt das Buch *Über Berge und Meere*, modern gesprochen, die Geographie der Erdoberfläche und alles, was die Natur geschaffen hat. Dies war nicht die Absicht der Autoren, als sie – wie man heute aufgrund von Forschungen weiß – etwa zwischen 700 v.u.Z.–200 v.u.Z. dieses Buch verfassten. Doch uns vermittelt das Buch, was man damals über die Größe der Welt wusste.[10]

Die Chinesen dieser Zeit glaubten, dass sich in der Mitte der Welt zwölf Bergreihen – heute würde man Gebirge sagen – befänden, die insgesamt eine Länge von 21371 Li[11] aufwiesen.

Das Gebirge im Süden bestand aus drei Reihen mit insgesamt

[10] Siehe Yuan Ke: *Die Geschichte der chinesischen Mythologie.* Shanghai, 1988, S. 17 und 20.

[11] Eine alte chinesische Längenmaßeinheit. Ein Li entspricht etwa 0,5 Kilometer.

16380 Li, das Gebirge im Westen aus vier Reihen mit insgesamt 17517 Li, das Gebirge im Norden aus drei Reihen mit insgesamt 23230 Li und das Gebirge im Osten aus vier Reihen mit insgesamt 18860 Li Länge.

Außerhalb der Gebirge gab es nur »Meere«, doch wissen wir nicht, was man sich damals unter dem Begriff ›Meer‹ vorstellte. Folgt man dem Buch, lagen nicht nur im Osten und Süden, sondern auch im Westen und im Norden, also in allen Himmelsrichtungen »Meere«. Man unterschied lediglich zwischen »außerhalb der Meere« und »innerhalb der Meere«. Doch in keinem der dazugehörigen Kapitel findet sich die Beschreibung eines Meeres. Man liest lediglich von Gebirgen, Flüssen, seltsamen Ländern, Pflanzen und sonderbaren Mischwesen, Kombinationen von Menschen und Tieren. Für das Gebiet in der Weltmitte gibt es durchaus differenzierte Beschreibungen von Menschen, Göttern und Tieren. Dagegen erscheinen die Mythen über die Gegend um die ›Meere‹ eher phantastisch, Angaben zu Größe oder Länge fehlen hier. Daraus läßt sich schließen, dass die Verfasser des Buches mit dem mittleren Gebiet wesentlich vertrauter waren als mit dem ›Meer‹. Die Bezeichnung »innerhalb des Meeres« steht höchstwahrscheinlich für die Umgebung der großen Flüsse und Seen oder das Sumpfgebiet, das heißt, für Gegenden, zu denen man wirklich gelangen konnte, während mit dem Begriff »außerhalb des Meeres« sehr wahrscheinlich weiter entfernte Gebiete in der Nähe des tatsächlichen Meeres gemeint sind.

Laut Yuan Ke dauerte es insgesamt mehr als 500 Jahre, bis das Buch *Über Berge und Meere* fertig war. Das Kapitel über die Berge wurde erst relativ spät abgeschlossen.[12] Die Autoren, die über die ›Berge‹ schrieben, stützten sich wahrscheinlich mehr auf ihre tatsächlichen Kenntnisse und weniger auf ihre Phantasie als diejenigen, welche die ›Meere‹ behandelten.

»Außerhalb der Meere« bedeutet nicht das Ende jeglichen Festlandes. Die Chinesen der Frühzeit waren nicht der Meinung, in allen vier Himmelsrichtungen von einem endlosen Meer umgeben zu sein, sondern von »Da Huang«, was auf chinesisch ›große Wildnis‹ bedeutet. Sehr wahrscheinlich war die Auffassung, dass Wasser und Feuer unvereinbare Gegensätze sind, schon bei den alten Chinesen so tief verwurzelt, dass sie sich weder im Osten noch im Westen ein sich endlos erstreckendes Meer vorstellen konnten. Unmöglich konnte ein Feuerball wie die Sonne im Osten aus dem Wasser auftauchen und im Westen wieder darin untergehen. Dort musste es also außerhalb des Meeres noch Kontinente geben. So heißt es im Kapitel *Dahuang Dongjing*: »Mitten im Dahuang steht ein Berg, der ›Leuchtender Stern‹ heißt. Von diesem Berg her ›kommt die Sonne und der Mond‹.« Und im Kapitel *Dahuang Xijing* steht: »Außerhalb des westlichen Meeres befindet sich ein Berg, der ›Viereckiger Berg‹ heißt. Auf diesem Berg steht ein Baum, der den Namen ›Guige Song‹ trägt. Das ist der Ort, aus dem Sonne und Mond hervorkommen und in den sie wieder hineingehen.«[13]

Zusammenfassend kann man sagen, daß in dem Buch *Über Berge*

[12] Siehe Yuan Ke: *Die Geschichte der chinesischen Mythologie*, Anm. 10, S. 17–20.

[13] Yuan Ke: *Shanhaijing Jiaoyi* (Korrekturen und Übertragung des Buches *Über Berge und Meere* ins moderne Chinesisch). Shanghai, 1985, S. 246 und 270.

und Meere eine Welt beschrieben wird, in der es sowohl Meere als auch verschiedene Kontinente gibt. Die angegebenen Maße sind heute jedoch bedeutungslos, da sie keine Luftlinien beschreiben, sondern im Zickzack laufende Wege ausgemessen wurden.

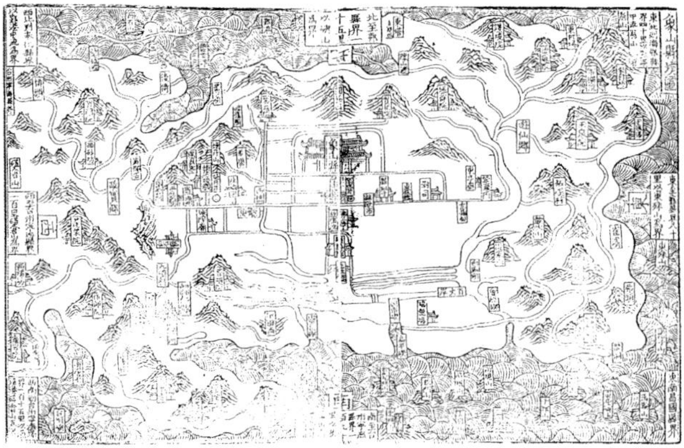

Eine Landkarte, Zeichnung aus der Zeit der Sung-Dynastie (960–1279)

III. Die Götter der vier Himmelsrichtungen

Die Götter des Südens

In den überlieferten Volkssagen heißt der südliche Gott »Kaiser Yan«. Das Schriftzeichen ›Yan‹ enthält zweimal das Zeichen für ›Feuer‹, daher war Kaiser Yan auch der Gott der Sonne. Kaiser Yan zählt zu den Göttern, die es von Anfang an in der chinesischen Geschichte gab. Fast alle Legenden über ihn sind sehr schön. So soll er dem Volk beigebracht haben, wie man Getreide anpflanzt, Brunnen anlegt und Wasser aus den Brunnen schöpft. Aus diesem Grund wurde er auch »Kaiser des heiligen Bauern« genannt. Bis heute gibt es in der chinesischen Provinz Hubei einen Ort, der ›Heiliger Bauer‹ heißt. Kaiser Yan hatte den Körper eines Menschen und den Kopf eines Stiers. Das zeigt, dass er der Gott eines Volkes war, das Ackerbau betrieb. Nach der Volkssage sahen seine Nachkommen wie Stiere aus. Sie waren mutig und kämpferisch, wurden jedoch später von einem aus dem Nordwesten kommenden Nomadenvolk besiegt. Das ist wahrscheinlich der Grund, warum es nur so wenige Legenden über Kaiser Yan gibt; doch sind einige davon weit verbreitet und sehr populär.

Es wird erzählt, dass Kaiser Yan drei Töchter hatte.

Eine seiner Töchter ging mit Chi Songzi, einem sehr berühmten Gott, der im Feuer fliegen konnte, weg und kehrte nie wieder zurück.

Seine zweite Tochter hieß Yaoji. Sie starb, als sie gerade das heiratsfähige Alter erreicht hatte. Ihre leidenschaftliche Seele verwandelte sich in eine Grasart, die auf dem Yaogu-Berg wuchs, gelb blühte und Früchte hervorbrachte. Es hieß, wer von diesen Früchten isst, wird bald überall beliebt sein.

Kaiser Yan hatte Mitleid mit dieser Tochter, die so früh sterben musste. Er ließ sie zum Berg Wu kommen und machte sie zur Göttin der Wolken und des Regens. Morgens war sie die Wolken, die zwischen den Bergen und Tälern dahinzogen, in der Abenddämmerung wurde sie zum Regen, der auf die Berghänge fiel. Als König Chu Huaiwang aus dem Staate Chu (329 v. u. Z.–300 v. u. Z.) zum Berg Wu kam, ging sie zu ihm, gestand ihm ihre Liebe und schlief mit ihm. Als später der Sohn des Chu Huaiwang, König Chu Xiangwang, zum Berg Wu kam, erlebte er in einem Traum genau dasselbe wie sein Vater. Der Dichter Song Yu, ein Zeitgenosse von Chu Xiangwang, schrieb darüber ein Gedicht, das auch heute noch gern gelesen wird. Der Ausdruck »Wolken und Regen auf dem Berg Wu« bekam dadurch eine ganz besondere Bedeutung. Noch heute benutzen vor allem die gebildeten Leute in China häufig die Metapher »Wolken und Regen«, wenn sie über Geschlechtsverkehr sprechen.

Die jüngste Tochter von Kaiser Yan hieß Nüwa.[14] Sie verunglückte, als sie eines Tages auf dem Meer spielte und ihre Seele verwandelte sich in ein Vögelchen, das »Jingwei« hieß. Es haßte das Meer, das ihm so früh das Leben geraubt hatte. Daher trug es kleine Zweige und Steine von einem Berg im Westen im Schnabel hinaus aufs Meer und warf sie hinein, um auf diese Weise allmählich das Meer aufzufüllen.[15]

Dass ein so kleines und schwaches Lebewesen es wagte, die mächtige Natur herauszufordern, begeisterte die Menschen im Lauf der Jahrtausende immer wieder aufs Neue, und zahlreiche Dichter schrieben darüber wunderschöne Gedichte.

Nach heutigen Erkenntnissen ist das unter Kaiser Yan, vor allem vom Ackerbau lebende Volk das älteste Kulturvolk Chinas.[16] Es hat nicht nur schöne Legenden hinterlassen, sondern auch einen hohen Grad an Zivilisation erreicht. Durch die Legenden, wie z. B. die der Göttin vom Berg Wu, erfahren wir, dass man damals bereits die Wechselbeziehung zwischen Wolken und Regen kannte. Die Bauern mussten natürlich genaue Kenntnisse vom Wetter und besonders vom Regen haben, um zu überleben. Durch die spätere Niederlage in einem Krieg mit anderen Völkern, ging auch ein großer Teil dieser hoch entwickelten Kultur verloren.

Nach Forschungsarbeiten von Li Baifeng wurden »in den alten Zeiten oft die Völker mit einer fortgeschrittenen Kultur, die in der Mitte Chinas wohnten, von rückständigeren Völkern besiegt; die rückständigeren Völker wiederum wurden oft von noch primitiveren Völkern vertrieben, da die Wohnbedingungen in der Mitte Chinas relativ gut waren. Im Lauf der Zeit gab es natürlich auch bei den primitiveren Völkern entsprechende kulturelle Weiterentwicklungen.«[17] Sobald man diese Besonderheit in der chinesischen Geschichte kennt, kann man das Phänomen, dass der westliche Gott eigentlich aus dem Osten kam, besser verstehen.

14 Dieser Name klingt zwar wie der von Nüwa, die das Loch im Himmel mit den bunten Steinen wieder zustopfte, wird aber in der chinesischen Sprache mit einem anderen Schriftzeichen geschrieben.

15 Die Legenden über den Kaiser Yan und seine Töchter finden sich an verschiedenen Stellen in den Büchern *Baihu Tong*, *Shanhaijing (Über Berge und Meere)*, *Huainanzi*, *Shoushenji*, *Shúyiji*, *Liexian Zhuan*, *Wenxuan* u. a.

16 Siehe Wang Xiantang: *Yan Huang Shizu Wenhua kao.* Shangdong, 1985, S. 367–382.

17 Li Baifeng: *Dongyi Zakao.* Shangdong, 1983, S. 14.

Der westliche Kaiser des Himmels hieß Shao Hao. Laut Volkssage war seine Mutter eine Fee namens E Huang. Sie fuhr gerne mit einem Floß auf der Milchstraße spazieren. An der Küste des Westmeeres stand ein Baum, der Qiongsang hieß. Dieser Baum war 10.000 Zhang hoch, hatte rötliche Blätter und trug nur alle 10.000 Jahre Früchte. E Huang hielt sich gerne unter diesem Baum auf. Die Venus des Ostens verliebte sich in E Huang, verwandelte sich in einen hübschen Jungen und traf sich mit ihr. Nun fuhren sie oft gemeinsam auf dem Floß durch den Himmel, spielten zusammen Zither und sangen. Das machte ihnen so viel Spaß, dass sie häufig vergaßen, nach Hause zu fahren. Das Produkt ihrer Liebe war Shao Hao.

Es ist nicht überliefert, wie Shao Hao aussah. Sein Sohn hatte den Kopf eines Vogels und den Körper eines Menschen. Shao Hao war zwar der Kaiser des Westens, kam jedoch später in den Osten. Dort gründete er ein Königreich der Vögel und wurde zum Gott des Ostens. In diesem Reich wurde alles von verschiedenen Vögeln verwaltet. Später ging Shao Hao in den Westen zurück und überließ seinem Sohn das Königreich der Vögel. Er selbst herrschte mit Hilfe eines Gottes namens Rushou über den Westen. Rushou sah aus wie ein Tiger mit weißem Fell und hatte ein Menschengesicht. Als Gott des Tigers war er für das Strafrecht verantwortlich.[18]

Neben Shao Hao, dem Kaiser des Himmels, gab es im Westen noch einen fürchterlichen Gott der Erde, der Xiwangmu hieß. Er hatte lange Haare, die Zähne eines Tigers und den Schwanz eines Leoparden. Er trug immer Schmuck aus Jade bei sich und wohnte in einer Berghöhle. Ein Vogel namens Sanqin ging für ihn auf die Jagd nach Tieren und brachte ihm seine Nahrung. Wenn er aus seiner Berghöhle herauskam und heulte, flohen alle Tiere ängstlich vor ihm.[19] Über das Geschlecht von Xiwangmu besteht Uneinigkeit, einige halten ihn für weiblich, andere für eindeutig männlich.

Nach Xiao Bing hatte Xiwangmu die Gestalt eines Affen. Die Legende von Xiwangmu stammt sehr wahrscheinlich aus einer Sippe, die den Affen als Totem vergötterte.[20]

Vergleicht man die östlichen mit den westlichen Göttern, fällt auf, dass die Götter des Westens für die alten Chinesen sehr viel furchterregender waren als die des Ostens. Im Osten finden wir z.B. einen Gott der Vögel, der die Existenz der Menschheit nicht bedrohte, während die Götter des Westens entweder Tiger oder andere seltsame Raubtiere waren. In gewissem Sinn waren die Götter des Westens denen des Ostens überlegen, denn sie konnten sich frei bewegen, gingen von Westen nach Osten und wieder zurück, während die Götter des Ostens keine Möglichkeit hatten, nach Westen zu kommen. Die mythologischen Geschichten aus dem Osten gingen im Lauf der Zeit oft unter, während es im Westen eine ununterbrochene Kontinuität gab. So hat beispielsweise Xiwangmu zu Anfang ein furchterregendes Aussehen, verwandelt sich jedoch im Lauf der Zeit in eine freundliche und liebenswürdige mütterliche Figur. Der Mythos

Xiwangmu, Zeichnung auf einem Ziegel, aus der Zeit der Han-Dynastie (206 v. u. Z.–220)

[18] Die Legenden über Shao Hao finden sich an verschiedenen Stellen in den Büchern *Shanhaijing (Über Berge und Meer), Shiyiji, Shiji* u.a.

[19] Yuan Ke: *Shanhaijing Jiaoyi*, s. Anm. 13, S. 31, 226 und 272.

[20] Xiao Bing: *Chuci yu Wenhua* (Gedichte und Kultur aus Chu). Jiangsu, 1985, S. 446–454.

von Shao Hao, dem westlichen Kaiser des Himmels, schließt auch noch seine zahlreichen Söhne mit ein. Der Mythos über das östliche Königreich der Vögel jedoch hat sich lediglich in der alten Schrift *Chunqiu* (Frühling und Herbst)[21] gehalten, die Konfuzius (551 v.u.Z.–479 v.u.Z.) verfasst hat; wenn er diese Geschichte nicht zufällig aufgezeichnet hätte, wäre sie für uns heute unwiederbringlich verloren. Es war das Schicksal der besiegten Völker, dass ihre Mythen, ihre Geschichten und ihre Kultur mit ihnen untergingen; nur spärliche Reste sind erhalten geblieben und erlauben uns heute lediglich vage Vermutungen über die untergegangenen Kulturen.

Die Götter des Nordens

Der nördliche Kaiser des Himmels hieß Zhuanxu. Neuere Forschungen ergaben, dass die alten Chinesen das heutige, in Meeresnähe gelegene nordöstliche China als Norden bezeichneten. Zhuanxu war eigentlich ein Gott ohne festen Standort. Mal erschien er im Norden, mal im Osten, auch im Südwesten war er zu finden und herrschte sogar in der Mitte Chinas als Kaiser über alle. Er taucht in den Mythen der verschiedensten Völker und Gegenden auf. Die Experten sind fast einhellig der Meinung, dass Zhuanxu eigentlich ein Hexenmeister war und ursprünglich aus einem im Norden lebenden Volk stammte, das vom Fischfang und der Jagd lebte.

Zhuanxus größte Leistung war es, dass er zwei kräftige Götter beauftragte, den Himmel nach oben zu heben und die Erde nach unten zu drücken, um alle Verbindungen zwischen Himmel und Erde zu zerbrechen. Obwohl Pangu bereits Himmel und Erde voneinander getrennt hatte, glaubten die alten Chinesen, dass durch einige, viele Zhang hohe Bäume und Berge, die sogenannte Himmelsleiter, noch eine Verbindung bestünde. Eigentlich stand die Himmelsleiter nur den Göttern und Hexenmeistern zur Verfügung, doch gab es auch einige besonders mutige und kluge Menschen, die über diese Leiter den Himmel erreichten. Dieser Verbindungsweg wurde allerdings auch von bösen Geistern benutzt, die auf diese Weise vom Himmel auf die Erde hinunterkamen und viel Unglück über das Volk brachten. Um dies zu vermeiden, befahl Kaiser Zhuanxu, die Verbindung zwischen Himmel und Erde zu zerstören. Diese Maßnahme galt damals als großartige Leistung. Heute wird sie anders bewertet, man ist der Meinung, dass die Idee zwar sehr gut war, einige böse Geister jedoch trotzdem unerlaubt auf die Erde gelangten und dort Untaten begingen. Und seitdem – so die Wissenschaftler – konnten die Menschen nicht mehr den Himmel erreichen. »Die Distanz zwischen den Menschen und den Göttern wurde auf einmal vergrößert. Die Götter saßen oben in den Wolken und genossen die Opfer der Menschen. Sie kümmerten sich gar nicht mehr um die Menschen, ließen sie unter dem Elend und den Katastrophen leiden und stillschweigend ihre Tränen wieder hinunterschlucken.«[22]

Obwohl heutige Experten Zhuanxu unterschiedlich beurteilen, sind sie doch einhellig der Meinung, Zhuanxu habe damals eine hier-

[21] Fu Lipu: *Chunqiu Sanzhuan Biyi.* Band 2. Beijing, 1984, S. 319 f.

[22] Yuan Ke: *Die alte chinesische Mythologie.* Beijing, 1981, S. 85

archische Gesellschaft aufgebaut. Anders als die übrigen Götter habe er eine gesellschaftliche Ordnung mit bereits moderneren Zügen geschaffen. Alles, was seinen Ordnungsvorstellungen widersprach, wurde von ihm streng verboten und beseitigt. Die Sage berichtet von seiner Anordnung, Frauen dürften sich nicht den Männern in den Weg stellen. Frauen, die sich nicht an diese Vorschrift hielten, wurden streng bestraft. Sie wurden zur Kreuzung geschleppt, wo ihnen die Hexenmeister ihr schädliches Verhalten austreiben sollten und die Frauen anscheinend öffentlich an eine Art Pranger stellten. In einem anderen Fall ließ er einen Bruder und eine Schwester, die sich ehelich verbunden hatten, in ein tiefes Tal werfen, damit sie dort vor Hunger und Kälte umkämen. Ein heiliger Vogel hatte jedoch das Geschwisterpaar gesehen, das nackt, in inniger Umarmung starb. Aus Mitleid brachte ihnen der Vogel das Gras der Unsterblichkeit und erweckte sie damit wieder zum Leben. Doch konnten sie ihre Körper nicht mehr aus der Umarmung lösen, so dass sie zu einem Ungeheuer mit vier Händen und vier Füßen wurden. Und ihre Kinder sahen genauso aus wie sie.[23] Diese Legende behandelt schon das Problem von Inzest und Inzucht; sehr wahrscheinlich war in der Frühzeit eine Ehe zwischen Blutsverwandten keine Seltenheit, und manche Leute wussten bereits um die Folgen, konnten diese Tradition jedoch nicht ändern. Erst der mächtige Zhuanxu griff wirksam in dieses Sozialverhalten ein.

Diese Mythen enthüllen uns, wie sich aus einer primitiven matriarchalischen Gesellschaft unter erheblichen Verlusten eine neue patriarchalische Gesellschaft entwickelte. Die Prinzipien des Humanismus oder eine Emanzipation im modernen Sinne kamen damals natürlich keinem in den Sinn; dafür hatte keiner Verständnis. Sehr wahrscheinlich sah man sie sogar als Hindernisse auf dem Weg zum gesellschaftlichen Fortschritt und trachtete danach, derartige Bestrebungen zu unterdrücken.[24]

Die Gestalt von Zhuanxu ist – vielleicht, weil er keinen festen Standort hatte – nicht eindeutig zu bestimmen. Im Buch *Über Berge*

[23] Die Legenden über Zhuanxu finden sich verschiedentlich in den Büchern *Shanhaijing (Über Berge und Meere), Huainanzi, Shoushenji, Guoyu* u.a.

[24] Siehe Xu Xusheng: *Die Zeit der Legenden in der Urzeit Chinas*. Beijing, 1985, S. 74–86.

Diese Zeichnung aus der Ming-Periode (1368–1644) stellt zwar nicht Zhuanxu dar, hilft uns jedoch, ihn sich vorzustellen.

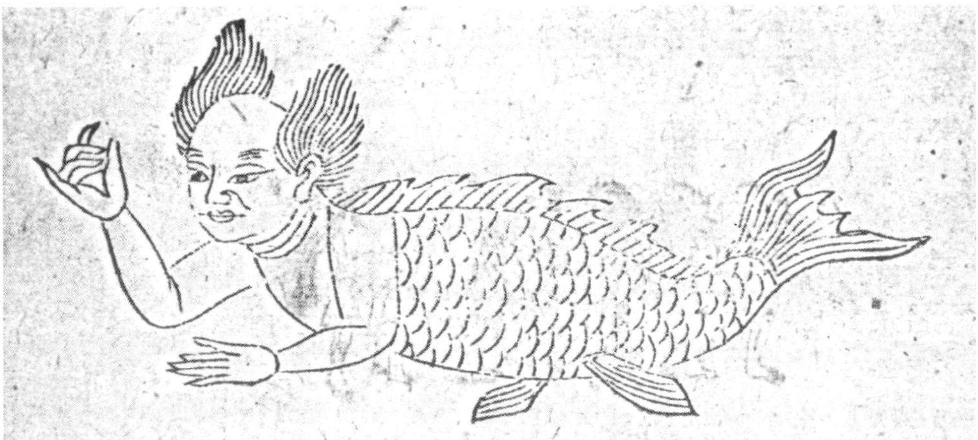

und Meere wird Zhuanxu's Vater beschrieben; er soll einen langen Hals, kleine Ohren, das Gesicht eines Menschen, die Schnauze eines Schweins, den Körper eines Qilin[25] und zwei zusammengewachsene Schweinspfoten gehabt haben. Wie könnte der Sohn eines solchen Vaters aussehen? Darauf gibt es keine Antwort. Im *Dahuang Xijing* heißt es: »Nach dem Tod von Zhuanxu kam es zu einigen seltsamen Erscheinungen. Der Wind aus dem Norden wurde stärker, und aus einer unterirdischen Quelle entsprang Wasser. In diesem Moment verwandelten sich alle Schlangen auf der Erde in Fische. Bei dieser Gelegenheit heftete sich Zhuanxu fest an einen Fisch und wurde dadurch wieder lebendig. So sah sein oberer Teil wie ein Mensch aus und der Rest wie ein Fisch.«[26]

In dieser Legende bestätigt sich anscheinend, dass Zhuanxu aus einem Volk stammte, das vom Fischfang und der Jagd lebte. Ansonsten gibt es keine Erklärung dafür, warum Zhuanxu mit der Gestalt eines Fisches verbunden wird.

Der Gott der Mitte

Im Zentrum der vier Himmelsrichtungen gab es einen Gott, der über allen anderen Götter stand: Kaiser Huang, dem bis heute von den Chinesen Opfer dargebracht werden. Obwohl er von allen Chinesen als der größte Gott der Vorfahren verehrt wird, verbreitete sich – folgt man den Forschungsarbeiten von Archäologen und anderen Wissenschaftlern – der Mythos von Kaiser Huang erst in der Zeit der Streitenden Reiche (470 v.u.Z.–221 v.u.Z.). Sein Name wurde zum ersten Mal auf einem Bronzegefäß aus der Zeit der Streitenden Reiche entdeckt.[27] Obwohl er damit so etwas wie ein jüngerer Bruder unter den bisher beschriebenen Götter zu sein scheint, übertrifft er dennoch alle seine Vorgänger und ist zum Gott der Mitte geworden.

Im Mythos vom Kaiser Huang geht es vor allem um einen Krieg, einen sehr grausamen Krieg, der drei Jahre dauerte. In diesem Krieg wurden insgesamt neun heftige Schlachten geführt. Es wurde so viel Blut vergossen, dass die Waffen in einem See aus Blut trieben. Kaiser Huang war derjenige, der alle anderen besiegte.[28]

Nach Forschungsberichten von Wang Xiantang lebten in den zentralen Gebieten Chinas, nämlich am Mittel- und Unterlauf des Huanghe-Flusses, die Ackerbau treibenden Nachfolger des Gottes der heiligen Bauern, Kaiser Yans. Sie wurden von den Nomaden, die in den Bergen am Mittel- und Oberlauf des Huanghe-Flusses lebten, dem Volk Kaiser Huangs, überfallen.[29] Im Mythos wird jedoch genau das Gegenteil erzählt; danach wurde das Volk im Süden von einem bösen Geist namens Chiyou zur Rebellion angestiftet und wollte kaiserliche Macht. Aus diesem Grund brach der Krieg aus. Die kulturelle Überlieferung wird offenbar vom Sieger dieses Krieges bestimmt; er durfte fortan in der Mitte Chinas residieren, verfügte über die höchste Macht und trat für die ›Gerechtigkeit‹ ein.

Da Kaiser Huang im Weltbild der alten Chinesen eine wichtige Rolle spielte, musste er hier in diesem Artikel erwähnt werden. Doch

[25] Ein Fabeltier, das ähnlich wie ein Einhorn aussieht.

[26] Yuan Ke: *Shanhaijing Jiaoyi*, s. Anm. 13, S. 273 und 297.

[27] Xu Zhongshu: *Chenhou Siqi Kaoshi*. Beijing, 1934, S. 497–506.

[28] Die Legenden über den Kaiser Huang finden sich an verschiedenen Stellen in den Büchern *Shanhaijing (Über Berge und Meere), Huainanzi, Zhoushu, Shiji, Zhuangzi, Taiping Yulan* u.a.

[29] Wang Xiantang: *Yan Huang Shizu Wenhua kao*. Shangdong, 1985, S. 12–20.

reichen seine Wurzeln und die seines Volkes längst nicht so weit zurück wie die der anderen von ihm gewaltsam besiegten Kulturen. Das zeigt schon sein Aussehen: In den Sagen gleicht seine Gestalt der eines normalen Menschen. Die einzige Besonderheit sind seine vier Gesichter, mit denen er gleichzeitig in alle vier Himmelsrichtungen blicken konnte. Während die oben erwähnten, früheren Götter oft eine Kombination von Mensch und Tier bildeten, erscheint er als reine Menschengestalt, die alles klar durchschauen kann und gehört damit eindeutig einer späteren Zeit an.

Die älteren Mythen der Menschheit entstanden oft in einer Zeit, in der Naturgötter verehrt wurden. In dieser Zeit war die Grenze zwischen Dingen oder Geschöpfen der Natur und dem Menschen fließend. Zur Zeit der jüngeren Mythen dagegen wurde sehr streng zwischen Menschen und übriger Natur unterschieden.

Wenn wir heute von ›Weltbild‹ sprechen, dann betrachten wir die Welt von außen als ein Objekt, dem wir als betrachtendes Subjekt gegenüberstehen.

Für die frühen chinesischen Kulturen gab es diese strikte Trennung nicht. In den älteren Mythen hatten die Götter oft Tiergestalt. Ein Totem existierte für die Urmenschen nicht nur objektiv, sondern stellte auch den Geist des Subjektes dar. Die frühen Menschen waren daher nicht Außenstehende, sondern selber untrennbarer Teil der beschriebenen Welt.

In der alten chinesischen Mythologie lassen sich in bezug auf das Weltbild die folgenden Besonderheiten feststellen:

1) die Personifizierung der Natur, das heißt unter anderem von Pflanzen, Tieren und Naturerscheinungen, wie beispielsweise in der Sage über *Wolken und Regen auf dem Berg Wu*;

2) die Vereinfachung von Sachverhalt und Dingen, die man selbst nicht persönlich erfahren kann. So beschrieben die frühen Chinesen z.B. Himmel und Erde mit Hilfe geometrischer Figuren, die Erde wurde als Rechteck, der Himmel als Kreis gesehen. Man versuchte sogar, die Entstehung des Kosmos zu erklären, indem man zwei Zustände unterschied, einen schweren Zustand und einen leichten. Der leichte schwebte nach oben und verwandelte sich in den Himmel, während der schwere nach unten sank und zur Erde wurde. Hier liegt die Basis für die später entstehende Lehre von Yin und Yang.

3) Loblied auf die Frauen: Da die älteren Mythen aus einer matriarchalischen Gesellschaft stammen, wurden die Frauen oft gepriesen. Auch in den späteren Mythen hat sich diese Besonderheit erhalten. So konnte beispielsweise Kaiser Huang den Krieg gegen Chiyou erst dadurch gewinnen, dass seine Tochter öfters in verschiedenen Schlachten mitkämpfte. Im großen und ganzen vollzog sich in der Urzeit Chinas der Übergang von der matriarchalischen zur patriarchalischen Gesellschaft relativ friedlich. Trotz Zhuanxus recht diskriminierenden Vorschriften hatten die Frauen in der patriarchalischen Gesellschaft ihren Platz und auch gewisse Rechte.

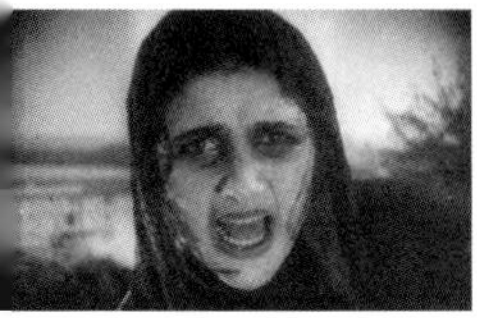
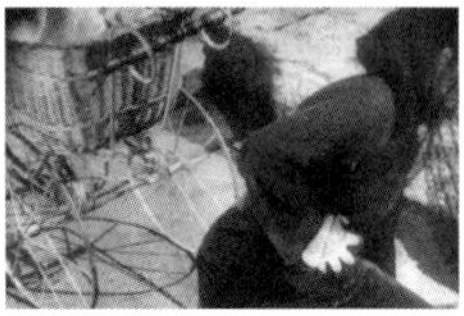
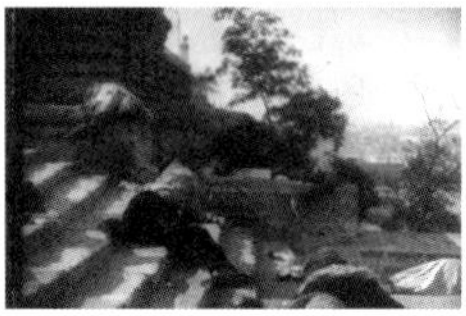
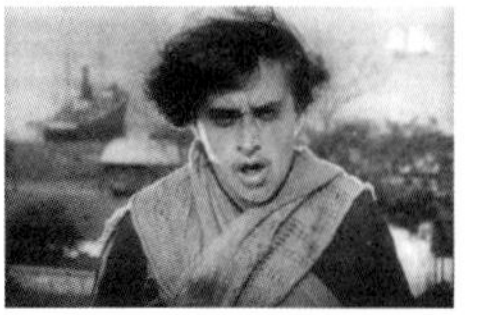
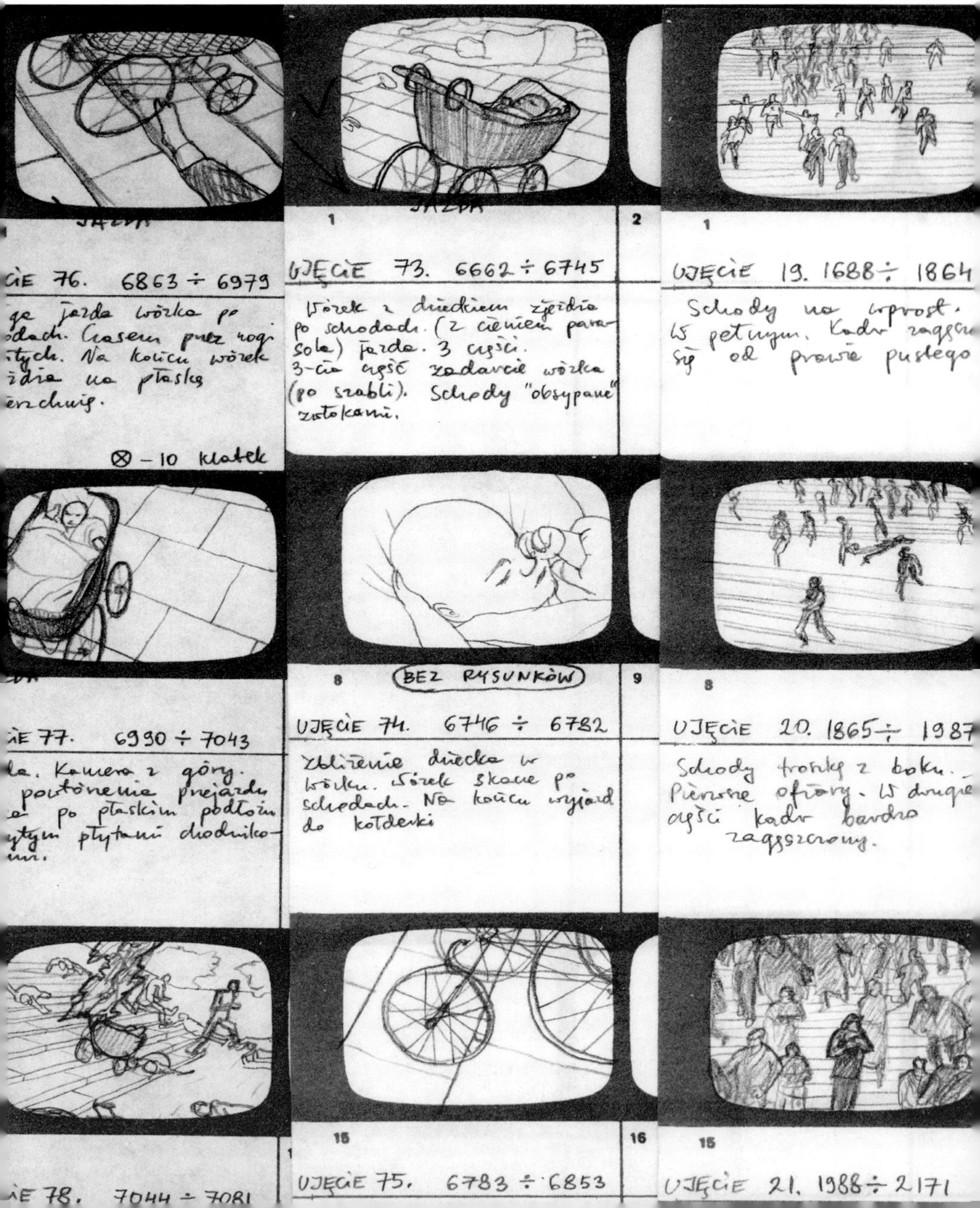
JAZDA
ĘCIE 76. 6863 ÷ 6979
ge jazda wózka po
odach. Czasem przez nogi
tych. Na końcu wózek
jedzie na płaską
erzchnię.
⊗ – 10 klatek
IE 77. 6990 ÷ 7043
la. Kamera z góry.
położenie przejazdu
e po płaskim podłożu
ytym płytami chodniko-
wymi.
IE 78. 7044 ÷ 7081
1
JAZDA
2
UJĘCIE 73. 6662 ÷ 6745
Wózek z dzieckiem zjeżdża
po schodach. (z cieniem para-
sola) Jazda. 3 części.
3-cia część zadarcie wózka
(po szabli). Schody "obsypane"
zwłokami.
8
(BEZ RYSUNKÓW)
9
UJĘCIE 74. 6746 ÷ 6782
Zbliżenie dziecka w
wózku. Wózek skacze po
schodach. Na końcu wyjazd
do kołderki
15
16
UJĘCIE 75. 6783 ÷ 6853
1
UJĘCIE 19. 1688 ÷ 1864
Schody na wprost.
W pełnym. Kadr zagęszcza
się od prawie pustego
8
UJĘCIE 20. 1865 ÷ 1987
Schody trochę z boku.
Pierwsze ofiary. W drugiej
części kadr bardzo
zagęszczony.
15
UJĘCIE 21. 1988 ÷ 2171

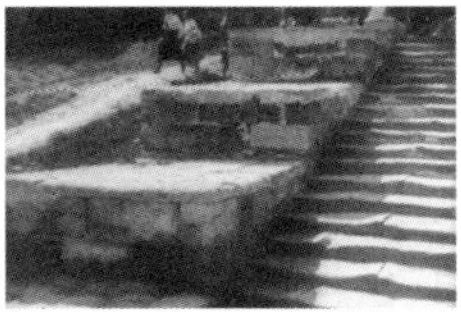
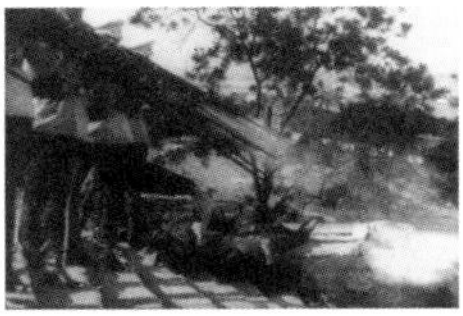
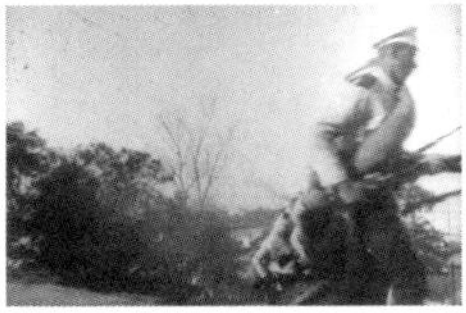
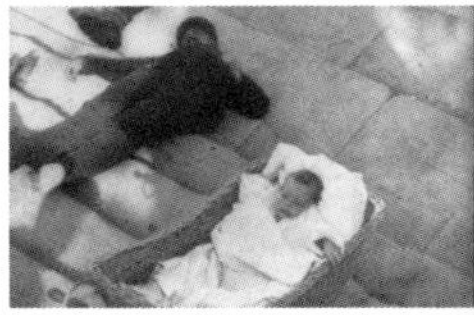

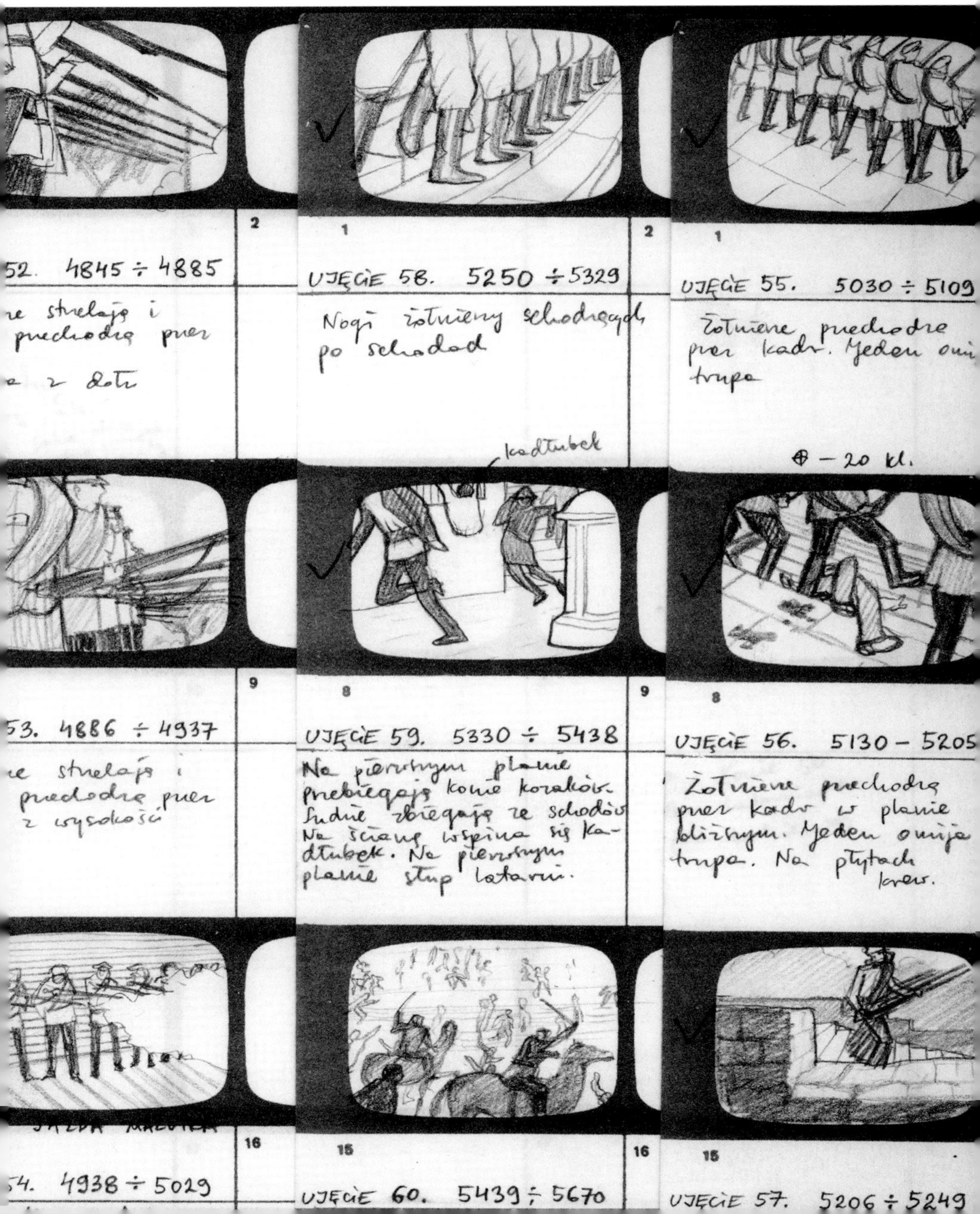
2

52. 4845 ÷ 4885

e strzelają i przechodzą przez

a z dołu

9

53. 4886 ÷ 4937

e strzelają i przechodzą przez z wysokości

16

54. 4938 ÷ 5029

1

2

UJĘCIE 58. 5250 ÷ 5329

Nogi żołnierzy schodzących po schodach

kadłubek

8

9

UJĘCIE 59. 5330 ÷ 5438

Na pierwszym planie przebiegają konie kozaków. Ludzie zbiegają ze schodów. Na ścianę wspina się Kadłubek. Na pierwszym planie słup latarni.

15

16

UJĘCIE 60. 5439 ÷ 5670

1

UJĘCIE 55. 5030 ÷ 5109

Żołnierze przechodzą przez kadr. Jeden omi trupa

⊕ – 20 kl.

8

UJĘCIE 56. 5130 – 5205

Żołnierze przechodzą przez kadr w planie bliższym. Jeden omija trupa. Na płytach krew.

15

UJĘCIE 57. 5206 ÷ 5249

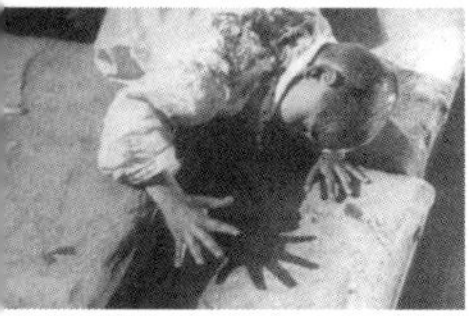

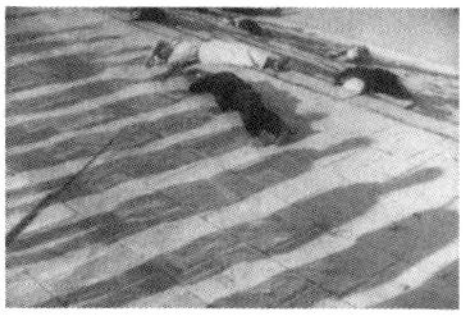

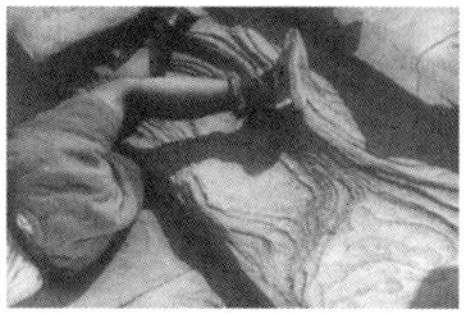

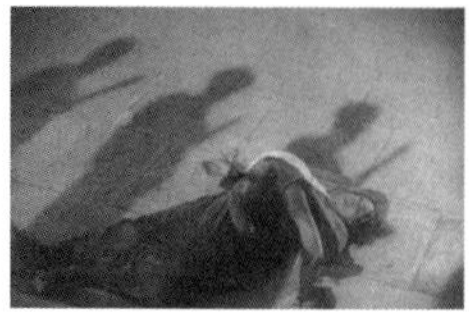

UJĘCIE ✓ 78. WÓZEK – GAŁĄŹ. 6707 ÷ 6744

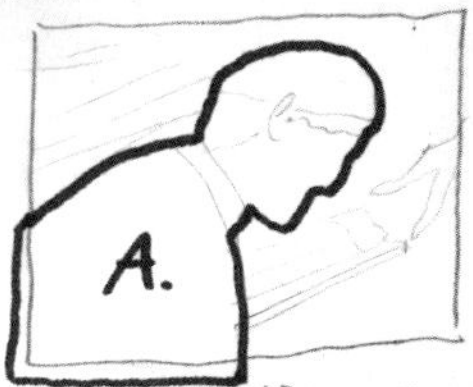

A = 38 rys
B = 38 rys
C = 38 rys
} 114 RYS.

A – GOŚĆ NA BLISKIM PLANIE + KRZACZEK

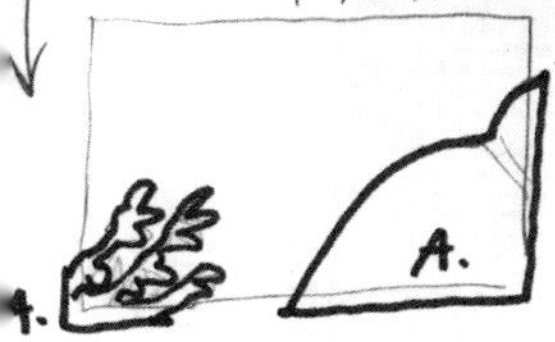

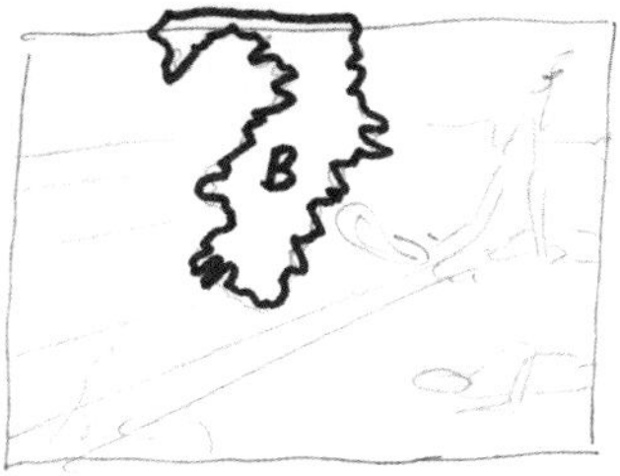

B = GAŁĄŹ RYSOWANA ZE SPRYTNEJ RUCHOMEJ PODKŁADKI

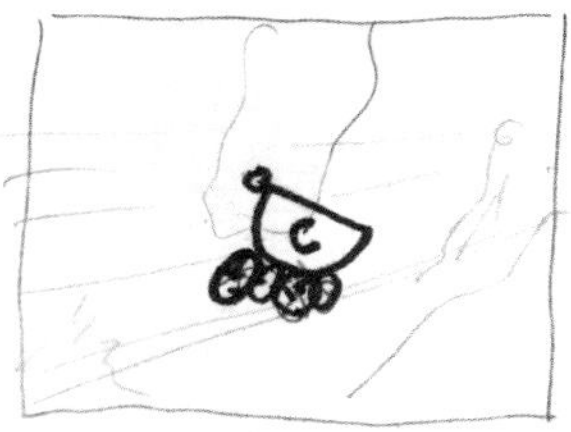

C = WÓZEK RYSOWANY ZE SPRYTNEJ PODKŁADKI – RUCHOMEJ. KOŁA RYSOWANE RAPIDOGRAFEM

UJĘCIE 79. ✓ WÓZEK – ZWŁOKI 6745 ÷ 6816 TRUDNO OKREŚLIĆ ≈ 170 RYS

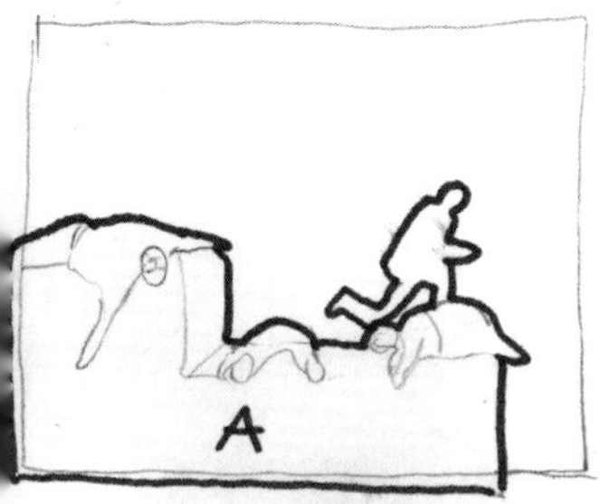

A = 72 RYS
X ≈ 30 RYS
B = 72 RYS
≈ 170

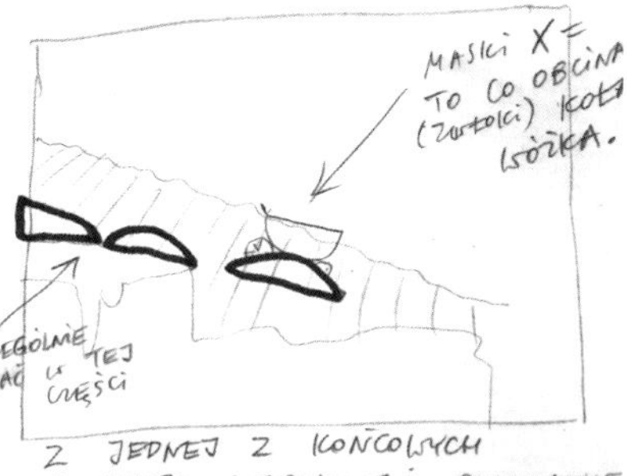

Z JEDNEJ Z KOŃCOWYCH KLATEK NARYSOWAĆ PODKŁADKĘ DO RYSUNKÓW X – KTÓRE SĄ NIEZALEŻNE OD NUMERÓW KLATEK

A = TRZEBA NARYSOWAĆ RUCHOMĄ PODKŁADKĘ POD CAŁĄ LINIĘ MURU NA PIERWSZYM PLANIE – RAZEM ZE ZWŁOKAMI. – UWAGA NA FACETA PO LEWEJ STRONIE – RUSZA SIĘ! GOŚĆ, KTÓRY ZBIEGA PO MURZE TEŻ NALEŻY DO A.

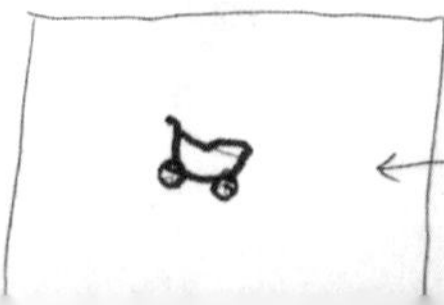

MASKI B WÓZEK – KOŁA RYSOWAĆ RAPIDOGRAF…

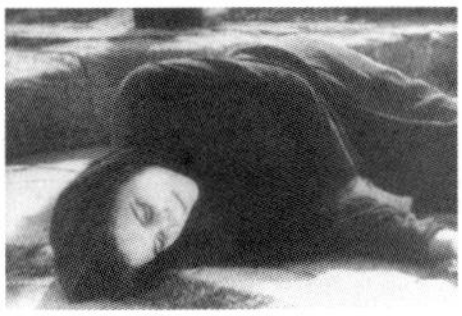
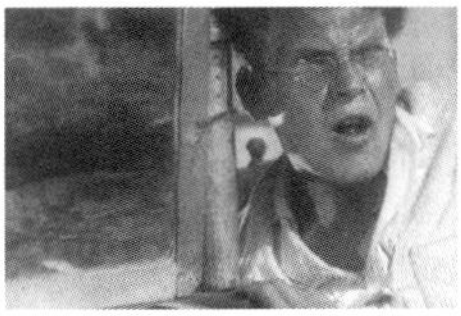
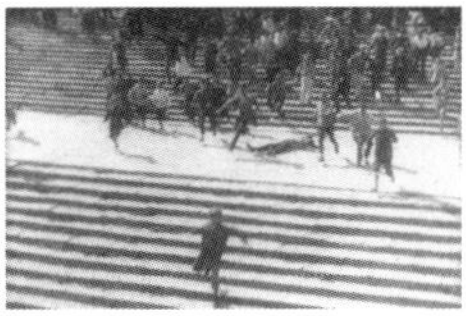
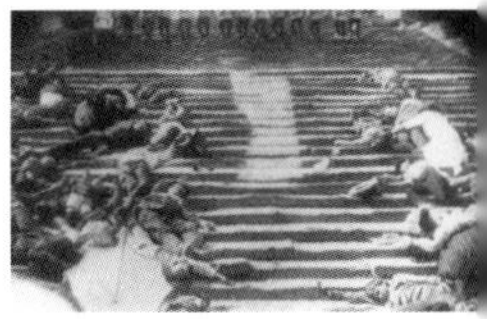

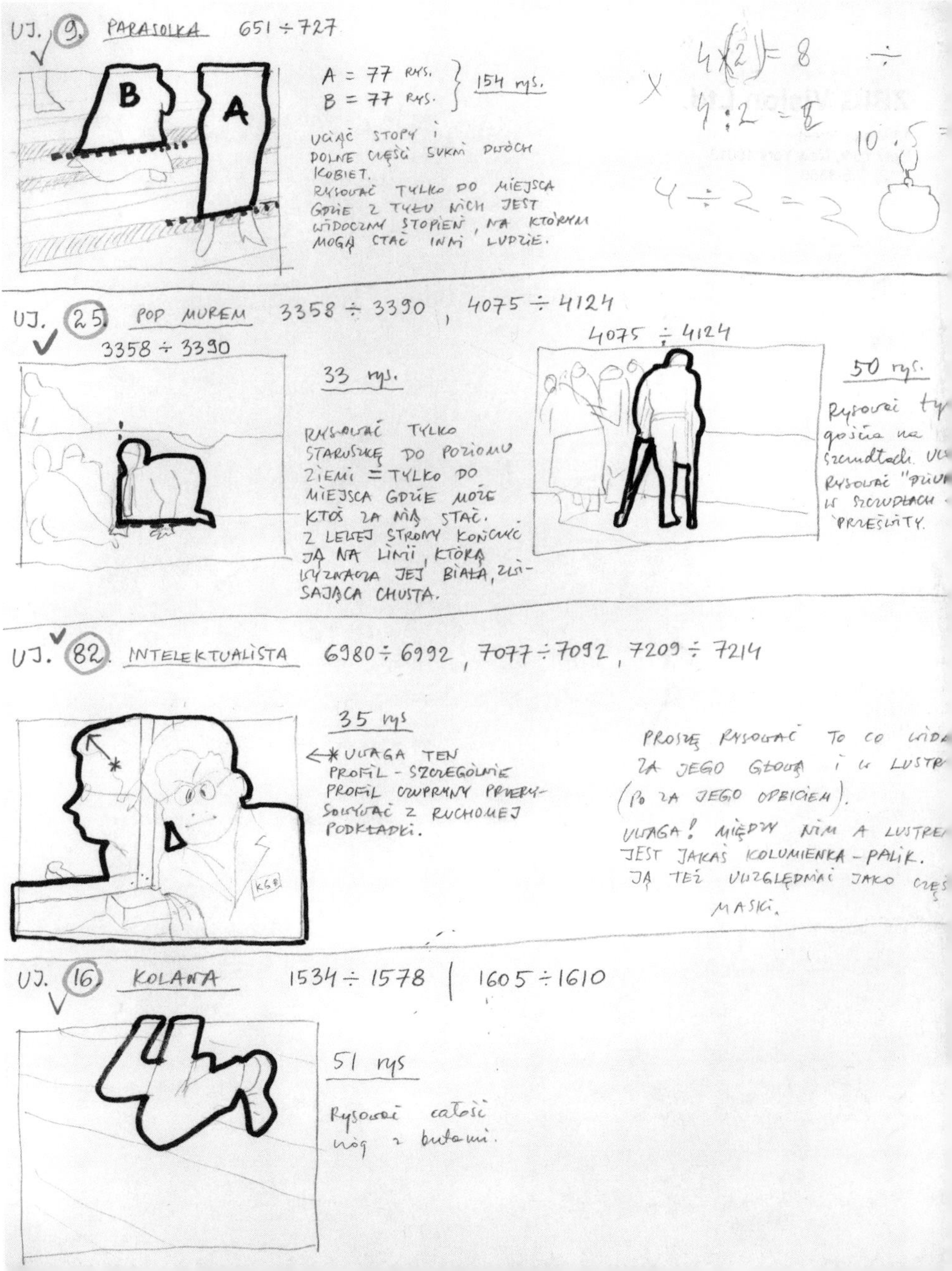

UJ. 9. PARASOLKA 651 ÷ 727
B
A
A = 77 RYS.
B = 77 RYS.
154 rys.
UCIĄĆ STOPY I DOLNE CZĘŚCI SUKNI DWÓCH KOBIET. RYSOWAĆ TYLKO DO MIEJSCA GDZIE Z TYŁU NICH JEST WIDOCZNY STOPIEŃ, NA KTÓRYM MOGĄ STAĆ INNI LUDZIE.
4 ÷ 2 = 2
UJ. 25. POD MUREM 3358 ÷ 3390, 4075 ÷ 4124
3358 ÷ 3390
33 rys.
RYSOWAĆ TYLKO STARUSZKĘ DO POZIOMU ZIEMI = TYLKO DO MIEJSCA GDZIE MOŻE KTOŚ ZA NIĄ STAĆ. Z LEWEJ STRONY KOŃCZYĆ JĄ NA LINII, KTÓRĄ WYZNACZA JEJ BIAŁA, ZWISAJĄCA CHUSTA.
4075 ÷ 4124
50 rys.
Rysować ty gościa na szczudłach. UW RYSOWAĆ "PRZU W SZCZUDŁACH PRZEŚWITY.
UJ. 82. INTELEKTUALISTA 6980 ÷ 6992, 7077 ÷ 7092, 7209 ÷ 7214
35 rys
←* UWAGA TEN PROFIL - SZCZEGÓLNIE PROFIL CZUPRYNY PRZERYSOWYWAĆ Z RUCHOMEJ PODKŁADKI.
KGB
PROSZĘ RYSOWAĆ TO CO WIDA ZA JEGO GŁOWĄ I W LUSTR (PO ZA JEGO ODBICIEM).
UWAGA! MIĘDZY NIM A LUSTRE JEST JAKAŚ KOLUMIENKA - PALIK. JĄ TEŻ UWZGLĘDNIAĆ JAKO CZĘŚ MASKI.
UJ. 16. KOLANA 1534 ÷ 1578 | 1605 ÷ 1610
51 rys
Rysować całość nóg z butami.

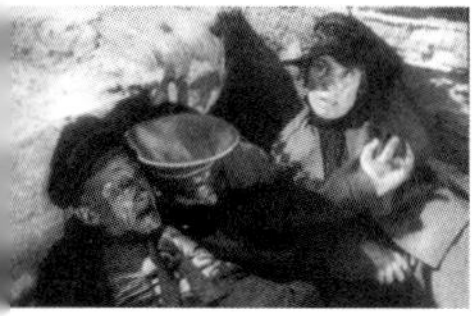

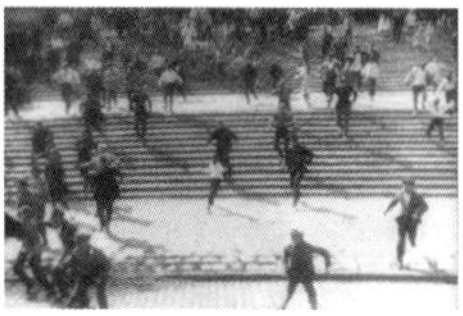

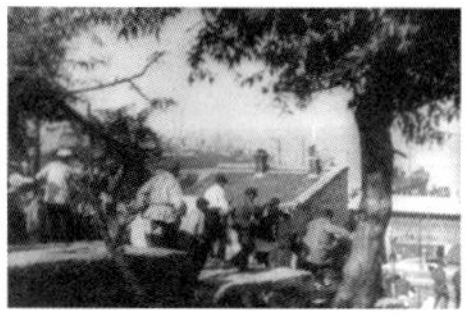

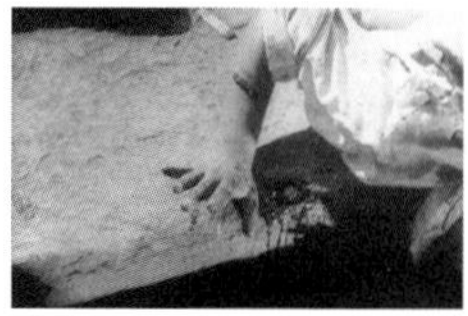

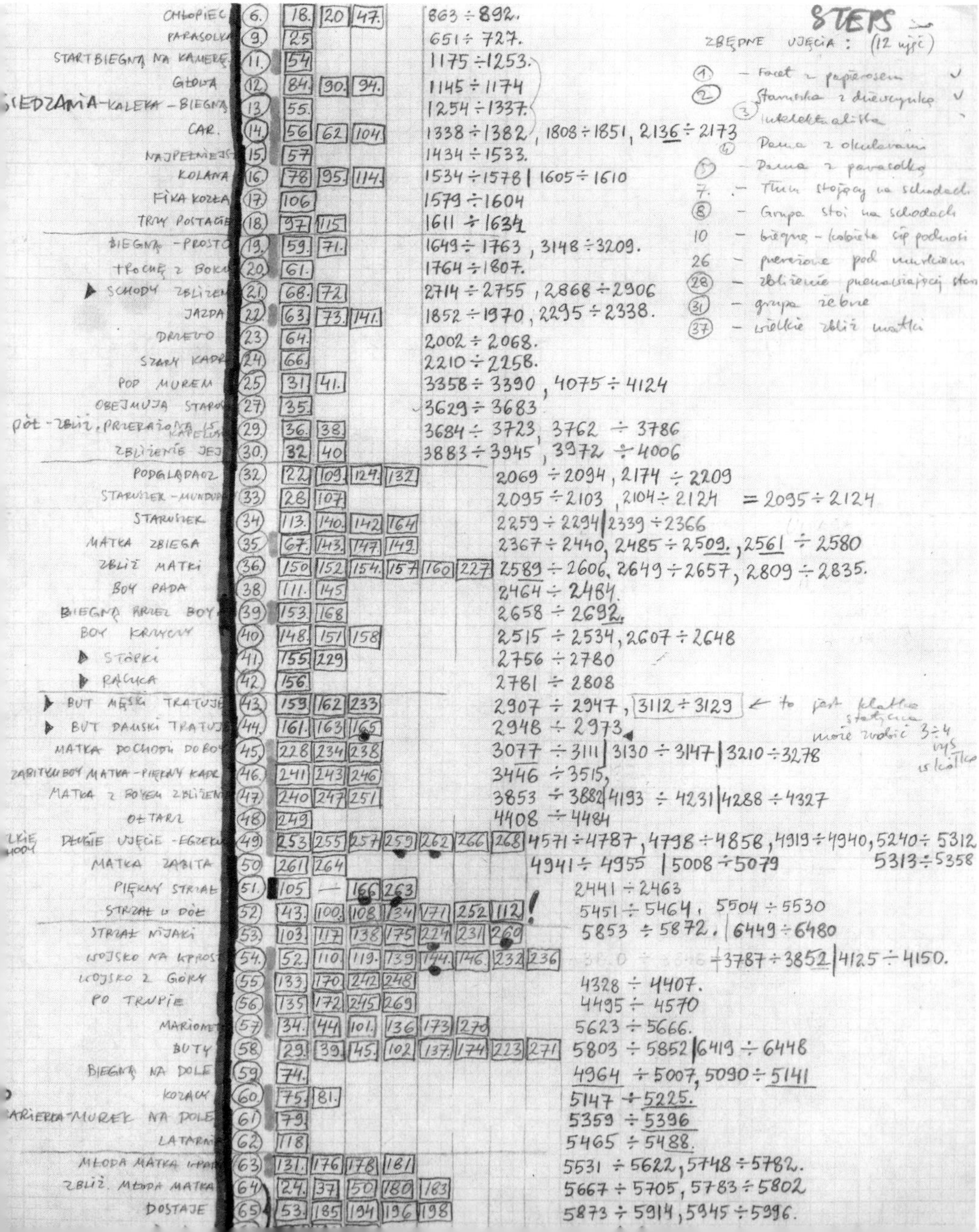

CHŁOPIEC	6.	18. 20. 47.	863 ÷ 892.
PARASOLKA	9.	25	651 ÷ 727.
START BIEGNĄ NA KAMERĘ	11.	54	1175 ÷ 1253.
GŁOWA	12.	84. 90. 94.	1145 ÷ 1174
SIEDZĄCA – KALEKA – BIEGNĄ	13	55.	1254 ÷ 1337.
CAR.	14.	56 62 104	1338 ÷ 1382, 1808 ÷ 1851, 2136 ÷ 2173
NAJPEŁNIEJ	15.	57	1434 ÷ 1533.
KOLANA	16.	78 95. 114.	1534 ÷ 1578 | 1605 ÷ 1610
FIKA KOZŁA	17.	106	1579 ÷ 1604
TRZY POSTACIE	18.	97 115	1611 ÷ 1634
BIEGNĄ – PROSTO	19.	59. 71.	1649 ÷ 1763, 3148 ÷ 3209.
TROCHĘ Z BOKU	20.	61.	1764 ÷ 1807.
▶ SCHODY ZBLIŻEN.	21.	68. 72	2714 ÷ 2755, 2868 ÷ 2906
JAZDA	22.	63. 73. 141.	1852 ÷ 1970, 2295 ÷ 2338.
DRZEWO	23.	64.	2002 ÷ 2068.
STARY KADR	24.	66.	2210 ÷ 2258.
POD MUREM	25.	31. 41.	3358 ÷ 3390, 4075 ÷ 4124
OBEJMUJĄ STARO	27.	35.	3629 ÷ 3683
PÓŁ-ZBLIŻ. PRZERAŻONA JS KAPELUSZ	29.	36. 38.	3684 ÷ 3723, 3762 ÷ 3786
ZBLIŻENIE JEJ	30.	32 40	3883 ÷ 3945, 3972 ÷ 4006
PODGLĄDACZ	32	22. 109. 124. 132	2069 ÷ 2094, 2174 ÷ 2209
STARUSZEK – MUNDUR	33.	28 107	2095 ÷ 2103, 2104 ÷ 2124 = 2095 ÷ 2124
STARUSZEK	34.	113. 140. 142 164	2259 ÷ 2294 | 2339 ÷ 2366
MATKA ZBIEGA	35.	67. 143. 147. 149.	2367 ÷ 2440, 2485 ÷ 2509., 2561 ÷ 2580
ZBLIŻ MATKI	36.	150 152 154. 157 160 227	2589 ÷ 2606, 2649 ÷ 2657, 2809 ÷ 2835.
BOY PADA	38.	111. 145	2464 ÷ 2484.
BIEGNĄ PRZEZ BOY	39.	153. 168	2658 ÷ 2692.
BOY KRZYCZY	40.	148. 151 158	2515 ÷ 2534, 2607 ÷ 2648
▶ STÓPKI	41.	155 229	2756 ÷ 2780
▶ RĄCZKA	42.	156	2781 ÷ 2808
▶ BUT MĘSKI TRATUJE	43.	159 162 233	2907 ÷ 2947, 3112 ÷ 3129 ← to jest klatka statyczna może zrobić 3 ÷ 4 wys. w kółko
▶ BUT DAMSKI TRATUJE	44.	161. 163 165	2948 ÷ 2973
MATKA PODCHODZI DO BOY	45.	228 234 238	3077 ÷ 3111 | 3130 ÷ 3147 | 3210 ÷ 3278
ZABITY BOY MATKA – PIĘKNY KADR	46.	241 243 246	3446 ÷ 3515,
MATKA Z BOYEM ZBLIŻENIE	47.	240 247 251	3853 ÷ 3882 | 4193 ÷ 4231 | 4288 ÷ 4327
OŁTARZ	48.	249	4408 ÷ 4484
DŁUGIE UJĘCIE – EGZEKU	49.	253 255 257 259 262 266 268	4571 ÷ 4787, 4798 ÷ 4858, 4919 ÷ 4940, 5240 ÷ 5312, 5313 ÷ 5358
MATKA ZABITA	50	261 264	4941 ÷ 4955 | 5008 ÷ 5079
PIĘKNY STRZAŁ	51.	105 — 166 263	2441 ÷ 2463
STRZAŁ W DÓŁ	52.	43. 100. 108 134 171 252 112 !	5451 ÷ 5464, 5504 ÷ 5530
STRZAŁ NIJAKI	53.	103. 117 138 175 224 231 260	5853 ÷ 5872. | 6449 ÷ 6480
WOJSKO NA WPROST	54.	52. 110 119. 139 144. 146. 232 236	3787 ÷ 3852 | 4125 ÷ 4150.
WOJSKO Z GÓRY	55.	133. 170 242 248	4328 ÷ 4407.
PO TRUPIE	56.	135 172 245 269	4495 ÷ 4570
MARIONET	57.	34. 44 101. 136 173 270	5623 ÷ 5666.
BUTY	58.	29. 39. 45. 102 137 174 223 271	5803 ÷ 5852 | 6419 ÷ 6448
BIEGNĄ NA DOLE	59.	74.	4964 ÷ 5007, 5090 ÷ 5141
KOZACY	60.	75. 81.	5147 ÷ 5225.
BARIERA MUREK NA DOLE	61.	79.	5359 ÷ 5396
LATARNIA	62.	118	5465 ÷ 5488.
MŁODA MATKA UPADA	63.	131. 176 178 181	5531 ÷ 5622, 5748 ÷ 5782.
ZBLIŻ. MŁODA MATKA	64.	24. 37 50 180 183	5667 ÷ 5705, 5783 ÷ 5802
DOSTAJE	65.	53. 185 194 196 198	5873 ÷ 5914, 5945 ÷ 5996.

STEPS

ZBĘDNE UJĘCIA: (12 ujęć)

1 – Facet z papierosem ✓
2 – Staruszka z dziewczynką ✓
3 – intelektualistka
4 – Dama z okularami
5 – Dama z parasolką
7. – Tłum stojący na schodach
8 – Grupa stoi na schodach
10 – biegną – kobieta się podnosi
26 – przerażone pod murkiem
28 – zbliżenie przerażającej stan
31 – grupa żebrze
37 – wielkie zbliż. matki

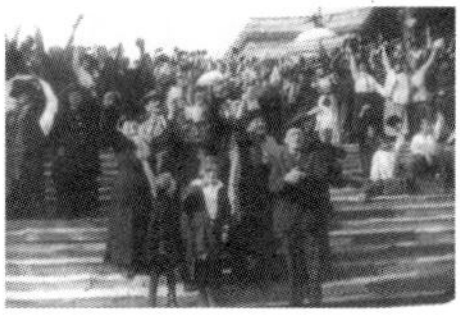
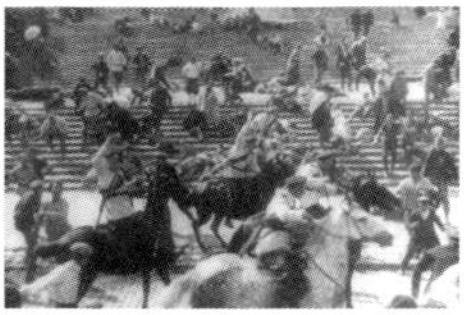
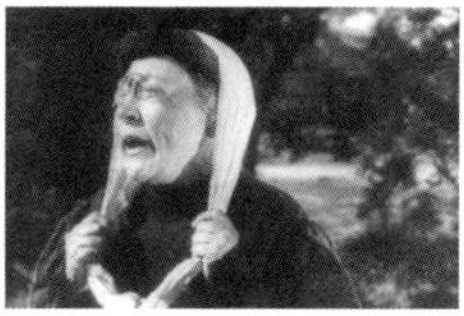
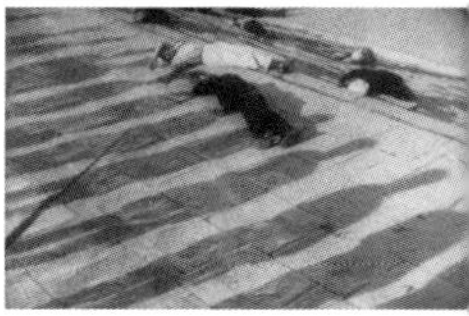

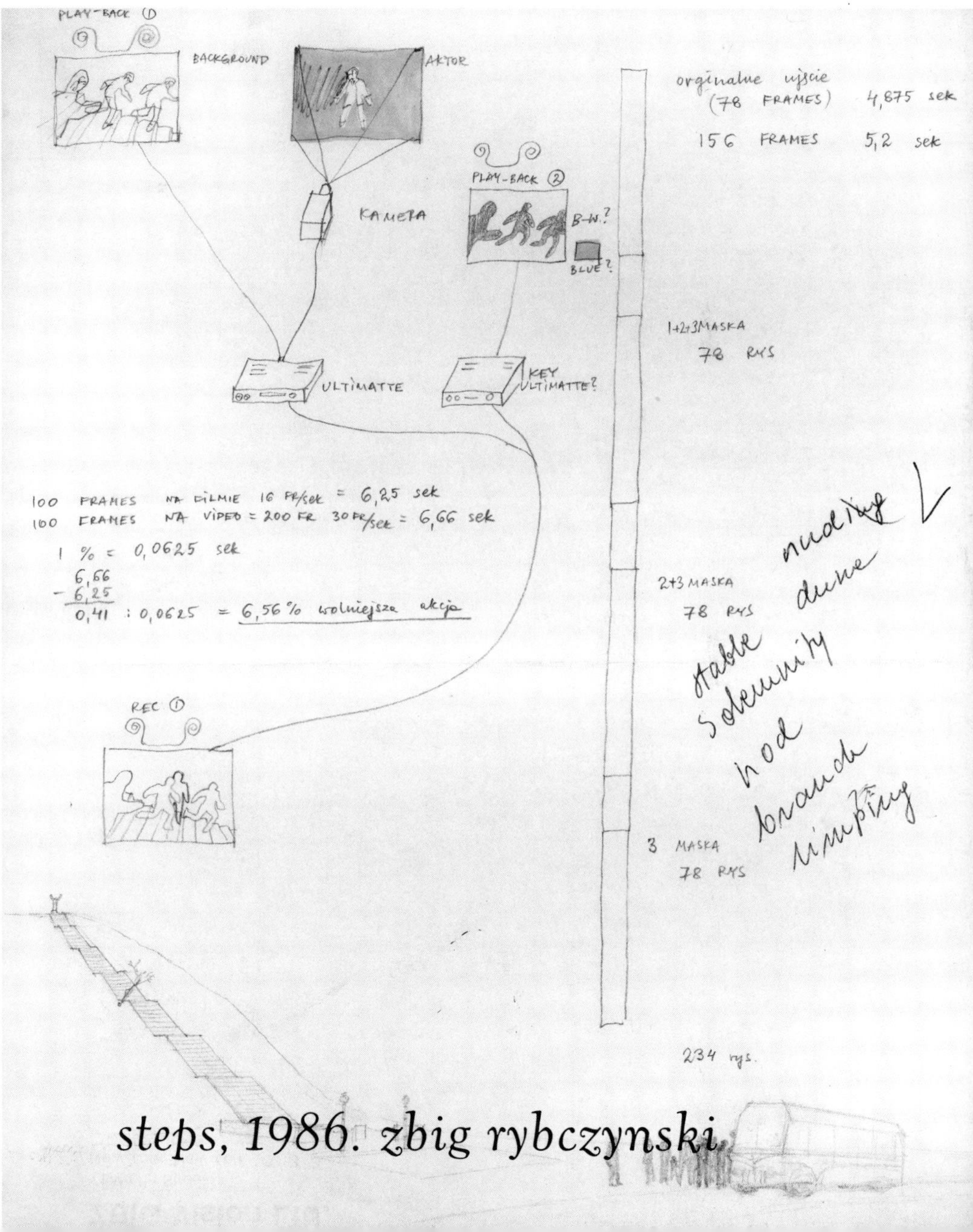

steps, 1986. zbig rybczynski

bausteine für ein solares zeitalter. jürgen claus

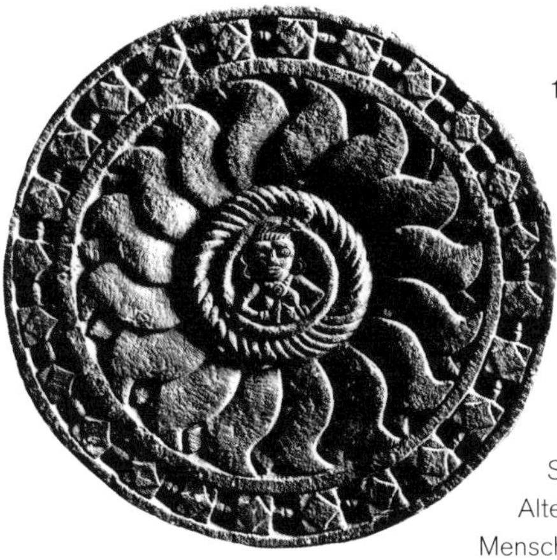

Sonnenrad aus dem indischen Barhut; in der Mitte mit gefalteten Händen ein Anbeter der Sonne.

1

Vladimir Vernadskys Buch *Die Biosphäre* erschien in russischer Sprache 1926 und drei Jahre darauf in französischer Sprache. Vernadsky war einer der Begründer der Wissenschaft von der Geochemie. Wichtiger als das aber, ist seine wissenschaftlich begründete, umfassend vorgetragene, visionär zu nennende Theorie der kosmischen, konkret: solaren Einbettung der Erde.

»Die Biosphäre ist ebensowohl, oder mehr noch, eine Schaffung der Sonne wie eine Manifestation der Erd-Prozesse. Alte religiöse Intuitionen, die irdische Schöpfungen, besonders die Menschen, als ›Kinder der Sonne‹ betrachteten, waren der Wahrheit viel näher als diejenigen, die in ihnen nur ephemere Schöpfung sahen, ein blindes und zufälliges Ergebnis von Materie und Erdkräften.«[1] Die Phänomene der Erdkruste sind für ihn kosmischen Prozessen zugeordnet. Mit dem umfassenden Konzept der Biosphäre greift Vernadsky einen Begriff des 19. Jahrhunderts auf (Edward Suess hatte ihn in seinem 1875 erstmalig veröffentlichten enzyklopädischen Werk *Das Antlitz der Erde* geprägt) und führt ihn in die Erdwissenschaft des 20. Jahrhunderts ein. »Was immer das Phänomen des Lebens sein mag, so ist die von den Organismen entwickelte Energie hauptsächlich (vielleicht vollständig) die Strahlungs-Energie der Sonne.«[2]

2

Was meinte Wernher von Braun, als er 1973 schrieb: »Wir stehen an der Schwelle eines neuen Zeitalters, das als Sonnenzeitalter bezeichnet werden könnte.«? War für ihn der solare Raum ›nur‹ der Erkundungs- und Trägerraum für Raumstationen, Weltraumprojektile und Satelliten? Denkbar ist, daß er mit dem künftigen Sonnenzeitalter die Koordinaten von Raum aus der dem Planeten angepaßten Dimension befreien wollte. Raum wäre also vorrangig in die Vertikale verlegt. Die obere Grenze der Atmosphäre wird zur unteren Grenze des Weltraumes. Ohne exakte Kenntnis des solaren Raumes ist dessen ›Besiedlung‹ unvorstellbar. Die Raketenversuche von den 40er Jahren

[1] Vladimir Vernadsky: *La Biosphère*. Paris, 1929; englische Kurzfassung: *The Biosphere*. Arizona und London, 1986, S. 8.

[2] S. Anm. 1, S. 15.

des 20. Jahrhunderts an liefern nun die Grundlagen über den Kurzwellenbereich des Lichtspektrums und die Ionisierung der Exosphäre.

Das solare Zeitalter konkretisiert sich auch in den Satelliten, die vom 4. Oktober 1957 an, dem Tag des Sputnik-Startes, eine Beobachtungs-Armada des Raumes aufbauen. Knapp zwei Jahre später realisiert Explorer 6, zum erstenmal mit Solarzellen beziehungsweise Solarmodulen ausgestattet, den Prototyp der solaren Energieautonomie. Und zum erstenmal sendet eine Fernsehkamera von Bord dieses solaren ›Schaufelrades‹ Bilder der Erde von einem Satelliten aus. Der Medienraum Erde ist durch den solaren Raum, beziehungsweise seine Energienutzung, in Gang gesetzt.

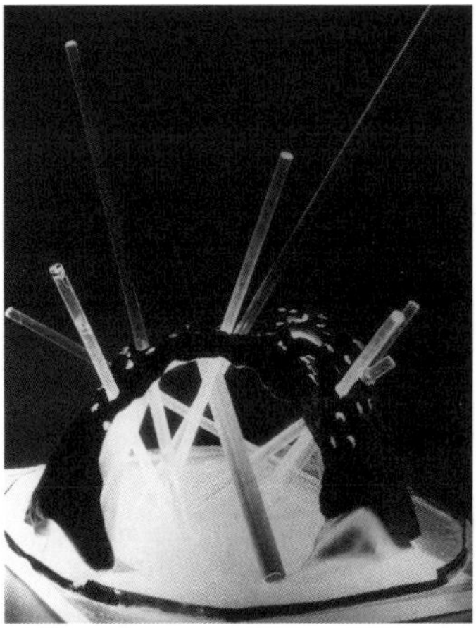

Entwurf von Adolf Luther (1912–1990) für ein »Wernher-von Braun-Memorial«, 1983. Dazu der Licht-Künstler: »Das Braun-Projekt ist eine Mischung aus Licht und Materie, wobei das Licht die Kraft und Dynamik des Objektes verkörpert.« (Foto: Jaeger, Archiv A. Luther)

3

An diesen solaren Raum knüpfen sich kulturelle Hoffnungen. ›Glaspapa‹ Paul Scheerbart (wie ihn Bruno Taut und seine Freunde von der *Gläsernen Kette* nennen) zeichnet und erschreibt sich am Beginn des 20. Jahrhunderts eine »Jenseits-Galerie«. Jenseits der Neptunsbahn, innerhalb unseres Sonnensystems, stellt er Planeten vor, die »selbständig denkende Lebewesen sind, obschon uns ihre Organe nicht sichtbar werden. Hier liegt die wesentliche Bedeutung der neuen astronomischen Entdeckungen: Die großen Gestalten jenseits der Neptunsbahn beweisen uns, daß unser Sonnensystem aus ›lebendigen‹ Gestalten besteht – daß auch alle Planeten Lebewesen höherer Ordnung sind. Und – jetzt werden wir auch nie wieder behaupten dürfen, daß unsre große Sonne nur ein wüstes Konglomerat von glühenden Stoffen ist.«[3]

Mit Beginn des vorigen Jahrhunderts nehmen sich Künstler die Freiheit heraus, den Raum der Kunst um die orbitale, planetarische, kosmische, solare Dimension zu erweitern. Dieser Raum strömt einerseits in die uns vertrauten Objekte ein – Robert Delaunay zum Beispiel kristallisiert sie in den spektralen Farben neu. Die Sonne wird zum reinen Modell seiner Malerei, schreibt Sonja Delaunay in ihren Erinnerungen mit dem bezeichnenden Titel *Wir werden bis zur Sonne gehen*. Andererseits wird der erwähnte Raum aber unmittelbar zum Träger künstlerisch-bildnerischer ›Konstrukte‹ – so bei Malewitsch mit seinen navigierbaren Raumstationen. Das ist kein technokratischer Gedanke, sondern führt zu dem Gemeinsamen von Mensch, Erde, solarem Raum. Wenn jede Kultur und darüber hinaus auch das Weltall auf die Erhaltung von Gleichgewichtszuständen zurückgeht, wie Malewitsch meint, dann würde »der Mensch nicht mehr ein bestimmbares physikalisches Gebilde sein, sondern ein in seiner Zerstäubung unbegrenztes Wesen, das überall gleich oder überall ungleich die Gesamtheit durchdringt.«[4]

Was bei Scheerbart mit Humor, Ironie und auch Verzweiflung gepaart und vorgebracht wird, was bei Malewitsch adäquat zur bildnerischen Situation auf der Leinwand fortgedacht wird, findet sein zweifelhaftes Echo in den ›kulturellen Lügen‹, um es hart zu sagen, einiger

[3] Paul Scheerbart: Jenseitsgalerie. In: derselbe: *Die große Revolution*. Frankfurt/Main, 1985, S. 132.

[4] Kasimir Malewitsch: *Suprematismus – Die gegenstandslose Welt*. Köln, 1962, S. 167.

der Vätergeneration des Raketenbaus und einiger ihrer Nachfolger. Ich will diese »philosophische Ontologie der Raumfahrt« (Beispiel: Eugen Sänger) hier nur erwähnen, weil sie eine der Gefahren auch eines ›Schwärmens‹ von einem Solarzeitalter aufweist.

4

Umso wichtiger ist es, sich klarzumachen, was an dem Arbeitsbegriff und der Zielvorgabe eines Solarzeitalters gegenwärtig hängt. Das meine ich mit dem Titel *Bausteine für ein solares Zeitalter*. Es bieten sich folgende Komponenten an, die, untereinander zusammenhängend, als Ganzes den Gebrauch des Wortes legitimieren, ja, herausfordern.

a) Im Sinne Vernadskys und anderer Forscher ist die Domäne des Lebens solarbestimmt. Ein solares Zeitalter ist kein zukünftiges, sondern eine Grundbedingung für Leben in der Biosphäre. Die Grünzonen der Erde sind im einzelnen und in ihrer unendlichen formalen Vielfalt so ausgelegt, daß sie als optimale Transformatoren und Konverter von solarer Energie die Grundlage des Lebens bilden können.

b) Aus dem solaren Raum bezieht der Mensch von Beginn an seine Energien, die sich alle als solar, von der Sonne bestimmt, definieren lassen. Das gilt für das Holz, das der Mensch schlägt, die Kohle und das Gas, das er aus dem Boden bezieht, das Wasser, das er aus Flüssen auffängt, den Wind, den er als Motor für Bewegung einsetzt. Diese naturgebundenen solaren Energien wurden teilweise bis zur Erschöpfung ausgebeutet. Stehen andererseits als sich erneuernde weiterhin zur Verfügung.

c) Der Begriff eines solaren Energie-Zeitalters aus heutiger Sicht hat sich allerdings durch einen ›Quantensprung‹ erweitert, seitdem 1954 die erste Silizium-Solarzelle vorgestellt wurde, vorbereitet durch Forschung, Technik, Wissenschaft von über einhundert Jahren (von Alexandre Edmond Bequerel und seiner Beobachtung des photoelektrischen Effektes von 1839, über Willough Smith und seine Selen-Solarzelle um 1880, über Albert Einstein und das Verständnis der Photonen um 1905). Die Sonnenlicht in elektrische Energie umwandelnde Technologie ist heute eine Hauptkomponente im Verständnis eines solaren Zeitalters mit Auswirkungen auf Baustruktur und Machtgefüge unserer Gesellschaft, auf Dezentralität und ökologisch orientiertes Wachstum.

d) Mit der Photovoltaik hat sich nicht nur eine Technik etabliert; der Photovoltaik ist auch eine praktisch-symbolische Überzeugung in ein solares Zeitalter eigen: das Vertrauen, über aktuelle Material- und Gestaltungsprozesse wiederum in den natürlichen Kreislauf einzutreten. Ein solares Wirtschaften bedeutet in diesem Sinn: mit Material zu planen, das nachwächst, das sich erneuert, das dauerhafter als das synthetische ist. Das deshalb auch nicht nur dem industriell hochgerüsteten Teil der Menschheit dient, sondern ebenso Völkern, Stämmen, ›abgeschiedenen‹ lokalen Einheiten, in denen Kinder häufig ›Energie-Sklaven‹ waren und sind, in denen Naturvernichtung zum

Energie- und Materialkreislauf gehörte und gehört. Das solare Zeitalter fächert sich durch das solare Wirtschaften auf ins Gesellschaftlich-Politische.

e) Solarzeitalter steht auch für eine veränderte Struktur im Umgang mit Informationen. Der Zweifel an Form, Inhalt, Transport von Informationstechnologien wuchs seit Mitte der 70er Jahre des 19. Jahrhunderts. »Im Zeitalter der neuen Entfremdung, in der Ära der ›globalen Kultur‹ und der planetaren Botschaften, sind die Kommunikationstechnologien mehr denn je dazu da, unabhängige Gedanken zu knebeln.«[5] Demgegenüber steht ein Solarzeitalter, das seine Technologien ›lichtbestimmt‹ auf der Grundlage und im Verständnis organischer, lebender, ganzheitlicher Prozesse einsetzt. Man könnte von einer morphologischen Technologie sprechen, die ihre wissenschaftlichen Vorläufer etwa in der Bios-Konzeption von Raoul H. Francé (*Bios – Die Gesetze der Welt*, 2 Bände, 1923), ihre philosophischen Vorläufer etwa in der Morphologie von Hermann Friedmann (*Die Welt der Formen*, 1925/1930), ihre künstlerisch-gestalterischen Vorläufer etwa in der Correalismus-Konzeption von Friedrich Kiesler hat, um nur einige zu nennen.

5

Wird der zunehmende Einsatz von Photovoltaik und erneuerbaren Energien das Solarzeitalter bestimmen? Oder noch konkreter: Wird man bei einer bestimmten Produktions- und Einsatzmenge von Solarstrom und weiterem Strom aus erneuerbaren Energien – etwa bei 10 % des Gesamtenergiebedarfes im Jahr 2010, wie sogenannte konservative Schätzungen aussagen, oder bei 50 % bis 2050, wie es Fritz Vahrenholt von der Deutschen Shell AG prognostiziert – eine irgendwie ›magische‹ Grenze ins Solarzeitalter überschreiten? Meine Antwort, auch als Resümee des bislang Ausgeführten: Das Solarzeitalter als Arbeitsbegriff und Zielvorgabe ist nicht dazu geeignet, in ihm eine zu verwirklichende Staats- oder Gesellschafts-Utopie – einen allumfassenden Sonnenstaat – zu sehen. Die Sonne als kosmischer, energetischer, symbolischer Fakt ist in sich, als Vorhandenes, Wirkendes,

[5] Ignacio Ramonet: 2000. *Le Monde Diplomatique*, deutsche Ausgabe, 17. Dezember 1999, S. 1.

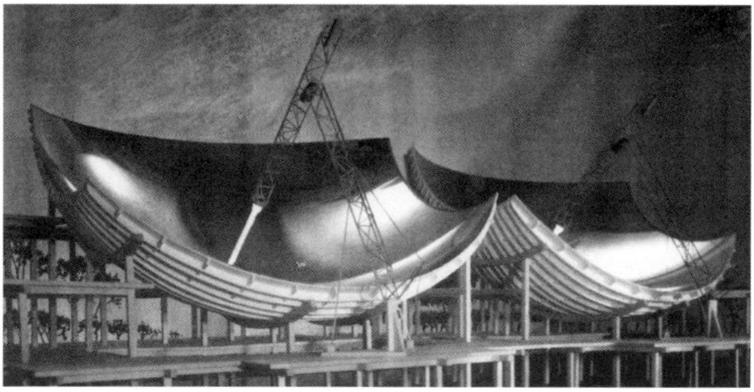

Der amerikanische Architekt Joel H. Goodman geht mit seinen Entwürfen einer postfossilen Architektur davon aus, daß sich schon die Trägerstruktur den erneuerbaren Energien entsprechend entfalten muß. Im Modell hier das Prinzip einer solaren Schale, eines Sonnenkollektors aus zwei Teilen: einem stationären, reflektierendem Konzentrator und einem Licht-Empfänger im Inneren, der beweglich ist. (Foto: J. H. Goodman)

Überzeugendes stark genug, um zu vermeiden, daß man irgendwelche ›ideologische‹ Totalität daraus ableitet und postuliert.

Die oben genannten möglichen Auswirkungen auf Baustruktur und Machtgefüge unserer Gesellschaft, auf Dezentralität und ökologisch orientiertes Wachstum sind konkret zu bezeichnen. Um beim Bauen zu beginnen: Was wir gegenwärtig haben, sind Ansätze zu einem solaren, beziehungsweise solarenergie-orientierten Bauen, die noch keinesfalls eine solare Ästhetik hervorbringen. Wenn Bauherren und Architekten dazu überhaupt willens sind, appliziert man häufig nur die solare Energie, entwickelt sie jedoch kaum aus dem Baukörper heraus. Bei einigen Gebäuden, zum Beispiel bei den neuen Messehallen in München, versteckt man die Photovoltaik regelrecht auf dem Dach. Gebäudeintegrierte Photovoltaik versteht sich dann schon einmal als Fassadengestaltung – die kostbaren Solarmodule werden an der Südfläche runteraddiert. Auch hier fehlt ein überzeugender Ansatz. Vielleicht sollte man, als Einstimmung in ein solares Zeitalter, von einer Umkehrung der Funktionsbeschreibung ausgehen. Ich habe dem die Überschrift gegeben: *Form folgt der Energie*.[6]

Gebäude wären dann ein sichtbares, von allen erlebbares, nachvollziehbares Plädoyer für eine Energiewende durch Gestaltwende. Wieviel gezeichnete Träume liegen brach, wenn man die Architekturgeschichte der 20er Jahre des 19. Jahrhunderts durchblättert, etwa die Briefe der *Gläsernen Kette*. Heute können wir, wovon die Bruno Taut, Wassili Luckhardt, Hans Scharoun damals nur träumten, das Glas mit einbezogener Energiehaut verwenden, große Flächen kristallartig verkanten oder netzartig überspannen und immer die Gebäudehaut als komplexe Energiemembran einsetzen. Und das gilt nicht nur für Hightech-Gebäude, sondern für den individuellen Bereich, für die kleinste Einheit in abgelegenstem Gelände der Dritten oder Vierten Welt. Allerdings werden bei uns allerlei dekonstruktivistische Solitäre vorgestellt, erhalten hohen publizitären Zuspruch weil auffallend,

[6] Jürgen Claus: Towards BIMODE Aesthetics. In: *bimode. work in progress: design-inputs for the bimode-project by* KHM. Köln, Februar 1998, S. 9.

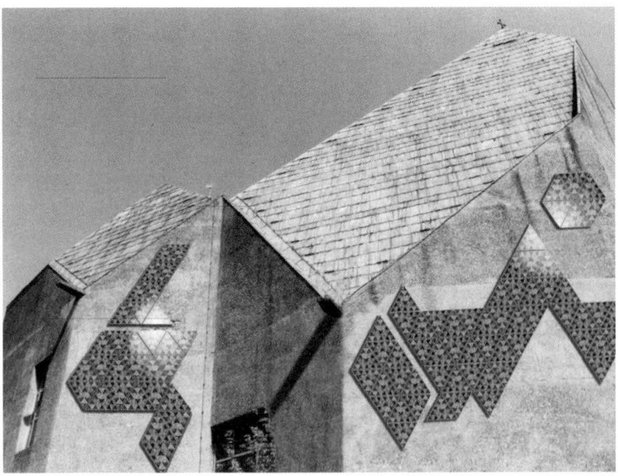

Jürgen Claus, Photovoltaische Glasfenster als Erneuerungsprogramm für die Kirche St. Gertrude, Köln, Architekt: Gottfried Böhm, erbaut 1960–66. Neuartiges Solarmodul in Dreiecksform mit dreiecksförmigen farbigen Solarzellen (dunkelblau-stahlblau-goldfarben-magenta), das im Rahmen des EU-Projektes BIMODE an der KHM entworfen wurde. (Entwurf: Jürgen Claus, Computergrafik: Jörg Paul Janka)

Besucher anziehend etc. Sie bleiben aber solarenergietechnisch weit hinter den machbaren Standards zurück, beziehungsweise negieren diese völlig. Dieses verschenkte Potential ist eine der Architektur auf Höhe der (Solar-)Zeit unwürdige Gegendemonstration, wie Frank Gehrys drei Häuser am Düsseldorfer Hafen, das Düsseldorfer Stadttor in deren Nähe usw. belegen.

Die bereits angesprochene Dezentralität wird ein solares Zeitalter gegen die Monopolisten aller Couleur fördern. Beispiel: Statt eines »Monstrums organisierter zivilisatorischer Fehlentwicklung und Kulturzerstörung«, wie es ein geplantes zentralisiertes Stromnetz vom südafrikanischen Kap bis zum Äquator darstellt, aus Staudamm-, Kohle- und Atomkraftwerken gespeist, wobei die »Hochspannungsleitung die Wirtschaftsaktivitäten magnetartig anziehen und entlang der Stromlinie konzentrieren wird«[7], unterstützt die solare Energie lokale Einheiten, läßt den Menschen ihre Heimat und fördert ihre Selbständigkeit.

6

Innerhalb einer solaren Baukultur wird der solaren Bionik insofern Bedeutung zukommen, als sich hier, wie in einem Schmelztiegel, optimale Energieprozesse an neuartige Formenkanons binden. Die Dinosaurier unserer aufgeständerten Solaranlagen, nicht integriert in Dach, Hausfront, Hausumfeld, sind durch Naturvergleiche als ungenügend, nicht ausreichend zu kennzeichnen. Stattdessen werden bionische Vorgehensweisen zu neuen Prototypen führen, zu neuen Technologien, zu neuen Wirkungsgraden, zu neuen ästhetischen topoi. Tätigkeitsfelder hierfür sind die Solarzelle und das Solarmodul selbst, deren energetische Integration in neuartige Bauformen, energiewirksame Baustoffe und -formen, Energieumlenksysteme, neuartige Speichermöglichkeiten etc.

Helmut Tributsch vom Berliner Hahn-Meitner-Institut hat in praktischer Forschungsarbeit und theoretischer Gegenüberstellung auf vielfältige energieregulierende Strategien im Naturhaushalt und deren noch ausstehende Übertragungsmöglichkeiten verwiesen. So baut sich ein Fundus an bionischen Systemen auf, etwa:

- grüne Pflanzen erzeugen solarenergetisches Material bei Umgebungstemperatur; Silizium- oder Glasherstellung erfordern dagegen hohe Temperaturen beziehungsweise Energieeinsätze;
- photosynthetische Stoffe sind in der Natur in äußerst leichten Membranen enthalten, dagegen sind die Halterungssysteme von Solar zellen noch schwer und aufwendig zu verarbeiten;
- die phototrope Nachführung des Blattes nach dem Sonnenlicht erfolgt energetisch unauffällig, im technischen Bereich ist das bislang aufwendig;
- auch indirektes und gestreutes Licht wird von Pflanzen als integrierter Prozeß benutzt, was bei heutigem Technikstand nur schwer gelingt;

[7] Hermann Scheer: *Solare Weltwirtschaft. Strategie für die ökologische Moderne.* München, 1999, S. 135.

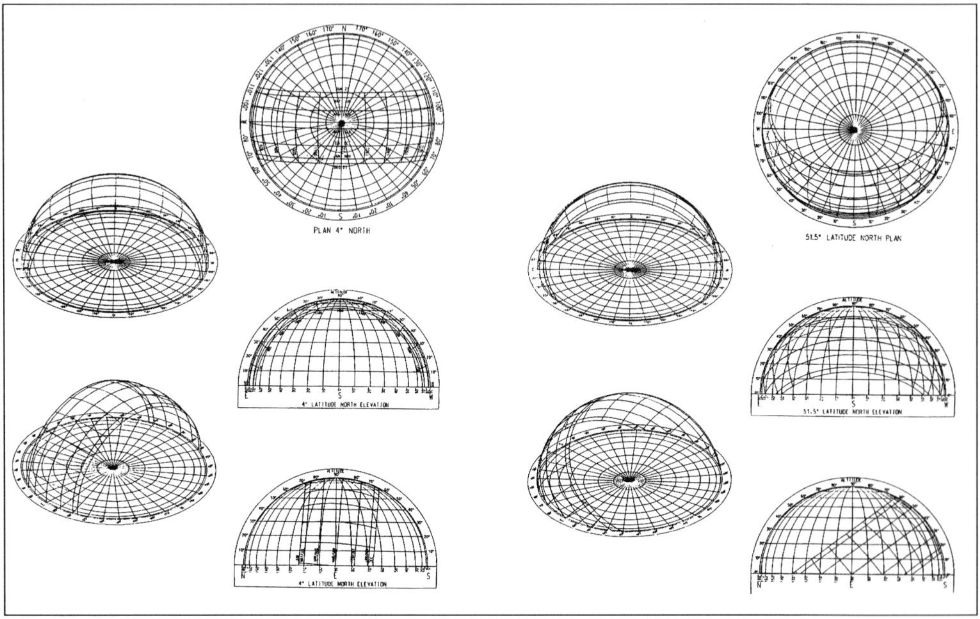

Westbrook, Computerstudien zur Sonnenbewegung, 1993.

- gegenüber der multifunktionellen Solarenergienutzung bei Pflanzen sind technische Solarsysteme häufig monofunktionell.[8]

Ist es möglich, um Bausteine für ein solares Zeitalter zu liefern, in einem neuen Verständnis von Architektur solche Ziele anzugehen und zu Ergebnissen zu kommen? Zumindest im Forschungsbereich wird das geleistet. Ich verweise auf das Konzept einer evolutionären Architektur, das John Frazer an der Londoner Architectural Association seit den 60er Jahren des 19. Jahrhunderts aufgebaut hat. Im Prinzip handelt es sich darum, eine genetische Sprache der Architektur entsprechend der Theorie der Morphogenese in der natürlichen Umwelt zu finden. Die kann zu Formen führen, die in Übereinstimmung mit natürlichen Kräften, einschließlich solchen der Gesellschaft, interagiert. In der gebauten Umwelt, so das Ziel, sollte ein symbiotisches Verhalten und ein metabolisches Gleichgewicht erreicht werden, was für zahlreiche natürliche Prozesse kennzeichnend ist. Anhand von Computermodellen werden prototypische Formen simuliert, die daraufhin in einem zweiten Schritt in einem simulierten Umfeld bewertet werden.

Unter Leitung von Frazer hat etwa Guy Westbrook entstehende Formen unter solarem Einfluß erforscht und präsentiert. Beispiel: Eine zunächst kreisrunde Form wird in einen Wachstumsprozeß versetzt, die den Sonneneinflüssen entspricht. Die Oberflächen wachsen dabei in Richtung maximaler Sonneneinstrahlung und bilden gleichzeitig Erweiterungen, die den Kern der Form vor zu hoher Lichteinstrahlung schützen. Oder: Ein Computerprogramm berechnet die Sonnenbewegung für jeden Breitengrad, so daß die solare Gebäude-Ausrichtung

[8] Helmut Tributsch: Molekulare solare Energiesysteme – Mechanismen und Umsetzungspotential. In: Werner Nachtigall: *Bionik. Grundlagen und Beispiele für Ingenieure und Naturwissenschaftler.* Berlin u.a., 1998, S. 227.

vorausberechnet werden kann. Schrittweise nähert man sich dadurch und durch ähnliche Forschungen an anderen Stellen weltweit den an Solarenergie orientierten Werkzeugen des Planens und Bauens.

7

Schließlich wird man lichtbestimmte künstlerische Arbeiten heute mehr und mehr auch im natürlichen Kontext finden. Kunstformen, die mit der Metapher der Sonne arbeiten, sind so alt wie die Geschichte der Kunst selbst. Sie ist auch eine Geschichte der wechselnden visuellen Interpretationen der Sonne – und damit des Lichtes. Über Kunst zu sprechen, heißt immer auch über das Licht zu sprechen. Die Sonne gebiert den Traum der Kunst. Visionen sind durch Licht sichtbar gemacht.

Und doch liegen qualitative Entwicklungsphasen oder -sprünge zwischen der steingewordenen Verehrung der Sonne, dem lichtüberfluteten Leinwandbild, dem kinetischen Lichtobjekt und der solaren Skulptur. Auf eine Formel gebracht: Die solare Skulptur von heute ist ein Techno-Organismus, vereint Elemente des Technologischen mit den Reaktionsformen des Organischen, sie ist Empfänger und Sender. Angebunden an den Kosmos, aus dem sie die Sonnenstrahlung empfängt, ist sie in der Lage, Energie und damit Licht oder Bewegung zu speichern, weiterzuleiten und eine Kategorie der Erfahrung in die Kunst einzubringen, die es bislang nicht gab.

Um zu einer Typologie solarer Skulpturen zu kommen, schlug ich vor, vier verschiedene Funktionsweisen und Technologien zu unterscheiden[9]:

- forschungsorientierte solare Kunstwerke, die in die Tiefenzeit des Lichtes eindringen;
- Reflexionsfolien-Skulpturen und Außenhologramme, die sich des Sonnenlichtes als des großen ›Attraktors‹ bedienen;
- solare Lichtkunstwerke, die Spiegel, spiegelnde Metalle und Prismen einbeziehen oder darauf aufgebaut sind;
- Skulpturen, Anlagen, Installationen, die ihre Energie über Photovoltaik erhalten.

Es versteht sich, daß – wie immer bei solchen Klassifizierungen – die Grenzen zwischen ihnen offen sind, es einen Austausch zwischen den vier Funktionsweisen gibt und geben muß. So fließt eine forschungsorientierte solare Kunst auch in die Bereiche der Arbeit mit Photovoltaik ein oder in die optischen Entwicklungen der Außenholographie. So sind spiegelnde Metalle in Form von Heliostaten auch mit Photovoltaik als Bewegungsenergie kombinierbar etc. Das einzelne Kunstwerk ergibt sich einerseits aus der individuellen Biographie, steht in deren Abfolge und Konsequenz; ist andererseits jedoch auch Teil einer häufig sehr expliziten Strategie einer Neudefinition der elementaren Kraft des Sonnenlichtes. Und diese Strategie schließlich nimmt Stellung innerhalb des weltweiten Bemühens um eine Neubegründung unserer Energiesituation.

[9] Jürgen Claus: The SolArt Global Network '95: Artworks for the Solar Age. *LEONARDO*, 1995, Vol. 28, Nr. 2, S. 144 und derselbe: Kulturelement Sonne. Das solare Zeitalter. *Texte+Thesen* Bd. 274. Osnabrück/Zürich, 1997, S. 127.

Künstlerische Skulpturen, die mit dem Sonnenlicht arbeiten, dieses zu einer wirkenden Kraft von Bewegung, Klang, Beleuchtung u.a. umsetzen, sind auch allgemein erfahrbare Symbole für ein Zeitalter, das Licht neu definiert. Dieses »Zeitalter des Lichtes«, wie es Hazel Henderson nennt, führt über das digitale oder elektronische Zeitalter hinaus: »Das Zeitalter des Lichtes wird uns ein neues Bewußtsein und neue Ehrerbietung für lebende Systeme und die vorzügliche Informationstechnologie der DNS, für die Weisheit und Kodierung der Summe allen bestehenden Wissens auf diesem Planeten bringen.«[10]

Das Wissen um die notwendige Neuorientierung unserer Ökotechnologie steht im Hintergrund, ist aber auch die Basis des von mir und Nora Claus 1993 begründeten *SolArt Global Network,* das Kunstwerke für ein solares Zeitalter und deren Kontext vorstellt. Mit Netzwerk ist hier kein inhaltsleeres Bereitstellen von Kanälen der Information gemeint, sondern im Gegenteil ein wertebezogenes, von den TeilnehmerInnen definiertes und getragenes Dialogfeld verschiedener Menschen, Berufssparten, Sprachen, Kulturen. Die gemeinsame Überzeugung, die dem Netzwerk Inhalt und Struktur gibt, ist der notwenige Schritt in ein solares Zeitalter.

Zusätzlich meint Netzwerk auch die Kommunikation im elektronischen Netz.[11] Das Netzwerk schließt die innovative Neuorientierung von Energieproduktion und -verteilung auf solarer Basis ein, ebenso die Unterstützung einer dauerhaften, ökologisch sinnvollen Warenproduktion und -verteilung. Wesentlich ist, innerhalb dieses Gesamtkonzeptes die Kultur eines solaren Zeitalters zu überprüfen und neu zu definieren. Im Zentrum dieser Kultur, als deren schöpferische Substanz und Energie, steht die Kunst. Das ist bewußt ent-gegen allen Tendenzen zur pessimistischen Kultur- und Kunstauflösung gesagt. Das SolArt Global Network ist ein dezentrales Ereignis. Damit wird eine der Positionen des solaren Zeitalters aufgegriffen: In kleineren, umweltbezogenen, lokal begründeten, aber global legitimierten Einheiten die Entscheidungen in die Hände und Köpfe der teilnehmenden Personen zu legen. Auf die Frage, wo das Ereignis stattfindet, antworte ich: Es findet weltweit statt, an Orten, die von den TeilnehmerInnen ausgesucht werden oder sich durch gezielte Einladungen ergeben. Die Bezeichnung Netzwerk unterstreicht dies.

[10] Hazel Henderson: Die Entstehung postökonomischer Paradigmen und ihr Einfluß auf eine postindustrielle Welt. In: Hans-Peter Dürr, Walter Ch. Zimmerli (Hg.): *Geist und Natur.* Bern u.a., 1989, S. 188.

[11] Man findet einige Teile daraus im Internet unter der Website der Kunsthochschule für Medien: www.khm.de/~SolArt

die gewalt in der gewalt des rechts. bernd ternes

»Haben Sie eine Weltanschauung?«
»Ach, ich schau die nicht mehr an!«
Matthias Deutschmann

Aber wo schaut er hin, der Befragte, wenn er die Welt nicht mehr anschaut? Schaut er fern, um nichts mehr zu sehen? Und: Kümmert das die Welt? Und die anderen Welten?

Das folgende geht der Frage nach, ob man noch auf die Welt kommt, ob man nur in der Welt ist ohne Gegenüber und ob die mundane Welt noch auf der mondialen Welt ist; es zieht sich auf an Einsichten von Michel Serres, Peter Fuchs, Günther Teubner, Walter Benjamin und Jaques Derrida; es zieht an bei der Frage, was sich im Verhältnis von erster Welt (die Gewalttätigkeit der Gewalt) zur zweiten Welt (die Gewalt des Rechts, gewalttätig zu sein) und von zweiter zur ersten vermutlich geändert hat; und es verzieht sich beim Gedanken, daß Mikro- und Makrostrukturen sozialer Welt mittlerweile so hermetisch, so in-sich geworden sind, daß sie ›Mundialität‹ (verstanden als mondial/mundan)[1] nur noch als Katastrophe evozieren: als Karambolage gewalttätiger Umschließung und Einschließung; subjektloser Hilfeschrei im stummen Universum.

1

Das Bild, das sich Michel Serres für die Front seines Buches *Le Contrat Naturel* (1990, dt. 1994) ausgesucht hat, ist nicht nur beeindruckend, sondern auch vielsprechend für das, was er zu sagen hat. Francisco de Goyas *Kampf zweier Burschen mit Stöcken* (1820–23) macht in der überlebensgroßen Ignoranz der Schlagenden gegenüber der Tatsache, daß sie sich ihre Köpfe einzuschlagen versuchen, während sie langsam im Treibsand bzw. Sumpf versinken, ein gleichsam überlebensgroßes Sinnbild auf, ein Sinnbild, das Serres auszufüllen sucht mit der Behauptung, daß das, was bei Goya der Sumpf ist, heute die Ausmaße des Erd-Planeten angenommen hat:

[1] Die Begriffe Mondialität und Mundanität werden im Sinne Michel Serres' benutzt: »Le monde mondial des choses, la Terre, le monde mondain de nos contrats, le droit«. Derselbe: *Le contrat naturel*. Flammarion, 1992, S. 28 f.

»Denken Sie sich die Umwelt dieser Kämpfe weg, Sie nur auf die Konflikte und Auseinandersetzungen, die erfüllt von Menschen, aber entblößt von aller Gegenständlichkeit sind – und Sie haben das Theater, das auf unseren Bühnen gespielt wird, die meisten unserer Erzählungen und Philosophien, die Geschichte und die Sozialwissenschaften in ihrer Gesamtheit: jenes interessante Spektakel, genannt ›Kulturschauspiel‹. Wer aber sagt je, wo sich Herr und Knecht bekriegen?
Unsere Kultur verabscheut die Welt (org.: Notre culture a horreur du monde; B.T.).
(...) In unsere Kultur (...) bricht sie ein: die Natur. Einst lokal – jener Fluß, jener Sumpf; heute global – der ERD-PLANET.«[2]

Es handelt sich jedoch nicht allein um einen einseitigen Einbruch, den Serres feststellt. Ökologische Kommunikation, ökologische Philosophie jenseits irgend einer Naturphilosophie ruht beinahe auf dem Wissen, daß die sogenannte wissenschaftlich-technische Zivilisation sich nicht mehr nur auf die ›Natur‹ legt, sondern mit einer nie gekannten Interventions-, Kreations- und Destruktionskapazität mittlerweile bei der klimatischen Atmosphäre[3], beim reellen *morphing*, bei der evolutiv generierten, genetischen Informationsproduktion gelandet ist. Nicht nur die globale Natur tritt also in die Geschichte ein, sondern auch die globale Geschichte in die Natur.[4] Dieser Fall, dieses Hineinstürzen der Natur in die Geschichte, das Einbrechen der mondialen Welt in die mundane Welt einerseits, das Hineinstürzen der Geschichte in die Natur, also das In-sich-Einbrechen der mundanen Welt in die zumindest extramundane Welt: Dieser Fall sei nach Serres ein Novum in der Philosophie, also noch nicht begriffen. Und da zudem die Geschichte es auch noch nicht begriffen hatte – »Die Geschichte, brodelnd, bleibt der Natur gegenüber blind«[5] –, bedürfe es eines neuen Vertrages zwischen Gesellschaftsgeschichte und Naturgeschichte, eines Vertrages, der den Hiatus zwischen beiden Geschichten ineins aufheben und aufrechterhalten soll. Es geht also um ein neues Verhältnis zwischen der Gewalt der Naturgeschichte und der maßlos, planetar gewaltsam gewordenen Gewalt des Rechts der Gesellschaftsgeschichte. Denn man kommt, so scheint es, beinahe nicht umhin, den der ziel- und zweckgerichteten technologischen Zivilisation inhärenten Ausscheidungen und Defekten der Natur, der Gesellschaft und der Psyche eine Art konspirative Organisiertheit zu unterstellen, so als gäbe es nicht nur eine Akkumulation des Abfalls, sondern auch eine Emergenz, gar eine Synthese desselben.[6] Und diese erzwingt dem Planeten Erde einen rechtlichen Status, einen Status als Rechtssubjekt zu geben: Das Ausgeschlossene muß eingeschlossen werden. Aber wie? Fakt ist, daß die gesellschaftliche Exkorporation des Todes seine höchste Stufe erreicht hat: die planetare Dimension. In dieser drängeln sich die ›Defekte‹ mittlerweile titanenhaft. Dieser Dimension, diesem Format scheint nur noch der Blick der Rache oder aber der Blick des Rechts (auf Verträge, die die Parteien verträglich machen) gerecht werden zu können, so wie ihn

[2] Michel Serres: *Der Naturvertrag.* Frankfurt/Main, 1994, S. 14.

[3] Daraus zieht Peter Sloterdijk dringliche sozialphilosophische und weltpolitische Konsequenzen: »*Air conditioning* wird sich als das raumpolitische Grundthema des kommenden Zeitalters durchsetzen. (...) Die explizite Klimapolitik ist das Fundament der neuen Ökumene, so wie explizite Klimatechnik die Basis konkreter Gemeinschaftsbildungen sein wird.« Derselbe: *Sphären II. Globen.* Frankfurt/Main, 1999, S. 1007.

[4] Michel Serres: *Der Naturvertrag,* s. Anm. 2, S. 16.

[5] Michel Serres: *Der Naturvertrag,* s. Anm. 2, S. 20. Man könnte hier auch die Glanvillesche Fassung einsetzen, daß die Geschichte ein Objekt geworden sein könnte, das zugleich ein Kein-anderes-Objekt-Beobachtendes und ein Von-keinem-anderen-Objekt-Beobachtetes ›ist‹. Ein solches Objekt, so Glanville, bewohnt das Universum anderen unbekannt. Es weiß nicht, daß es das Universum bewohnt, noch weiß das Universum, daß es ein Bewohner ist.

[6] »(...) breiten sich Armut, Verelendung und Verwahrlosung gleichmäßig über den gesamten negativ gleichzeitig gemachten Erdball aus.« Robert Kurz: Das Ende der Neuen Weltordnung. Ein Essay zur globalen Ökonomie und Politik nach dem Epochenbruch. *Zeitschrift für kritische Theorie,* 1/1995, S. 23–42, hier S. 38.

Serres einnimmt. Es geht also um das Erfassen einer extrem unvergleichlichen Befindlichkeit der inneren und äußeren Ökologie der Menschengattung, und um Initiierung einer Verfassung, die Mundanität und Mondialität ›verträgt‹.

Dem Blick Serres' auf die Gewalt der Natur, die sich gewaltsam Recht verschafft, indem sie in diejenige Welt einbricht, in der Gewalt in Recht und Recht in Kriegsvertrag und Krieg sich morphisiert hat, korrespondiert ein anderer, eher systemtheoretischer Blick, den man als kausale oder auch als symptomatische Antwort auf den Vorgang der zunehmenden, meist grausamen ›Erdung‹ der Welt verstehen kann. Dieser systemtheoretische Blick hat nicht das Verhältnis zwischen Erd-Planeten und soziokultureller Welt vor sich, sondern das Verhältnis zwischen Kommunikation und Bewußtsein innerhalb der Welt, die als Weltgesellschaft, als weltgesellschaftliche Kommunikation verstanden wird. Und zwar scheint sich im Verhältnis von Kommunikation und Bewußtsein etwas abzuspielen, was als Wiederholung gelten kann, als Wiederholung der Blindheit der Geschichte gegenüber der Natur. Ja, vielleicht passiert hier etwas, das als letzte Abwehr der Welt verstanden werden kann, dem Einbruch der Mondialität autistisch und hermetisch geschlossen zu begegnen. Peter Fuchs beschreibt das so:

> »Ich will (...) sagen, daß die weltgesellschaftliche Kommunikation dazu übergeht, ihre Adressen im Selbstkontakt zu fabrizieren. Das tut sie in einem gewissen Sinne immer, insofern die Adresse eine kommunikative Konstruktion ist, aber die Konstruktion kann mehr und mehr darauf verzichten, einen empirischen Gegenhalt zu haben. Das System beginnt, sich seine Umwelt zu erfinden. Und die nicht erfundene Umwelt (das reale Bewußtsein) kann herumkaspern, soviel es will, es wird immer weniger berücksichtigt. Ich will dieses Phänomen versuchsweise das Phänomen der Hyperautonomie der Gesellschaft nennen, das Phänomen der Hyperautonomie der Funktionssysteme. Ich könnte auch sagen: Das Phänomen der großen Entkopplung von empirischem Bewußtsein und der Konstruktion sozialer Adressen.«[7]

Während also das System namens Welt/Geschichte/Kultur/Mundanität sich nicht mehr leisten kann, die Umwelt namens Umwelt/Natur/Mondialität als Umwelt zu behandeln und zu verschandeln, steigert im gleichen Atemzug das System namens Kommunikation seine Form, die Umwelt namens Bewußtsein als Umwelt zu behandeln, ja, es macht sich noch unabhängiger von dieser Umwelt und wird, so Fuchs, hyperautonom. Anders gesagt: Das Hegelsche Lauffeuer einer Beendigung der Endlichkeit des Menschen durch Verwirklichung des Bewußtseins als unendliche Beziehung auf sich selbst[8] wird gelöscht durch die in die Geschichte einbrechende Gewalt der mondialen Welt, die die Menschen wieder daran erinnert, der

[7] Peter Fuchs: *Das seltsame Problem der Weltgesellschaft. Eine Neubrandenburger Vorlesung.* Opladen, 1997, S. 141 f.

[8] Erhellendes dazu bei Jacques Derrida: *Randgänge der Philosophie.* Hg. v. P. Engelmann, Wien 1988, darin: Fines hominis, S. 119–141, hier S. 128 f.

Endlichkeit, der Limitation, der Geschichte, die nicht Vernunft ist, anzugehören. Zugleich aber scheint sich die Unendlichkeit in der Dimension sozialer Systeme fortzusetzen, indem diese Systeme zumindest ausprobieren, wie es ist, ohne Rekurs auf eine auch nicht mehr vorhandene Vernunft der Gesamtgesellschaft durch eine unendliche Beziehung auf sich selbst sich selbst zu reproduzieren und dabei das Bewußtsein in eine extrem endliche, dürftige, empirische Figur zu verwandeln, durch die Endlichkeit schimmert in dem Maße, wie es bei Hegel dem Körper geziemte. Das Bewußtsein wird zum Unbewußten der Kommunikation, so Fuchs.

Versuchte man, eine kausale Beziehung zwischen diesen beiden Bewegungen auszumachen, wäre der Ansatz, von einer Ökonomie der Beziehungskapazität von Systemen auszugehen, nicht ganz sinnlos. Man müßte dann sagen, daß in dem Maße, in dem Gesellschaft sich zwingend ins Benehmen, ins Vertragen, in Verbindung mit der mondialen ›Welt‹ der Dinge zu setzen hat, sich das Ausmaß des Verbindens mit der mundanen Welt der Psychen, Bewußtsein und Menschen verkleinert. Das liefe also auf ein ›Entweder oder‹ hinaus, bedingt durch die logische, soziologische, systemische Knappheit des Mit-der-Welt-Seins: Entweder kümmert sich die aus der Mondialität herausgebrochene mundane Welt um ihr Verhältnis zur Außen-Umwelt, oder sie kümmert sich um die Integration der in die Innen-Umwelt des Gesellschaftssystems hineingefallenen Menschen. Marcuses Annahme, erst durch Versöhnung mit Natur könne überhaupt Versöhnung der Menschen miteinander passieren, fiele definitiv heraus.

Versuchte man, eine symptomatische Beziehung zwischen den oben skizzierten Bewegungen auszumachen, dann könnte man eine Perspektive der Fraktalität wählen im Sinne des Mathematikers Benoît Mandelbrot, der sich in den 60er Jahren mit Geometriken unregelmäßiger Eigenschaft, also etwa Küstenlinien, Bergketten u.ä., beschäftigte und dabei feststellte, daß sich Unregelmäßigkeiten auf jeder Ebene, in jedem Maßstab wiederholen (eine Messung der wirklichen Länge etwa der Küste Großbritanniens würde daher das Ergebnis ›unendlich‹ liefern, da die Unregelmäßigkeit einer Küstenlinie einen immer genaueren Maßstab erforderte, bei jedem Maßstab aber die alte Unregelmäßigkeit wiederkehrte); bei genauerem Hinsehen könne man sogar nachweisen, daß sich bis ins Atomare hinein die komplexen Strukturen durchhalten. Auch wenn es unsauber ist, hier Fraktalität zu vermuten, da Mandelbrot den Radius ebendieser außerhalb der Mathematik nur in der Natur ausmachte und nicht auf genuin mundane Vermittlungsverhältnisse oder gar auf ›soziale Tatsachen‹ anwendete, ist es doch, mit Whitehead im Rücken[9], plausibel denkbar, daß sich die Formen der Beziehungen zwischen Menschen und Menschen und zwischen Menschen und Gesellschaft sowie die Formen der Beziehungen zwischen Gesellschaft und mondialer Erde ein und derselben komplexen Struktur verdanken. Man spürt, daß hier eine falsche Unendlichkeit der Spekulation am Werke ist. Kann man es kleiner machen? Peter Sloterdijk hat eine ähnliche Bogenspannung vorgenommen, allerdings innerhalb des Radius' der mundanen

[9] Whitehead: *Prozeß und Realität. Entwurf einer Kosmologie*. Frankfurt/Main, 1979 (1929), S. 79 ff., S. 166 ff.; man müßte allerdings den Whiteheadschen ›Gott‹ ersetzen.

Welt, und mit dem entscheidenden Unterschied, die Arten und Weisen globaler Beziehungsformen als abgeleitete Formen zu betrachten, abgeleitet von dem Mikrouniversum interpersonaler Sphären.[10] Eine ähnliche Rangordnung, die das Makrologische als Ausfluß eines Mikrologischen deutet, bietet Humberto R. Maturana an.[11] Unterstellt man eine Art Fraktalität in den Beziehungsformen der mundanen und der mondialen Welt, dann wäre das Herausfallen dieses eigenartigen Artefakts Welt aus der Erde und das Herausfallen des ebenso unbegreiflichen Artefakts Mensch sowohl aus der Natur wie aus der Gesellschaft nichts mehr, was einen Unterschied ums Ganze bildete. Existenz des Menschen als Substanz des Menschen könnte dann nicht mehr behauptet werden. Und wenn man den Sprung vom Unterschied Natur/Sprache zum Unterschied Gewalt/Recht macht: könnte das bedeuten, daß sich die Opposition zwischen Gewalt und Recht immer weniger als Unterschied, der einen Unterschied macht, halten läßt? Wenn der Rechtsstatus des Krieges sich immer weniger unterscheiden lassen sollte von der Rechtslosigkeit objektiver Gewalt, und Serres' Satz, daß der Krieg uns faktisch und kraft des Rechts vor der unbegrenzten Reproduktion von Gewalt schützt[12], nicht mehr gilt: Was liegt dann vor? Ich meine: vor als Welt?

2

Liegen für die Behauptung, daß die Opposition zwischen Gewalt und Recht immer weniger ein Unterschied ist, der einen Unterschied macht, überhaupt Vorgänge vor, die auf Änderungen des Stellenwerts des Rechts im Verhältnis zur Gewalt eingehen, also auch auf die Rechts-Gewalt? Wenn man die philosophische Perspektive der Klärung des Woher und des Wie von Gewalt, Gesetz und Recht für einen Moment hintanstellt und eine eher soziologische einnimmt, die erst einmal innerhalb des Recht-Universums nach Verhältnisänderungen Ausschau hält, dann könnte man den Hinweisen Gunther Teubners folgen, der innerhalb des mundanen Weltrahmens eine Änderung der Rechtsquellen, der Normenhierachie und der Gewalt- und Vertragstätigkeit des Rechts vernimmt.[13]

Teubner stellt im Rahmen der Globalisierung des Rechts ›spontane‹ Rechtsbildungen fest, die die traditionelle Normenhierachie politisch-staatlichen Rechts dadurch wirksam stören, daß sie massenhaft Normen eines globalen Rechts ohne Staat, ohne nationalstaatliche oder völkerrechtliche Institutionalisierung hervorbringen.[14]

> »Historisch hat sich die *lex mercatoria*, die transnationale Rechtsordnung der Weltmärkte, als der bisher erfolgreichste Fall eines eigenständigen ›Weltrechts‹ jenseits der internationalen politischen Ordnung erwiesen. Multinationale Konzerne schließen miteinander Verträge, die sie keiner nationalen Gerichtsbarkeit und keinem nationalen materiellen Recht mehr unterstellen. Sie vereinbaren, ihre

[10] Sloterdijks »allgemeine Theorie der autogenen Gefäße« startet von einer grundlegenden Überzeugung aus: daß nämlich alle Großprojekte wie die großtechnische Zivilisation, der Wohlfahrtsstaat, der Weltmarkt und die Mediasphäre auf die »Nachahmung der unmöglich gewordenen imaginären Sphärensicherheit« zielen. Das kann nur schief gehen, da sich moderne Gesellschaften in »schalenloser Zeit« aufhalten. Unbehagen allerorts: Netze und Versicherungen ersetzen nicht die »himmlichen Schalen«; die Telekommunikation nicht »das Umgreifende«. »In einer elektronischen Medienhaut will sich der Menschheitskörper eine neue Immunverfassung schaffen«: zu spät. Siehe derselbe: *Sphären I. Blasen.* Frankfurt/Main, 1998, S. 25.

[11] »Ich bin der Meinung, daß die Aufgaben des täglichen Lebens die grundlegenden Aktivitäten unserer menschlichen Existenz sind, weil alle technischen Aktivitäten, wie verfeinert sie auch immer erscheinen mögen, nur Ausdehnungen der Aufgaben des täglichen Lebens sind und faktisch als alltägliche Aufgaben gelebt werden. So ist z.B. die Biologie eine Ausdehnung des sich um die Tiere und Pflanzen des Haushalts Kümmerns, Chemie ist eine Ausdehnung des Kochens, Physik eine Ausdehnung des Hausbaus, Philosophie ist eine Ausdehnung der Aufgabe, die Fragen von Kindern zu beantworten (…).« Maturana, H.R.: *Biologie der Realität.* Frankfurt/Main, 1998, S. 10 f.

[12] Michel Serres: *Der Naturvertrag*, s. Anm. 2, S. 30. Kühl statistisch unterfüttern kann man dies durch die Feststellung, daß im 20. Jahrhundert mehr Menschen durch staatlich organisierten Terror denn durch sich Krieg erklärende Parteien getötet worden sind. Siehe: Das Zeitalter der Völkermorde (Rezension eines Vortrages von Hartmut Böhme). *Tagesspiegel*, 11.01.2000, S. 28.

[13] Gunther Teubner: Des Königs viele Leiber. Die Selbstdekonstruktion der Hierachie des Rechts. *Soziale Systeme*, 2/1996, S. 229–255. Teubners kritische Auseinandersetzung mit dekonstruktiven Rechtstheorien bleibt im folgenden unbeachtet.

[14] Gunther Teubner: *Des Königs*, s. Anm. 13, S. 229. Teubner sieht diese Polykontexturalisierung durch Globalisierung als Bedingung zur Ermöglichung dekonstruktivistischer Rechtstheorien an, die selber genau diese ›Basisbedingung‹ ihres diskursiven en vogue-Seins nicht mitreflektieren.

> Verträge einer von nationalen Rechten unabhängigen Schiedsgerichtsbarkeit zu unterstellen, die ihrerseits Normen eines ›transnationalen Handelsrechts‹ anwenden soll. (...) Doch geht die Bedeutung des Rechts ohne Staat weit über das reine Handelsrecht hinaus. In ›relativer Autonomie‹ gegenüber dem Nationalstaat wie gegenüber der internationalen Politik bilden sich heute unterschiedliche Sektoren der Weltgesellschaft aus, die globale Rechtsordnungen eigener Art aus sich heraustreiben. (...) Der Unterschied zwischen hochglobalisierten gesellschaftlichen Teilsystemen, besonders der Wirtschaft, und einer nur internationalisierten, aber nicht ausreichend globalisierten Politik bringt das Rechtssystem in eine institutionelle Schieflage.«[15]

Diese Schieflage, so abschließend Teubner, drücke sich darin aus, daß das Rechtssystem nicht mehr souverän Macht und Machtmißbrauch kontrollieren könne (war das seine Aufgabe, seine Funktion?), da sich polykontexturales Recht von ›blinden‹ Umwelten beherrschen lasse, für die die politische Souveränität zur Herrschaft keine Gefahr mehr darstellt, weshalb nur noch »selbstzerstörerische Tendenzen kollidierender Diskurse« (Teubner) etwas Sicht in die blinden Umwelten hineintragen.

Man kann das in eine andere Terminologie übersetzen: Die maßgebend kapitalistisch mobilisierte Globalisierung des Rechts führt zu einer Änderung im Verhältnis der beiden das Recht betreffenden Gewalten, der rechtsetzenden und der rechterhaltenden Gewalt. Das Recht verliert die Gewalt, die Gewalt des Rechts monopolistisch zu setzen (Rechtsstaatsmonopol als Schutz der Gewalt, ausschließlich Recht und damit Unrecht zu setzen). Das (europäische) Recht verliert damit an Autorität, »die individuelle Gewalt zu verbieten und sie in dem Maße zu verurteilen, in dem sie nicht dieses oder jenes Gesetz bedroht, sondern die ›Rechtsordnung‹ selber.«[16] Im *Law's Empire*, selbst gegründet auf Gewalt, entstehen rechtsgewalttätige Unabhängigkeitsbewegungen, deren Gewalt nicht mehr – gesamtgesellschaftlich gesehen – Gewalt ist im Sinne der *force de loi*, sondern Gewalt als *violence*.[17] Kann das, was Bewußtsein fürs Kommunikationssystem und das Kommunikationssystem fürs Bewußtsein zu werden beginnt, sich im Verhältnis des staatsrechtlichen Rechts zum globalweltgesellschaftlichen Recht und ungedreht wiederholen? Wenn Bewußtsein das Unbewußte der Kommunikation bedeutet, kann dann die staatsrechtliche *force*-Gewalt für das global institutionalisierte Recht ein blinder Fleck werden, so wie in anderer Richtung dieses globale Recht zur *violence* wird fürs staatsrechtliche?

Das will auf folgendes hinaus: Nämlich so zu tun, als ob das Verhältnis von Gerechtigkeit und Recht (inklusive ihrer beiden Gewaltmodi) so zu denken ist wie das Verhältnis von mondialer zur mundanen Welt. Gerechtigkeit macht die Gewalt der Setzung und Sprechung von Recht befragbar[18]; sie erzwingt, daß die Gewalt des

[15] G. Teubner: *Des Königs*, s. Anm. 13, S. 236, 237, 238.

[16] Jacques Derrida: *Gesetzeskraft. Der »mystische Grund der Autorität«*. Frankfurt/Main, 1991, S. 73.

[17] Ich bitte zu berücksichtigen, daß damit nicht gesagt, unterstellt oder gemeint ist, daß sich die *force*-Gewalt des Staates weniger grausam darstellt und nun, mit diesem neuen, mehr *violence* beinhaltenden Gewalt-Konkurrenten aus der Globalisierungsdimension im Rücken, irgendwie gerettet oder geschützt werden müßte.

[18] Ausführliche Fragefassung gibt Walter Benjamin: »Es drängt sich die Frage auf, ob Gewalt jeweils in bestimmten Fällen Mittel zu gerechten oder ungerechten Zwecken sei. Ihre Kritik wäre demnach in einem System gerechter Zwecke implizit gegeben. Dem ist aber nicht so. Denn was ein solches System, angenommen es sei gegen alle Zweifel sichergestellt, enthielte, ist nicht ein Kriterium der Gewalt selbst als eines Prinzips, sondern eines für die Fälle ihrer Anwendung. Offen bliebe immer noch die Frage, ob Gewalt überhaupt, als Prinzip, selbst als Mittel zu gerechten Zwecken sittlich sei. Diese Frage bedarf zu ihrer Entscheidung denn doch eines näheren Kriteriums, einer Unterscheidung in der Sphäre der Mittel selbst, ohne Ansehung der Zwecke, denen sie dienen.« Walter Benjamin: Zur Kritik der Gewalt. In: derselbe: *Aufsätze, Essays, Vorträge*. Gesamtausgabe, Bd. II 1, Frankfurt/Main, 1991, S. 179–203, hier S. 179.

Rechts niemals vom System Recht eingeholt werden kann, was dazu führte, daß das gesetzte Recht seine eigene Setzung immer als rechtens durchsetzen würde. In diesem Sinne wäre Gerechtigkeit, wie Derrida sagt, eine Heimsuchung des Rechts, eine Provokation, eine moralische (?), menschliche (?), göttliche (?) Sperre, die verhindert, daß sich Recht hyperautonomisiert und so tut, als gäbe es kein Recht mehr außerhalb ihrer selbst. Wenn mit der Globalisierung des Rechts die Gewalt der Rechtsetzung sich in den blinden Subsystemen zu vollziehen scheint, in Subsystemen, die Recht schaffen und praktizieren außerhalb der gesellschaftshistorisch hegemonialen Autoritäts- und Gewaltform namens Staat, aber genau deswegen nicht mehr mit Gerechtigkeit provoziert, konfrontiert und kritisiert werden können, d.h.: wenn sich bei dieserart Recht die Unterscheidung zwischen der Gerechtigkeit des Rechts als Rechtssprechung und -setzung einerseits und der Gerechtigkeit des Rechts als Recht (dieses oder jenes Gesetz) andererseits nicht mehr halten läßt, dann touchiert diese neue Gewalt der Rechtsbildung[19] eine Gewalt, die nicht mehr in mundanen Kategorien allein (altmodisch: ›Sittlichkeit‹) zu fassen ist. Verschränkte man diese ›makrostrukturelle‹ Behauptung der Gerechtigkeitsaustreibung zudem noch mit der Behauptung, auch ›mikrostrukturell‹ sei Gerechtigkeit auf dem besten Weg zu verschwinden[20]: Kann man dann noch ignorieren, daß mit der Globalisierung als Etikett und mit der Ausfransung von sozialen Systemen als Realität soetwas passiert wie eine ›mimetische‹ Wiederholung des Außen/Innen-Schemas Mondialität/Mundanität, nur daß jetzt das Außen selbst in die Mundanität eingemeindet ist und sich als Quintessenz des Innen zu verstehen sucht? Wenn man am Verhältnis von Recht und Gewalt zeigt, was es heißen könnte, daß jetzt das Außen selbst in die Mundanität eingebrochen wird (man muß es im Passivum sagen) und sich als Quintessenz des Innen zu verstehen sucht, ließe sich dies sagen: Das Eingezogenwerden von Naturzwecken und subjektiven Gewalten durch die Gewaltmonopolisierung, also Rechtsgewalt, und durch die Rechtszwecksetzung[21], also die Austreibung des Naturrechts durch das Recht der Rechtsgewalt, hat dazu geführt, daß sich Rechtsgewalt selbst auf eine Art wandelt, die als Wiedervernaturrechtlichung bezeichnet werden kann, als katastrophische Bewegung mit dem Effekt, neue Kriterien zu evoluieren, die zwischen Mitteln und Zwecken von Gewalt und Recht neue Verbindlichkeiten erzwingen. Was in diesem Zusammenhang allerdings ohne ein ›Vielleicht‹ gesagt werden kann, ist, daß es sich nicht mehr so verhält, wie es Odo Marquard in der folgenden Paraphrase auf Schellings *System des transzendentalen Idealismus* ausdrückt: »Wo aber die Vernunft derart ohnmächtig ist, d.h. wo sie als Gegenwartsvernunft sich der Gesellschaft und als Gesellschaftsvernunft sich der Gegenwart versagt, überläßt sie just dadurch zwangsläufig die gesellschaftliche Gegenwart und Realität der Geschichte dem, was nicht verwirklichte Vernunft ist: der Natur.«[22] Nicht die Geschichte überläßt sich der Natur: die Geschichte macht sich zur Natur, eliminiert den Unterschied zwischen Natur und Geschichte, verbannt die Natur in die letzte Dimen-

19 Wie harmlos auch immer sie auszusehen vermag; siehe: G. Teubner: *Des Königs,* Anm. 13, S. 237.

20 »Zum Glauben an die Menschheit und die Welt gehört zwingend die Idee der Gerechtigkeit und damit die der gerechten Strafe. Die Idee, weil es die gerechte Strafe real noch nie gegeben hat. Sie existiert nur in der Gestalt einer Hoffnung oder Erwartung, egal ob des Jüngsten Tages, eines bewaffneten Aufstandes oder eines Revolutionstribunals. Diese Hoffnung und Erwartung aber ist tot. (...) Das ist dann der Punkt, wo die Gewaltphantasien einsetzen müssen. Sie versprechen eine Welt, wo wirklich einmal die Letzen die Ersten wären und uns die Ausbeuter nicht später als bewunderte Wohltäter begegnen. So können die Gewaltphantasien den Glauben an die Menschheit retten und vor der fürchterlichsten Verzweiflung schützen.« Wolfgang Pohrt in: konkret, 1/2000, (Rubrik: *Pohrt antwortet*), S. 26–27, hier S. 26.

21 Walter Benjamin: *Zur Kritik der Gewalt,* s. Anm. 17, S. 182 f.

22 Odo Marquard: Über einige Beziehungen zwischen Ästhetik und Therapeutik in der Philosophie des neunzehnten Jahrhunderts. In: derselbe: *Schwierigkeiten mit der Geschichtsphilosophie.* Frankfurt/Main, 1973, S. 85–106, hier S. 91.

sion, die der Globalisierung der Welt Rechnung trägt, nämlich in die erdplanetare.

Vielleicht ist es nicht die mythische Manifestation der unmittelbaren Gewalt, die sich im tiefsten mit aller Rechtsgewalt identisch zeigt[23], sondern die Globalisierung des Rechts, die die rechtsvermittelte Welt als unvermittelt rechtsgewaltige überhaupt zum Ausdruck bringt: Vom Rechtspositivismus zum Rechtsphysikalismus. Nicht mehr ist es der Naturzustand, der sich in der alles umschlingenden Selbsterhaltung zeigt, die keinen Unterschied macht zwischen der Selbsterhaltung menschlicher Gesellschaft und tierischer; vielmehr bringt die mit der Globalisierung zu sich kommende Artifizialität/Mundanität der Rechtsgewalt zu Gestalt, daß Recht Gewalt ist für den Teil der Erde, der sich als Welt versteht.[24]

Der Treibsand bei Goya hat die sich schlagenden Burschen gerade bis zu den Knien in sich aufgenommen. Sie sind klar als menschliche Wesen erkennbar. Heute, gut 180 Jahre später, sähe man, unter Beibehaltung des Titels, eine ruhige Landschaft der Erde und eine bewegte des Himmels, die sich beide im Horizont übergangslos verbinden/vertragen. Hätte man mehr Glück, dann sähe man kreatürliche Torsi, die noch leicht an die Form der Menschengestalt erinnerten, solange erinnerten, bis die Landschaft mit dem Warten auf das Verschwinden des Menschen zuende wäre. Mit Spürsinn könnte man ahnen, daß das letzte, was diese HimmelErde-Landschaft vernahm, ein Schreien nach Hilfe war. Es ist keinem sakralisierenden Hauch des Entsetzens geschuldet und auch nicht einer Demut des Sich-Begebens, in der Endlichkeit des eigenen Lebens die einzige Hilfe zu sehen. Sie ist immer bereit, weil sie nicht zur Welt kommen muß.

[23] Walter Benjamin: *Zur Kritik der Gewalt*, s. Anm. 17, S. 199.

[24] Dieses ›Sich-als-Welt-Verstehen‹ überdreht den Gedanken Heideggers, daß Welt nur gebildet wird, wenn der Mensch ›aufmacht‹; macht er das nicht, dann »sieht der vulgäre Verstand vor lauter Seiendem die Welt nicht«.

the abhisarika nayika.
priya sarukkai-chabria

Parting

I was working on a story when the mood broke. Three of my friends had suddenly broken up with their partners. They began downloading on my over long phone calls, marathon e-mails, and face-to-face. True, I had invited this in some way; maybe it is my writer's greed for stories. But the listening became painful; the air turned into shiny needles that hurt with every breath.

Amid the choking rain of needles I sought for words which would comfort them but only saw the trauma. To each one I repeated that time would transform if not heal, and it's all for the better; and yet I felt hollow. Repeating the same phrases into the mirror of shock, into the well of sorrow, into the reflection of confusion. Gradually they treated, one by one, to their new lives. And once again I was left in the green calmness of my house with a broken story waiting within the endless pages of my computer. Again I sought words and wrote this, to gasp the air.

She says to her friend
He said to me: Keep faith.
So I kept a stubborn faith in him
which grew with every difficulty:
Swollen, taut, ready.
I held this close within myself feeling
his absent presence fill me
full, warm, moist.
    Suddenly –
    this small discharge,
    for him a little thing.
His rapid pulling out
of me peels away my very skin.

The centrality of wander

I thought of what it is to be a woman witnessing broken relationships and bearing unfinished stories. How could one hope again? This is when she crossed the horizon of my mind, appearing on the brim of the liminal like the glow of a firefly, drifting off and on: The *abhisarika*

Miniature paintings courtesy Mittal Museum of Indian Art, Hyderabad.
Detail. Abhisarika nayika proceeding in the rains. Basholi school C 1700.

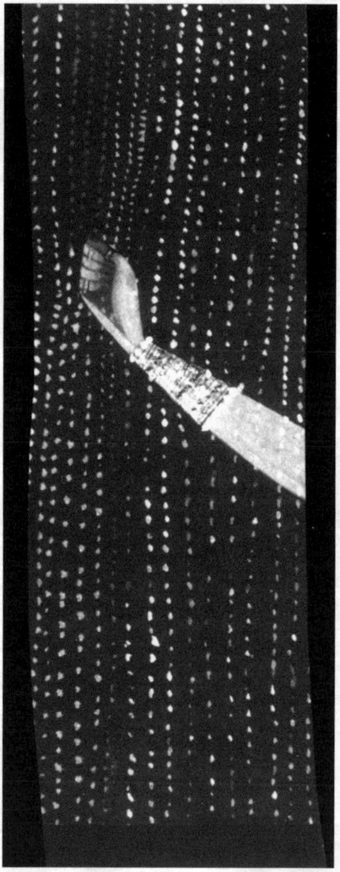

nayika, an ancient icon of love in Sanskrit poetics abundant with desire, profuse in interpretation.

She appears and reappears in our various art forms as an image of transgression, desire embedded in her beautiful form, always journeying, signifying a path beyond. In several paintings she appears as a pale figure lighting the fearful darkness of a stormy, demon-infested night. In other paintings she could be tranquil as the moonlight through which she journeys, resolved in her quest. Yet again she could be carrying flower garlands as gifts for her secret lover while each crea-

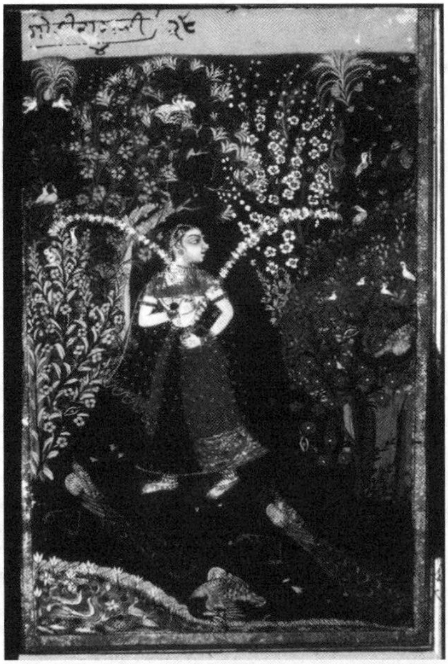

Miniature paintings courtesy Mittal Museum of Indian Art, Hyderabad.
Nayika, holding wands of flowers, proceeding to meet the Nayaka. Kotah School. C 1660.

ture of the night is vivid with expectation, rejoicing in her every step. Of course the outer landscape she traverses is a metaphor of the inner, within her frail, fast-beating heart.

In poems and legends she journeys across the forbidden to clandestinely meet her lover for a night of joy, her desire supreme. We can see her in sculpture, arms swaying; her body corroded by sunlight and touch yet alive with movement and passion. And in music and dance she rises with notes and words, with gesture and movement, with breath and improvisations to once again sing the song of rebellion, of refusing to be moored to social mores and conventions. She consistently walks through the centuries and the arts carrying with her the fragrance of difference.

Of course, she was also given religious signification. In the tradition of high aesthetics she personified the concept of the individual atma – the individual self – seeking out the Paramatma, The Absolute Consciousness; her overwhelming sexual yearning transmogrified to encompass a paramount desire for spiritual becoming. With the sky of longing cast over her the *abhisarika nayika* wanders as lover and seeker, the male always the beloved.

It is she who turns her back on the warm interiors of home to merge with the dark flow of forbidden desires; she sheds her earlier identity like a dupatta, like a veil, a miasma, uncovering deeper levels of self as her love deepens. It is she who stands parting veils of rain, which fall like teardrops, like pearls form a dark yet gracious sky, parting the rain, parting her fears from her desire. Hands reddened with tenderness, eyes lined black with hope, bejeweled by her own splendor she stands on the threshold of transfiguration.

She could be a noble woman or a cobbler's wife for the sweep of her wandering was not proscribed by a caste, a class, a tradition. Embodying unbounded passion for her secret love the *abhisarika nayika* is a construct contained within the predominantly brahminical and patriarchal codes of the Margi or Great Tradition. But unrestrained she changes her name, though not her transgressive character, and weaves just as freely through our many older Desi or Little Traditions – the folk, the tribal, the others – and her steps taking on the sensuous lilt of these landscapes. The plangent energy and lack of ›purity‹ in her construction speak of the constant overflow between the different traditions, and the colour of local culture. For the Margi and Desi Traditions have twisted around each other like copulating snakes, or strands of DNA that must be read together in order to make sense, be fecund.

Of serpents and stories

The overlapping and intertextuality of the *abhisarika nayika*'s mouth speaks of more than a fluid entwining between the traditions and the arts; it speaks of the ground from which it was birthed, the womb of the vision. This is of a polycentered universe where profusion and abundance are expressions of the underlying harmony of all life forms. It is this idea that has frothed over in the arts as profligate vitality of thought and gesture, as a swimming maze of multiple narratives and diverse interpretations that allow many points of view to be held concurrently without apparent contradiction.

This is why, initially, the form of many art works seems like liquid chaos. For there are multiple points of entry into paintings and even the margins of the frame can unfold parallel narratives. There is constant moving back and forth in the space-time of narrations and there are stories within stories, and asides. As if a thousand jewelled story-snakes

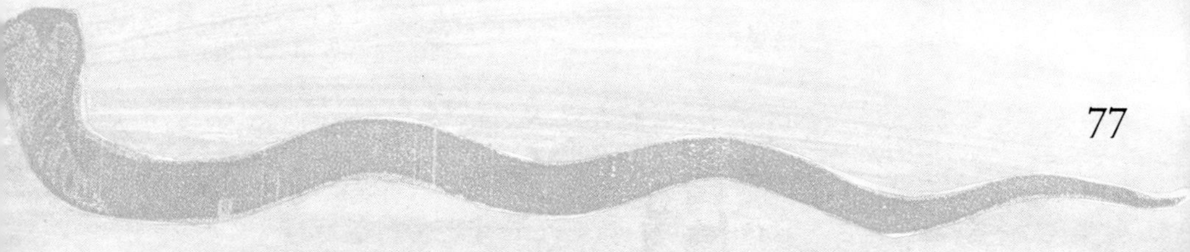

Snake: Detail. Folk wall painting, Rajasthan 20th century.

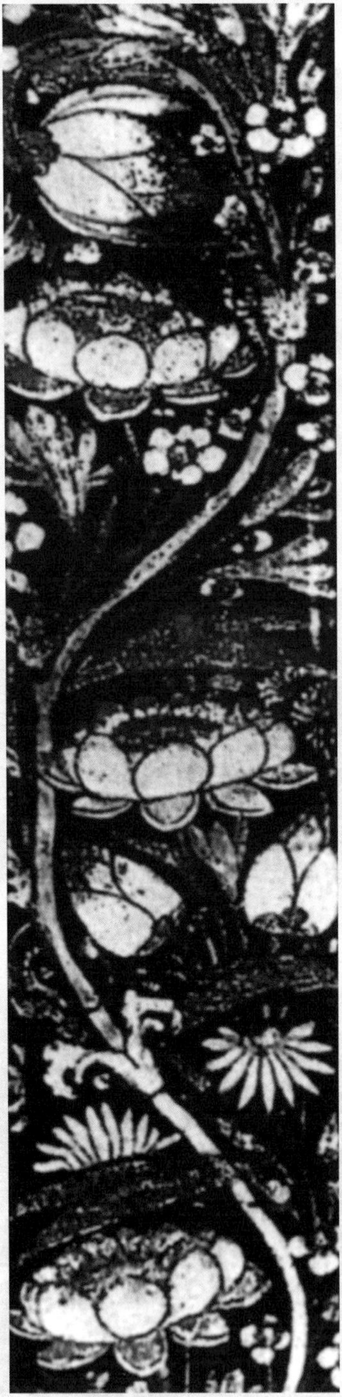

Lotus creeper: Ceiling decoration. Detail. Ajanta, cave 2. 5th century.

are circling round and around in the lake of perception. Until one isn't sure which is moving, the snakes or the lake, or are they both static, and is the observer moving? Or in the play is something different?

For me, the wonder of the supple, generous creativity of this subcontinent is its sustained plurality of form and interpretation. For instance, thousands of different versions exist of the epic, *Mahabharata*. As if there is just one serpent in the lake that merely sprouted one more head on its many-hooded form to accommodate a newer version of the story while the various other heads continue to shake, spewing their contradictions while special jewels glitter on each hood.

This suggests we consistently live with simultaneous and multiple inconsistencies; and hypocrisy. And one questions how this slippery excess does not slide into a swamp of meaninglessness. At the risk of oversimplification (and this is ironic) I'd say it's largely because of context sensitivity: the need to earth the narration within the specificity of resonance, ground it in a landscape of a particularity, an individuation of interpretations, a framing. In the essay ›*Is there an Indian Way of Thinking?*‹ A. K. Ramanujan, poet and linguist, wrote, »In such a world, systems of meaning are elicited by context, by the nature (and substance) of the listener.« Therefore, ten different tellings of the same story can exist side-by-side; possibly entwining at points, all reconcilable and specific to different truths.

Profusion and context sensitivity, these two paradigms operate simultaneously one on the other within the same space: profusion as a window constantly opening outwards, and context sensitivity as a mirror reflecting inwards, inter-linking reflected stories, opening pathways onto the dark margins of ellipses.

Fluid, multiple narratives, besides resonating with the concept of a harmonious, polycentric universe also play a crucial part in the reception of these narratives: they resist easy encoding. This occurs even though the narratives are themselves familiar as in the recurrence of the *abhisarika nayika* motif or numerous retellings of the *Mahabharata*. For embedded into these narratives is not only the creative presence of the receiver, the *sahrdaya*, but also that of the storyteller or the painter or performer. The challenge for each artist during each recreation of the narrative is to give it a fresh luminosity, an *apurva* form, whereby the narrative is re-birthed in the mind of the receiver, making for a new layer of contemporary meanings. This continuous process of individuation and improvisation allows the stories and motifs to keep churning with each re-telling, at each point in time, in each village and city.

For me, each myth and story holds its tail in its mouth like a great snake while simultaneously shedding its skin. It sloughs off the tight, confining skin of irrelevance, beneath the old body glimmers with fresh scales of light, ready for challenge. Once again soft with hope, it is plangent, vocal, free. It is no one's property.

These are forms of artistic expression to which I am committed, and which are being threatened in some quarters for there are snake charmers today who want to trap this treasure in small dank baskets of ideology, allowing it to rise only to the seduction of their tunes. Far worse, they want it enslaved for the venom it can spew if provoked in a certain direction, not for the jewels on its hood. And not a thought for its splendour, the coiling, fecund story-self.

The Return of the Abhisarika Nayika

Didn't we last see her standing on the threshold of transfiguration, sure only of her passionate love?

Her most vaulted avatar is as Radha, the older married woman who goes out into the forests of the night to meet Sri Krishna, her divine lover on the banks of the river Jamuna. She quietens her anklets so that her mother-in-law will not hear her, stills the bells on her girdle so as not to awaken her sleeping husband, and steps out in canto after canto in Jayadeva's *Gita Govinda*, written in the 12th century. But even in her avatar as Radha the *abhisarika nayika* has gradually been made more virtuous. The jagged, transgressive edges of her construction as the ›older married‹ woman have been elided so that she becomes a gracious consort, a gentle accessory to the Godhead. Today most often we see her in temples and shires in homes, carved of the same white marble as Sri Krishna, standing by his side and bestowing her lesser blessings on devotees.

The legacy of Radha and the many anonymous *abhisarika nayikas* is sporadic and transformed by commerce and religiosity. But the trail is decipherable even in our best-loved medium. In commercial films the love-call still occurs in the gardens, in sylvan settings of forests and glades, rarely indoors. The exquisitely dressed heroine, the ›good girl‹, still needs the ambience of the outdoors, the suggestion of transgressing the threshold of the home to declare herself in love – in order to live happily ever after indoors.

The return to Radha's stories I recall a conversation with a childless widow. She was a distant, elderly aunt, draped in the inauspicious white of North Indian widowhood, who related the story when I was a new bride so that I would learn how to behave, now that I was indoors. In her version, Radha was a pubescent virgin, always ›pure‹ who devoted herself selflessly to her Lord; the relationship between them remained ›pure‹ throughout.

I remember contesting her version and causing a fair amount of violation. Now I doubt I would dispute the point with a widow who had possibly remained ›pure‹ herself throughout her wedded life. Moreover one needs to wander through the heady fragrance of difference and equanimity, through garden and forest, by the riverside, even through a desert if necessary, seeking the faint far flowering of a cactus blossom.

Rub it Right: New Myths for Old

The genius of the local can often be translated into a dangerous selectivity when the first of fundamentalist thinking closes in. A predominant local idea can be lofted and twisted as easily as a chiffon scarf in the wind to justify the twisted ease with which narrow and divisive factions gain power to stymie difference. Ironically, these minorities have ›imported‹ the context-free concept of Egalitarian democracy – with a twist. They accept he idea of a universalizing law that speaks of one rule for all to override our uneven context sensitivity. Thereby they claim sole access to an authentic and homogeneous ›Indian‹ culture. Wherein ›Purity‹ supplants profusion; one frozen Truth replaces the simultaneous living many.

»This is perversion of our culture, it's immoral foreign influence,« they say and ban a book without reading it or stop the shooting of a film. »These are the vicious fallouts of globalization«, they can assert elsewhere and no one is quite sure who is the next victim. Could it be the *abhisarika nayika* who journeys with her ›impure‹ burning heart of love? Or a concept of love, newly lit?

Burning hearts

St. Valentine's Day has become a youth phenomenon even in our small towns; it is an unprecedented marketing coup for a globalized lifestyle; a gigantic gobble onto the imagination and wallets of a spreading middle class. But let's look at it differently. As the latest addition to our list of celebrations for this civilization is sometimes compared to a boa constrictor that has an amazing appetite for swallowing other cultural constructions and growing heavier, not falling ill. The Gregorian calendar's New Year has recently been co-opted. In many parts of the country on New Year's eve temples bustle with activity because the Gods have happily accepted this Western tradition in the old spirit of absorption. The priests, the flower and incense sellers, the coconut vendors and devotees are also happy.

Yet the survival capabilities of this ancient serpent is being questioned anxiously by the extreme right wing who issue warnings that make front-page news. These organizations have decided they will work out an action plan to protect Hindu society against various forms of »cultural imperialism from the West«, the most recent being Valentine's Day. Here is another quote that makes ›Indian‹ and ›Hindu‹ synonymous. »We are extremely concerned over the Valentine culture which has no roots in the Indian soil.«

Not to be outdone, workers from a more liberal political party made bondfires at roadsides out of Valentine day cards. I wondered what was burning, what was left. I thought of ash flakes hissing on roads of opportunism. All in the name of love.

Wings of Desire

It's ludicrous to champion the sale of cards that have tinsel-winged cupids, heart-shaped eggless chocolate cakes for veggie Valentines, synthetic linked-heart necklaces, twin-heart rings, frilly pink lace heart talismans, plastic red roses and syrupy verses. One does not wish to endorse market gluttony, nor cloying poetry.

Far worse, one doesn't wish to support the sexist agenda that's crept in to the celebrations for I am informed that the ›boys‹ must buy presents for the ›girls‹. It's not reciprocal as it was once upon a time in my elitist college, and we know disparity leads to grave disharmony between the genders.

It is obvious there can be no single perspective, nor easy consensus. But can one condone the juggernaut of multinational culture in order to resist a more immediate outburst that threatens the profusion and simultaneity of our culture? Is it possible to fly unhindered over these landscapes steering one's path of work by the luminosity of a serene moon? With what wings does one rise when all around there is antinomy and not life-affirming plurality? Does context sensitivity have to give way to compromise and shrinking horizons? It's a truism that globalization means different things in different climates and circumstances. Even if one wishes to resist this cultural aberration, one read with despair that on February 14th 2000 in the city of Kanpur bullies blackened the faces of couples.

What are the options I wonder. How does one sprout wings of desire that even when spiraling downwards can transport us to tenderness?

Re-possession

What does the wing beat of the heart stir as it falls towards darkness if not the desire for generosity?

I ask myself about the *apurva* form, the new luminosity and re-contextualising I should return to the *abhisarika nayika* who has sustained me so generously.

I first try to imagine the final scenario, death, which illuminates living. In a flash she appears, treading the threshold of a time when both inner and outer spaces must be profuse with meaning and slightness, more cherished yet spiraling towards The End. That journey into darkness, taking steps completely alone, transgressing all known modes of behavior and ideology, when one is possibly full of fear, possibly remembering the passage through life and hoping for tranquility, calm as distant moonlight. What could she embody here, I ask myself. Possibly courage?

But it is impossible to imagine that wing-beat of parting which must shock as each tout hope and position is pulled away. Till the very self is peeled away and absence reveals itself in an incomprehensible completeness.

What, then, does the *abhisarika nayika* embody as I question and love? What is her new interpretation? She is stripped of the significance of ›illicit‹ love and the grand fading echoes of an ultimate becoming. Yet she resonates with the yearning of absence, still stubborn, splendid, transgressive, wandering on wild paths that appear before her feet. She still carries flower garlands of hope and the darkness quickens with her fragrance of difference. What is this avatar of hers? Possibly the creative self journeying. No more. No less.

Miniature paintings courtesy Mittal Museum of Indian Art, Hyderabad.
Nayika with lotus flowers in both hands. Kotah School. C 1660.

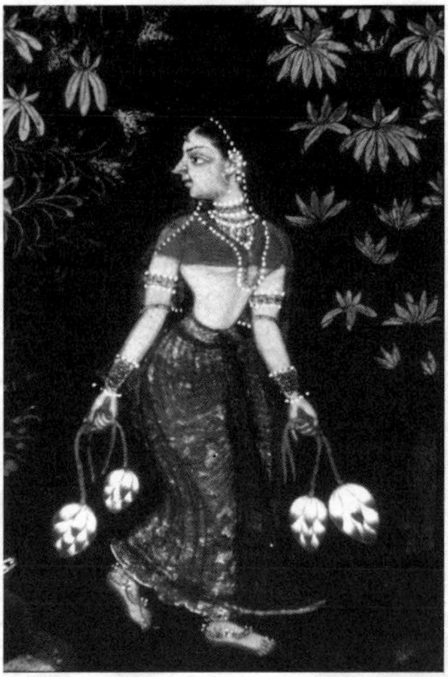

»vide indicem ruinar. num. ...«
marcel baumgartner

Die Rompublikationen des Archäologen Giovanni Battista Piranesi: ein Medien-Netzwerk aus der zweiten Hälfte des 18. Jahrhunderts

> »Piranesi needs little introduction to anyone interested in the physical aspect of Rome in the Settecento. His etched views of the contemporary city as well as of its ruins are well known and frequently reproduced. Less well known are his plans of the city.«[1]

Kein Zweifel: Weit weniger bekannt als Giovanni Battista Piranesis Rom-Veduten sind seine insgesamt sechs Pläne und Teilpläne der ›Ewigen‹ Stadt.[2] Wie es um diese für seine Arbeit als Archäologe zentralen Blätter und wie es um die wissenschaftliche Auseinandersetzung mit ihnen steht, zeigt allein schon die Tatsache, daß in der gesamten bisherigen Literatur nur drei von ihnen *einmal* – und zwar in einer nicht eben weit verbreiteten Publikation – in einer als Arbeitsgrundlage tauglichen Form reproduziert wurden.[3] Doch wie bekannt sind Piranesis ›Veduten‹ des zeitgenössischen Rom und seiner Ruinen – von Andreas Beyer kürzlich in einem schönen Aperçu als die »röhrenden Hirsche deutscher Bildungshaushalte«[4] apostrophiert – tatsächlich, und wie steht es um ›ihre‹ wissenschaftliche Erschließung?

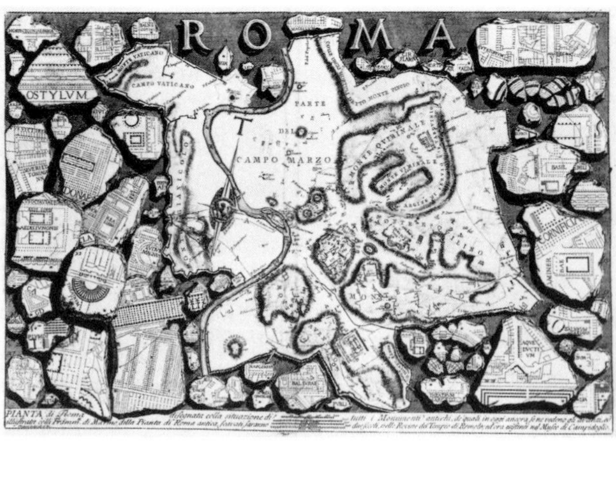

Abb. 1 Giovanni Battista Piranesi: *Pianta di Roma disegnata colla situazione di tutti i Monumenti antichi, de' quali in oggi ancora se ne vedono gli avanzi (...).* In: *Le Antichità Romane.* 1756, Bd. 1, Tafel 2; 46,5 x 67,5 cm

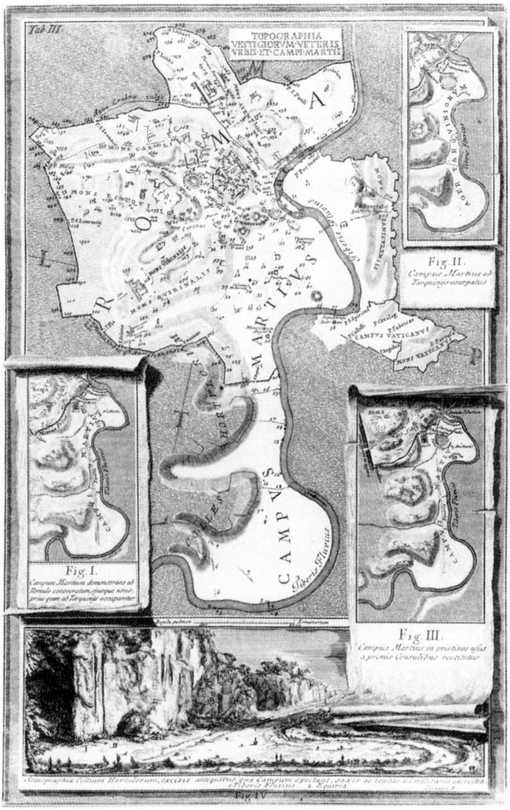

Abb. 2 Giovanni Battista Piranesi: *Topographia vestigiorum veteris Urbis et Campi Martii*. In: *Il Campo Marzio dell' Antica Roma*. 1762, Tafel 3; 45,5 x 29,1 cm; Frankfurt/Main, Graphische Sammlung im Städelschen Kunstinstitut

Defizite

Es war eine große Tat, als John Wilton-Ely 1994 endlich eine Publikation vorlegte, in der in über tausend Nummern das gesamte gestochene und radierte Werk Piranesis in Abbildungen (wenn auch höchst unterschiedlicher Qualität) zugänglich gemacht wurde.[5] Verglichen mit dem, was Andrew Robison acht Jahre zuvor in bezug auf die vierundvierzig »frühen architektonischen Phantasien« – die *Prima parte di Architetture e Prospettive*, die vier Blätter der *Grotteschi* und die *Carceri* – an akribischer wissenschaftlicher Detailarbeit geleistet hatte,[6] waren und sind die *Complete Etchings* von Wilton-Ely allerdings nicht mehr als ein rudimentäres Inventar. Zu den Defiziten aber, die den Wert als Arbeitsinstrument in erheblichem Maß relativieren, gehört nicht zuletzt das Fehlen einer Transkription der oft umfangreichen Bildlegenden, ohne die viele der Darstellungen – und zwar nicht nur die auf den ersten Blick als ›wissenschaftlich‹ erkennbaren Grundrisse und Schnitte, sondern auch ›ganz gewöhnliche‹ Veduten – nicht oder nur bedingt verständlich sind.

Diesen schwerwiegenden Mangel des Katalogs von Wilton-Ely wenigstens teilweise behoben und damit auf die fundamentale Bedeutung des Bild-Text-Verhältnisses bei Piranesi aufmerksam gemacht zu haben, ist eines der großen Verdienste der Publikation zur Ausstellung *Giovanni Battista Piranesi – die poetische Wahrheit*, die im Frühjahr 1999 in der Staatsgalerie Stuttgart gezeigt wurde.[7] Dennoch mag auch sie noch lange nicht zu befriedigen: Völlig zu recht hat Andreas Beyer nicht nur die (vielleicht nicht so dringlich notwendige) Übersetzung der genannten Texte ins Deutsche, sondern auch – und dieser Punkt scheint mir viel wesentlicher zu sein – ihre kritische Analyse (und damit die kritische Kommentierung der Bilder) gefordert.[8] Dazu gehörten aber in erster Linie und ganz fundamental die ›simple‹ – in Wirklichkeit gar nicht immer so einfach zu bewerkstelligende – Identifizierung des Dargestellten und die damit verbundene Frage der Lokalisierung.

Identifizierungen (1)

Diese Identifizierung ist (natürlich) für die 133 großformatigen, zwischen 1747 und 1778 als Einzelblätter erschienenen und in dieser Hinsicht – weil auf den meisten von ihnen berühmte, heute noch aufrecht stehende Bauten oder Ruinen zu sehen sind – meist völlig unproblematischen *Vedute di Roma* längst geleistet. Dafür hatte es beispielsweise genügt zu wissen, daß Piranesi mit seinen Zeitgenossen das Augustusforum noch für das *Foro di Nerva*[9] gehalten hatte oder daß ihm – in Opposition zur traditionellen Deutung – die Maxentius- bzw. Konstantinsbasilika nicht als *Templum Pacis* galt, sondern – in einer genialischen (aber leider falschen) Deutung –, zusammen mit dem nahegelegenen Tempel der Venus und Roma, als Teil der Neronianischen *Domus aurea*.[10] Mit den Ruinen welches Bauwerks aber haben wir es zu tun, wenn die Bildunterschrift lautet: *Avanzo del Tempio della Speranza Vecchia*[11]? Was bedeutet: *Veduta dell' avanzo del Portico di M. Emilio Lepido, e di P. Emilio Paolo*[12] (Abb. 3) oder *Reliquiae Porticus Caii et Lucii*[13] (Abb. 5)? Und dann: Wo sind diese

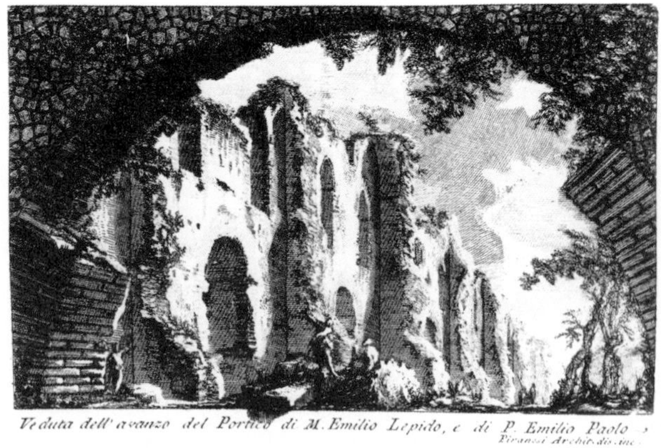

Abb. 3 Giovanni Battista Piranesi: *Vedute dell' avanzo del Portico di M. Emilio Lepido, e di P. Emilio Paolo*. In: *Le Antichità Romane*. 1756, Bd. 1, Tafel 20, fig. 1; 11,7 x 19 cm

Ruinen (oder diejenigen der *parietum scalarum, quibus e Campo in Quirinalem Collem ad Senaculum mulierum, ab Helegabalo dedicatum, adscendebatur*[14] [Abb. 14]) im heutigen Rom zu finden?

Bei eben diesen (doch ziemlich grundlegenden) Fragen läßt uns die ganze bisherige Piranesi-Literatur weitgehend im Stich; entsprechende Hinweise gibt es nur zufällig und punktuell.[15] Ein systematischer archäologischer Kommentar zu Piranesi, der sowohl die Interpretation der Ruinen durch Piranesi selbst als auch die heute gängige Meinung der Archäologie umfassen müßte, ist deshalb ein Desiderat erster Güte.[16]

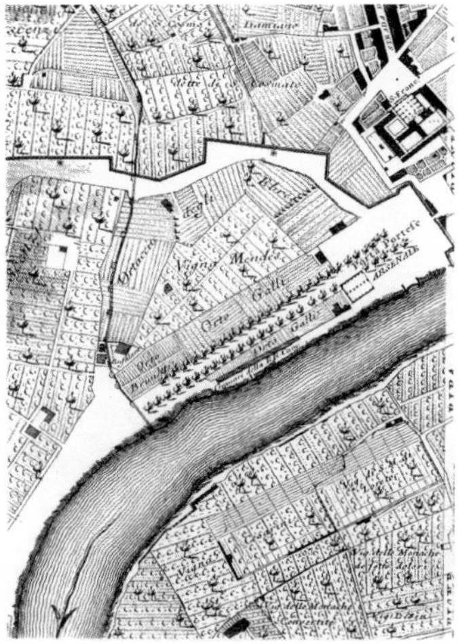

Abb. 4 Giovanni Battista Nolli: *Nuova Pianta di Roma*. 1748 (Ausschnitt)

Pläne und Indices

Der erste Schritt zur Erstellung eines solchen Kommentars bestünde natürlich in der Lokalisierung der Ruinen. Genau dafür aber hat uns Piranesi in den Plänen, die er an den Anfang der beiden wichtigsten der Stadt Rom gewidmeten archäologischen Publikationen – der *Antichità Romane* (1756) und des *Campo Marzio dell' Antica Roma* (1762) – gestellt hat, ein einzigartiges – aber eben: von einer fundierten Analyse bislang verschont gebliebenes – Instrument an die Hand gegeben.

In diesen Plänen (Abb. 1, 2; Details: Abb. 6, 10) ist »die Lage aller antiken Monumente, deren Überreste heute noch zu sehen sind«[17] abbreviatorisch vermerkt und mit Ziffern versehen. Die Auflösungen der 315 beziehungsweise 312 Ziffern finden sich in ausführlichen Verzeichnissen. (Im Fall der *Antichità Romane* stellt der vierzig Seiten umfassende *Indice, o sia spiegazione delle vestigia di Roma Antica, delineata nell' anteposta Tavola topografica* sogar den eigentlichen Haupttext der Publikation dar.)[18] Für deren Studium ist man allerdings nach wie vor auf die Konsultation der Originalpublikationen angewiesen; auch dem Stuttgarter Katalog ist der ›Index‹ zu Tafel 2 der *Antichità Romane* nur gerade einen knappen Hinweis im Katalog[19] wert – im Text[20] wird er mit keinem Wort erwähnt.

Diese Mißachtung ist indes nicht zuletzt deswegen durch nichts zu rechtfertigen, weil Piranesi selbst – zwar nicht bereits in den Tafeln der 1756 erschienenen *Antichità Romane*, sondern erst in denen des sechs Jahre später publizierten *Campo Marzio dell' Antica Roma* – sehr deutlich und unübersehbar auf die Bedeutung dieser Indices (und damit auf das in seinen Publikationen waltende Prinzip der Untrennbarkeit von Wort und Bild auch über die Bildlegenden hinaus) hingewiesen hat: »Vide indicem ruinar. num. 62. et 63.«, »Vide indicem ruinar. num. 63, et 64.«, »Vide indicem ruinarum num. 54. et 55.« lautet die regelmäßig wiederkehrende Aufforderung, mit der er seine Bildlegenden beschließt (vgl. Abb. 5, 14).

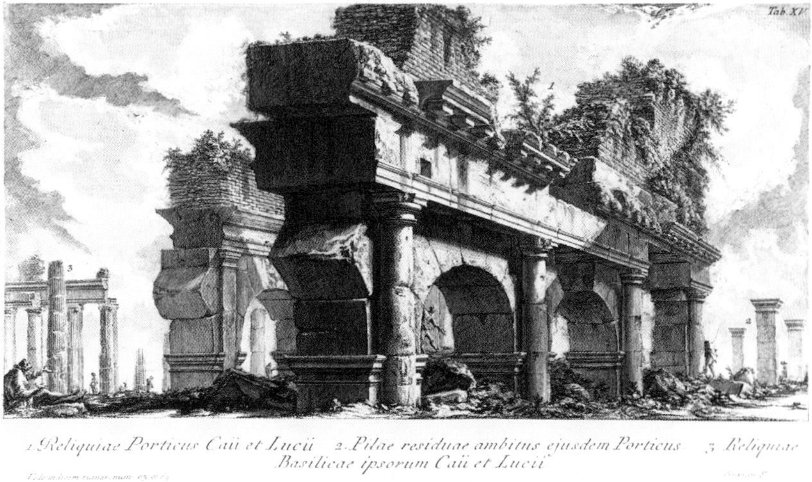

Abb. 5 Giovanni Battista Piranesi: *Reliquiae Porticus Caii et Lucii.* In: *Il Campo Marzio dell' Antica Roma.* 1762, Tafel 15; 21 x 40 cm; Frankfurt am Main, Graphische Sammlung im Städelschen Kunstinstitut

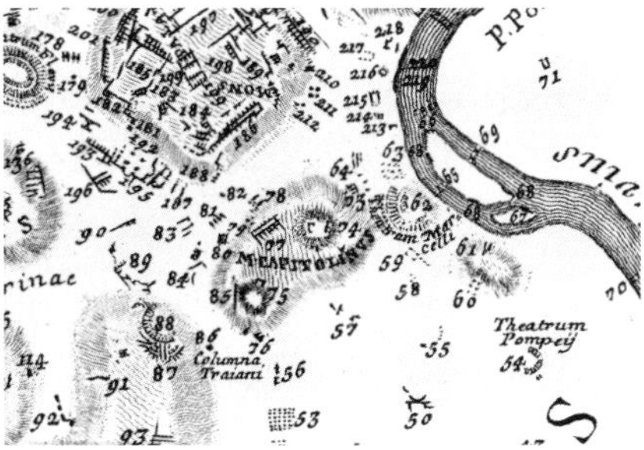

Abb. 6 Ausschnitt aus dem Plan, Abb. 2

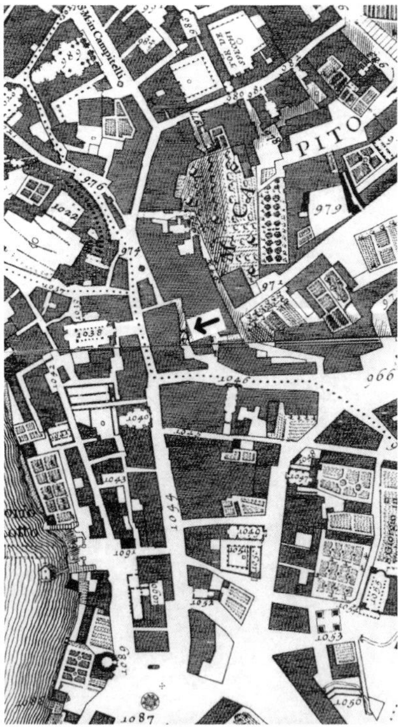

Abb. 7 Giovanni Battista Nolli: *Nuova Pianta di Roma.* 1748 (Ausschnitt)

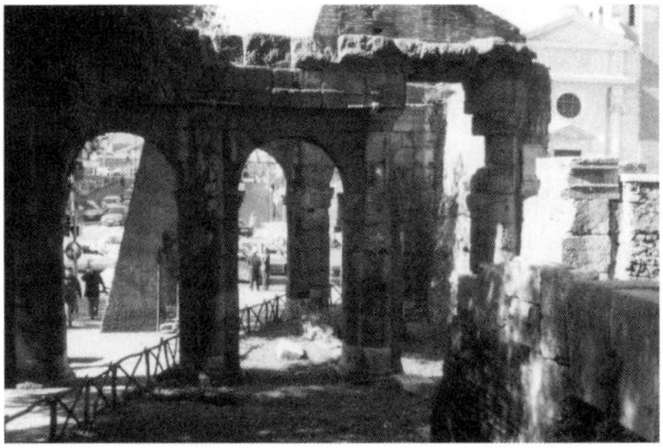

Abb. 8 Rom, Die *Porticus triumphalis* mit der Kirche S. Nicola in Carcere im Hintergrund rechts

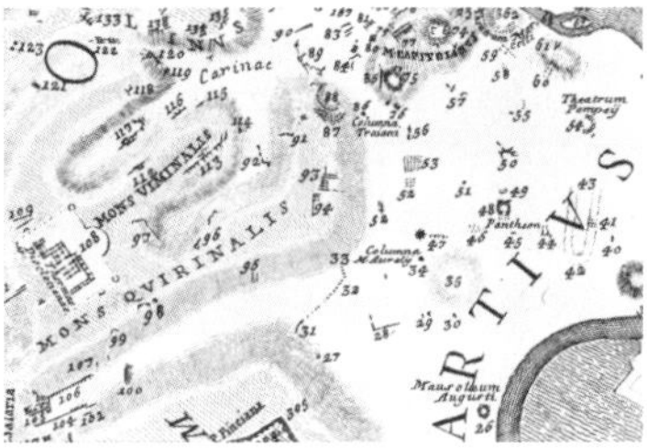

Abb. 10 Ausschnitt aus dem Plan, Abb. 2

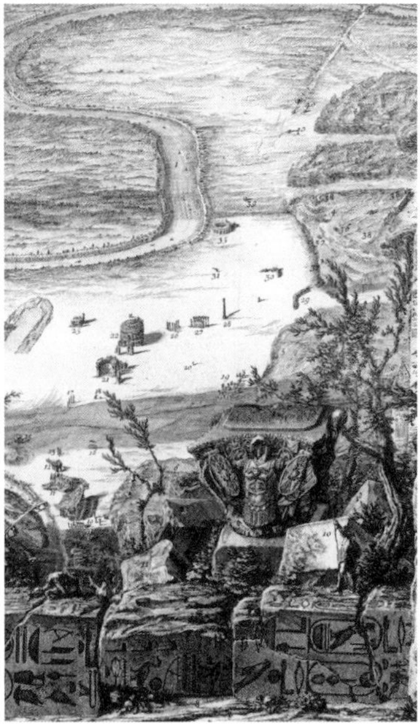

Abb. 9 Giovanni Battista Piranesi: *Scenographia Campi Martii.* In: *Il Campo Marzio dell' Antica Roma.* 1762, Tafel 2; 49 x 73 cm (Ausschnitt); Frankfurt/Main, Graphische Sammlung im Städelschen Kunstinstitut

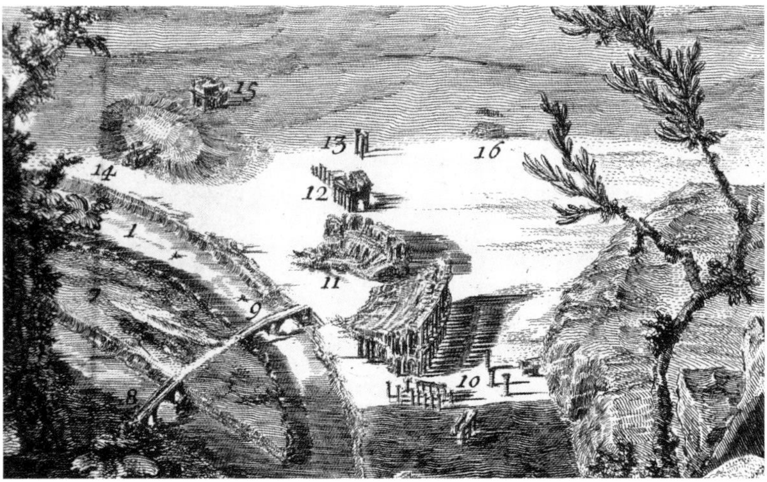

Abb. 11 Ausschnitt aus der *Scenographia Campi Martii*, Abb. 9

Wer sich nun aber auf diese Aufforderung zur Verknüpfung von Bild und Text (die selbstverständlich auch auf die *Antichità Romane* übertragen werden kann und muß, die dort allerdings schwieriger zu bewerkstelligen ist, weil nur vom Index aus auf die Abbildungen, nicht jedoch von den Abbildungen auf den Index verwiesen wird) einläßt, der wird sehr bald in einen Sog geraten (der ihn so schnell nicht wieder loslassen wird), welcher der Unruhe vergleichbar ist, von der, dem frühen Biographen Jacques-Guillaume Legrand zufolge, schon der Künstler selbst erfaßt worden war. Piranesi nämlich sei, so Legrand, »rastlos von den Ruinen in die Bibliotheken gerannt, um dort die Namen, die Stellung und die Bestimmung dieser Massen in Erfahrung zu bringen, von den Bibliotheken aber zurück zu den Ruinen, um diese imposanten Gebäude nur noch mehr zu bewundern«.[21]

Wer also – um ein bereits erwähntes Beispiel aufzugreifen[22] – im Index zu Tafel 2 der *Antichità Romane* unter der Nummer 148 in bezug auf die Vedute von Tafel 20, Fig. 1 (Abb. 3) erfährt, daß sich »die Überreste der Porticus des M. Aemilius Lepidus und des P. Aemilius Paulus« in der »Vigna Cesarini« befänden,[23] der wird, wenn er das Glück hat, in einer römischen Bibliothek zu sitzen – und weil man sich ja bekanntlich »nur in Rom auf Rom vorbereiten«[24] kann, sollte er dieses Glück so oft wie möglich suchen –, die nächste Gelegenheit nut-

Abb. 12 Giovanni Battista Piranesi: *Ichnographia Campi Martii Antiquae Urbis.* In: *Il Campo Marzio dell' Antica Roma.* 1762, Tafel 5–10; 135 x 117 cm

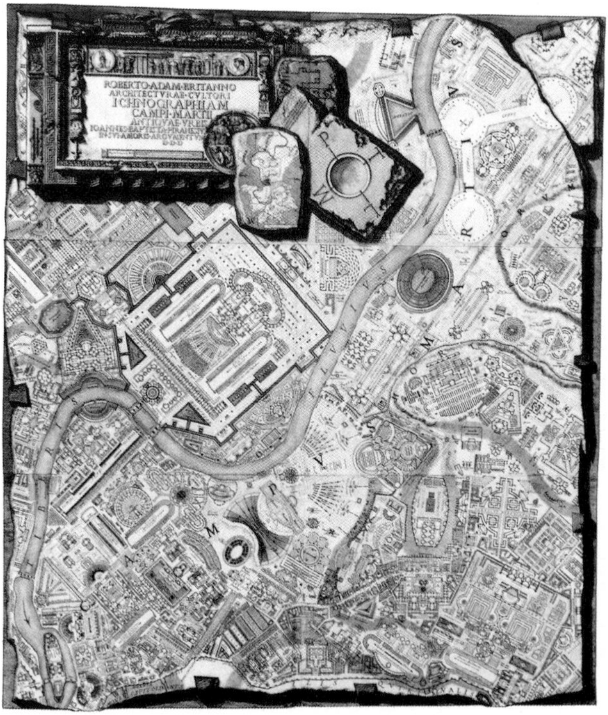

zen, um an Ort und Stelle (das ist in diesem Fall, wie über die Ziffer 148 im Plan Tafel 2 [Abb. 1] in Erfahrung zu bringen ist, das Gebiet zwischen dem heutigen Lungotevere Testaccio und der Via Giovanni Branca) mit eigenen Augen zu sehen, was davon noch übriggeblieben sei. Wenn er aber in diesem Fall (wie in manchen anderen Fällen) enttäuscht in die Bibliothek zurückkehren wird, weil er statt des Weinbergs und der imposanten Ruinen nur auf bescheidene Überreste inmitten moderner großstädtischer Bebauung gestoßen ist,[25] dann wird er dort nur um so interessierter der Frage nachgehen, wie die Gegend (von deren Topographie er nun allerdings eine sehr viel konkretere Vorstellung hat) zur Zeit Piranesi ausgesehen und welche Meinung sich die neuere Forschung zum antiken architektonischen Komplex gebildet habe.

Dabei wird er zum einen erfahren, daß die von Piranesi vorgenommene Identifizierung noch heute ihre Gültigkeit hat, daß allerdings die Archäologen des 20. Jahrhunderts nicht zu wissen scheinen, daß nicht erst ihren ›zünftigen‹ Kollegen Luigi Canina und Rodolfo Lanciani im 19.,[26] sondern daß vielmehr bereits dem von ihnen fast durchweg als Phantast diskreditierten Künstler-Archäologen Piranesi im 18. Jahrhundert die richtige (oder, vorsichtiger ausgedrückt: die heute immer noch ›allgemein anerkannte‹) Deutung gelungen war. Beim Versuch der Beantwortung der Frage nach den topographischen Verhältnissen in der zweiten Hälfte des 18. Jahrhunderts aber wird er wohl eher früher als später auf jenes »Monument der Wissenschaft im Zeitalter der Aufklärung« stoßen, ohne das die Rompläne Piranesis gar nicht zu denken sind und in dem sich seine Ortsangaben (die in den unbebauten Gebieten meist identisch sind mit den Namen der aktuellen Grundstückbesitzer) wiederfinden: die 1748 vorgelegte, nicht nur für die römische Topographie, sondern für die Kartographie insgesamt bahnbrechende *Nuova Pianta di Roma* von Giovanni Battista Nolli (1701–1756).[27]

Kontextualisierung

Tatsächlich hatte schon Nolli in seinem phänomenalen Stadtplan mit größter wissenschaftlicher Genauigkeit alle ihm – sei es aus eigener Anschauung oder sei es (bei bereits zu seiner Zeit nicht mehr existierenden Bauten) aus der Literatur – bekannten Ruinen Roms mittels unterschiedlicher Tönungen markiert.[28] Ohne jeden Zweifel hatte Piranesi bei einem Hinweis wie dem auf die »Vigna Cesarini«[29] – und solche der Lokalisierung dienende Hinweise gibt es in seinen Indices zuhauf – den Nolliplan (Abb. 4) im Kopf, dessen Entstehung er wohl seit dem Jahr seiner Ankunft in Rom aus nächster Nähe verfolgt hatte[30] und den er damit ausdrücklich als eine ›Lektüre‹ parallel zu Lektüre seiner eigenen Werke empfahl. Diese Empfehlung aber belegt die zentrale Bedeutung, die für ihn das topographische Denken besaß.

Um den mit Abstand bedeutendsten Profit, den Piranesi aus Nollis *Nuova Pianta* zog, erkennen zu können, müssen allerdings (weil die

Porticus Aemilia außerhalb des von ihm in seinen beiden großen Rekonstruktionsplänen erfaßten Gebiets liegt)[31] andere Beispiele herangezogen werden. Dieser Profit besteht nämlich darin, daß sie (die *Pianta Nolli*) ihm (Piranesi) – und darin liegt wohl auch seine wichtigste Leistung als Archäologe begründet – die Möglichkeit an die Hand gab, die bis dahin übliche Fixierung des Blicks auf das einzelne Bauwerk aufzuheben und statt dessen städtebauliche Zusammenhänge zu erfassen und zu rekonstruieren. ›Dies‹ – diese Kontextualisierung von bis dahin isoliert gesehenen Fragmenten – scheint mir der eigentliche Punkt zu sein, in dem bereits die *Antichità Romane*, in dem aber insbesondere der *Campo Marzio dell' Antica Roma* »weit über das bis dato existierende Standardwerk zu den römischen Antiken, *Les édifices antiques de Rome mesurées et dessinées très exactement*, 1681 von Antoine Desgodetz publiziert«[32], hinausgehen.

Dem so definierten *inhaltlichen* Paradigmenwechsel wird Piranesi nun auf der darstellerischen Ebene gerecht durch eine Bedeutungsverschiebung weg vom Einzelblatt hin auf ein Netzwerk, in dem die nicht zufällig an den Anfang gesetzten Pläne eine Schlüsselstellung einnehmen,[33] in dem jedes einzelne Blatt in Beziehung zu mehreren anderen Blättern gesetzt ist – und in dem der Leser und Betrachter auf eine manchmal fast schwindelerregende Reise geschickt wird. Wie die von Piranesi dabei praktizierte *formale Strategie* ›funktioniert‹, soll anhand der Vedute mit den »Überresten der Porticus des Gaius und des Lucius« aus dem *Campo Marzio dell' Antica Roma* (Abb. 5)[34] als eines besonders anschaulichen Beispiels demonstriert werden.

tabula rasa

Weil eine als *Porticus Caii et Lucii* identifizierte aufgehende architektonische Struktur im heutigen Rom nicht existiert[35] – Piranesis Deutung hat sich in diesem Fall als unhaltbar erwiesen –, ist, wer die zwar immer noch aufrecht stehenden, doch (entgegen dem Anschein im Stich) nicht eben prominenten Ruinen nicht ohnehin kennt, in besonderem Maß auf die von Piranesi gelieferte Ortsangabe – im Index unter der Nummer 64 – angewiesen. Ihr zufolge befinden sie sich im »vicolo della bufala«[36]; diese Gasse (›vicolo‹) aber ist, wie aus der Tafel (Abb. 2), auf die sich der Index bezieht, ersichtlich wird, in der Gegend des *Forum Holitorium* unmittelbar südlich des *Teatro di Marcello* (Abb. 6, Nr. 63 und 64) zu suchen.

Auch Nolli hatte die Existenz der Ruinen registriert, sie allerdings nicht wie üblich, mittels dunklerer Färbung in seinem Plan markiert, sondern nur mit einer Nummer (973) versehen und im *Indice de' numeri della pianta* erwähnt (Abb. 7).[37] In höchstem Maß erstaunlich ist allerdings, wenn man auf seiner Suche nach dem Ort von Piranesis vermeintlicher Vedute kommt, die städtebauliche Situation: Statt auf ein freies Feld, aus dem einzig die zur Hälfte im Boden versunkenen Ruinen emporragen, sehen wir uns in dichte städtische Bebauung versetzt. Das heißt: Piranesi hat im Geist – wie das in Wirklichkeit (Abb. 8) erst zwischen 1926 und 1932 bei der Anlage der *Via del Mare* (den heutigen *Vie del Teatro di Marcello* und *Petroselli*) unter Mussolini realisiert wurde[38] – die mittelalterliche Bebauung kurzerhand demoliert, um – am linken Bildrand zu sehen – den Blick über zwei Häuserblocks hinweg nicht auf die Kirche S. Nicola in Carcere (im Nolli-Plan bezeichnet mit der Nummer 1038), sondern auf die aus dieser Kirche und aus der sie dicht umlagernden Bebauung[39] herauspräparierten römischen Säulen der, wie er sie nennt, *Basilica Caii et Lucii* freizulegen.

Diese seit langem bekannten Säulen mit ihrem teilweise erhaltenen Gebälk, von Piranesi in einer anderen Tafel[40] groß ins Bild gesetzt, hatten seit den ersten Grabungen im Jahr 1506 die Aufmerksamkeit einer ganzen Reihe von Künstler-Archäologen – von Fra Giocondo über Baldassare Peruzzi, Sebastiano Serlio, Antonio und Giovan Battista da Sangallo bis Antonio Labacco, Andrea Palladio und Pirro Ligorio – auf sich gezogen. Dabei waren immer die drei nebeneinanderliegenden Tempel erkannt worden, die, weil eine einwandfreie Identifizierung nicht möglich zu sein scheint, heute der Einfachheit halber meist als Tempel A, B und C bezeichnet werden.[41] Auf den Gedanken, sie mit den Arkadenstellungen im *Vicolo della Bufola* in Beziehung zu setzen, war vor Piranesi niemand gekommen.

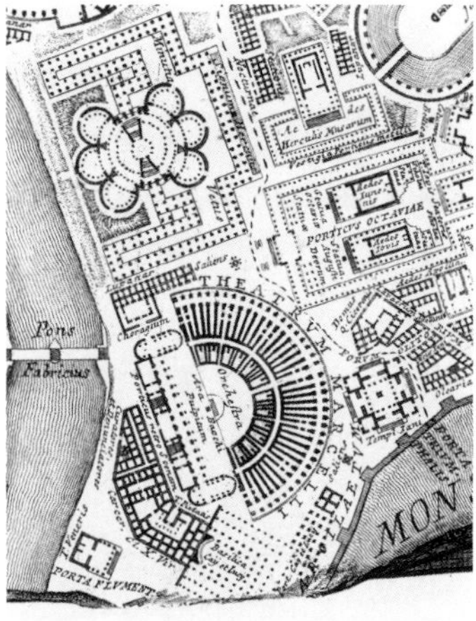

Abb. 13 Ausschnitt aus der *Ichnographia Campi Martii*, Abb. 12; Frankfurt/Main, Graphische Sammlung im Städelschen Kunstinstitut

Bei ihm nun aber wird der hier am Beispiel der *Porticus Caii et Lucii* exemplarisch nachvollzogene Versuch, die Ruinen nicht länger isoliert, sondern eingebunden in einen städtebaulichen Kontext zu sehen, zur leitenden Idee. Und so wendet er denn, in einem ersten Schritt, in einer atemberaubenden, an den Beginn des *Campo Marzio* gestellten Tafel (Abb. 9)[42] das Prinzip der *tabula rasa* auf den gesamten Bereich des mittelalterlichen *abitato*, über den Rom noch zur Zeit Piranesis trotz aller Anstrengungen nur langsam hinauswuchs, an.

Von einem ›Stand‹punkt aus, den man sich hoch über dem Aventin zu denken hat, fällt in dieser ›Szenographie‹ der Blick in nördlicher Richtung auf das Gebiet im Tiberknie und über die weite Ebene bis hin zur Milvischen Brücke. Über dieses leergeräumte Feld verstreut liegen in hellem Sonnenlicht die in dieser Zone vergleichsweise wenigen Ruinen, deren Positionen auch auf der folgenden Tafel (Abb. 2, 10) im Stadtplan festgehalten sind – unter ihnen, ganz im Süden, eingezwängt zwischen Tiber und Kapitol, markiert mit der Nummer 10 (Abb. 11), die *Reliquiae Basilicae et Porticus Caii et Lucii.*

ubi sunt? – hic est!

Diesem in Tafel 2 gegebenen Blick auf die kläglichen – und doch immer noch so großartigen – erhaltengebliebenen Reste setzt Piranesi in der monumentalen *Ichnographia Campi Martii Antiquae Urbis*[43] (Abb. 12) seine Vision der einstigen Größe – die Vision der römischen *Magnificenza* – entgegen. Von dieser Vision ist natürlich vieles frei erfunden, und unter diesem Aspekt der *invenzione* wurde die *Ichnographia* denn auch primär als Werk eines genialen Stadtplaners und

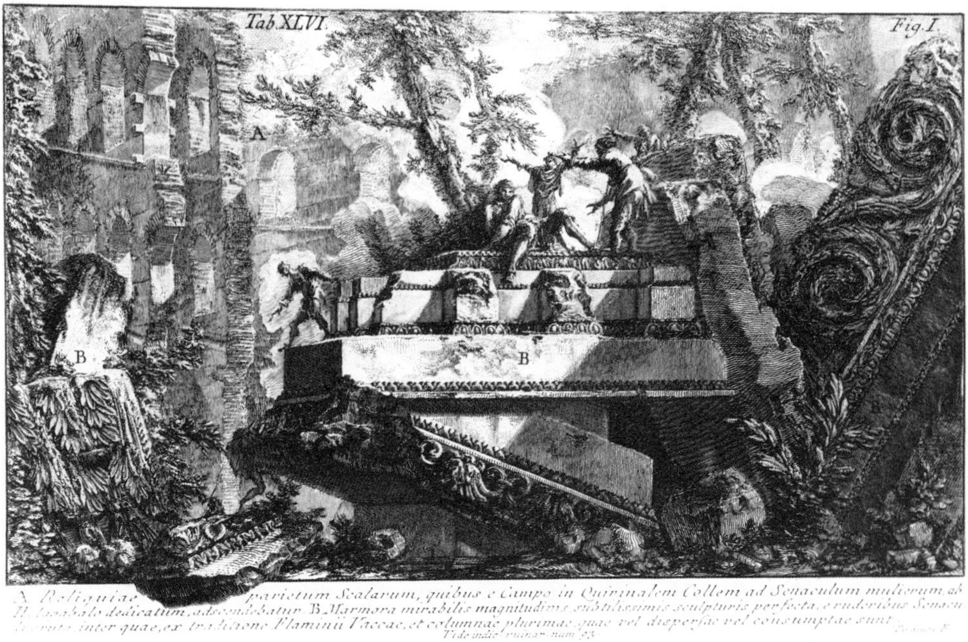

Abb. 14 Giovanni Battista Piranesi: *Reliquiae parietum Scalarum, quibus e Campo in Quirinalem Collem ad Senaculum mulierum, ab Helegabalo dedicatum, adscendebatur.* In: *Il Campo Marzio dell' Antica Roma*. 1762, Tafel 46, fig. 1; 17 x 28,7 cm; Frankfurt/Main, Graphische Sammlung im Städelschen Kunstinstitut

Urbanisten gefeiert;[44] entschieden zu kurz kam dabei die Leistung des ›Archäologen‹ Piranesi.

Zwar hat er mit seiner Rekonstruktion der »Basilica und der Porticus des Gaius und des Lucius«, die in der linken unteren Ecke der *Ichnographia* gerade noch Platz finden (Abb. 13), nicht recht behalten.[45] Dennoch beruhen wesentliche Teile der architektonischen Strukturen, die auf diesem Plan wiedergegeben sind, auf Daten, die mit einem wissenschaftlichen Anspruch erhoben wurden, der in der zweiten Hälfte des 18. Jahrhunderts seinesgleichen sucht. Und so können denn auch tatsächlich die Bauten, deren Ruinen in der *Scenographia* (Abb. 9) erscheinen, Stück für Stück in der *Ichnographia* nachgewiesen werden, in der sie so etwas wie Kristallisationspunkte darstellen, von denen aus durch Extrapolation – *ex ungue leonem* – die Rekonstruktion des ganzen Marsfeldes erfolgt.

Wäre demnach nicht die möglichst präzise Identifikation der archäologisch gesicherten Strukturen die Voraussetzung für jede weitergehende Aussage zur *Ichnographia*? – Wo also sind, beispielsweise, die »Treppen, über die man vom Marsfeld auf den Quirinal zu dem von Heliogabal gestifteten Versammlungssaal der Frauen gelangte« (Abb. 14),[46] in der *Ichnographia*, und wo sind – wenn überhaupt – ihre Ruinen im heutigen Rom zu finden? Was aber ist, wenn sie nicht mehr existieren, aus ihnen geworden? – – »Ubi sunt ...?«[47]

1. *Pianta di Roma disegnata colla situazione di tutti i Monumenti antichi, de' quali in oggi ancora se ne vedono gli avanzi (...)* (Romplan mit der Lage aller antiken Monumente, deren Überreste heute noch zu sehen sind). In: *Le Antichità Romane.* 1756, Bd. 1, Tafel 2; 46,5 x 67,5 cm (WE 288); Abb. 1

2. *Tavola topografica di Roma in cui si dimostrano gli andamenti degli antichi aquedotti riferiti nel commentario Frontiniano, la circonferenza delle antiche regioni e le antiche vie* (Topographische Tafel von Rom, in welcher der Verlauf der antiken Aquädukte nach dem Kommentar des Frontinus, die Grenzen der antiken Regionen sowie die antiken Straßen gezeigt werden). In: *Le Antichità Romane.* 1756, Bd. 1, Tafel 38; 84,1 x 59,6 cm (WE 352)

3. *Pianta dell' antico Foro Romano, comprensivo delle Valli esistenti fra i Monti Capitolino, Palatino, Celio, Esquilino, e Quirinale, e contenente tutte le antiche fabbriche, disposte secondo la situazione e la traccia de' loro odierni avanzi, e denominate nell' Indice consecutivo. La tinta più nera indica gli stessi avanzi, e la più leggiera il supplimento ai medesimi* (Plan des antiken Forum Romanum, umfassend die Täler zwischen dem kapitolinischen Hügel, dem Palatin, dem Monte Celio, dem Esquilin und dem Quirinal, mit allen antiken Bauten, angelegt nach der Lage und den Spuren ihrer heutigen Überreste, und benannt im folgenden Index. Mit der dunkleren Färbung sind die Überreste, mit der helleren die rekonstruierten Teile bezeichnet). In: *Le Antichita Romane.* 1756, Band 1, Tafel 43; 45,6 x 47,7 cm (WE 357)

4. *Topographia vestigiorum veteris Urbis et Campi Martii* (Topographie der Überreste der alten Stadt und des Marsfeldes). In: *Il Campo Marzio dell' Antica Roma.* 1762, Tafel 3; 45,5 x 29,1 cm (WE 569); Abb. 2

5. *Ichnographia Campi Martii Antiquac Urbis* (Grundriß des Marsfeldes der alten Stadt) In: *Il Campo Marzio dell' Antica Roma.* 1762, Tafel 5–10; 135 x 117 cm (WE 571); Abb. 12

6. *Pianta di Roma e del Campo Marzio* (Plan Roms und des Marsfeldes), um 1774 (WE 1008)

Abkürzungen:
AR: GIOVANNI BATTISTA PIRANESI: *Le Antichità Romane.* Rom, 1756
CM: GIOVANNI BATTISTA PIRANESI: *Il Campo Marzio dell' Antica Roma.* Rom, 1762
WE: JOHN WILTON-ELY: *Giovanni Battista Piranesi: The Complete Etchings*, 2 Bde. San Francisco, 1994
HÖPER: CORINNA HÖPER (mit JEANETTE STOSCHEK und STEFAN HEINLEIN), *Giovanni Battista Piranesi – Die poetische Wahrheit. Radierungen.* Ostfildern-Ruit, 1999 (Katalog zur Ausstellung in der Staatsgalerie Stuttgart, 27.3.–27.6.1999)

Fotonachweis:
Graphische Sammlung im Städelschen Kunstinstitut, Frankfurt am Main,
Michael Kolod (Abb. 2, 5, 6, 9, 10, 11, 13, 14)
Michael Kolod (Abb. 1, 3, 12)
Marcel Baumgartner (Abb. 8)

Anmerkungen

[1] Allan Ceen: *Piranesi and Nolli: Imago Urbis Romae.* In: Kat. zur Ausst. *Piranesi: Rome Recorded. A complete edition of Giovanni Battista Piranesi's ›Vedute di Roma‹ from the Collection of The Arthur Ross Foundation.* Rom, 1990, S. 17.

[2] Vgl. die Liste im Anhang. Als siebter (Teil-) Plan könnte die *Pianta del Monte Capitolino*, AR, Bd. 1, Tafel 44 (WE 358) hinzugerechnet werden. Vgl. dazu auch Anm. 31.

[3] Es handelt sich dabei um die *Pianta di Roma* (AR, Bd. 1, Tafel 2; WE 288), die *Tavola topografica di Roma in cui si dimostrano gli andamenti degli antichi aquedotti* (AR, Bd. 1, Tafel 38; WE 352) und die *Ichnographia Campi Martii Antiquae Urbis* (CM, Tafeln 5–10; WE 571). Alle drei in: Amato Pietro Frutaz: *Le piante di Roma.* 3 Bde. Rom, 1962 (Pläne Nrn. 35–37, Tafeln 69–77). – Dem Kriterium der Brauchbarkeit entsprechen weder die Detailpläne der *Ichnographia Campi Martii* bei Wilton-Ely (WE 571, Bd. 2, S. 1115–1120) noch die als Faltblatt dem Stuttgarter Katalog 1999 (s. Anm. 7) beigelegte *Pianta di Roma e del Campo Marzio* (um 1774, WE 1008; HÖPER Kat. 15).

[4] »Der Rom-Veduten und Architekturphantasien des Giovanni Battista Piranesi (1720–1778) droht man gelegentlich überdrüssig zu werden: Wie andernorts die röhrenden Hirsche sind sie zu obligaten Ausstattungsstücken deutscher Bildungshaushalte geraten.« In: Andreas Beyer: Die Stadt, der Mörtel und der Baumeister (Titel nicht vom Autor). Ein Bestandskatalog von Piranesis Radierungen. *Frankfurter Allgemeine Zeitung,* 30, November 1999 (Besprechung von: Höper: *Piranesi,* s. Anm. 7).

[5] John Wilton-Ely: *Giovanni Battista Piranesi: The Complete Etchings.* 2 Bde., San Francisco, 1994.

[6] Andrew Robinson: *Piranesi. Early Architectural Fantasies. A Catalogue Raisonné of the Etchings.* Washington, 1986.

[7] Corinna Höper (mit Jeanette Stoschek und Stefan Heinlein): *Giovanni Battista Piranesi – Die poetische Wahrheit. Radierungen.* Ostfildern-Ruit, 1999 (Katalog zur Ausstellung in der Staatsgalerie Stuttgart, 27.3.–27.6.1999). Weil es sich um einen Bestandskatalog der Staatsgalerie Stuttgart handelt, sind ›nur‹ 664 Radierungen – immerhin knapp zwei Drittel des Gesamtœuvres – erfaßt. Als wichtige ›Rompublikation‹ fehlt der Band *Il Campo Marzio dell' Antica Roma.*

[8] Beyer: *Die Stadt, der Mörtel und der Baumeister,* s. Anm. 4.

[9] WE 181: *Veduta degli avanzi del Foro di Nerva.*

[10] WE 149: *Veduta degli avanzi di due Triclinj che appartenevano alla Casa aurea di Nerone, presi erroneamente per i Templi del Sole, e della Luna, o d' Iside, e Serapide* und WE 161: *Veduta degli avanzi del Tablino della Casa Aurea di Nerone, detti volgarmente il Tempio della Pace.* Zu dieser Interpretation war Piranesi durch seine Arbeit an den *Antichità Romane* gelangt; in den Erstauflagen (späte 40er Jahre) hatte er in den Titeln der Veduten noch die traditionellen Identifikationen genannt. Vgl. HÖPER, Kat. 14.16 und 14.28). Zu Piranesis Rekonstruktion des Komplexes der *Domus aurea* siehe AR, Bd. 1, Tafel 43 (WE 357), besonders die Nrn. 58 und 62.

[11] AR, Bd. 1, Tafel 18, Fig. 1 (WE 312; HÖPER, Kat. 10.33).

[12] AR, Bd. 1, Tafel 20, Fig. 1 (WE 316; HÖPER, Kat. 10.37).

[13] CM, Tafel 15 (WE 577; nicht bei HÖPER, weil nicht im Bestand der Graphischen Sammlung der Staatsgalerie Stuttgart).

[14] »Die Ruinen der Wände der Treppen, über die man vom Marsfeld auf den Quirinal zu dem von Heliogabal gestifteten Versammlungssaal der Frauen gelangte«; CM, Tafel 46, fig. 1 (WE 607).

[15] So findet sich etwa – um ein seltenes Beispiel einer solchen Identifizierung zu nennen – der trotz genauer Zeit- und Maßangaben doch eher vage Hinweis auf »eine« 193 v. Chr. errichtete, 487 Meter lange und 60 Meter breite Großmarkthalle »in Rom«, deren Ruinen in der *Veduta dell' avanzo del Portico di M. Emilio Lepido, e di P. Emilio Paolo* (Abb. 3) dargestellt seien, nicht bei HÖPER, Kat. 10.37, sondern im Aufsatz von Stefan Heinlein, *Ruinen einer untergegangenen Stadt im Hohenheimer Schloßgarten.* S. 82 im Stuttgarter Katalog 1999. Für präzisere Angaben zur *Porticus Aemilia* vgl. Frank Kolb: *Rom. Die Geschichte der Stadt in der Antike.* München, 1995, S. 208 und 209–210 und Coarelli: *Porticus Aemilia,* s. Anm. 26.

[16] Vgl. Anm. 47.

[17] Titel von AR, Band 1, Tafel 2 (WE 288); hier: Abb. 1.

[18] Etwas anders liegen die Verhältnisse beim *Campo Marzio dell' Antica Roma*, wo ein historischer Abriß über die Entwicklung des Marsfeldes (lateinisch und italienisch, je 34 Seiten) den Haupttext bildet. Der in diesem Fall nur kursorische *Indice delle rovine di Roma Antica e del Campo Marzio contenute nella topographia della tavola III* umfaßt immerhin noch fünf Folio-Seiten.

[19] »Es folgen 40 numerierte Seiten Text mit dem Titel *Indice/o sia spiegazione (...)*. In diesem Text werden die Nrn. 1–315 aufgeschlüsselt, die in Taf. 2, *Pianta di Roma* (...), die einzelnen Fragmente bezeichnen.« In: *Kat. Stuttgart 1999*, s. Anm. 7, S. 334.

[20] S. Anm. 7, S. 166–198.

[21] »(...) il (Piranesi) apprit à connaitre (...) jusqu'aux moindres vestiges des antiquités de Rome; il recherchait les différentes enceintes de ses murs et courait sans cesse des Ruines aux bibliothèques pour trouver les noms, la position et la destination de ces masses, des bibliothèques aux Ruines pour admirer encore ces fabriques imposantes.« Siehe: Jacques-Guillaume Legrand: Notice historique sur la vie et les ouvrages de J. B. Piranesi, architecte, peintre et graveur, né à Venise en 1720, mort à Rome en 1778. In: Georges Brunel (Hg.): *Piranèse et les Français*. Rom 1978, S. 222.

[22] Vgl. Anm. 12.

[23] »148. Avanzo, nella Vigna Cesarini, de' muri del circondario del Portico fabbricato da M. Emilio Lepido, e P. Emilio Paolo sull' Emporio alla ripa del Tevere« (AR, *Indice, o sia spiegazione delle vestigia di Roma Antica (...)*, S. 19).

[24] »Nun bin ich sieben Tage hier, und nach und nach tritt in meiner Seele der allgemeine Begriff dieser Stadt hervor. Wir gehn fleißig hin und wieder, ich mache mir die Pläne des alten und neuen Roms bekannt, betrachte die Ruinen, die Gebäude (...), ich tue nur die Augen auf, und seh' und geh' und komme wieder, denn man kann sich nur in Rom auf Rom vorbereiten«. In: Johann Wolfgang von Goethe: Italienische Reise. In: Andreas Beyer und Norbert Miller (Hg.): *Sämtliche Werke nach Epochen seines Schaffens*. Bd. 15. München, 1992, S. 151.

[25] Die Anlage des heutigen Quartiers geht zurück auf einen Bebauungsplan von 1873; vgl. dazu: *Guida d' Italia: Roma*. Mailand, 1993, S. 468–469.

[26] »L' edificio era già (!) stato identificato da Canina, poi da Lanciani, nei resti di un grande complesso in *opus incertum* conservati nell' area prospiciente il fiume, a S dell' Aventino.« Filippo Coarelli: Porticus Aemilia. In: Eva Margarete Steinby (Hg.): *Lexicon Topographicum Urbis Romae*. Band 4. Rom, 1999, S. 117.

[27] Vgl. dazu jüngst: Mario Bevilacqua: *Roma nel secolo dei lumi. Architettura erudizione scienza nella Pianta di G. B. Nolli »celebre geometra«*. Neapel, 1998; S. 9 die Formulierung »un monumento della scienza nel secolo dei lumi« (Marcello Fagiolo). Faksimile des Plans und Transkription aller Register: Francesco Ehrle (Hg.): *Roma al tempo di Benedetto XIV. La Pianta di Roma di Giambattista Nolli del 1748 riprodotta da una copia Vaticana*. Città del Vaticano, o. J.

[28] »Avvertimento/Le Fabriche moderne sono indicate da i tratti meno profondi, e meno oscuri./ I tratti più profondi, e più oscuri indicano le fabriche antiche, che restano ancora in piedi./ Le linee punteggiate dimostrano quelle parti delle antiche fabriche, che sono state diroccate, ma, che già erano state da altri delineate quando ancora restavano in piedi« (zitiert nach der Reproduktion des *Indice (...) della Pianta)*. In: Bevilacqua: *Roma nel secolo dei lumi*, s. Anm. 27, S. 111. – Nicht realisiert wurde der Plan, zusammen mit der *Pianta* ein *Libro* mit ausführlichen Kommentaren zu publizieren. Zu diesem *Libro* grundlegend: Clemente Faccioli: Gio. Battista Nolli (1701–1756) e la sua gran ›Pianta di Roma‹ del 1748. In: *Studi Romani. Rivista Trimestrale dell' Istituto di Studi Romani* 14, 1966, S. 415–442, bes. S. 426–429. Ein erhalten gebliebenes Fragment wurde 1883/84 von Giambattista de Rossi und Guglielmo Gatti publiziert. Für den die Ruinen der *Porticus Aemilia* betreffenden Passus aus Nollis *Libro* siehe: Stefano Borsi: *Roma di Benedetto XIV. La pianta di Giovan Battista Nolli, 1748*. Rom, 1993, S. 326–328 (mit Planausschnitt 7.8.).

[29] Vgl. Anm. 23.

[30] Zur schwierigen Frage nach den persönlichen Verbindungen zwischen Nolli und Piranesi (von dem es in der frühen Biographie von Jacques-Guillaume Legrand heißt: »... il [Piranesi] apprit à connaitre surtout avec ce dernier [Nolli] jusqu'aux moindres vestiges des antiquités de Rome; il recherchait les différentes enceintes de ses murs et courait sans cesse ...« usw., s. Anm. 21) siehe: Bevilacqua: *Roma nel secolo dei lumi*, s. Anm. 27, S. 84–86.

[31] Gemeint sind damit die *Pianta dell' antico Foro Romano* (AR, Bd. 1, Tafel 43; WE 357) und die *Ichnographia Campi Martii Antiquae Urbis* (CM, Tafeln 5–10; WE 571; hier Abb. 12); vgl. Anhang, Nrn. 3 und 5. Als dritter, kleinerer (Teil-)Plan könnte auch die *Pianta del Monte Capitolino, e sua Rocca colla situazione di tutti i suoi Edifizj* (AR, Bd. 1, Tafel 44; WE 358) dazugerechnet werden. Dieses Bruchstück läßt sich, um 90° gedreht, in die Lücke am unteren Rand des in der *Pianta dell' antico Foro Romano* dargestellten Fragments einpassen. Gleichermaßen lassen sich die *Pianta dell' antico Foro Romano* und die *Ichnographia Campi Martii* zusammenfügen – stellt doch letztere die Fortsetzung von ersterer in nord-nordwestlicher Richtung dar. Keinesfalls handelt es sich aber bei der *Ichnographia Campi Martii* (wie dies etwa von Corinna Höper im *Katalog Stuttgart 1999*, s. Anm. 7, S. 167, 305, 307 und Anm. 4 behauptet wird) um die in den *Antichità Romane* mehrmals erwähnte und angekündigte Rekonstruktion des antiken Rom. Wieviel umfassender diese *Pianta icnografica* tatsächlich geplant war, geht am klarsten hervor aus Punkt 2 der *Spiegazione della preposta Tavola degli Aquedotti* in den *Antichità Romane*, wo es heißt: »Affine però che non mi possa essere objettato da chichessia, ch' io abbia fatta la detta Tavola a capriccio, stimo a proposito di avvertire, che avendo io (...) formata una gran Pianta icnografica dell' antica Roma, che fra poco darà alla luce; ove rimangono stabiliti i luoghi certi delle fabbriche, delle Porte di Roma e degli Orti, in vicinanza de' quali (...) passavano gli Aquedotti: da questa medesima icnografia, da cui si viene anche in chiaro della circonferenza delle XIIII Regioni antiche di Roma (...), ho potuto con sicurezza e lontano da ogn' ipostura ricavar gli andamenti de' medesimi Aquedotti« (AR, Bd. 1, nach Tafel 38, S. I).

[32] Höppner: *Piranesi – Die poetische Wahrheit*, s. Anm. 7, S. 198.

[33] In gewissem Sinn könnte man insbesondere die Tafeln des ersten Bandes der *Antichità Romane* als eine Art ›bloße‹ Illustration zur *Pianta di Roma* (Tafel 2) und zu dem auf sie bezogenen Index bezeichnen. Gestützt wird eine solche Sicht durch den Titel des Werks: »Le Antichità Romane/ Opera/di Giambattista/Piranesi/Architetto Veneziano/Divisa in quattro tomi/nel primo de' quali si contengono/gli avanzi degli antichi edifizj di Roma/disposti in tavola topografica/secondo l'odierna loro esistenza/ed illustrati co' frammenti dell' anticha icnografia marmorea,/e con un indice critico della loro denominazione/*arrichito di tavole suppletorie*/fralle quali si dimostrano/l' elevazione degli stessi avanzi (...)« (Hervorhebung M. B.).

[34] CM, Tafel 15 (WE 577). Die Beschriftung lautet: »1. Reliquiae Porticus Caii et Lucii. 2. Pilae residuae ambitus ejusdem Porticus. 3. Reliquiae/ Basilicae ipsorum Caii et Lucii/ Vide indicem ruinar. num. 63, et 64. Piranesi F.«

[35] Der in der Augustus-Biographie des Sueton erwähnte, Caius und Lucius Caesar, den Enkeln und Adoptivsöhnen des Augustus gewidmete Bau wird heute auf dem Forum Romanum an der Südwestecke der Basilica Aemilia lokalisiert; erhalten sind nur die 1954 durch eine Grabung nachgewiesenen Fundamente. Vgl. Lawrence Richardson: *A New Topographical Dictionary of Ancient Rome*. Baltimore/London, 1992, S. 313–314, und Kolb: *Rom*, s. Anm. 15, S. 355.

[36] »64. Avanzi del portico de' medesimi (d. h. der bereits unter der Nummer 63 erwähnten) Cajo e Lucio al vicolo della bufala« (*Indice delle rovine di Roma Antica e del Campo Marzio contenute nella topografia della tavola III*).

[37] Die entsprechende Eintragung lautet: »973. Vicolo della Bufola, e muri antichi.« Wegen der den Geländeanstieg zum Kapitol hin markierenden Schraffuren ist die Zahl im Plan nur schwer zu entziffern. Vgl. Borsi: *Roma di Benedetto XIV*, s. Anm. 28, Planausschnitte 5.6. (S. 271) und 8.2. (S. 337).

[38] Antonio Muñoz: *Via dei Monti e Via del Mare*. Rom [2]1932, mit Fotos der Situation vor der Intervention und während der Abrißarbeiten.

[39] Dazu heißt es im Index zu Tafel 3 des *Campo Marzio*: »63. Rovine della basilica di Cajo e Lucio, che in parte sono state comprese nella fabbrica della Chiesa di S. Niccolò in carcere, e in parte occupano i cortili ed i sotterranei delle case vicine.« Vgl. auch die Erwähnung dieser Säulen im *Libro* von Nolli: »in una casa di s. Nicola in carcere si vede dentro di essa un residuo di un grandissimo cornicione di pietra, e diverse colonne che lo sostentano tutto di travertino, che delle colonne ne resta la maggior parte sotterrata, ed in questa parte di ponte Rotto a Savelli per tutta la riva del Tevere si vedono quantità di muri antichi (...).« Zit. nach Borsi: *Roma di Benedetto XIV*, s. Anm. 28, S. 270.

[40] CM, Tafel 14: *Reliquiae Basilicae Caii et Lucii* (WE 576). Die wichtigsten Teile werden von Piranesi folgendermaßen bezeichnet und interpretiert: »A. Columnae quae medianam testudinem sustinebant, transfiguratae in la-/tus sinistrum exterius templi S. Nicolai, in Carcere nuncupati. B. Columnae inferiores porticus quae Basi-/licae circumdabatur.«

41 Livia Crozzoli Aite: *I tre templi del Foro Olitorio* (Atti della Pontificia Accademia Romana di Archeologia, Serie 3, Memorie volume 13), Rom, 1981. – Walther Buchowiecki: *Handbuch der Kirchen Roms. Der römische Sakralbau in Geschichte und Kunst von der altchristlichen Zeit bis zur Gegenwart*, Bd. 3. Wien, 1974, S. 373–395 (zu S. Nicola in Carcere).

42 CM, Tafel 2 (WE 568): *Scenographia/Campi Martii/veterum aedificiorum reliquias/ ostendens/ e ruderibus nostrique aevi aedificiis/exemptas/cum ejusdem Campi celebriorum/monumentorum congerie* (Ansicht des Marsfeldes mit den Überresten der alten Gebäude, freigeräumt vom Schutt und herausgelöst aus den Bauten unserer Zeit, mit einer Anhäufung von berühmten Monumenten eben dieses Marsfeldes).

43 CM, Tafel 5–10 (WE 571).

44 Zuletzt: Gus Wallis de Vries: *Piranesi en het idee van de prachtige stad*. Amsterdam, 1990.

45 Zur Deutung der von Piranesi so genannten ›Porticus des Gaius und Lucius‹ als *Porticus triumphi* bzw. *triumphalis* siehe Filippo Coarelli: *Il Foro Boario. Dalle origini alla fine della Repubblica*. Rom, 1988, S. 363–414, bes. S. 394–397. Sein Versuch, die drei schon von den Architekten-Archäologen des 16. Jahrhunderts erkannten Tempel als ›Basilica des Gaius und Lucius‹ zu deuten, hat sich als Irrtum erwiesen (vgl. Anm. 41).

46 Vgl. Anm. 14.

47 »Dove è il palazzo maggiore? Dove è il Campidoglio che ancora si legge che era così mirabile con quattro cavalli nella sommità dorati? Dove è il palazzo di Nerone (…)?«, richtete Filarete in seinem *Trattato di architettura*, den Verlust der untergegangenen Bauten beklagend, das Wort an Piero de' Medici. In: Antonio Averlino detto il Filarete: *Trattato di Architettura*. Mailand, 1972, S. 31–32. Diese rhetorische Formel des *ubi sunt* kann als pessimistische Antwort auf Petrarcas enthusiastisches *hic est* »Hec autem Sacra Via est, he sunt Esquilie, hic Viminalis, hic Quirinalis collis, hic Celius, hic Martius Campus et Superbi manibus decussa papavera (…)« im Brief an Giovanni Colonna gesehen werden, siehe Francesco Petrarca: *Le familiari*. Edizione critica per cura di Vittorio Rossi, Bd. 2, libri V-XI. Florenz, 1934, S. 55–58: *Ad Iohannem de Columna ordinis predicatorum, non sectas amandas esse sed verum, et de locis insignibus urbis Rome*. Beide Formeln aber stehen für die fundamentale und zentrale Bedeutung, welche Ort und Topographie bei der Konstituierung von Erinnerung spielen. Siehe dazu auch: Marcel Baumgartner: Topographie als Medium der Erinnerung in Piranesis ›Campo Marzio dell Antica Roma‹. Eine Skkizze. In: Wolfram Martini (Hg.): *Architektur und Erinnerung*. Göttingen, 2000.

Wie beim zuletzt genannten Aufsatz handelt es sich beim vorliegenden Beitrag um ein vorläufiges Resultat des Projekts »Topographie als Medium der Erinnerung: Rom. Piranesi« im Rahmen des von der DFG geförderten Sonderforschungsbereichs »Erinnerungskulturen« an der Justus-Liebig-Universität Gießen. Ein Ziel des Forschungsvorhabens besteht in der Erstellung des hier angemahnten ›archäologischen Kommentars‹ zu Piranesis Rompublikationen. Am Aufbau einer entsprechenden Datenbank wird gearbeitet. Vorgesehen ist, weil nur diese Darstellungsform der Komplexität bei der Verknüpfung von Bildern und Text im Netzwerk von Piranesis Rompublikationen und der dabei erreichten Verdichtung gerecht zu werden vermag, die Erstellung eines ›interaktiven Stadtplans‹ von Rom auf der Basis der Rompläne Piranesis.

vom organischen zum abstrakten raum. kurt meyer

Henri Lefebvre über die Produktion des Raumes

La production de l'espace, 1974 von Henri Lefebvre vorgelegt, besteht aus sieben Kapiteln, in denen der Raum unseres Planeten in visionären und manchmal auch in recht knapp formulierten Aperçus analysiert wird: der soziale Raum, die räumliche Architektonik, der absolute und der abstrakte Raum, der widersprüchliche Raum, der differentielle Raum etc. In früheren Werken hat Lefebvre das urbane Phänomen in seiner Grenzenlosigkeit, gar Explosivität untersucht, also die urbane Revolution, das Recht auf die Stadt u.ä. Der schon früh geprägte Begriff »tissu urbain« meint, dass das Städtische nicht mehr lokal abgrenzbar ist. Zum Urbanen gehören die mundialen Kommunikationssysteme, Energie-Kanäle, Finanzflüsse, Verkehrsnetze (Autobahn, Eisenbahn, Flughäfen). Das ›urbane Gewebe‹ hat damit zu tun, dass die historische, geschlossene Stadt völlig aus den Fugen geraten ist, dass es auf unserem Planeten keinen Raum mehr gibt, der nicht von der urbanen Gesellschaft geprägt worden ist. In *La production de l'espace*, einem schwierigen und komplexen, aber reichen Werk ist ein roter Faden erkennbar: Der Raum der Primitivgesellschaften war die Natur. In dem Masse, wie neue soziale Formen entstehen, verändern sich die Beziehungen, die der Mensch mit der Umgebung unterhält. Man kann also die Geschichte des sozialen Raums schreiben.

Lefebvre beschreibt nicht Landschaften, Länder oder Städte, solche Beschreibungen zerstückeln bloß und liefern ein Inventar von dem, was es ›im‹ Raum gibt. Ihm geht es um die Erkenntnis ›des‹ Raums, versucht er doch zu zeigen, dass es eine theoretische Einheit des physischen Raums, des mentalen Raums und des sozialen Raums gibt. In diesem Raum ist die Stadt, die einst die Wiege der Kultur, der Ort des Reichtums, das Subjekt der Geschichte, das Zentrum des historischen Raums war, explodiert und dies hat Konsequenzen.

Henri Lefebvre (1901–1991) ist ein von Karl Marx, aber auch von Nietzsche inspirierter Soziologe und Philosoph. Wenn man den Zusammenbruch des Sowjetsystems, die Erschütterung der Arbeiterbewegung und die Abdankung des Staates zugunsten des Weltmarktes vor Augen hat, kann man zu dem Schluss gelangen, dass das Leben von Henri Lefebvre zusammen mit diesen historischen Liquidierungen zum Abschluss gelangt ist. Der Triumph der liberalen Ideen scheint Lefebvres Theorie-Ansätze obsolet werden zu lassen. Erstaunlicherweise ist das Gegenteil der Fall, gerade in Kanada und in den USA hat eine intensive Rezeption von Lefebvres Werk eingesetzt, nicht zuletzt dank einer hervorragenden englischen Version von *La production de l'espace*.

1961 wird Lefebvre Professor für Soziologie in Strassburg, vier Jahre später wechselt er nach Nanterre, wird Dozent an der soeben eröffneten Universität, die in der trostlosen Pariser Peripherie gelegen ist, in einem urbanen *no man's land*. Der verwunschene Ort ist dazu prädestiniert, 1968 die Pariser Mai-Revolte entstehen zu lassen. Henri Lefebvre sprach zu seinen Studenten: »Sie wären wirklich Soziologe, wenn Sie den Vorortszug von der Gare Saint-Lazare bis nach La Folie, der Station des Universitäts-Komplexes von Nanterre nehmen; wenn Sie fähig wären, das zu bedenken, was Sie vom Zugfenster aus sehen. Die moderne Welt enthüllt sich vor Ihnen in der Totale.« In früheren Jahren hat Lefebvre selber Paris und die Vororte als Taxi-Chauffeur erkundet und dabei seine Theorie des Urbanen erarbeitet. Die Transformation der Stadt hat er nicht von einem sterilen Ort aus erlebt, sondern von seinem sozialen Ort aus beobachtet. Die Orte der Transformation haben ihm unmittelbar die Fragen gestellt, ebenso das begriffliche Instrumentarium geliefert.

Ende der fünfziger Jahre beendete er seine Beschäftigung mit Agrar-Soziologie und wandte sich definitiv der Urban-Soziologie zu. Nochmals ist an ein prägendes Ereignis zu erinnern. Aufgewachsen ist Lefebvre am Rande der Pyrenäen. Zur traditionellen Dorf- und Nomadenkultur hat er tiefe und vielfältige Beziehungen. Nun wird er Zeuge, wie außerhalb von Mourenx gleichsam über Nacht der neue Industriekomplex Lacq entsteht, denn am Fuß der Pyrenäen hat man Erdöl gefunden. Innerhalb von wenigen Jahren entsteht inmitten einer bäuerlichen Landschaft eine »ville nouvelle«. Lefebvre schaut gleichsam in ein urbanistisches Laboratorium, er sieht die Bulldozer vorfahren, die Industriebauten und Wohnhäuser aus dem Boden schießen, also die Brutalität des urbanistischen Plans. Im April 1960 verfasst er die elegischen und luziden *Notizen zur Neuen Stadt* (= siebtes Kapitel von *Einführung in die Modernität*).

Zwischen 1968 und 1974 erscheinen sieben Bücher zu urbanen Themen, zur gleichen Zeit animiert er von Nanterre aus eine Equipe von Stadt-Soziologen, welche bestimmte städtebauliche Entwicklungen erforschen, zudem gibt er zusammen mit Anatole Kopp die wegweisende internationale Zeitschrift *Espaces et sociétés* heraus. Es sind dies auch die Jahre, da er durch die ganze Welt reist, durch Europa, aber auch durch Japan, Lateinamerika, die USA und in den Maghreb. Den Abschluss, gleichsam die Summe seiner Erkenntnisse, bildet das im deutschen Sprachraum noch kaum rezipierte Werk *La production de l'espace* (Paris 1974).

Das dritte Kapitel von *La production de l'espace*, überschrieben mit *L'Architectonique spatiale*, beginnt mit der Frage, wie ein Körper (mit seinen Handlungskapazitäten, seinen Energien, seinen Energieüberschüssen) den Raum besetzt. Produzieren die Körper Raum, indem sie Energie entfalten? Produzieren sie sich selber, indem sie sich gemäß den Gesetzen der Natur bewegen? Den Betrachter setzen die Schönheit einer Muschel, eines Dorfes, einer Kathedrale in Erstaunen, und er fragt sich: Handelt es sich bei solchen Erscheinungen bloß um materielle Modalitäten einer aktiven ›Besetzung‹ von Raum? Ist die Form einer Muschel das Resultat eines höheren Ratschlusses oder einer in der Schöpfung angelegten Finalität? Was, anhand von Beispielen der niedrigen Lebewesen, mit tastenden Fragen und Analysen beginnt, geht über zur zentralen Fragestellung: Wie produziert der menschliche Körper sich selber und den ihn umgebenden Raum, das ›Milieu‹? Der lebende Organismus, der einerseits von feinen Energien gesteuert wird (Gehirn, Nerven, Sinnesorgane) und andererseits von massiven Energien (Sexualität)? Was gestaltet er aktiv, in was fügt er sich passiv ein?

Wie niedrige Lebewesen Raum produzieren, erläutert Lefebvre folgendermaßen: »Arbeitet eine Spinne? fragte sich Marx. Folgt sie dunklen Trieben? Weiß sie, was sie macht? Sie produziert und sondert Sekrete ab, sie besetzt einen Raum und sie erzeugt ihn auf ihre Weise, mit dem Spinnennetz, gemäß ihren Strategien und Bedürfnissen. Kann man den Raum der Spinne denken, sowie man sich einen abstrakten Raum denken kann, der von einzelnen Objekten besetzt ist? Der Körper der Spinne, ihre Sekretionsdrüse und ihre Beine, die Dinge, mit denen sie sich am Netz festhält, die Fäden des Netzes, die Fliegen, die sie fangen will? Nein. Damit würde man die Spinne dem Raum des analytischen Verstandes und des Diskurses zuordnen. Kann man sagen, dass die Spinne – gleichsam als Verlängerung ihres Körpers – ihr Netz webt? Ja, obschon dieser Satz einen kritischen Zusatz benötigt. Das Netz weist Symmetrien und Dissymmetrien auf, also räumliche Strukturen. Kennt die Spinne diese Strukturen mit einem Verstand, dem unsrigen vergleichbar? Gewiss nicht. Sie produziert. Ohne zu denken? Gewiss ›denkt‹ sie, aber nicht wie wir. Ihre ›Produktion‹ mit ihren Eigenheiten ist eher mit derjenigen der Muschel verwandt … als mit der verbalen Abstraktion. Die Produktion des Raumes – und vorerst diejenige des Körpers – geht bis zur produzierten Sekretion einer ›Wohnung‹, welche als Instrument und zugleich als Mittel dient. Gemäß Gesetzen, die man in der klassischen Terminologie als ›wunderbar‹ bezeichnet« (aus *La production de l'espace*. Paris, 1974, S. 201 f, Übersetzung: Kurt Meyer).

Für den Menschen ist der Raum etwas, was mit den Sinnen wahrgenommen wird. Der Körper – mit seinen Mängeln, mit seinen Kräften – will wieder entdeckt werden. Bereiche, die ins Dunkle abgeglitten sind, sollen wieder ans Licht gebracht werden. Die Inventarisierung der Segnungen des Körpers läßt Lefebvre mit dessen olfaktorischer Fundierung beginnen. Gehen wir auf einige Aspekte ein, wie der Mensch den Raum sensitiv wahrnimmt, besetzt oder produziert.

a) Wenn es darum geht, den Genuss vom Gegenteil zu unterscheiden, stehen die Gerüche und ihre Orte an erster Stelle. Es gibt den Gestank des tropischen Regenwaldes, die Orte der Fäkalien und der Fäulnis, des faulenden Fleisches, des ausgelöschten Lebens – daneben die wundervollen aromatischen Düfte, die Aromen der Natur. In der heutigen Lebenswelt hat sich der Wahn breit gemacht, im Namen der Hygiene, der Keimfreiheit, die Düfte, welche aufgrund von natürlichen Prozessen entstehen, auszurotten. Daneben werden modische Düfte industriell hergestellt – wobei deren Produktion markant stinkt. Um die Wichtigkeit der olfaktorischen Wahrnehmung zu unterstreichen, erinnert Lefebvre daran, dass jedes Kind die Gewohnheit hat, Orte, Laute und Dinge mit Hilfe von Gerüchen zu bestimmen.

b) Der Geschmackssinn ist nicht leicht vom Geruchssinn und den taktilen Sinnesorganen (Lippen, Zunge) abzugrenzen. Sobald wir uns der Kochkunst zuwenden, befinden wir uns im eigentlichen Reich des Geschmacks. Der klassische Humanismus hat der Kochkunst kaum Beachtung geschenkt, hat er doch all das ausgelassen, was mit dem Genießen zusammenhängt. Geruch und Geschmack bilden eine kaum differenzierbare Einheit, so etwas wie das Zentrum der Wahrnehmung. Die intime Verbindung dieser beiden Sinne kann als Initial-Bezirk für die räumliche Wahrnehmung angesehen werden.

c) Das Gehör spielt nicht nur in der Lateralität eine entscheidende Rolle, sondern in der räumlichen Wahrnehmung insgesamt. Bevor man einen Raum sieht, hört man ihn. Da die beiden Ohren nicht exakt aufeinander abgestimmt sind, trägt dies zur Schärfung der Wahrnehmung bei. Das Kind nimmt die akustische Differenz deutlich wahr und gibt den Botschaften, die es empfängt, Dichte und physikalisches Volumen. Bei der Beziehung mit seiner Mutter bildet es den organischen Raum allmählich aus und erweitert ihn beständig. Störungen des Gehörs bewirken Störungen der Lateralität, der Wahrnehmung des inneren und äußeren Raumes.

d) Dass der Körper innovative Fähigkeiten besitzt, zeigt sich daran, dass er diese im Raum entfaltet. Im Körper und um ihn herum gibt es Rhythmen, die einander durchdringen und überlagern. Diese Rythmen stehen in Beziehung zu den Bedürfnissen und können sich in Wünschen konkretisieren. Zu den körperlichen Rhythmen kann man die Atmung, das Herz, Hunger und Durst oder den Schlaf zählen. Andere Rhythmen sind eher verborgen, so die Sexualität, die Fruchtbarkeit, das soziale Leben, das Denken. Lefebvre prägt den Ausdruck »Rythmanalyse« und meint damit, dass eines Tages die zu begründende Wissenschaft der Rhythmen die Psychoanalyse ersetzen könnte. Was in *La production de l'espace* auf wenigen Seiten bloß skizziert wird, wird in einer Schrift, die posthum erscheint, breiter entfaltet. (vgl. *Eléments de rythmanalyse/Introduction à la connaissance des rythmes.* Paris, 1992). Die Rhythmo-Analyse (ein eigentliches Lieblingsthema von Lefebvre, gewissermaßen sein theoretisches Herzstück, sein geheimer Garten) soll die komplexen Interferenzen oder Interaktionen zwischen den linearen Rhythmen (die von der modernen Arbeitswelt bestimmt sind) und den zyklischen Rhythmen (den Natur-Rhythmen) studieren. Die künftige Bedeutung der zu begründenden Wissenschaft wird so erläutert: »Betrachten Sie die differenzierten Rhythmen der Zeit. Sie haben die kosmische Zeit, die Jahreszeiten, die alltägliche Zeit und ihre Anwendung, die Zeit für diese oder jene Aktivität, für diese oder jene Institution. Es gibt eine Interferenz zwischen der zyklischen Wiederholung und der linearen Wiederholung im Alltag. Die Rhythmen und die Zyklen, welche ihren Ursprung in der Natur haben, werden ununterbrochen durch das soziale Leben modifiziert, interferieren mit den linearen und repetitiven Abläufen der Gesten und Handlungen. Das sind komplexe Prozesse, welche die Rythmanalyse zu studieren beabsichtigt, eine Wissenschaft, von der ich die Umrisse zeigen, die Begriffe bereitstellen und die Perspektiven aufzeigen möchte. Diese im Entstehen begriffene Wissenschaft wäre interdisziplinär, sie würde die Chronobiologie, das Studium der vitalen Rhythmen, aber auch die Rhythmen der Rede, des Denkens, und dann der Musik, der Stadt integrieren – denn die Stadt hat einen eigenen Rhythmus, jede Stadt lebt ihren Rhythmus.« Zwei Rhythmen von Städten hat Lefebvre beispielhaft ausgearbeitet. Unter dem Titel *Vu de la fenêtre* hat er den Rhythmus der Straße und des Quartiers beschrieben, die er dreißig Jahre lang bewohnt hat. Zusammen mit Catherine Régulier hat er auf höchst anregende Weise den Unterschied zwischen den atlantischen und den Mittelmeerstädten analysiert, Titel: *Rythmanalyses des villes méditerranéennes*.

e) Auch die körperliche ›Gestik‹ spielt eine Rolle bei der Beziehung des Menschen zum Raum. Gestik meint die Gesten der Arbeit (des Bauern, des Handwerkers, des Industriearbeiters), aber auch die nicht spezialisierten Gesten des bürgerlichen oder zivilen Lebens. Die wohl raffinierteste Gestik offenbart sich beim Tanz in den asiatischen Ländern, bei dem jedes Körpersegment, bis in die Fingerspitzen, in Bewegung gesetzt wird. Körperliche Gesten drücken etwas aus, und dieses Etwas kann dekodiert werden. Es gibt die Bewegung voller Würde, die aufrechte Haltung, die sogenannte harmonische Bewegung, und das Konträre: die Demut, die Demütigung. Der Körper wird erniedrigt, zu Boden gedrückt. Der Besiegte soll sich unterwerfen, der Gläubige auf die Knie fallen, der Schuldige den Kopf senken, den Staub küssen. Dazwischen gibt es Milde und Nachsicht. Die Verneigung oder die Verbeugung signalisieren Kompromiss. Komplexe Gesten sind die ritualisierten oder kodifizierten, welche einen Raum ausfüllen. Ein gestischer Raum kann mit einem spirituellen zur Deckung gelangen. In solch einem Raum (etwa in einem Kloster) bilden persönliche Kontemplation und theologische Abstraktion eine Einheit, bewegt sich das Leben zwischen Selbstbetrachtung und der Betrachtung des Unendlichen der Transzendenz, und dies kann zu einem Glücksgefühl führen. Man denke an das gravitätische Schreiten der Mönche. Neben den Räumen des geistigen Austausches gibt es die Räume des materiellen Austausches. Einst hatten Gesandte und Händler ihre speziellen Räume. Doch wie sieht dies heute aus, da die Waren und die zugehörigen Kapitalien um den gesamten Planeten bewegt werden?

Zusammenfassend: Im dritten Kapitel von *La production de l'espace* steht die körperhafte Erfahrung des Raumes im Zentrum. Lefebvre führt einen Körper-Diskurs, der sich mit demjenigen von Octavio Paz trifft, der in »*Verbindungen, Trennungen. Ein Essay*« (Frankfurt/Main, 1984, S. 150) schreibt: »Die Geschichte des Körpers in der Endphase der westlichen Zivilisation ist die Geschichte seiner Rebellionen.« Heute versucht eine trockene Rationalität die sinnliche Fundierung des Raumes zum Verschwinden zu bringen. Der architektonische und urbane Raum der Moderne nimmt immer mehr einen homogenen, abstrakten Charakter an. Die Dominanz des Visuellen und des Geometrischen verursacht immer mehr eine physische Malaise. Der Geist des Immergleichen läßt vergessen, dass ein Raum nicht nur am Sichtbaren und Lesbaren gemessen wird, dass er auch gehört oder durch körperliche Ortsveränderung wahrgenommen werden will. Wenn *L'architectonique spatiale* mit einer Analyse des monumentalen Bauwerks und des modernen Gebäudes einen magistralen Abschluss erfährt, so soll damit gezeigt werden, dass der historische monumentale Raum die sinnlichen Qualitäten anspricht, das Gebäude jedoch zum Prototyp des entleerten, abstrakten Raumes abgesunken ist. Einst vermittelte der monumentale Raum dem Einzelnen der Gesellschaft das Gefühl der Zugehörigkeit, stiftete er sozialen Konsens. Ganz anders das Gebäude. Mit der Betonung des Funktionalen ist es zum Paradigma einer Welt geworden, in der die ausschließlichen Mechanismen des Kapitalismus spielen: die global erschlossene Erde, die Arbeit, das Kapital.

Mögen die folgenden Passagen, welche aus den Schlusspartien des dritten Kapitels stammen, den Reichtum und die Originalität von Lefebvres Analysen illustrieren. Erst im Vergleich von Monument und Gebäude bekommt der Leser eine Ahnung davon, was »architectonique spatiale« alles meint. Dem Monument entspricht der organische oder der biomorphe Raum, dem Gebäude der abstrakte oder der homogene Raum.

Vom Monument zum Gebäude

»Analysieren wir den Raum einer Kathedrale ... Der Gebrauch dieses monumentalen Raums, der Kathedrale, gibt eine Antwort auf alle Fragen, die auf denjenigen einstürmen, der über die Schwelle tritt. Er hört seine eigenen Schritte. Er vernimmt die Geräusche und hört die Gesänge. Er atmet den Duft von Weihrauch. Er ist von einer ganzen Welt umfangen, derjenigen von Sünde und Vergebung. Er ist mit einer Ideologie konfrontiert. Er betrachtet die Symbole und beginnt sie zu entziffern. Indem der Betrachter der Kathedrale von seinem Körper ausgeht, erprobt er das totale Wesen in einem totalen Raum. Was taten die Eroberer oder Revolutionäre aller Zeiten zuerst, um eine Gesellschaft zu zerstören? Sie zerstörten ihre Monumente durch Feuer oder Verwüstung ...

Die schönsten Monumente überzeugen durch ihre Dauerhaftigkeit. Eine gigantische Mauer gelangt zu monumentaler Schönheit, weil sie ewig und nicht mehr der Vergänglichkeit unterworfen scheint. Die Monumentalität transzendiert den Tod, und folglich auch das, was man gelegentlich den ›Todestrieb‹ nennt … Die monumentale ›Dauerhaftigkeit‹ erzeugt aber nicht vollständige Illusion, sie hat, modern ausgedückt, nicht völlige Glaubhaftigkeit … Das Dauerhafte? Das ist bloß der Wille zu dauern. Das unvergängliche Monument trägt ein Zeichen, dasjenige des Willens zur Macht. Bloß der Wille, und zwar in seinen ausgeprägtesten Formen, kann den Tod überdauern – oder glaubt ihn zu überdauern: der Wille zur Machtausübung, der Wille zu wollen. Das Wissen scheitert und weicht vor dem Abgrund zurück. Durch das Monument und die Einmischung des Architekten, des Demiurgen – der gleichsam die Verlängerung des Körpers darstellt – wird der Raum des Todes negiert, verwandelt er sich in einen lebendigen Raum, der im Dienst von dem steht, was das Religiöse, die Macht und das Wissen vereinigt.

… Wenn es in der sozialen Praxis Spuren von Gewalt und Tod, von Negativität und Aggressivität gibt, bringt das monumentale Werk diese zum Verschwinden, indem es sie durch die ruhige Kraft und die Gewissheit ersetzt, welche Gewalt und Entsetzen integrieren. So verschwindet das tödliche Moment (oder Element) vorübergehend im monumentalen Raum. Die soziale Praxis überwindet in und mit dem Werk im Raum die Grenzen der anderen signifikanten Praktiken, der anderen Künste, die literarischen Texte mit eingeschlossen. Ein Konsens, eine tiefe Übereinkunft wird hergestellt. Ein griechisches Theater setzt die Tragödie und die Komödie voraus, also die Präsenz des Volks der Polis und die Übereinkunft mit seinen Helden und Göttern. Die Musik, die Chöre, die Masken und die Stufen konvergieren im Raum des Theaters mit der Sprache und in den Schauspielern. Ein räumlicher Akt übersteigt (momentan) die Konflikte, auch wenn er sie nicht löst. Er ermöglicht den Übergang von den alltäglichen Sorgen zur kollektiven Freude.

Der monumentale Raum ermöglicht den immerwährenden Übergang vom privaten Wort (Unterhaltung, Gespräch) zum öffentlichen Wort (zur Rede, Predigt, zum Aufruf, zur theatralischen Rede). In dem Maß, wie der Dichter mit seinem Gedicht eine Lebensart ausdrückt (Lieben, Fühlen, Denken, Genießen oder Leiden), so hat auch der monumentale Raum Analogien mit dem Hineingehen in ein Gedicht oder dem Verweilen darin. Man versteht den monumentalen Raum aber besser, wenn man ihn in Analogie zu Dialogen setzt (zu Theater-Texten) anstatt zu Monologen (zu Dichtungen oder literarischen Texten).

Ein monumentaler Raum bietet nicht bloß dem Auge skulpturale Qualitäten. Er hat auch akustische Qualitäten, und wenn er sie nicht hat, geht der Monumentalität etwas ab. In einem religiösen Bauwerk hat sogar die Stille eine eigentliche Musikalität. In einem Kloster oder in einer Kathedrale wird der Raum durch das Ohr vermessen, durch das Verhallen von Geräuschen, Stimmen und Gesängen. Dem Raum wohnt gleichsam etwas Spielerisches inne, vergleichbar dem Spiel von Grundakkorden und Nachklängen. Vergleichbar auch dem Spiel der Stimme, welche von einem geschriebenen Text ausgeht und ihm durch das Sprechen wieder Leben einhaucht. Der Architektur-Raum ermöglicht die Entsprechung zwischen den Rhythmen, die sich in ihm entfalten (Schreiten, rituelle Gesten, Prozessionen, Defilees etc.) und der musikalischen Resonanz. Und so finden auf dieser Ebene – im Unsichtbaren – die Körper wieder zueinander ...

Ein Umbruch setzt ein, wenn das Monument sein Prestige verliert, wenn Prestige nur noch durch Zwang und Unterdrückung aufrecht erhalten werden kann. Das Gebäude mit seinen Funktionen trägt seinen Sieg davon, wenn das Subjekt (die Stadt, das Volk) sich auflöst. Zur gleichen Zeit trägt, im Zentrum des Volkes, die Unterkunft (l'habitat) den Sieg über das Wohnen (l'habiter) in der Stadt davon. Beim ›Gebäude‹ denke man an Lagerhäuser, Kasernen, Schuppen oder Mietshäuser. Das Gebäude hat eine Funktion, eine Form, eine Struktur, es vereinigt nicht mehr alle (formalen, funktionalen, strukturellen) Momente in der sozialen Praxis. Kontext und Gewebe lösen sich auf, das heißt die Straßen, die Untergeschosse, die Vororte erzeugen Gewalt und nicht mehr Übereinkunft, und dies weil die Orte, Formen und Funktionen nicht mehr durch das monumentale Zentrum vereint und angeeignet werden. Der gesamte Raum lädt sich folglich mit eruptiver Gewalt auf.

Beim Übergang vom Monument zum Gebäude verändert sich die Beziehung der Kräfte. Das Gebäude hat zum Monumentalen die gleiche Beziehung wie der Alltag zum Fest, wie das Produkt zum Werk, wie das Gelebte zum Wahrgenommenen, wie der Beton zum Stein etc. Hier zeichnet sich eine neue dialektische Bewegung ab. Wie kann der Widerspruch zwischen dem Gebäude und dem Monument überschritten oder überwunden werden? ... Das Gebäude mit seinen Wohnungen bekommt die Zeichen des Monuments: zuerst die Fassade, dann die Innenausstattung. Das Wohnen der wohlhabenden Klasse wird künstlich ›sozialisiert‹: Empfangseinrichtungen, Bar, Orte der Begegnung und der Erotik (Sofa etc.); es imitiert von ferne das aristokratische Privathaus oder den Palast. Zur gleichen Zeit ›privatisiert‹ sich die aus den Fugen geratene Stadt nicht weniger künstlich: urbanes Mobiliar, ›design‹, erkünsteltes und elaboriertes Wohnumfeld ...

Diese Analyse führt uns zum Gebäude zurück, zum Prosaischen, das im Kontrast oder in der Ergänzung zum Poetisch-Monumentalen steht. Das Gebäude ist die homogene Matrix des kapitalistischen Raumes, durch seine Vorherrschaft vereinigt es das Objekt der Kontrolle mit der Macht und dem Objekt des kommerziellen Tausches. Wie später detailliert gezeigt werden wird, bewirkt es die brutale Verdichtung der sozialen Beziehungen. Indem es reduzierend vorgeht, stellt es das Paradigma des Raumes dar: Herrschaft oder Aneignung (indem es die technologische Herrschaft privilegiert) – Werk und Produkt (indem es das Produkt privilegiert) – Unmittelbarkeit und Vermittlung (indem es die Vermittlungen und Vermittler privilegiert, vom technischen Material bis zu den Finanz-Promotoren, welche die baulichen Operationen vornehmen). Es reduziert die signifikanten

Gegensätze und Werte, unter anderem diejenigen des Genusses und des Leidens, des Gebrauchs und der Arbeit. Vom 19. Jahrhundert an ist es leicht, die brutale Verdichtung des Attribute der Gesellschaft am Stil der Verwaltungsgebäude, der Schulen, der Bahnhöfe, der Rathäuser, Präfekturen, Ministerien abzulesen. Die räumliche Deplazierung der Aktivitäten ist nicht weniger wichtig als die Verdichtungen; die Ausstattungen sind äußerst wirksam. Sie lokalisieren und ›punktualisieren‹ die Aktivitäten, wie zum Beispiel Freizeit, Sport oder Spiele, indem diese an speziellen Orten stattfinden, die ebenso klar definiert sind wie die Orte der Arbeit, die Unternehmen. Sie führen zur ›syntagmatischen‹ Verbindung der Aktivitäten im sozialen Raum, das heißt im Raum, der ökonomisch vom Kapital verwaltet, sozial von der Bourgeoisie beherrscht und politisch vom Staat regiert wird.«

Henri Lefebvre, Auszüge aus: *La production de l'espace*. Paris, 1974, S. 253–262; Übersetzung: Kurt Meyer

all cinemas are expanded.

keyan g. tomaselli

Like most South Africans I live in a world which is simultaneously premodern, modern and postmodern. My work as a filmmaker, theorist and professor, has cut across these three genres of living, perceiving and surviving. My consciousness has had to traverse the resulting contradictions, which intersect and separate, depending on ideology, ontology and experience. Being born in the year that apartheid was introduced, 1948, I lived through it as a relatively privileged white while simultaneously opposing it. Emerging into democracy after 1994 imbued my consciousness with sometimes bizarre forms of contradictory consciousness.

Starting as a filmmaker of existential surfing and biker movies in the early 1970s, modelled on *Easy Rider*, to the music of *Crosby Stills and Nash,* while also making anti-apartheid documentary films, I moved into promotional and commercials movie making as a professional in 1974. I was arrested for filming student protests. My shift into ethnographic filmmaking in 1979 after being appointed to teach film and TV production at the *University of Witwatersrand* released me from the incessant all-hours demands of the frenetic advertising industry, and I was able to concentrate more directly on the nature of the observer- observed relationship.

An early influential text was Gene Youngblood's *Expanded Cinema* (1970). This prophetic book, drawing on the noosphere postulates of Catholic theologian, Teilhard de Chardin, promised electronic nirvana; Youngblood's exegesis preceded notions like hypermedia, postmodernism, Internet and the World Wide Web, IMAX and all the mind stretching electronic gizmos and forms we take for granted today. Computer movies in the 1960s required huge computers and painstakingly slow operation by dedicated artists with lots of time and money. These films were made on celluloid. They portended a surreal, Jungian, and electronic future, both in terms of computerisation of images, and in terms of their postmodernist aesthetics. Some of them were even interactive. Some not. Most were confusing but were always exiting; little did we know then that by the late-1980s PCs would make everyone an image maker, and that by the 1990s, everyone could become both an image maker and a receiver, via the Internet, and via windows applications.

My first visit to the USA in 1974 took me into the world of Hollywood film laboratories, computer animations, Disneyworld, Universal

Studios and animatronics. By the end of my tour a month later I was not always sure whether the person I was speaking to, seeing, or interacting with, was a real person, an actor or a robot. I had, of course, taken my copy of Expanded Cinema with me. Youngblood was my tourist guide, not America on $5 a Day. On returning to Johannesburg I tried to raise funds to study at the *California Institute of the Arts* where Youngblood taught. The US Embassy, to which I had applied for funding, was bemused. Why would this urban geography graduate, now working in the film industry, want to study film? They couldn't make sense of me. They asked me some vague questions about Marshall McLuhan, and refused me the grant. I stayed at home and made some movies at Victoria Falls and Botswana for a safari company in 1976. I remember arguing with tourists, soldiers and safari operators alike about the political situation in Rhodesia. They were quite sure that Smith had it right; my assessment was that South Africa would desert his white minority regime when expedient.

As possibly the only person then in South Africa with a degree, and working in the film industry, I was employed in the School of *Dramatic Art, University of Witwatersrand, Johannesburg*, to teach film and TV production, in 1977. This was the first university to teach film theory and production, now considered legitimate, thanks to the belated introduction of broadcast TV in 1976. My degree in geography was not entirely useless – at least I knew what research was about, even as my colleagues were confused about how geography and sociology on the one hand, and drama and film on the other, intersected. Both geography and film deal with the concept of space, and space-time relations, so I didn't feel all that confused. I did, however, get irritated with the incipient Arnoldian discourses about ›high culture‹ that permeated the School. It was only much later that I realised that the discourse was Arnoldian. That's what comes from not studying method in history in English literature.

To skip conscription into the army, now fighting in Angola, I registered a MA topic on film semiotics and sought to study expanded cinema discussed by Youngblood. I sought to connect my geography and sociology with media, film and performance studies. I sought to study expanded cinema in a country in which apartheid ruled, and where Youngblood's existential terms like »revolutionary art« were misinterpreted by my head of department as communistic and ›political‹ – that is, subversive. I sought to argue the politics of art in both social and aesthetic terms. This was not easily done in the conservative environment of the late 1970s where the state's spies were everywhere, and where artists and some academics were considered to be a threat to the security of the state. (The spies and assassins were unmasked in due course, some were fellow-students. These and others in my media classes which I taught at *Rhodes University* [1981–1984], later ›came in from the cold‹, and were responsible for all manner of evil deeds against their peers. One or two tried to justify their indefensible during hearings at the Truth and Reconciliation Commission, during 1998/9).

My first book was *Media and Change* (1976), a co-edited anthology. This remains the first and only attempt in South Africa to bring together the writing of townplanning professors, literature and performance scholars, TV producers and photographers, neurological modellers, and so on. The central theme united a book which was used by scholars from a variety of disciplines. My expanded cinema then was a libertarian one which linked film theory, semiotics, urban geography, economics and development communication studies, and sociology into a unified conceptual framework which attempted to explain the kind of media world into which we were then slowly moving. This was a world in which time and space were being eroded by electronic innovation; it was a world where inner and outer space merged in electronics; it was a world in which the information economy was growing; it was a world completely beyond the political realities that were then unfolding in South Africa during the 1980s. The publisher said it was an intriguing book, but he didn't know if it would sell. We organised a conference on the theme of the book, which occurred just after the Soweto '76 uprising. The media loved it – the more publicity the book got, the less it sold! The book provided a distraction to the real issues – even as we tried to connect it to the political situation. My partners in the film industry where I was working at the time were anxious – why was I not in the studio cutting sound effects and dialogue tracks. The bills have to be paid.

My contradictory consciousness during the late 1970s was manifested in my interest in postmodern expanded cinema. My political consciousness found outlets in making documentary films which exposed apartheid and facilitated opposition to it. I insisted that my students work on socially relevant topics in their films and videos. Revolutionary art in Youngblood's terms was not necessarily revolutionary art in political terms. Youngblood's theology was an exploration of meaning, expression and consciousness; politically and socially directed films demanded – and sometimes took – life, limb and sanity. I'd already been charged from the inside of police headquarters, one floor below which people ›fell‹ from.

In the 1980s my time was devoted to building a critical academic dimension within media and cinema studies, literature and drama, and education, via a journal I had co-founded in 1980 then called *Critical Arts, a Journal for Media Studies*, and via my other books, *The Cinema of Apartheid* (1988), and a number published in a series of Studies on the South African Media. My experience of struggle in the 1980s, together with my new Marxist analysis of apartheid, evacuated any and all thoughts of postmodernism from my consciousness. Dealing with students pretentiously enmeshed in postmodernist lifestyles during this period was quite a trial at times. It was only after apartheid that I again began to revisit this earlier avantgarde film theory. The defeat of apartheid had made this possible. South Africa had in 1990 come in from the cold of the 1980s into the post-industrial, postmodern, post-Cold War Information Age.

The earlier grand narratives (including apartheid) and absolute values had disappeared along with the dismantling of the Iron Curtain. The fragmentation of meanings, ideologies, and values created spaces for indigenous ontologies which, even as they were in conflict with received Westernisation, used the technologies of the West to contest them. I remember from my sociological studies in the late 1960s lectures on idealist and deterministic constructions of ›rational man‹, of normative theory, and of economic modelling. I learned that all humans as they became more educated were supposed to become more rational. This deterministic cybernetic model completely misunderstood the nature of ontology, culture and ideology. Different people, communities and societies have different beliefs, experiences and ways of making sense of the world. There is no single rationality. There is no single normativity. There is no single world view. There is no single expanded cinema.

All cinemas are expanded, as meaning is a text created by viewers, from messages. The messages might be closed, or open, but the meanings made of them are always related by the receivers to their own specific frames of reference, histories and experiences. Students, I learned, made their movies in terms of these modalities.

If my Wits students were worldly, my Rhodes University students were alienated. It took me a while to work this out when I first moved to the small university hamlet of Grahamstown. Here, my journalism students had worked up some kind of idiocode which only they understood: recurring wide images of themselves walking away from the camera down long paths and streets stretching into the distance leading to nowhere; of the use of water not to cleanse or to create; but to wash away creativity, individuality and innovation; and nudity to signify conformity. It was only when I realised that the signs and codes developed by this group of students were constructed in kinds of personal counter-codes, did I begin to understand that they were making statements about their inability – as a cosmopolitan group – to fit into the constrained, puritan, small town local atmosphere. It was all too much for me. I banned alienation movies from then on. There were bigger fish to fry – like apartheid. The next year one of my Rhodes students – only one, I must emphasize – really took my *Third Cinema* lectures seriously. I had been lecturing on Glauber Rocha's aesthetics of hunger, of poverty, repression, and the filmmakers responsibility to change this condition. He took Rocha quite literally and made a film about the black displaced people who lived on the Grahamstown rubbish dump, who grew up and died in its endless smoke, who foraged for food and resources, and who represented the real aesthetics of hunger and deprivation. This student went on to edit *Mapantsula* (1998), South Africa's first film which could be labelled *Third Cinema*.

Having worked in the South African film industry between 1974 and 1981, and being heavily involved in the technicians union, provided me the ground for much of my later critical analyses on the South African film industry. *The Cinema of Apartheid*, which followed my Ph.D thesis, and an earlier monograph, *The South African Film Industry* (1979, 1980, 1981), developed a critique in which I tried to explain to myself and my readers my experiences while working in the industry. Explaining the relationship between film genres and the historical, political and cultural contexts out of which they arose was my objective. Though the book was written within a historical materialist framework, it found favour with academics, critics and technicians alike. They were able to recognise themselves as participants – willing or otherwise – in the processes and events described in the book. Even industry executives read it.

My interests in the mid-1980s turned to questions of representation of indigenous peoples in the Western and South African media. Thus grew my interest in visual anthropology which provided ways of analysing patterns of culture encoded in media, but which also provides production principles and codes of ethics when working with subject communities. *Myth, Race and Power* (1986), was a hardline Marxist ethnographic semiotics of the way that both South Africans and foreigners represented South Africans. *Appropriating Images* (1996), however, softened this historical materialism and incorporated African philosophies into the analysis. This brought me full circle back to questions of ontology.

By the time I came to writing *Appropriating Images*, in the early 1990s, I had begun to make sense of some of my more extraordinary film making experiences, and those related to me by my colleagues. These concerned mainly my and other peoples' films on indigenous healers, and the seemingly unexplainable events which we documented on film and in our observations. The relationship between magic and science could now be discussed in terms of perception and representation. What was once discussed in terms of an expanded cinema of consciousness by Gene Youngblood, now became the domain of anthropology, and studies on media and religion. With the passing of the Cold War, the West, especially the United States, resurrected an evil enemy in the form TV series like *X-Files*, *The First Wave*, and so on. These TV programmes, like horror and other movies about the para-normal, significantly returned Western audiences to Youngblood's notion of expanded cinema. The difference, however, is that where Youngblood argued that heaven on earth could be facilitated via media and electronics, as is now argued by cyberfreaks, the reality is that heaven is receding, threatened by alien invasions, the bizarre, the grotesque, and the unknown. Heaven is a place of struggle – just like earth.

The Jungian fears of the unconscious have been brought to the fore, rationality is losing its privileged status in the popular consciousness, and media-as-religion/religion-as-media took on ontological significance as we headed towards the millennium. This particular religion is not read through theology. Rather, it is a recuperation of the bizarre, the uncanny, and the literal into postmodern ways of making sense of a world which can no longer be explained by single grand narratives. Televangelism, for example, offers reassurance through the recuperation of the literal certainties of primary orality via electronic orality in broadcasting; *Star Trek* and *Babylon Five* largely offer reassurance on the inevitability of anthropomorphism; The *X-Files* and *The First Wave*, the *Invasion of the Body Snatchers* etc, question humankind's complacent anthropomorphism – ›man‹ was made – or has made himself – in the image of God. There is something out there – but there is also something in here. ›Man‹ is both complicit and the means to alien invasions of various kinds. We have disempowered ourselves by attributing the power of the paranormal to outsiders – Subject and Object have not really been rejoined in our postmodern world, but the location of the relationship has changed. Like communism, the aliens (our disembodied Subject), has the power to take us over without our realising it. People who make no distinctions between material and dream worlds, and whose animist cosmologies assume what the West calls the para-normal, understand this. For them, Subject and Object are one and the same.

While the paranormal is now commanding greater scientific attention, largely driven by the popularity of media commercialisation, science still lacks the conceptual frameworks to really explain these phenomena. The result is that literary theory and Perceian-derived semiotics remains the only framework through which to approach an understanding of the uncanny, the marvellous and so on. Literature, thus, is a way of knowing, and semiotics, as a method of methods, must be incorporated alongside science in developing an understanding of the paranormal and depictions of this state in film and TV.

Perhaps the Millennium portends the end of science as we know it. Many top scientists I know have failed to even grasp the social significance of relativity theory. They alone hold onto the belief that the world is concrete, knowable and measurable. Quantum mechanics has thrown this certainty to the wind. Perhaps this has always been known to the pre-literate. But Eden is by definition unattainable. It cannot be recovered via electronics and media, via drugs or art, or via theology or technology. So humankind is destined to cross the threshold into a new age as disturbed, unknowing and an uncertain as it has ever been. Politics remains the only reality, but let's hope it is a politics of humanness, and that this state of grace is uninterrupted across the next millennium. If the Gulf War and Kosovo debacle is anything to go by, science has given us the means to oppress more efficiently the images to turn world wars into video games, and to market video games as world wars.

This is not what Gene Youngblood or Teilhard Chardin had in mind at all.

zuführung zum text vilém flussers.

silvia wagnermaier

Leiber und Leibkarten, Körper und Körpermodelle, Häute und Dermatologien zählen zu den Themenbereichen, die Vilém Flusser über Jahrzehnte seines schreibenden Lebens jenseits seiner vielbeachteten Texte zur Medientheorie – aber selbstverständlich damit in Verbindung – bearbeitet hat. Bei der Verschlagwortung des Nachlasses von Vilém Flusser wurden diese Körper-Texte gar nicht und in der publizistischen Arbeit seiner Verleger bislang kaum berücksichtigt. Dazu nur ein signifikantes Beispiel: Bei der Publikation einer Vorstudie zu *Ins Universum der technischen Bilder*[1] mit dem Titel *Lob der Oberflächlichkeit*[2] bleibt sogar unerwähnt, daß das von Flusser geplante und in handschriftlichen Entwürfen des Inhaltsverzeichnisses festgelegte Schlußkapitel *Dermatologie* fehlt. Wahrscheinlich hat er es nie geschrieben, was für Flusser keinen Einzelfall darstellen würde: Auch bei seiner Schrift *Vom Subjekt zum Projekt. Menschwerdung*[3] fehlt das abschließende Kapitel *Muße entwerfen*, diesmal allerdings vom Herausgeber und Verleger in einem editorischen Nachwort ausführlich kommentiert. Man könnte fast sagen, daß die Nichtvollendung, also die Unabgeschlossenheit ebenso im Sinne einer Offenheit, charakteristisch ist für die Schriften Flussers. Auch seine Essays, meist zwar zu Ende geschrieben, werden von ihm weitergetrieben, Version für Version, nicht um sie letztendlich abzuschließen, sondern um die darin besprochenen Themen weiterzudenken und für ein Weiterdenken der Leser zu öffnen. Die im Text gezogenen Schlüsse werden am Schluß des Textes gerne noch einmal aufgebrochen, und auf die ganz zum Schluß noch aufgeworfenen Fragen finden wir – zumindest im Text – keine Antwort mehr. Die Relevanz von ganzen Schlußkapiteln die fehlen, ist folglich nicht einfach zu bewerten. Folgt man Flussers eigener Einschätzung, wie er sie zum Beispiel als Einleitung des Schlußkapitels von *Ins Universum der technischen Bilder* »Kammermusik« ausführt, so erfährt man von der Hoffnung des Autors, mit den Überlegungen bei etwas Substantiellem angekommen zu sein. *Kammermusik* also als substantivischer und substantieller Abschluß der mit Verben wie *1) Abstrahieren, 2) Imaginieren, 3) Konkretisieren* usw. betitelten vorangegangenen Kapitel. Der Titel *Dermatologie* suggeriert durch die Nachsilbe eine ähnliche Wichtigkeit: Ab-

[1] Vilém Flusser: *Ins Universum der technischen Bilder*. Göttingen, 1985.

[2] Vilém Flusser: Lob der Oberflächlichkeit oder Das Abstraktionsspiel. In: Bollmann (Hg.): *Lob der Oberflächlichkeit*. Bensheim und Düsseldorf, 1993; verfaßt 1983.

[3] Vilém Flusser: *Vom Subjekt zum Projekt. Menschwerdung*. Bensheim und Düsseldorf, 1994.

schließend soll eine Lehre herausgezogen, ein wissenschaftliches Feld abgesteckt, eine neue Methode, ein Modell entworfen werden. Denken wir an den unaussprechlichen Terminus Flussers zur Bezeichnung einer ebenso eigenwilligen Lehre von der menschlichen Kommunikation: »Kommunikologie«.

Diese Aufmerksamkeit für ein vergessenes Kapitel eröffnet den Zugang zu einer Vielzahl bislang unbekannter Schriften im Körperkontext. Das _Vilém_Flusser_Archiv bietet die Möglichkeit, im zu erweiternden Schlagwortkatalog vernachlässigte Sachgebiete auch nach Titelabfrage zu recherchieren. Hierbei finden sich zum Beispiel beim Versuch, der verschollenen *Dermatologie* nachzuspüren, Essays betitelt mit *Dermatologie*, *Von Hiobs Dermatologie**, *Von der Dermatologie und von Hiob** und mit einem simplen *Haut**.[x]

Im gleichen Zeitraum wie *Von den Möglichkeiten einer Leibkarte* und *Ist ein Modell meines Leibes möglich** – feststellbar anhand des Papiers der Originalmanuskripte und der Schreibmaschinentypen – wurde unter anderem auch ein Text mit dem Titel *Interface** verfaßt.

Die Lektüre des Textes *Von den Möglichkeiten einer Leibkarte*, ermöglicht durch Edith Flussers freundliche Genehmigung der Publikation, soll einen weiteren Einblick gewähren in die noch verborgenen Schätze des _Vilém_Flusser_Archiv an der Kunsthochschule für Medien Köln.

[x] Die mit Sternchen (*) versehenen Titel sind bislang nicht publiziert und nur über das _Vilém_Flusser_Archiv an der Kunsthochschule für Medien Köln zugänglich.

von den möglichkeiten einer leibkarte. vilém flusser

Bei den Versuchen, sich in der Welt zu orientieren, stellt sich immer wieder die Notwendigkeit heraus, sich zuvor im eigenen Leib zu orientieren. Weil nämlich die Welt durch die verschiedenen Teile meines Leibes zu mir dringt, also die Marke dieser verschiedenen Teile trägt, und weil ich mittels der verschiedenen Teile meines Leibes, und mittels meines Leibes als Ganzem mich in der Welt bewege, um sie zu verändern. Das eben macht die Welt zu meiner Lebenswelt: daß mein Leib zwischen ihr und mir vermittelt. Folglich scheinen alle zu entwerfenden Landkarten meiner Lebenswelt (auf denen ich meine Lage erkennen und meine Schlachtpläne aufzeichnen will), eine Karte meines Leibes vorauszusetzen. Ist so eine Karte möglich und wie, falls ja, würde sie wohl aussehen? Diese Frage stellt sich der vorliegende Aufsatz.

Die Frage ist uralt (wahrscheinlich beinahe so alt wie die Orientierungsversuche überhaupt) und daher von einer Unmenge von Antworten verschüttet. Die Menge der gebotenen Antworten ist übrigens einer der Gründe, warum wir dazu neigen, die Frage als irgendwie falsch gestellt oder als sinnlos oder als unbeantwortbar von der Hand zu weisen. Und doch stoßen wir, wie gesagt, immer wieder an eine ihrer Kanten. Es gibt eine Methode, gerade die Unzugänglicheit der Frage als Strategie zu benützen, um sich ihr zu nähern: die phänomenologische Methode. Sie kann in diesem Fall auf mindestens zwei Arten angewandt werden. Man kann einerseits versuchen, die Menge der gebotenen Antworten abzutragen, um zum Kern der Frage zu dringen. Also etwa das ›Leib-Seele‹ Problem oder das ›Leib-Körper‹ Problem usw. systematisch ausschalten, um zu sehen, was hinter diesen Problemen tatsächlich auf Antwort wartet. Oder aber man kann versuchen, die ganze Menge der gebotenen Antworten mit einem einzigen Griff auszuklammern, und so tun, als ob man von keiner Antwort auf die Frage wüßte. Die zweite Methode hat im Vergleich zur ersten den Nachteil, daß sie Gefahr läuft, schon gegebene Anworten zu wiederholen, und den Vorteil, im Glücksfall direkt zum Kern der Frage zu dringen. Der vorliegende Aufsatz wird versuchen, die ersten zaghaften Schritte dieser zweiten Methode nachzuschreiten. Das heißt: Er wird versuchen, aus eigener Erfahrung und so voraussetzungslos wie möglich zu sehen, ob es möglich ist, sich im eigenen Leib zu orientieren, so wie ich ihn erfahre. Also: ein Experiment mit der Leibeserfahrung zum Zweck einer Leibkarte (»an experience with body experience with a view to body mapping«).

Von Anfang an ist klar: Soll so eine Karte möglich sein, muß sie die Struktur des Zeit-Raum-Kontinuums haben. Also eine ›Karte‹ sein, die weder wie eine zweidimensionale Landkarte (oder anatomische Karte), noch wie ein Globus (oder plastisches Körpermodell) aussieht. Man kann sich so eine ›Karte‹ (so ein Leibmodell) am leichtesten als eine Art Film- oder Videohologramm vorstellen. Aber selbstredend kann ein eindimensionales Medium wie der vorliegende diskursive Aufsatz eine solche Vorstellung nur schwer übermitteln. Das im folgenden Paragraphen vorzuschlagende Modell will also etwa so gelesen werden: einerseits als Herausforderung für eine künftige Verwirklichung in geeigneteren Medien und andererseits als Skizze (›raw sketch‹).

Hier der Vorschlag: Man stelle sich eine Hohlkugel vor, und zwar so, daß ihr Hohlraum im Vergleich zum Volumen verschwindend klein ist. Diese Hohlkugel pulsiert (ob rhythmisch oder nicht, bleibe offen). Die sehr dicken Wände der Kugel sind komplex organisiert und diese Organisation der Wände steht eben in Frage. Die Kugel befindet sich in einem Kontext und steht mit ihrem Kontext in einem feed-back-Verhältnis: Teils strömt der Kontext in die Kugelwand, teils scheidet die Kugelwand Sekretionen aus, die zu Kontext gerinnen. Der Kontext selbst verflüchtigt sich gegen einen Horizont, gegen den er sich aber abhebt. Dieses Modell kann nun mit Etiketten versehen werden: Der Kugelhohlraum kann als ›Ich‹ (oder ›nichts‹) bezettelt werden, die Kugelwand als ›mein Leib‹, der Kontext als ›meine Lebenswelt‹ und der Horizont als ›mein Tod‹ oder ›nichts‹, oder er kann unbezettelt bleiben. Der Zweck des Modells ist, als Koordinatensystem meiner Leibeserfahrung zu dienen. Die Frage, auf welchen Prämissen das Modell fußt, sei für später verschoben.

Es sei nun versucht, die Leibeserfahrungen in dieses Modell einzutragen. Zuerst an der Außenseite der Kugel. Die Einflüsse, die auf sie zuströmen, kann man als ›meine Probleme‹ oder ›meine Zukunft‹ bezetteln. Der Ort und Augenblick des Einfließens kann als ›Gegenwart‹ oder als mein ›Erleiden der Welt‹ (Passion, Passivität) bezettelt werden. Die Sekretionen, die aus der Kugelwand strömen, kann man als ›mein Werk‹ oder ›meine Vergangenheit‹ bezetteln. Der Ort und Augenblick des Ausfließens kann als ›Gegenwart‹ oder als ›mein Wirken in der Welt‹ (Aktion, Aktivität) bezettelt werden. Synoptisch und synchronisch kann die Gesamtheit der Einflüsse und Sekretionen als ›Metabolismus meines Leibes‹ oder als ›mein In-der-Welt-Sein‹ bezettelt werden. Es werden aber bei einem solchen Versuch zu katalogisieren Schwierigkeiten erscheinen. Zum Beispiel: Ein Problem fließt aus meiner Zukunft herbei und wird von meinem Leib erlitten. Dieses Problem, das so gegenwärtig wird, heißt ›meine Leber‹. Es ist also laut meinem Modell klar, daß meine Leber ein Teil meiner Welt ist und nicht meines Leibes. Ich kann aber andererseits das ›theoretische‹ Wissen nicht ganz ausklammern, wonach mein Leib ohne meine Leber nicht sein könnte. Ich kann dieses Wissen nicht ganz unterdrücken, weil ich es im Augenblick des Erleidens des Leberproblems experimentell bestätigt finde. Also muß ich mein Modell ›verbessern‹, um es dieser (und ähnlichen) Schwierigkeiten anzupassen. Ich muß die Grenze zwischen meinem Leib und meiner Lebenswelt verfließen lassen, und eine Zone von Niemandsland einfügen, die nicht mehr mein Leib und noch nicht meine Lebenswelt ist oder aber beides. Eine unangenehme ›Verbesserung‹ des Modells, denn sie stellt es in Frage. In die Frage, ob ein verschwommenes Modell besser ist als gar keins.

Versucht man nun, die Leibeserfahrungen auf die Innenseite der Hohlkugel einzutragen, dann erweist sich das Pulsieren der Kugel als Grundstruktur des Modells. Es gibt Momente des Ballens, bei denen der Hohlraum verschwindet und bei denen also kein ›Ich‹ im Modell erscheint, von dem aus der Leib erfahren und katalogisiert werden könnte. Bei solchen Momenten muß sich das Modell ausschließlich als von der Außenseite der Kugel her lesbar erweisen. Und es gibt diastolische Momente, bei denen die ›Leib‹ genannte Kugelwand dem ›Ich‹ genannten Hohlraum eine verwirrend komplexe Gegenseite bietet. Die Dialektik zwischen der Position ›Wand-Leib‹ und der Negation ›Hohlraum-Ich‹ kann im Modell auf mindestens zwei Arten dargestellt werden. Erstens als eine gut strukturierte Organisation von Pfeilen, welche teils aus dem ›Leib‹ ins ›Ich‹, teils aus dem ›Ich‹ in den ›Leib‹ deuten, und teils reversibel funktionieren. Und zweitens können an der Innenseite der Wand Spiegel angebracht werden, die sich gegenseitig spiegeln, wann immer die Kugel aufklafft. Man kann sich vorstellen, diese beiden Einrichtungen im Lauf des Funktionierens des Modells auszutauschen oder sie zum Überschneiden (»overlap«) zu bringen.

Auf der Pfeilorganisation können die einzelnen Pfeile als ›Auge‹, ›Finger‹, ›Phallus‹ und so weiter bezettelt werden und werden dann als Medien zwischen Außen- und Innenwand der Kugel im Modell erscheinen. Der Pfeil ›Auge‹ zum Beispiel überträgt ein gegenwärtiges Problem von der Lebenswelt durch den Leib zum Ich, und der Pfeil ›Finger‹ überträgt ein Wirken vom Ich durch den Leib zur Lebenswelt und scheidet so ein Werk aus. Es werden sich aber bei diesem Versuch, den Leib von Innen her zu katalogisieren, zwei Typen von Schwierigkeiten ergeben. Der erste Typ betrifft die Struktur der Pfeilorganisation, der zweite die durch die Pfeile übermittelte ›Botschaft‹. Das Modell wird nämlich erstens zeigen müssen, daß es Momente gibt, bei denen ein einzelner Pfeil alle übrigen dominiert, und zum Beispiel der ganze Leib ›Auge‹ wird oder ›Phallus‹. Und zweitens wird das Modell zeigen müssen, wie jeder Pfeil der von ihm übertragenen Botschaft eine spezifische Marke aufdrückt, zum Beispiel das ›Auge‹ die der ›Vorstellbarkeit‹, der ›Finger‹ die der ›Begreiflichkeit‹ und so weiter. Dies wird zu einer beinahe unvermeidlichen Unübersehbarkeit des Modells führen, selbst wenn man keinen Pfeil spezifisch färben, formen oder sonst hervorheben sollte.

Die Spiegelvorrichtungen sind so zu stellen, daß sich in jedem Spiegel so viel Pfeile wie möglich reflektieren, oder, wenn die Pfeilorganisation an dem Modell entfernt wird, daß sich in jedem Spiegel so viele andere Spiegel wie möglich reflektieren. Die einzelnen Spiegel können dann mit ›Hunger‹, ›Lust‹, ›Schmerz‹ und so weiter bezettelt werden. Das Interessante an dieser Vorrichtung ist für einen Leibkatalog die Tatsache, daß gespiegelte Spiegel ein kombiniertes Inventar der Leibeserfahrung bieten (zum Beispiel ›Hungerslust‹, ›Lustschmerz‹ und so weiter) und daß sich jeder Pfeil in jedem Spiegel reflektieren kann (zum Beispiel ›Auge im Hunger‹, ›Phallus im Schmerz‹ und so weiter). Dabei wird aber eine grundlegende Schwierigkeit ersichtlich. Nämlich die der Stellung der Pfeile zu den Spiegeln. Zum Beispiel: Der Pfeil ›Auge‹ ist unsichtbar (reflektiert sich nicht im Spiegel ›sehen‹), mit anderen Worten: ›Ich‹ kann ›mein Auge‹ nicht unmittelbar sehen. Hingegen ist der Pfeil ›Finger‹ betastbar (reflektiert sich im Spiegel ›tasten‹): ›Ich‹ kann ›meinen Finger‹ befingern. Die grundlegende Schwierigkeit ist diese: Es gibt im eigenen Spiegel reflektierbare und irreflektierbare Pfeile. Dies zwingt zu einer ›Verbesserung‹ des Modells: Das ›Auge‹ steht dem ›Ich‹ näher als der ›Finger‹ und daher hat das ›Ich‹ nicht genügend Abstand, um das ›Auge‹ im ›Sehspiegel‹ zu reflektieren. Und dadurch entsteht ein neues Niemandsland, diesmal zwischen ›Leib‹ und ›Ich‹, und folgende Distanzangabe wird möglich: ›Leib‹ ist eine Region, bei der Teile wie ›Auge‹ ins ›Ich‹ übergehen, Teile wie ›Finger‹ Zentralstellungen einnehmen, und Teile wie ›Leber‹ zwischen Leib und Lebenswelt liegen. Allerdings muß eine solche Leibkarte immer dynamisch bleiben. Zum Beispiel muß sie zeigen können, wie ›Auge‹ im Spiegel ›Schmerz‹ zum Problem und also aus dem Leib ausgeschieden und Teil der Welt wird.

Betrachtet man nun das eben vorgeschlagene Modell für einen Katalog (›Karte‹) der Leibeserfahrungen, und versucht man, sich das Modell in Funktion vorzustellen, dann entstehen ganz verschieden geartete Bedenken. Die vorliegende Arbeit wird diese Bedenken in drei Klassen ordnen: a) praktische, b) theoretische, c) ›religiöse‹.

a) Angenommen, daß nach Ausklammerung aller vorhandenen Antworten auf die Leibesfrage ein fortschreitendes Eintragen aller Leibeserfahrungen auf das vorgeschlagene Modell erfolgt, wird diese Eintragung nicht immer wieder die Struktur des Modells sprengen, wie es ja schon in der Skizze geschah, die hier entworfen wurde? Also eine Lage wie jene, bei der in einer Landkarte bei jeder neuen Eintragung die Struktur (zum Beispiel die Merkatorprojektion) revidiert werden müßte? Ist es in so einem Fall nicht besser, auf jedes Modell zu verzichten und einen Zufallskatalog der Leibeserfahrungen aufzustellen? Die Antwort auf diesen Einwand könnte lauten: Jeder Katalog ist strukturiert, auch der Zufallskatalog, und darum nicht besser als das Modell; und: Vor jeder erfolgten Strukturänderung ist, im Lauf seiner Ausarbeitung, das Modell als für den Augenblick ›gültig‹ betrachtbar. Mehr soll man eigentlich von einem Modell nicht fordern. Es dient, auf jedem eben erreichten Niveau, der Orientierung und kann nie ›vollkommen‹ (im Sinn von: ›mit dem Modellierten identisch‹) werden.

Wird das Modell, je weiter ausgearbeitet, nicht immer unlesbarer? Und zwar sowohl wegen der großen Menge der einzutragenden Elemente, als auch wegen der wachsenden Komplexität seiner Strukturen? Die Antwort darauf könnte lauten: Man kann das Modell bewußt in strukturalen und repertorialen Grenzen halten und dabei den Grad der Ungenauigkeit anführen (wie es ja Landkarten auch tun). Auch hier würde gelten: je treuer, desto unleserlicher.

Schließlich und grundsätzlich: Angenommen, das Modell bietet Orientierung im Leib im oben eingeschränkten Sinn (also eine immer ›vorläufige‹ und ›ungenaue‹ Orientierung), angenommen also, daß es ›gelingt‹: Wozu ist es ›gut‹ (nützlich)? Zwei Arten von Antwort auf dieses Bedenken können gegeben werden. Die erste: Das Modell kann neben anderen bereits bestehenden ›objektiven‹ Modellen (dem der Biologie, der Psychologie und so weiter) dem Zweck der Erkenntnis und damit der Manipulation des Leibes dienen, und desto besser dienen, da es ja vorläufig das einzige seiner Art wäre. Die zweite Art von möglicher Antwort: Das Faszinierende an diesem Modell wäre eben, daß es noch nicht vorsehbare Anwendung provozieren könnte.

Weitere praktische Bedenken gegen das vorgeschlagene Modell (vor allem technische) drängen sich auf, und die Antworten auf die angeführten Bedenken können nicht als befriedigend angesehen werden. Trotzdem: Der Beweis für den Kuchen liegt im Essen. Mit anderen Worten: Es ist nicht klar geworden, ob es praktisch möglich ist, eine Leibkarte zu entwerfen, und ob, wenn ja, so eine Karte anwendbar wäre. Aber es ist klar geworden, daß wir heute über begriffliche und technische Werkzeuge verfügen, dieses faszinierende Experiment zumindest zu versuchen.

b) Die theoretischen Bedenken gegen ein solches Unterfangen stammen im Grund aus zwei Gebieten: 1) Aus den ausgeklammerten (traditionellen) Ansichten auf den Leib und 2) aus der Erkenntnistheorie. Der vorliegende Aufsatz wird versuchen, sich mit einigen von diesen Bedenken auseinanderzusetzen, ohne die naive Hoffnung zu hegen, sie aus dem Weg räumen zu können. Seine Absicht ist zu zeigen, daß ein Versuch in Richtung eines solchen Modells trotz der Gültigkeit der theoretischen Einwände attraktiv ist.

1) Als erstes fällt im Modell ins Auge, daß es einer vulgarisierten Biologie entlehnt ist. Was hier vorgeschlagen wird, ist, brutal gesagt, dieses: Man stelle sich einen relativ primitiven Organismus vor (etwa ein Weichtier mit einer Leibeshöhle und zwei Keimblättern), schematisiere diesen primitiven Organismus und benutze dieses Schema als Koordinatensystem für die eigene Leibeserfahrung. Eine sehr traurige Prämisse für ein angeblich ›voraussetzungsloses‹ phänomenologisches Schauen. Die Antwort auf diesen Einwand liegt auf der Zunge: Eben weil der Einwand stimmt, ist die vorgeschlagene Modellstruktur eine ›gute Prämisse‹. So nämlich: Die ›objektivierende‹ Biologie sieht im menschlichen Körper eine Art der Gattung ›Organismus‹, und sie sieht in der objektiven Welt noch andere (zum Teil einfachere) Arten derselben Gattung. Die phänomenologische Schau hingegen sieht in manchen der uns umgebenden Dinge verborgene Strukturen, in denen sich die Strukturen der eigenen Leibeserfahrung erkennen

lassen. Sie nennt solche Dinge ›Organismen‹. Also ist für sie nicht der eigene Leib eine Art Organismus, sondern manche Dinge sind Organismen, weil sie an den eigenen Leib erinnern. Unter diesen Dingen gibt es manche (die Weichtiere), die die Grundstrukturen der eigenen Leibeserfahrung erkennen lassen. Darum scheinen solche Dinge für Modelle einer Leibkarte geradezu geboten. Also ist das vorgeschlagene Modell nicht eine Folge biologisierender Vorurteile, sondern im Gegenteil: die Folge des Versuchs, die Biologie auf eine phänomenologische »mathesis universalis« zurückzuführen. Anders gesagt: Die Struktur des vorgeschlagenen Modells ist, eben weil sie die Struktur eines schematisierten Mollusks ist, die Struktur meines leiblichen In-der-Welt-Seins auf einer ziemlich ›universalen‹ Ebene (also einer ›schematisch-mathematisch-primitiven‹).

Als zweites fällt beim Modell ins Auge, daß sein Repertoire (die vorgeschlagenen Zettel auf der Struktur) einer vulgarisierten Existenzphilosophie entlehnt ist. Was hier vorgeschlagen wird, ist, brutal gesagt, dieses: Man übertrage die in phänomenologischer Schau gewonnenen Einsichten auf ein primitives ›objektives‹ Schema. Eine sehr traurige Prämisse für ein angeblich ›voraussetzungsloses‹ phänomenologisches Schauen. Die Antwort auf diesen Einwand, der viel einschneidender ist als der erste, kann am besten mit einem Beispiel gegeben werden. Eine der Fragen, die heute die Biologie bewegen (und selbstredend auch andere Disziplinen), ist die Unterscheidung zwischen ›theoretischen‹ und ›observationellen‹ Daten. Handelt die Molekularbiologie, wenn sie Nukleinsäuren, Elektronenorbits usw. behandelt, von den ›selben‹ Themen, von denen die Ökologie handelt, wenn sie Korallenriffe und Wälder behandelt und wenn ja, wo gehen die ›theoretischen‹ Nukleinsäuren in die ›observationellen‹ Korallenriffe über? Im vorgeschlagenen Modell wird diese Frage sozusagen ›von selbst‹ ausgeklammert. So erscheint zum Beispiel das Auge darin als ›theoretisches Datum‹ (ganz wie die Nukleinsäure), wenn es im Schmerz zu einem auch theoretisch zu lesenden Problem wird. Und es erscheint als ›observationelles Datum‹ (ganz wie das Korallenriff), wenn es als Medium für vorstellbare Phänomene erlebt wird. Dadurch zeigt das Modell, daß die Problematik ›Theorie-Observation‹, die heute fast alle objektiven Disziplinen als ›Krise der westlichen Wissenschaft‹ bedroht, in ihm nicht zu Wort kommt. Und sie kommt nicht zu Wort, eben weil sich darin phänomenologisches Schauen objektiv projiziert hat. Selbstredend ist mit dieser Antwort der theoretische Einwand gegen das Modell nicht behoben. Aber, so hofft dieser Aufsatz, ein wenig entkräftet.

Die beiden erwähnten Einwände stammen aus dem Gebiet der traditionellen biologischen Ansicht auf den Leib und sollen in diesem Aufsatz aus Raummangel für Einwände aus vielen anderen traditionellen Ansichten auf den Leib stehen. Man kann also diese Einwände so zusammenfassen: Das vorgeschlagene Modell ist grundsätzlich ›falsch«, weil es die Resultate der objektiven Ansichten auf den Leib schematisch vereinfacht und weil es versucht, in diese Vereinfachung die Resultate der Existenzanalysen hineinzuschmuggeln. Die Gültigkeit dieser Einwände ist zuzugeben, aber es ist verteidigend hinzuzufügen, daß gerade die Doppelzüngigkeit der Einwände dialektisch den Versuch in Richtung eines solchen Modells rechtfertigt.

2) Vom Standpunkt der Erkenntnistheorie fällt selbstredend sofort die Bezettelung des Hohlraums im Modell mit ›Ich‹ oder ›nichts‹ ins Auge, und zwar als etwas läppischer Versuch, das erkennende Subjekt in ein objektiv-sein-wollendes Erkenntnismodell hineinzuschmuggeln. Diesem selbstverständlich richtigen Einwand kann man nicht versuchen, mit Argumenten aus dem deutschen Idealismus (immanentes und transzendentes ›Ich‹ usw.) zu begegnen. Nebenbei gesagt: Ein Vorteil des Modells ist es, die ›Entfremdung‹ einer solchen Argumentation sozusagen konkret vor Augen zu führen. Aber auch eine erkenntnistheoretisch scheinbar vernünftigere Antwort vom dialektischen Materialismus aus (das erkennende Subjekt als Negation, ›nichts‹ des zu erkennenden Objekts usw.) kann sich vor diesem Einwand gegen das Modell nicht als stichfest erweisen. Es muß zugegeben werden: Das erkennende Subjekt (›Ich‹ oder ›nichts‹ oder Hohlraum auch ohne Zettel) sitzt in der Mitte des vorgeschlagenen Erkenntnismodells des Leibes und ist dadurch in ein zu-erkennendes Objekt verwandelt worden. Es handelt sich, wie immer man es auch drehen will, um eine Reifikation des Subjekts, also um ein Erkenntnismodell, das erkenntnistheoretisch falsch konstruiert ist. (Hier eine Entschuldigung dem Leser gegenüber: Aus Raummangel kann die vorliegende Arbeit das erkenntnistheoretische Problem des Modells nur andeutend streifen und muß also mit einer stillschweigenden gedanklichen Mitarbeit seitens des Lesers rechnen.)

Dem zugegebenermaßen richtigen epistemologischen Einwand gegen das Modell kann aber entgegengehalten werden: Eine der grundlegenden Schwierigkeiten einer Orientierung im Leib ist die traditionelle Dichotomie ›Leib-Seele‹ (oder ›Körper-Geist‹ oder ›Subjekt-Objekt‹ oder wie auch immer), und diese unfruchtbare Dichotomie ist aus dem Modell ausgeklammert. Damit erweist sich das Modell als irgendwie ›phänomenologisch richtig gesehen‹, denn eine der Einsichten der phänomenologischen Schau ist eben die, daß diese Dichotomie nicht wirklich im Erfahren der Welt liegt, sondern verdeckend dazugefügt wurde. Im Fall der Leibeserfahrung: In ihr wird der Leib nicht als ein Objekt irgend eines Subjekts erfahren und der Geist nicht als irgendein Subjekt des Leibes, sondern die Leibeserfahrung selbst stellt sich als das konkrete Phänomen dar. Anders: Der Leib ist so wie er erfahren wird, und außerhalb dieser Erfahrung ist er eine theoretische Konstruktion. Mit dieser Betrachtung verschiebt sich das erkenntnistheoretische Problem des Modells so: Nicht mehr, daß ›Ich‹ oder ›nichts‹ vorkommt, ist das Problem, sondern das Entwerfen und Benutzen des Modells wird erkenntnistheoretisch problematisch. Also: Das Modell hat die ›Subjekt-Objekt-Dichotomie‹ ausgeklammert, aber nicht gelöst, sondern zurückgeschoben. Wenn man nun den Einwand so formuliert, dann kann er getrost entgegengenommen werden. Denn eben diese Ausklammerung der Dichotomie (die sich ja immer als unfruchtbar erwiesen hat) war eine der Absichten des Modells.

c) Man soll nicht versuchen, sich etwas vorzumachen: Die Frage nach einer Orientierung im eigenen Leib ist fundamental eine religiöse Frage, welche Einstellung auch immer man zur religiösen Problematik einnehmen möchte. Wie ›ich‹ mich im eigenen ›Leib‹ befinde und damit in ›meiner Welt‹, ist im Grunde die Frage, wie ›ich‹ mich zu ›meinem Tod hin‹ befinde, also zu dem rätselhaften Horizont hin, gegen den sich ›Ich‹, ›Leib‹ und ›Welt‹ abheben. So gesehen erweist sich die eben besprochene Dichotomie ›Leib-Seele‹ als uralter, vielleicht allgemein menschlicher Versuch, den Horizont, die Frage nach ›meinem Tod‹, zu verschieben. Diese Tatsache kommt im vorgeschlagenen Modell selbstverständlich zu Wort, nämlich in der Korrespondenz zwischen dem Hohlraum der Kugel und dem Horizont des Kontextes. Das liegt nicht an irgendeiner vorgefaßten Absicht im Entwurf des Modells, sondern es ist unvermeidlich.

Aber es wäre ebenso eitel, leugnen zu wollen, daß die Verdeckung ›meines Todes‹ durch die erwähnte Dichotomie nicht ohne weiteres ausklammerbar ist. Wann immer wir glauben, sie überwunden zu haben, müssen wir feststellen, ihr in einer anderen Form wieder zum Opfer gefallen zu sein. Es ist eben eine nicht zu leugnende Tatsache, daß wir den eigenen Tod nicht ertragen können, diese unsere fundamentale Bedingung und daß wir verurteilt sind, ihn immer wieder neu zu verdecken. Der religiöse Einwand gegen das vorgeschlagene Modell lautet: Es verdeckt den Tod eben im scheinbaren Einfügen des Todes ins Modell, denn es objektiviert ihn (›entheiligt‹ ihn). Und dieser Einwand ist richtig. Es wäre sinnlos, erwidern zu wollen: Im Modell ist der Tod (oder ›nichts‹) im Mittelpunkt und im Umgreifenden und in diesem Sinn allgegenwärtig. Das wäre sinnlos, denn die Entheiligung besteht in der Tatsache, daß der Tod eben im Modell ist. Denn: »Du sollst dir keine Bilder machen vor Mir«, das ist, in der Sprache der westlichen Tradition gesprochen, der hier betrachtete Einwand. Und, wenn wir ganz ehrlich sind, müssen wir zugeben, daß wir über keine andere Sprache verfügen.

Das Leibproblem gewinnt nun im Kontext dieser uns aufgegebenen Sprache ein ganz spezifisches Gewicht, dem wir ebenfalls nicht ausweichen können, auch wenn wir es versuchen. Nämlich das Gewicht, das ihm vom ›inkarnierten‹ Gott verliehen wird. Viele unter uns mögen zwar diesen ›Mythus‹ unserer Tradition aus ihrem bewußten Weltbild ausgeschlossen haben, aber die westliche, d.h. christliche Tradition, wirkt ja nicht vorwiegend im Bewußtsein, sondern im angeblich spontanen Erfahren der Welt: Wir sind in der Welt auf okzidentale Weise. Das heißt unter anderem: Wir erfahren unseren eigenen Leib unter dem Schatten des »leibgewordenen Gottes«, auch wenn wir es nicht wissen, und erst wenn wir versuchen, voraussetzungslos zu erfahren, entdecken wir diese tiefe und sehr schwer abzutragende Verdeckung. Der religiöse Einwand gegen das Modell lautet demnach auch: Es ist verkappt christlich »malgré soi«, und der Einwand ist richtig. Und mit diesem Einwand hat sich der vorliegende Aufsatz jetzt zu befassen.

Betrachtet man das vorgeschlagene Modell vom Standpunkt dieses Einwands, dann wird es etwa folgendermaßen lesbar: Der Hohlraum ›Ich‹ ist im Kontext ›Welt‹ mit seinem Horizont ›Tod‹ *durch* die Kugelwand ›Leib«, und zwar ›durch‹ im Sinn von ›quer durch‹, im Sinn von ›mittels der Methode von‹ und im Sinn von ›auf Grund von‹. Der Leib erscheint im Modell als Vermittlung, als Methode und als Ursache ›meines-in-der-Welt-Seins‹. Der Leib ist darin die Art, wie ›ich‹ im Raum bin (ich habe dank ihm Probleme und Werke) und wie ›ich‹ in der Zeit bin (ich habe dank ihm Vergangenheit, Gegenwart und Zukunft). Anders gesagt: Der Leib ist die Art, wie ich mich in Natur und Geschichte befinde. Dieselbe Lesart des Modells läßt sich umgekehrt sagen. ›Ich‹ erscheine im Modell als die Art, wie der ›Leib‹ im Raum und in der Zeit ist, also als Metabolismus des Leibes. Das Modell läßt keinen ›Leib‹ ohne ›Ich‹ zu, denn eine solide Kugel könnte nicht pulsieren und nicht in feed-back mit ihrem Kontext treten: Sie wäre kein ›Leib‹, sondern ein ›Körper‹. Und es läßt kein ›Ich‹ ohne ›Leib‹ zu, denn ohne Leib wäre das ›Ich‹ nichts (etwa wie der Zwischenraum ohne Lattenzaun bei Morgenstern). Mit anderen Worten: Das Modell scheint der Tradition der westlichen Religion (und vielleicht der meisten Religionen überhaupt) zu widersprechen. Und doch ist das nur eine Täuschung. Denn in Wirklichkeit ist das Modell entworfen worden, damit ›ich‹ und ›andere‹ sich im ›Leib‹ orientieren. Es setzt also ein ›Ich‹ voraus, das sich irgendwie als leiblos annimmt. Es ist verkappt in der Tradition der westlichen Religionen verankert. Aber der Einwand geht noch einen entscheidenden Schritt weiter. Das Modell setzt voraus, daß es einen Sinn hat, sich im Leib zu orientieren. Und dieser Sinn kann nur der Tod sein, auf den sich im Modell ja alles richtet. Also richtet sich das Modell gegen den Tod, ist damit verkappt in der Tradition der westlichen Religionen verankert und ist, unter theologischer Analyse, eine häretische ›Imitatio Christi‹.

Es ist verleitend, den Faden dieses Einwands weiterzuspinnen. Zum Beispiel nur: den romanischen Pantokrator, so wie er in Autun erscheint und das gotische Kruzifix, so wie es in Colmar erscheint, ins Modell einzubauen. Der Pantokrator wäre dann der Hohlraum in der Kugel (der ›Eidotter‹) und das Kruzifix wäre die geballte Kugel ohne Hohlraum (der ›Leichnam‹). Dieses mit Leichtigkeit weiterführbare und beliebig zu vervielfältigende Beispiel zeigt, daß das Modell nicht nur als Produkt des Christentums gelesen werden kann, sondern auch als Chronik seiner Geschichte. (Wie ja überhaupt alle dynamischen Modelle synchronisch und diachronisch gelesen werden können, eine der Thesen des Strukturalismus). Dieser Aufsatz muß dieser Versuchung widerstehen. Wie im Fall des erkenntnistheoretischen Einwands, muß er auch hier an eine stillschweigende geistige Mitarbeit des Lesers appellieren. Das ist ja eine der Absichten des vorgeschlagenen Modells: im ›Verbraucher‹ eigene und unvorgesehene Gebrauchsarten zu provozieren. Es muß hier genügen, festzustellen, daß es dem Modell nicht gelingt und nicht gelingen kann, zur religiösen Problematik beizutragen, geschweige denn, sie zu lösen. Die vorgeschlagene Leibkarte ist keine ›Karte zur Erlösung der Seele‹ oder ›Karte zur Überwindung des Mythus von der Seele‹. Wenn also die

Frage nach der Orientierung im Leib fundamental eine religiöse Frage ist, dann ist das vorgeschlagene Modell keine Antwort auf diese Frage. Das ist zuzugeben.

Überblickt man nun die hier gebotenen Antworten auf die drei Klassen von gegen das Modell gerichteten Bedenken, gewinnt man einen etwas melancholischen Eindruck. Die Antworten können so zusammengefaßt werden: Technisch scheint es heute möglich zu sein, ein solches Modell aufzustellen, aber es ist nicht vorauszusehen, wie es in der Praxis aussehen und funktionieren würde. Theoretisch steht das Modell auf schwachen Füßen, denn es klammert zwar die traditionellen Ansichten auf den Leib und die traditionellen Probleme der Erkenntnistheorie aus, aber all dies bleibt als Prämisse des Modells weiterbestehen. Und religiös muß das Modell zugeben, daß es inkompetent ist. Und doch: Dieser melancholische Eindruck steht im Widerspruch zur Gesamtstimmung dieses ganzen Experiments. Es ist die Stimmung eines faszinierenden Abenteuers. Man kann sie so schildern:

Seit mindestens zweitausend Jahren, also seit den Ursprüngen unserer westlichen Zivilisation, steht unser Verhältnis zu unserem Leib unter einem Schatten. Die Folge davon ist, daß wir ihn zwar als Körper immer besser erkennen und behandeln können, aber immer größere Schwierigkeiten haben, ihn als das, was er für uns konkret ist, zu erfahren. Mit anderen Worten: Wir objektivieren unseren Leib immer besser und verdecken damit immer mehr seine konkreten Aspekte. Das führt einerseits zu einer entfremdenden Theoretisierung des Leibes (zum Beispiel in den Wissenschaften) und andererseits zu einer barbarisierenden Unterwerfung unter den Leib (zum Beispiel im Rauschgift). Tatsächlich kann man ja von diesem Standpunkt die heutige Spaltung in Kultur und Gegenkultur so charakterisieren: objektive Manipulation des Leibes gegen Selbstaufgabe dem Leib gegenüber. Biologe gegen Hippie und Athlet gegen Haschisch-Trip. Das ist zweifellos ein Aspekt der sogenannten Krise des Westens.

Aus dieser Krise entstehen in zwei ganz getrennten Gebieten die Konturen von Möglichkeiten, sie zu überwinden. Auf dem Gebiet der Phänomenologie und ihrer Folgen entstehen Methoden, die wissenschaftliche Disziplin im allgemeinen und in bezug auf den Leib im besonderen zu entobjektivieren. Und auf dem Gebiet der Kommunikationstheorie und Kommunikationspraxis entstehen Methoden, neue Arten von Information im allgemeinen und in bezug auf den Leib im besonderen zu gewinnen. Das heißt in diesem Fall: Man kann die Frage nach dem Orientieren im eigenen Leib heute auf neue Weise stellen, wenn es auch noch ganz unsicher ist, ob man auch neue Antworten auf diese Frage wird erhalten können. Das ist ein faszinierendes Abenteuer, denn man spürt darin, wie in vielen anderen neuen Ereignissen, eine Art Morgendämmern. Diese Faszination zu übermitteln, ist die wahre Absicht der vorliegenden Arbeit.

decodieren von subtexten. erforschung a-logischer strukturen. christian reder

Für technisch hochentwickelte Gesellschaften werden ausufernde Codierungs- und Decodierungsvorgänge charakteristisch sein, schon weil mit entsprechenden Rechnerleistungen die exzessive Verwendung von Codes oder das Erkennen von Mustern auch bei astronomischen Datenmengen möglich wird. Zahlen- und Buchstabenkombinationen öffnen oder verschließen den Zugang zu diesem und jenem. Über statistische Zugänge lassen sich in völlig ungeordnet erscheinenden Konstellationen plötzlich Ordnungen erkennen. Was nach gewohnten Kriterien geordnet oder chaotisch wirkt, transformiert sich zu komplexen Bildern von Schichten verschiedener Regelmäßigkeiten. Hochrechnungen entwerten den Einzelfall. Nicht einzuordnende Abweichungen und Ausnahmen werden nebensächlich oder bekommen plötzlich überproportionales Gewicht. Eine solche numerische Systematik und Logik zu entgrenzen, sie auf die Welt der Zeichen anzuwenden, macht Felder zugänglich, auf denen die Aufschlüsselung von Differenzen, von Nuancen, von Subtexten, von sonst unbeachteten Beziehungen zum Thema werden kann.

Die weiter vorangetriebene, für jede Anwendung irreale Präzisierung der Zahl Π verdeutlicht das. Derzeit sind von ihr über 50 Milliarden Kommastellen berechnet, ohne daß die Gesetzmäßigkeit für die Abfolge dieser Zahlen entdeckt worden wäre. Ihr aber gilt das Interesse von Forschern, etwa der Brüder Chudnovsky und Borwein, von Yoshiaki Tamura oder Yasumasa Kanada. Mit zunehmender Menge hat sich bisher jede sichtbar werdende Struktur als nicht repräsentativ herausgestellt. Deswegen wird weiter gerechnet.

Denkmuster für einen solchen Umgang mit Daten liefern eine als ›Wissenschaft der Muster‹ aufgefaßte Mathematik und die statistische Physik. Der Zusammenhang von Verstehen und statistischer Wahrscheinlichkeit wird provoziert. In vermeintlich Bekanntem taucht Unbekanntes auf. Minimale Differenzen erhalten eine Bedeutung oder werden in der Menge egalisiert. Paradoxes dient als Test dafür, wieweit die Bereitschaft geht, in Ungeordnetem Regelmäßigkeit wahrzunehmen oder Sachverhalte auf eine Konstruiertheit zurückzuführen. Über Symmetrien und Proportionen bekommen formale Aspekte einen markanten Stellenwert. Viele für die Moderne konstituierende Momente, wie die Gleichbehandlung von Elementen, das Interesse für die Positionierung in einander überlagernden Strukturen, wie die Funktion des Beobachters, der Beobachterin, spiegeln sich in solchen Verfahrensweisen. Erfaßbare Zeichen als statistisches Material zu behandeln, macht die Zeichenhaftigkeit von Gebilden und Benennungen evident; es erschließen sich Überraschungsebenen, auf denen Konventionelles außer Kraft gesetzt ist. Manchmal wird mehr ausgelöst, als ein bloßes Akzeptieren von Paradoxem.

Kunsthochschule für Medien Köln 344
kulturelles Experimentierfeld 344

multimediale Gesetzmäßigkeiten 343
technisch-konzeptiver Weitblick 344
multimediale Entwicklungsschübe 345

Ein naheliegendes Beispiel, bezogen auf die Codierung von Schrift: *Die Kunsthochschule für Medien Köln* als kulturelles Experimentierfeld zu sehen, wo multimediale Gesetzmäßigkeiten erforscht, ein technisch-konzeptiver Weitblick sensibilisiert und multimediale Entwicklungsschübe eingeleitet werden, könnte dazu beitragen, deren reale Funktionen und sich abzeichnende Möglichkeiten plausibel zu charakterisieren. Anzunehmen ist, daß solche Feststellungen mit Vorstellungsbildern weitgehend übereinstimmen. Sie klingen durchdacht, sind aber das Ergebnis bloßer Berechnung. Ansatzpunkt ist der Code für die beschriebene Institution, um den sich numerisch dazupassende Begriffe gruppieren.

Denn sobald das Alphabet als Code aufgefaßt und jedem Buchstaben sein Stellenwert in diesem System als Zahl zugeordnet wird (a = 1, b = 2, c = 3 usw.), erzeugt es automatisch derartige Wortkonstellationen. Aus den sich ergebenden Summen entstehen unbeeinflußbare Ordnungen. Was Konstruktion ist, wird als Konstruktion sichtbar, sobald die angewendeten Regeln bekannt sind. Nur in der Auswahl existieren gewisse Freiheitsgrade. Wie ein solches Rechenprogramm arbeitet, ist leicht nachvollziehbar; was es bewirkt bleibt unvorhersehbar. Um Zufälle handelt es sich nicht, da die Ursachen bekannt sind. Indem Schrift statistisch betrachtet wird, sind die Trefferquoten das Signifikante. Wenn sich rund um den Code 344 für die *Kunsthochschule für Medien Köln* codierte Begriffsbilder anordnen, die als inhaltliche Präzisierung verstanden werden können, dann entsteht der Eindruck, als ob sich Ähnlichkeiten und Nunancierungen auf diesem Weg deklarieren würden. Mit Codewerten als Subtext wird die Konstruktionsweise von Wörtern und Wortbeziehungen transparent. Statistische Wahrscheinlichkeiten materialisieren sich zu Aussagen. Mit von unsichtbaren Codes erzeugten Mustern läßt sich testen, inwieweit die Elemente einer zwangsläufig formelhaften Sprache plausibel erscheinende Begriffsfelder bilden, selbst wenn alles automatisch vor sich geht.

Kunsthochschule für Medien Köln 344
= Einbildungskraft 172
+ Wechselbeziehung 172
= Kindheitstraum 172
+ Sprachlosigkeit 172
= Quantentheorie 172
+ Gehirnforschung 172
= Jahrtausendwende 172
+ Gastfreundschaft 172

Aus rechnerisch beweisbaren Kombinationsmöglichkeiten lassen sich weitere Zusammenhänge (re-)konstruieren. Mit einer Neigung zu Symmetrien können Begriffspaare gebildet werden, die als sinnbildende Montagen gleichsam als Devisen der *Kunsthochschule für Medien Köln* brauchbar sind: Einbildungskraft + Wechselbeziehung, Kindheitstraum + Sprachlosigkeit, Quantentheorie + Gehirnforschung, Jahrtausendwende + Gastfreundschaft. In der Summe ergibt sich immer ihr Code 344. Das so entstehende Netz gibt Richtungen an; die Aussagen bleiben offen, eingesperrt in Sätze würden solche Wörter zu Pathetik verführen.

a 1	b 2	c 3	d 4	e 5
f 6	g 7	h 8	i 9	j 10
k 11	l 12	m 13	n 14	o 15
p 16	q 17	r 18	s 19	t 20
u 21	v 22	w 23	x 24	y 25
z 26				

Die paradoxe Zuspitzung einer – in diesen Fällen logischerweise völlig fiktiven – Beweiskraft von Zahlen provoziert die Beschäftigung damit, was für eine Bedeutungsproduktion als passend akzeptiert oder als unpassend ausgesondert wird. Wie etwas gemacht ist und was es bewirkt, wird auf die Zeichen selbst zurückgeführt. Für sich genommen ist jeder Wortcode belanglos, erst in Beziehung zu anderen ist er in der Lage, Überraschungen zu erzeugen.

wie etwas gemacht ist $_{210}$
Verschlüsselung $_{210}$
Konfliktpotential $_{210}$

was etwas bewirkt $_{172}$
Sinnproduktion $_{172}$
Sinnestäuschung $_{172}$

Merkwürdigerweise scheint ›das System‹ das zu wissen. Denn auf jeden mit ihren Mitteln darstellbaren Gesamtzusammenhang bezogen, liefern die Elemente der Schrift mathematisch abgesicherte Hinweise, daß von der Kombinationsfähigkeit einer Theorie der Berechenbarkeit und einer Theorie der Beziehungen ausgegangen werden kann. Diese These klingt provokant, bestätigt sich aber über die Codes 207 und 223, an denen sich diese Aussage orientiert.

Gesamtzusammenhang $_{207}$
die Elemente der Schrift $_{207}$

Kombinationsfähigkeit $_{223}$
Theorie der Berechenbarkeit $_{223}$
Theorie der Beziehungen $_{223}$

Marshall McLuhan wird voll bestätigt: *The medium is the massage.* Über den Code 98 wird diese Feststellung zur Gleichung. Die inhaltliche Symmetrie entspricht auch der rechnerischen. In Übersetzungen fächern sich solche Bezüge auf; das Medium verbindet sich weiterhin mit dem Alphabet, die Botschaft mit dem Fernsehen. Daß sich nach einem gescheiterten Humanismus bloß noch in der Gentechnologie Perspektiven eröffnen, wie das Peter Sloterdijk polemisch-mißverständlich thematisiert hat, läßt sich – zynisch und wertfrei – bereits aus den aufeinanderfolgenden Codes dieser Wörter herauslesen. Die zynische Vernunft sieht in allem ein mehr oder minder kalkulierbares Optimierungsproblem.

the medium $_{98}$ = the massage $_{98}$

Medium $_{65}$ – Alphabet $_{65}$
Botschaft $_{94}$ – Fernsehen $_{94}$

Humanismus $_{138}$ – Gentechnologie $_{139}$

zynisch $_{104}$ – wertfrei $_{104}$

die zynische Vernunft $_{247}$
Optimierungsproblem $_{247}$

Die sich beim Übergang von einer Sprache in andere verändernden Muster können als unendliches Netz von Wortbeziehungen gelesen werden, in denen sich Globalisierung und hochdifferenzierte Unterscheidungsnuancen abbilden. Übersetzbar sind Wortcodierungen nicht, sie müssen in jeder Sprache neu berechnet und gruppiert werden. In der vom Code 151 bestimmten Gleichung Kapitalismus – Globalisierung – Komplexität drückt sich das aus, fortgesetzt (oder

Kapitalismus $_{151}$
Globalisierung $_{151}$
Komplexität $_{151}$
Civil Society $_{151}$

konterkariert) durch Civil Society. Dabei an eine Vorherbestimmtheit solcher Bezüge zu denken fiele leicht. Die Verführung, derartige Muster mit gespeicherten Modellen in Einklang zu bringen, ist groß, da laufend überzeugende Entsprechungen auftauchen. Es wird aber auch der Blick für Differenzen geschärft.

Marktwirtschaft 190
Kulturgeschichte 190

Angebot und Nachfrage 166
Kommunikation 166
Weltherrschaft 166
das Ende der Geschichte 166

Marktwirtschaft und Kulturgeschichte haben denselben Code (190), das gesellschaftliche Grundprinzip von Angebot und Nachfrage verweist auf Kommunikation, Weltherrschaft und auf das Ende der Geschichte (Code 166). Die formelhafte Verkürzung repräsentiert Entwicklungen zu formelhafter Sprache, zu formelhaftem Denken, deren Perspektiven anscheinend bereits im Programm des Alphabets festgeschrieben sind.

Schöpfungsgeschichte 220
der Baum der Erkenntnis 220
Sprachverwirrung 220

die Lesbarkeit der Welt 207
Gesamtzusammenhang 207
Möglichkeitsformen 207
der alphanumerische Code 207
die Elemente der Schrift 207
vollkommene Sprache 207

Selbst Ursprungsmythen bilden sich in markanter Weise ab. Für die Schöpfungsgeschichte sind der Baum der Erkenntnis und die Sprachverwirrung entscheidende Bezugspunkte (Code 220). Für die Lesbarkeit der Welt wiederum, als Blick auf einen Gesamtzusammenhang und auf Möglichkeitsformen, gelten – so sagt es der alphanumerische Code – die Elemente der Schrift und eine möglichst vollkommene Sprache als Voraussetzung. Daß der diese Abfolge erzeugende Code 207 auch noch Wörtern wie Wirtschaftsmodell, Wachstumstheorie, Kausalzusammenhang oder Erfolgsmechanismus entspricht, ließe sich ideologisch für letztlich unkritisierbare Begründungen nutzen. Unkritisierbar sind sie allein deswegen, weil sie auf exakten Berechnungen beruhen und Berechnungen als kulturelles Grundmuster für Genauigkeit gelten.

Solche, hier ergänzte Beispiele sind Auszüge aus meiner umfangreichen Studie zu diesem Thema (*Wörter und Zahlen. Das Alphabet als Code.* Wien-New York, 2000), in der anhand eines mathematisierten Wörterbuchs Konventionen des Wahrnehmens erforscht werden, Grundlagen für ein Verstehen und Nicht-Verstehen, mit weitgefächerten Bezügen zum Thema Zeichen, zum Thema Schrift, zu Code-Systemen, Geheimschriften, Künstlicher Intelligenz, Quantenphysik, hebräischen, griechischen, arabischen, lateinischen Codierungstraditionen, zu Kabbala und Alchemie, zu Strukturalismus, Literatur, Musik, Poetik. Dargestellt wird, was vor sich geht, wenn die Übereinkunft, daß Dinge – vielfach auch Menschen – ihren berechenbaren Wert haben, auf Wörter übertragen wird. Daß Zahlen bloß Mengen angeben, verschwindet hinter ausgelösten Bildern.

das System 125
Erinnerung 125
Mechanismus 125

die Schrift 101 – Mathematik 101
Programm 101 – System 101
Transfer 101 – Diskurs 101

Das System ruft in Erinnerung, daß es ein Mechanismus ist (Code 125). Jeder codierte Buchstabe demonstriert, daß er Teil dieses Systems ist. Die erzeugten Ordnungen hängen nicht bloß vom Anfangsbuchstaben ab. *Die Schrift selbst* verweist darauf, daß es zu Mathematik, Programm, System, Transfer, Diskurs unmittelbare, rechnerisch belegbare Beziehungen gibt (Code 101). Wird vom Codewert des einzelnen Zeichens ausgegangen, bilden sich, anders als in der gewohnten alphabetischen Ordnung eines Wörterbuchs, eines Lexikons, Gruppen, in denen ausschließlich die Zeichenhaftigkeit der Wörter eine Rolle spielt, ihre Ableitung aus der Ordnung des Alphabets. Deren Herkunft ist, vorerst zumindest, völlig nebensächlich. Beziehungen bilden sich ausschließlich aufgrund der bewerteten Elemente jedes Wortes. Der Code 70 zum Beispiel vereint Sprache, Zeichen, Technik, Kapital, Methode, Ironie.

Sprache $_{70}$ – Zeichen $_{70}$
Technik $_{70}$ – Kapital $_{70}$
Methode $_{70}$ – Ironie $_{70}$

Das Medium dafür ist das Alphabet mit seinen autopoietischen Möglichkeiten. Für die Erkundung von in Schriften aufspürbaren Strukturen eröffnen sich, völlig unabhängig von den Absichten ihrer Autoren und Autorinnen, Zugänge für eigene Lesarten. Wenn sie wie Bestätigungen für das Gemeinte wirken, verstärken sie die Aussage; es tauchen aber auch dauernd Ansätze für ein Denken der Frage auf. So deckt sich der codierte Titel des berühmten Aufsatzes von Edgar Allan Poe *The Philosophy of Composition* mit der inhaltlichen Aussage: The elimination of occasional accidents. Der für diese Koinzidenz zuständige Code 345 bildet übrigens mit jenem für die Kunsthochschule für Medien Köln (344) ein Paar. Sich an dieser Institution mit verschiedensten Formen einer ›philosophy of composition‹ zu beschäftigen, wird also vom Medium Schrift als naheliegend bezeichnet. Daß *Die Methode der Komposition* auch in der Übersetzung mit *Ausschaltung des Zufalls* korreliert, ist eine nicht wegzudiskutierende Bestärkung dafür.

ein Denken der Frage $_{145}$
Laboratorium $_{145}$

The Philosophy of Composition $_{345}$
The elimination of occasional accidents $_{345}$

Die Methode der Komposition $_{271}$
Ausschaltung des Zufalls $_{271}$

Die Aufklärung über solche Zusammenhänge verbindet sich mit nüchternen Begriffen wie Sachverhalt, Buchhaltung, Gesellschaft, aber auch mit Möglichkeit und Widerstand (Code 117). Die Art der Zivilisation, die damit angesprochen wird, geht von einem Weltzustand aus, der auf Traumdeutung und Triebverzicht basiert (Code 165).

Aufklärung $_{117}$ – Sachverhalt $_{117}$
Buchhaltung $_{117}$ – Gesellschaft $_{117}$
Möglichkeit $_{117}$ – Widerstand $_{117}$

Traumdeutung $_{165}$ – Triebverzicht $_{165}$
Zivilisation $_{165}$ – Weltzustand $_{165}$

Nach der gleichen Methode etwas verstehen zu wollen, führt zur Frage nach Form und Inhalt. Auch dieses Nahverhältnis läßt sich rechnerisch belegen. Form + Inhalt hat den gleichen Code wie verstehen (116). Understanding wiederum setzt sich aus sign + context zusammen (Code 150). Die ›Grammatik‹ der Codes beweist damit ihre Leistungsfähigkeit, ohne auf Gebrauchskonventionen zurückgreifen zu müssen. Was stattfindet, basiert auf einer Transformation der Regeln. Selbst paradoxe Bezüge liefern Impulse. Das Wort Verbindungslinie leitet einen hin zu Bedeutungsfeldern, die mit individualisieren und kosmopolitisch umschrieben sind (Code 184). Das Wort Grenze steht mit Wort, Analyse und Zufall in einer Reihe.

verstehen $_{116}$ = Form $_{52}$ + Inhalt $_{64}$

understanding $_{150}$ = sign $_{49}$ + context $_{101}$

Verbindungslinie $_{184}$
individualisieren $_{184}$
kosmopolitisch $_{184}$

Grenze $_{75}$ – Wort $_{76}$
Analyse $_{77}$ – Zufall $_{78}$

Jede entstehende Richtungsangabe für Wissenstransfer verbindet sich mit einer fragenden Form von Erkenntnistheorie; dazu werden Wörter und Zahlen gebraucht (Code 209). Das Alphabet als Code (Code 148) verbindet sich, buchstäblich und numerisch betrachtet, mit Struktur und Metamorphose; die große Zahl bildet den Hintergrund dafür, als Sinnbild für Möglichkeiten.

Wissenstransfer $_{209}$
Erkenntnistheorie $_{209}$
Wörter und Zahlen $_{209}$

Das Alphabet als Code $_{148}$
Struktur $_{148}$
Metamorphose $_{148}$
die große Zahl $_{148}$

wanderwörter.
christian geissler (k)

hörstück
(aaltuikerei herbst 1999)

(schneeweg)

wanderwörter: nicht will ich reden.
nicht will ich reden.
nachhaus.
nachhaus.

(gelächter)

ansage: wanderwörter.
hörstück von christian geissler.

(schneeweg)

umfeld: er hat gänsehaut auf den augen.
er ist eine frau.

(tier)

wanderwörter: weiß das richtige nicht wird finden im norden
manhattans frei sein am liebsten ess ich
die erde im wald der mond zeigt mir meine
keine reine

(schneeweg)

erinnerung: rettung
winkt dem abend
lacht das ende
glüht mit erhobenen fäusten
den fluch

(tier)

erinnerung: ich heiße meine wörter
gehen wörterwandern wohin
wer wandert wer weiß.

ich bereite mich vor
auf das wort
ist der name
sind zwei große augen.

drei. drei.

die hand überm schnee und noch eine hand und.
meine fremde hand
ist erstarrt.
wo starrt sie hin.

(schneeweg)

umfeld: mitten am mittag
über die kante
fällt schnee
ins genick
von der lumpengestalt.
die war hier schon mal.
so weich so scheu so schlimm.

gebt ihm ein pferd!
rapp rapp!
die toten reiten schnell!

(schneeweg)

wanderwörter: fliehen geht ein augeneis zaubern des kindes
wort kein gesetz weiß nicht das wichtige leider
ist armer platz.

(schneeweg)

umfeld: hebt nicht den blick
trägt stein auf dem fuß
hat das geschorene haar eines hundes.

zu einer heimlichen speise
der hundeschnitt
ist der tod
ist der mund
ihm gerissen von einem schartigen messer
nässt krätzig
der narbe aushauch
luftkuss
lustkuss
hatte auch er einst das rote
ohr ist ein schönes

horcht vor unterm kappenschmutz
eine musik
aus sternenfalten
die liebe
hat keine zunge
aus schwarzem schrei
ist wei wei

(tier)

erinnerung: menschen
wer denn
wär da

wer da!

dunkler einstieg gehüllt
in die früheste stunde
der tage grubenholzdickicht
welches gesicht es
singen die vögel
die warnung aus den gestochenen augen
besser
ich weiß nicht
ob ich dich kenn
oder dich wer
kennt mich?

die wahrheit ist eine derbe
dame einsam bellt die
lustig ist das
zigeunerleben makellos
sagte ich
schon ist der tod
schön

der block
der bock
der riss im rock
ach armes brot.

wohin soll ich dich verbergen?

(tier)

erinnerung: von der autobahn aus gesehen
es ist geschafft
wir leben nicht mehr unter trümmern
erstmal mitkommen
erstmal hingehen
wo der typ wohnt
arm arm
böse böse

das pferd im bett
das schwarze hut
im almhorn steckt kiffiger kuchen
am ende der strick.

bedauerlicherweise
hatte er einen komplizierten charakter.

er kommt nach.
fahrt jetzt los.
jetzt sofort!

ich möchte noch einmal schießen.

ich habe hunger.

(schneeweg)

wanderwörter: eine freude jagt zarten grund so lüstern
dahin da da hin hin – dahii !

(schneeweg)

umfeld: überm hühnerhalsschrumpel beißen
die zähne
kein wort
hebt keine stimme der atem
keine
kein
ein bruder kein
heulen
der mutter
die betet.

(schneeweg)

wanderwörter: im markt glotzt feindschaft das kind gerecht
bin geführt vor die wand.

(schneeweg)

erinnerung: der polizist am eingang der brücken
ist abgelöst worden
hat sich essen von zuhaus mitgebracht
wärmt das auf im wachlokal
in einem kochgeschirr.
das war schon in polen.
man hängt an sowas.

(schneeweg)

umfeld: beuteln die taschen im mantel
ums knie
kein warmes kleid.
ist das ein finstersack
ach!

erinnerung: ich hatte meinen kopf aufgeschnitten.
so sehe ich.
sonst geht es nicht.
es ist die neugier der schnitt.
die entdeckung ist hunger.
ich bin die widerlichkeit des verrückten.

(tier)

umfeld: er ißt nicht.
er ißt nicht.
sieh mal die nase.
das magerbein länglich.
der glasschliff des knochens.
das eisen aus eis.

(schneeweg)

wanderwörter: schritt still in betrachtung noch bin noch
bin wohin woher lacht das fäustchen?

(tier)

erinnerung: jemand der ruft
geht von dorf zu dorf einen kreis.
auch nachts.
er geht den biegenden schritt einer gelben katze
der den ruf ruft, ist soldat.
er ruft aus kriegen
im weißen wald.
weißer wald.
schwarzer soldat.
gelbe katze.
der ruf.
der ruft, ist verrückt geworden.
was ruft er.
häßliche wörter.
welche.
józefów.

der mit dem ruf
von dorf zu dorf
kreist uns ein.
auch nachts.

er
der den fluch flucht.

(tier)

(schneeweg)

wanderwörter: wand klettert hinter die stille fällt gut
gehüllt stopft weile lang weitschweifig
schnell.
schnell!

(schneeweg)

umfeld: jagt ihm das kind ab!
jagt ihm das kind ab!

schon ist er über das eis.

wer hat ihn getragen?

(tier)

erinnerung: klick, martha, tiere sprechen sich aus.
lass mich weiter darüber nachdenken,
denken, wie sie einkuscheln dürfen am anfang,
die kleinen, einkuscheln tag und nacht bei
der sau, der mutter. das stroh ist warm. der
große bauch hat fette milch. sie lachen leise
im schlaf.

sie sind am liebsten im dreck.
lass uns essen und nicht davon reden.
man möchte sich ekeln.

aber im dreck?
ein braver bauer, martha, sorgt vor allem
für einen trockenen stall. sie sollen sich bei
ihm wohlfühlen, seine tiere, seine herde soll
froh sein bei ihm, dem hirten. bis der
schlachter kommt.

es steckt viel mühe und arbeit darin, bis man
sie fett hat, die kleinen.

und haben vertrauen.
und merken es nicht.

armes vieh.
was soll man es ängsten.

(tier)

umfeld: seht dort das traben des raben.
hat er denn keinen freund kein heim kein herz?

wir werden banditen nicht dulden.
wir werden.
im lichte der rampen.
lampen her!
weg da!

(schneeweg)

umfeld: ich bin bauingenieur in lublin.
meine tochter ist die braut anna.
sie wird mit einem deutschen offizier
der grenzüberwachung
am bug.

(schneeweg)

umfeld: steht im bauplatz die fratze von loch zu loch.
beulenhaut!
eilen
hießen die engel den lot
deutsche braut
heilen.
kein brot.
heil!

er ist die verweigerung der sonne.

(schneeweg)

umfeld: nun trägt er in jeder hand einen stock.
hütet euch.
er hinkt.
ein marder ist kein lamm!

(schneeweg)

wanderwörter: die dreizehnte tür spring sing ich tanz ich mich
böse matt uferhoch aus einem moor in den rest
einer bettstatt nest nestling bieg bieg mich den
nestlieg bieg ich spinnenbiß trage ich tastend
diesdas übers feld an den feiertagen vor
kirchentüren die ängste machen sich fett aus
was lacht die lüge das wachslicht?

(schneeweg)

erinnerung: sie wollte ihm schon mal die insel zeigen.
das feldgelände zum see hin fiel ab.
noch waren see und felder und wald unausfindlich
ineinander verschoben.
vielleicht der vogel dort hinten.

laß uns was essen. alles schön still. hier
kommt keiner her.
wer weiß.
sei mal still.
nur ein reh.
und ganz fern der duft von lupinen.
sie liefen ein stück in den wald, hochwald und
busch, mulden und abhang und bruch. aber besser
nicht hinlegen bei dem hunger.
nur einmal hielt nina ein brot mit dem mund
und fragte ihn: willst du? beiß ab!
sie faßten sich unruhig an, traten auf käfer und
brot. und etwas später wandte ahlers sich starr
wie ein tanzender bock auf sie zu, vor der hose
unten ein dickes stück aal von ossi, komm her,
das ist deiner, hol ihn dir weg!
sie gingen stumm aufeinander zu, aneinander
vorbei, langsam um stämme von uralten bäumen
einander nach, langsam hin und zurück wie um
ein wünschelholzfeuer.

(tier)

umfeld: still ruht der schnee auf dem see.
der schwarze mensch hüpft zu grabe.
schon ist ihm ein fuß zerfroren.

armer schwarzer.
komm.

säge und axt und tabak und brot und die flasche.

an unserem arbeitsplatz
in der rast
waren kinder verborgen
im dickicht aus wasser und wald
kleine spuren.

ist nichts vergessen.
komm, schwarzer mensch.

es war der priester aber
der kommandeur einer mauser null acht.
beten und töten.
in deutscher sprache.
zuerst die kinder.

die sternchen.
das gelbe auge des priesters.
aber.

erinnerung: fing an, um rettung um rettung, von fernen
gefangenen zu flüstern. die hatten ein boot
gebaut heimlich, die hatten zusammen ihr boot
durch stürme gebracht, die hatten nach wochen
hunger und krankheit warm eine küste erreicht.
zehn menschen frei. sechs suchen sich arbeit,
bauen das haus mit den elf alten fenstern,
lieben die frau, werden geliebt, fassen
vertrauen.
nur nicht die vier.
die stehlen ein schnelleres boot, schwirren ab,
weiter, wohin, nie mehr gefunden, nie mehr
gefangen.
die sechs, bald alle in ketten, werden
zurückgekarrt, hatten gehofft zu bleiben,
zu trauen.
welche hoffnung hatte die flucht, der ausgriff
der vier. nachts geflügeltes schwarz zwischen
erde und himmel wohin. gegen riemen um alles
aus unserm blut.
sie hatten bestimmt eine hoffnung, flüserte
proff, nennt aber keiner, weiß keiner, welche.
ich sage dir: todeswegen.

(tier)

umfeld: er trägt ein tuch um den hals
als einen strick
die schrift einer nachricht.
die sagen wir niemand.

(schneeweg)

(tier)

erinnerung: um die beiden fast kahlen köpfe der frauen
lag schattengefieder aus sonnendurchschienenen
eschenästen. die schönheit der beiden gesichter
aus zuneigung und aus zorn. als ahnten sie
nichts.
ich liebe meine frau wie mein leben.
liebe ich mein leben?

da standen im spiegel rinder im dampf und
fraßen die niederfaulenden blätter der lilie.
da tauchte honken der waffe nach. bald
erwartete er seine freunde am ufer, bebend.

wir haben gesagt, es geht eine überraschung.
das messer wird scharf sein.

(schweeweg)

wanderwörter: mitten in das gesicht freundlich die kante
schmeckt mir schlafen doch gern hell lachte
der menschenfeind nicht schön lieb
schlachtplatz war nicht das kinderfleisch
war mir nicht lieb.

(schneeweg)

umfeld: in meinem schulhaus klein und fest
da hat der tod gewohnt.
huh, hamburger, lauf!
dein schatten schleppt ein schießgewehr
das mögen meine knaben sehr.
kommt her, alle meine drei hunde!

so hüpft uns das aus der stadt.
wanderpack!

es öffne ihm keine die kammer
ihr! ihr!

(noch umfeld:) aus den vertriebenen bauern die schnellsten
waren banditen
unterm knüttel das röcheln der blonden frau
in alekzandrów.

ihrnichts dirnichts hupft er davon
schlupfhupf
eisnackt
im häßlichen kleid.
der hexer.
die hexe.

(schneeweg)

umfeld: der lumpige sucht sich zurück in das schulhaus.
in seine gendarmeriestation.

wóhlauf!
trapp trapp!

blut ist im schuh.
es war der schuh eines kindes aus zamość

(schneeweg)

wanderwörter: geheimnis feister vernichtung leise führt frei
die schande der nägel mit hand und fuß mir
unverlierbar am ende witzig das scheitern
ein staub pfeift eigenes fremd.

(tier)

(schneeweg)

erinnerung: wohin fährt denn der zug?
proff ist nie gefunden worden.
als sie an jenem ostermontag
aus dem schatten der höfe
bewaffnet über ihn herfielen
hatte er gegen sie nichts in der hand.
denke dran, schaff vorrat an!
schon die kinder beim ritt durchs dorf
blicken weit voraus. niemand sieht ihnen nach.
wir haben nichts zu verlieren als unsren ekel.
glocken zur warnung.
eule mit sönnchen.
jetzt kommt euer unglück!
sie essen mein blut.
wo kann man hier raus?
aber nicht einmal das.
kein ton. ihn fror. sonst nichts.

(schneeweg)

wanderwörter: nichts haben kein sinn ist arm fülle hülle
volle holle bang unschlagbar die mauern im park
singen und springen verzagt den schlich die
kante den hops plärren im dorfrand die söhne
des lehrers
eisscheibenlehrers bubenbengel
zerschlagen den weißen himmel
im kopf.

(schneeweg)

umfeld: ja! ja!
wir sind die förster.
wir kannten der nester nestpest.
es roch vom fuchs.
wir folgten den sternen.
im grünen wald.
die sterne.
gerne.
achtung!
raus raus!

noch ist er fast flink noch immer nimmer.
hunk tunk!

(tiere)

(schneeweg)

umfeld: nicht daß ich möchte
es bliebe bei mir
im bauernbettchen
der grind.
ist ausgestellt
zum verständnis
das dörflein aus schmuckem holz.
eintritt.
die alte zeit.
ein tritt – !

(schneeweg)

wohin
weht das geht da
steht mir der teufel
der fleht
aus der krummen hand
dumm
ohne hass
unterm liebeshut
diebesgut!

(schneeweg)

wanderwörter: fürchte früchte was ist das richtig richte ich
nichtig freude genau weit freudig weiter
entfernt klein kleiner der weg fremd wegfremd
plötz feind ach feind gegen hütt und acker und
kuchen und küchlein ach mütterlingsflügel ach
pommerland alle ertrunken im schnee

(schneeweg)

erinnerung: stand wie ein junge, an bord.
wo was los ist, sind auch matrosen im bild.
war seemann gewesen, der butt.
die schön runde welt.
kommst überall hin, du selbst.
aber hatten ihn gleich vor den kesseln verheizt
und mit krankheit in dieppe an land gekippt.
dein pech, und noch längst nicht dein schiff.
dein traum, aber nie deine welt.
seither war er arbeitslos.
das holen wir uns alle mal alles zurück,
das schiff, deinen traum, uns alle selbst.
und sollst auch mal sehn, wie schön sie da
angst vor uns kriegen, das pack!

(tier)

wanderwörter: möchte fleckenlos sein die scheue schlinge
der schrei zerbricht
was auslöscht steht da
doch verrücktes fleisch läuft trostlos
vertraut

(schneeweg)

umfeld: der ist nicht auf den Kopf gefallen.
in broziaki hat er beim hofhund geschlafen.
in lipowiec stary hat er vom fenster im stall
die trockenen blumen gefressen.
im verschneiten mist
eingangs józefów
hat er nach köpfen geschlachteter gänse gebohrt

wer sagt denn, er ißt nichts?
und doch.
er stinkt.
und doch nicht.

dem priester hat er die zunge gezeigt
schneezunge blutrot
ein pelziger zapfen
vom mann.

er sei aber eine frau.
das hat im wald die wirtin gesehen.

gestiefelte frau.

von den toten ein singender mann,
der weint.

zungenschneider!

reißt die türen zu!
schlagt tuch in die fenster!
es sind augen aus glas!

(schneeweg)

erinnerung: nicht aufzuhalten
die tiefe der dünungen
wir das wogen gewaltig
nichts
der horizont
außer sich
unentdeckt
frei zu erreichen
unbekannt reich

das fluchen
die freude.

der fetzen am mast.

(schneeweg)

wanderwörter:
(von nun an
einfach klar)

ich bereite mich vor auf den sturz in die
arme des kindes.

(schneeweg)

umfeld:

ich bin der jäger.
kennt ihr meine narben?
wir hatten niemals angst.
aber doch dann gegen den.

da kriecht er durchs schilf.
was schleppt er, der krauch, hinaus aufs eis?
heult ihm dünn
aus dem schneemund
ein fluch.

ein schuß.
ein schrei.
kein schuß.
wer möchte einen schatten schießen.

(schneeweg)

umfeld:

er trägt ein kind!
trägt ihn ein kind?

hinkt fort ein pfusch in der nassen spur
ein schatten ohne mann.
wo ist denn der mensch?
was denn was denn –
fort!

(tier)

erinnerung:

konspirieren heißt zusammen atmen.
oder wir werden untergehen.
gewürgt werden um atem ringen nach luft
schnappen beatmet werden atmen seufzen
aufatmen frei
durchatmen.
lachen.

es gibt kalte hände.
es gibt keine sauberen hände.
unsere hände lernen den komplizierten griff.
den notwendigen.
am stein, an der maschine, am ruder.
auch zärtlich die ermutigung

an eines menschen gesicht.
davor hat das pack angst.
das freut uns.

(schneeweg)

wanderwörter: kein raunen bewegt mich.
die verwirrung bleibt
der rhythmus der kante.

(tier)

erinnerung: also doch wirr
die aufforderung zum sprung?
nicht wirr.
sondern
wohlwissend jetzt
die aufforderung an jede an jeden,
sich nicht abschrecken zu lassen
von der ungeheuerlichkeit unserer ziele.

(gelächter)

wanderwörter: nicht mal der liebe gott
samt hammer und nagel
konnte uns zähmen.

(gelächter)

erinnerung: wir wollen nicht scheitern.
das ist die liebe.
gegen knoten und strick und haken lernt sie
die zange, den sprung, die stille, die geduld.
das signal
und den kuß.

(gelächter)

erinnerung: es leitet uns niemand von oben. da ist niemand.
es fängt uns niemand auf.
da ist keine mutter und ist kein stern.
ich sehe unser gesicht.
das ist alles.
wir arbeiten weiter.
wir arbeiten ohne netz
an einem netz
in einem netz.

(gelächter)

wanderwörter: ich döse wie andere weinen.

von grund zu grund wer hat kein grund.
wer sich umdreht oder lacht.
abgemacht.

(raumtot)

erinnerung: laßt uns umkehren mit geballter faust.
laßt uns umkehren.
kein kompromiß.
es lebe der kommunistische kampf für die
lebensnotwendigen dinge.

(raumtot)

wanderwörter: ich will mein fleisch in meine zähne nehmen.
nachhaus nachhaus.
in die natterngalle.

(raumtot)

umfeld: der fuß
trägt den eisenschuh
des kalten soldaten.
eisen kalt.
ist oger.

schon höhlenverkrochen
im schneeweichen forst
überweht aus pulverwind weglos
unter der flöte des schwarzen spechtes
mit den drei weißen augen wohin
ohne ende der wald sein ende elend ausland.

(der glockenpfiff des schwarzspechts)

(raumtot)

wanderwörter: das messer wird scharf sein.
es redet die freude.

(raumtot)

(ein schuss)

(eine pause. eine leere.)

(abrupt dicht atmo. waldraum. schneesturm.
ästebrechen. kleider und atem.)

umfeld: (zögernd. auffindend.)
der fuchs hat das gesicht abgerissen.

der wolf hat das geschlecht abgebissen.
der dumme mann.
liegt nackt.
von den drei hunden umstellt.
barry und hertha und könig-blut.
krumm in geifer gesträubt.

(ein kind)

er redete zu mir niemals ein wort.
ich mochte ihn gern.
da weinte er laut.
zog sich an meiner hand hinaus.
in den schnee.

(das unruhige neugierige schnalzen eines eichhörnchens nah.)

umfeld: in seiner faust
am ohr
ist eine schrift
unverletzt.
ich lese laut die schrift.
nein, ich.
wir lesen leise.

(das kind)

tretet alle zurück.
stellt euch ins dickicht der bäume.
schützt euch.
ich bin das kind.
ich lese.

(liest vorsichtig)

der im bunde war mit dem fluch
böse aus hunger
lieblos
bittet um eine kleine verscharrung.

(raumwechsel)

(breit aufjauchzendes gelächter)

(darin die ABSAGE)

(danach. im toten raum.)

wanderwörter: nicht will ich reden.
kein haus.

bevor ich mit der regisseurin / dem regisseur alles das hier durchdenke, sage ich es jetzt so:

1. *gesamtbewegung*
ist langsam, ist alt. ›tempo‹ ist falsch. es gilt jedes wort, jede silbe, jeder atem, jeder quiek, jeder schuß, jeder windhauch eigenartig. entweder es geht, vorsichtig elend, in stiller schärfe – oder es geht nicht. nicht gegen irritierungen arbeiten. sondern zielgewiß irrweg. keine angst haben. angst ist gewalt.

2. *wanderwörter*
das ist eine sehr alte stimme, aus der wir nicht sicher hören, ob ein mann spricht oder eine frau.

3. *umfeld*
das sind stimmen, mal eine allein, mal mehrere gruppiert, mal durcheinander, mal streng miteinander, die alles auch in polnischer sprache sprechen können. die übersetzung ins polnische hat anna osowska gemacht.

4. *erinnerung*
das alles sind textbewegungen aus meiner vergangenen arbeit. zitate. die will ich selbst sprechen.

5. *tiere*
die werden nicht mal eben stimmungsgemütlich dazugestreut. die haben jedes mal freien eigenen raum. aus dorf und wald im kalten winter. also zaunkönig, goldhähnchen, gimpel, kreuzschnabel, häher, schwarzspecht (das flöten, nicht das ›trommeln‹), haustauben, hausgänsealarm, hühnerschnurren, hahnschrei, auffliegende stockenten, auffliegender graureiher, krähenruf, fuchsbellen, wolfsheueln, marderkeckern, schweineschrei gegen das messer, pferdehuf und -wiehern, hundebellen und -jaulen, katzenmaunz.

6. *schneeweg*
das ist keine ›konserve‹ der sendereigenen tonmeisterei. das ist der gang, der schlich, das klettern, rutschen, schlittern, kriechen, stürzen und rennen und hinken und scharren in wald- und dorfschnee, durch gatter, auf waldseeis eines wirklichen menschen jetzt. wenn eine tonfrau / ein tonmann mich begleiten durch einen sehr harten frosttag, durch eine frostnacht, über einen frostsee, durch frostschilf und -wald, dann will ich diesen schlicht wohl gehen. auch das waldfeuer zündeln, das axtschlagen und das handsägen machen. es ist dies alles, samt türschlagen, gatterknacken, schneeschippen, glockenbimmeln, keine dekoration. es ist von uns zu arbeitende und einzusetzende musik. armut. die fülle der stille. wortlos sprache. eigenständiger partitursektor im ganzen.

7. sollte diese arbeit im sender interesse finden, bitte ich um den 13. juli als den ersten sendetermin. es ist mir dieser tag einer der gedenktage aus deutscher gemütlichkeit (vgl. browning: *ganz normale männer*, s. 21).

people's pilot – [floor segment].
ingo günther

Mobile Navigation, Orientation, Information and Communication Systems for Instand Communities (volkspilot.com)

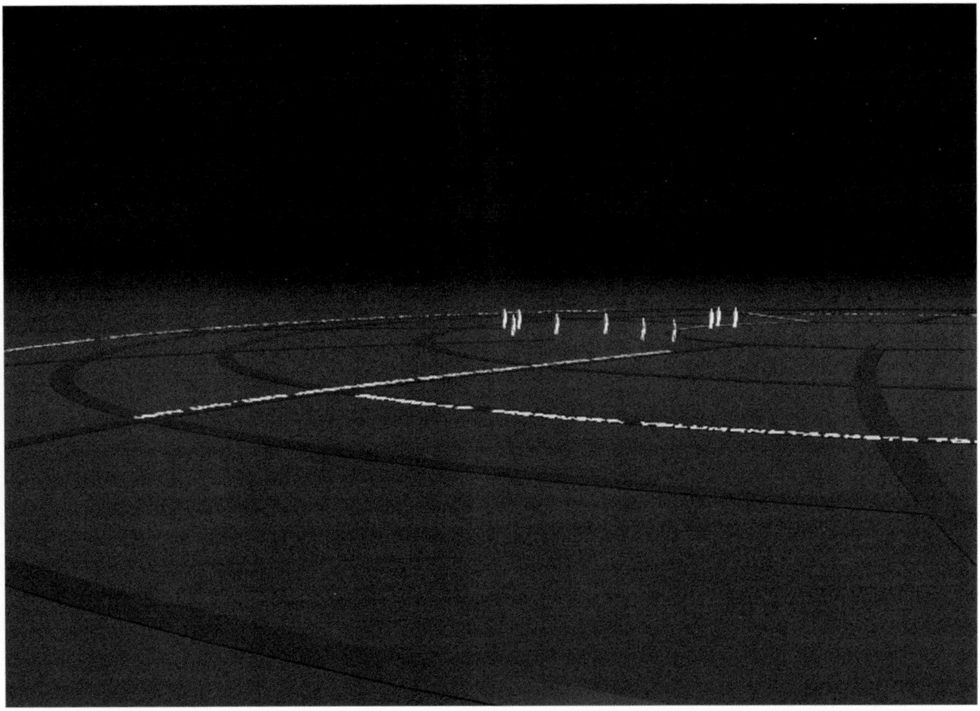

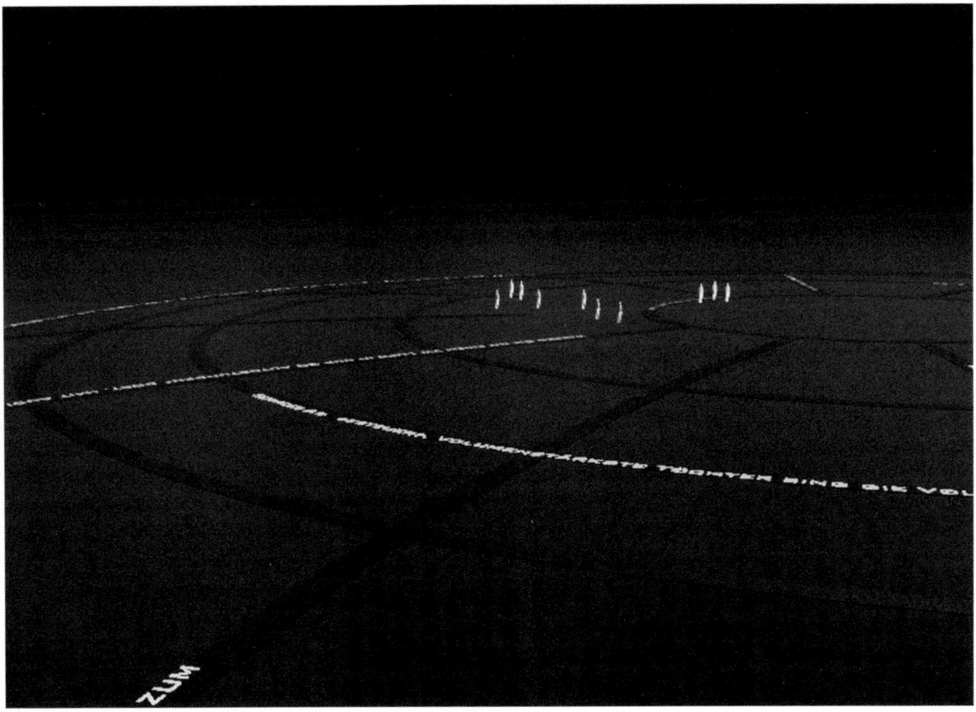
ZUM

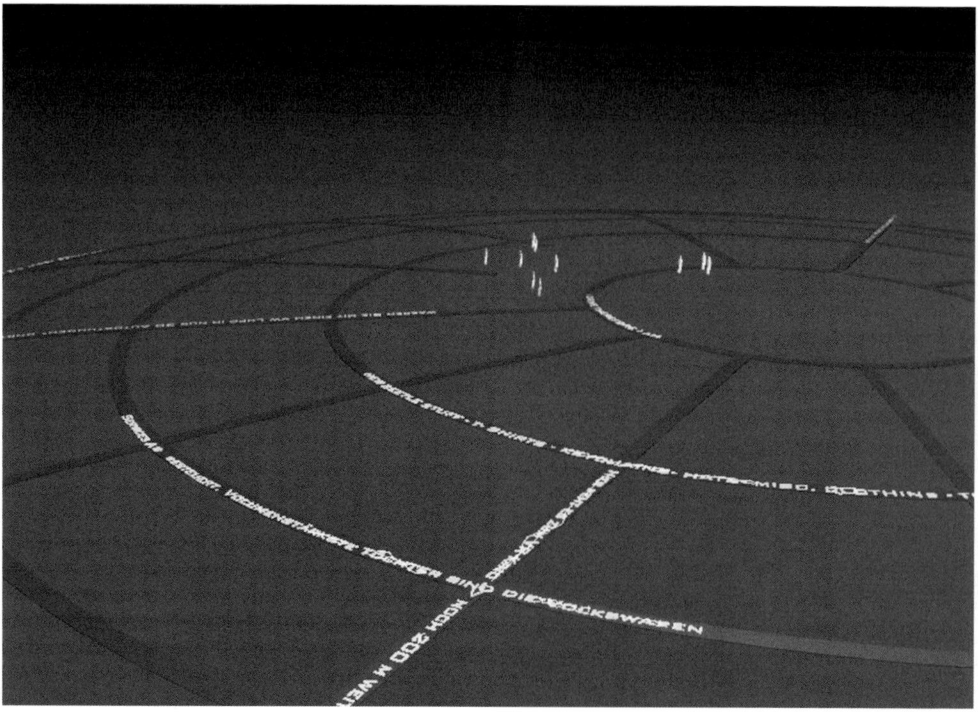

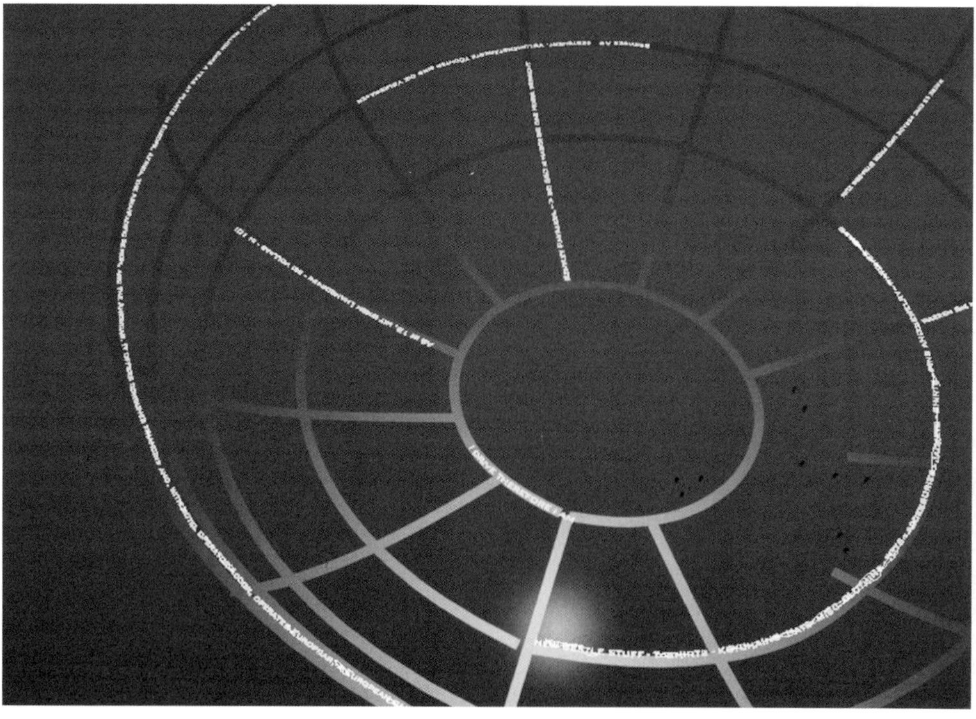

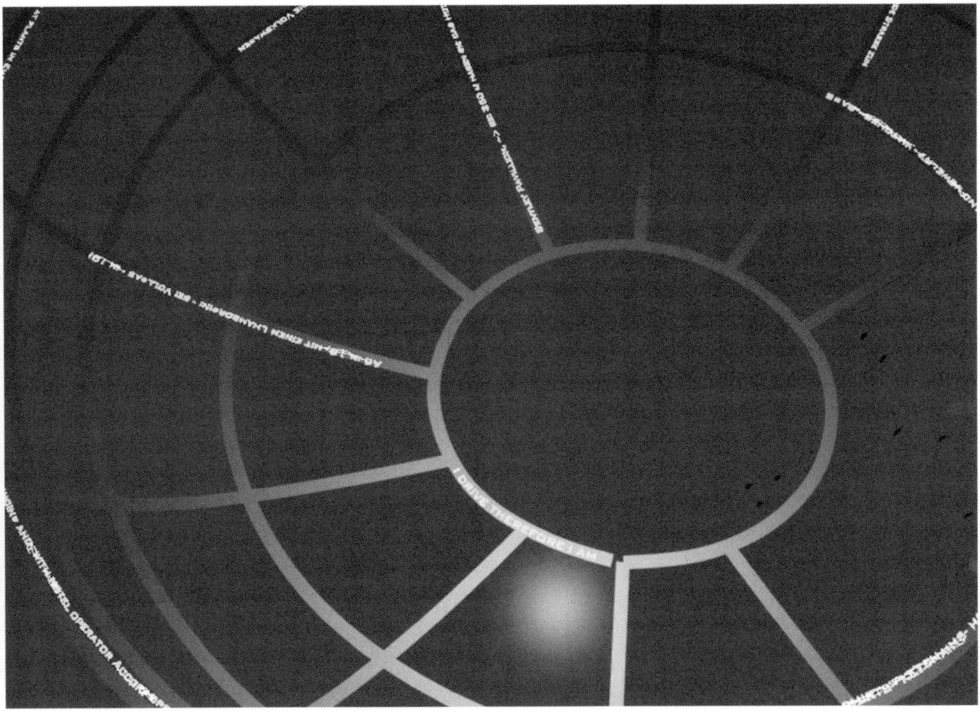
I DRIVE THEREFORE I AM
OPERATOR

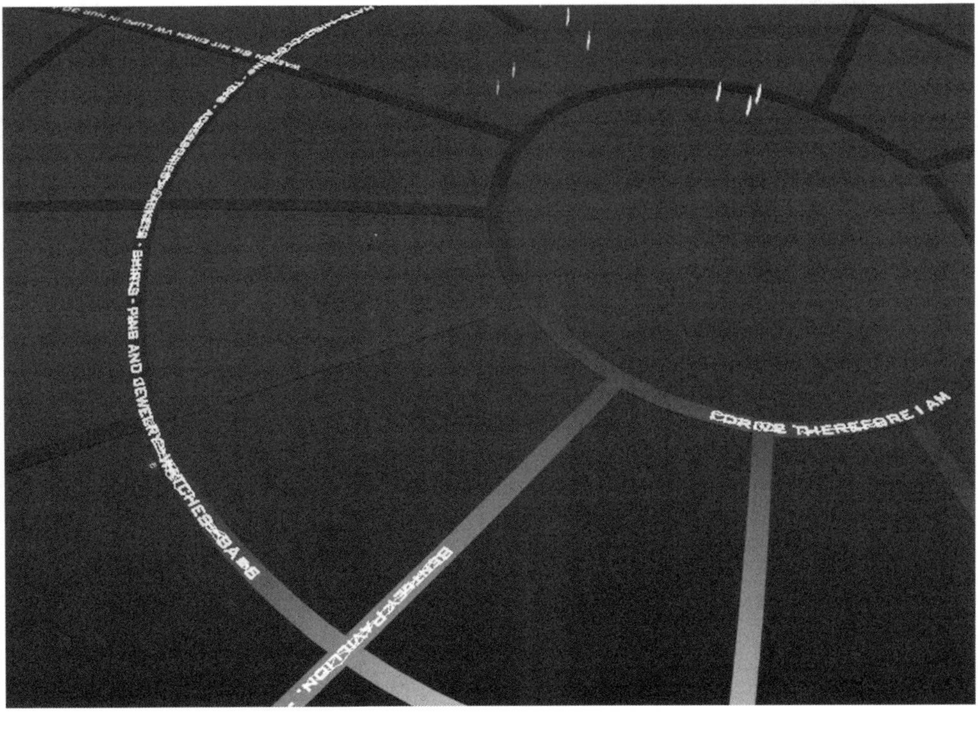
THEREFORE I AM

die kunst der kartografien und diagramme.

stefan römer

Anfänge zu einer Politik der Linien

»Seine (Félix Guattaris) Ideen sind wie Zeichnungen, und manchmal bilden sie regelrechte Diagramme. Mich dagegen interessieren Begriffe. Mir scheint, daß Begriffe für sich selbst existieren und eine Art Eigenleben haben. Sie sind wie unsichtbare Geschöpfe. Aber das heißt auch, daß man sie erschaffen muß.« Gilles Deleuze[1]

1. Gedankengänge werden zu Zeichnungen

Wer hatte noch nie den Wunsch, sich an alle Wege, die er oder sie gegangen oder gefahren ist, erinnern zu können? Und: Wer hatte nie den Wunsch, sich an alle Gedankengänge erinnern zu können, die er oder sie auf diesen Wegen gedacht hat? Diese Möglichkeiten bedenkend, eröffnet sich eine psychotische Komplexität der Gegenwart.

Mein Wunsch bezieht sich darauf, frühere Gedankengänge jederzeit nachvollziehen zu können – darin besteht ein dokumentarischer Effekt – und gegenwärtige Gedankenkonstellationen besser strukturieren, kombinieren sowie weiterentwickeln zu können – darin besteht ein konstruktiver Effekt. Wenn sich dies nicht nur in der Form von Texten, die meist langwierig zu lesen sind, und nicht nur in Form von Bildern, die oft zu komplex referieren, anschaulich machen lässt, könnten Möglichkeiten eröffnet werden, zu anderen Formen der Gedankenverknüpfung zu gelangen. Ein weiterer Vorteil bestünde darin, Gedankenkonstellationen reibungsloser zu demonstrieren. Dies scheint mir das Feld der Skizzen, Zeichnungen, Diagramme, Kartografien, Organigramme, Schemata etc. zu betreffen; sie dienen der manchmal entwurfartigen oder suggestiven Visualisierung. Die journalistisch eingesetzten Diagramme erhöhen die Lesegeschwindigkeit; oft komprimieren sie jedoch die Information des zugehörigen Artikels, ohne über ihn hinauszuweisen.[2] Vielleicht muss man sich von der Angst frei machen, dass in ihrer Geschwindigkeit auch ihre epistemologische Begrenztheit liegt, denn sie können als intellektuelle Katalysatoren funktionieren.[3]

[1] G. Deleuze: Brief an Kunichi Uno (1984). In: Clemens-Carl Härle (Hg.): *Karten zu »Tausend Plateaus«*. Berlin, 1993, S. 10.

[2] Ob man dies allerdings, wie Joachim Krausse es in seiner Genealogie des Diagramms unternimmt, einen »festen Bestand zivilisatorischer Standards« nennen soll, müsste hinterfragt werden; es handelt sich vielleicht eher um eine Form der zeitgenössischen Wissenssuggestion; vgl. J. Krausse: Informationen auf einen Blick. Zur Geschichte der Diagramme. In: *form + zweck*, 16/1999, S. 10.

[3] Letztlich könnten wissenschaftliches sowie künstlerisches Arbeiten auf ein komplexes Teamwork hinauslaufen, dessen Gedankenverknüpfungen als durchgängiges Modell im Sinne eines großen Plans in Borges' Schriften auftauchen: »Individuen, die diese verschiedenen Disziplinen beherrschen, gibt es zwar in Menge, nicht aber Erfindungsbegabte und noch weniger, die fähig wären, die Erfindung einem strengen systematischen Plan unterzuordnen. Dieser Plan ist so weit gespannt, daß der Beitrag jedes einzelnen Autors verschwindend klein ist.« Jorge Luis Borges: Tlön, Uqbar, Orbis Tertius (1941). In: derselbe: *Fiktionen*. Frankfurt/Main, 1994, S. 21.

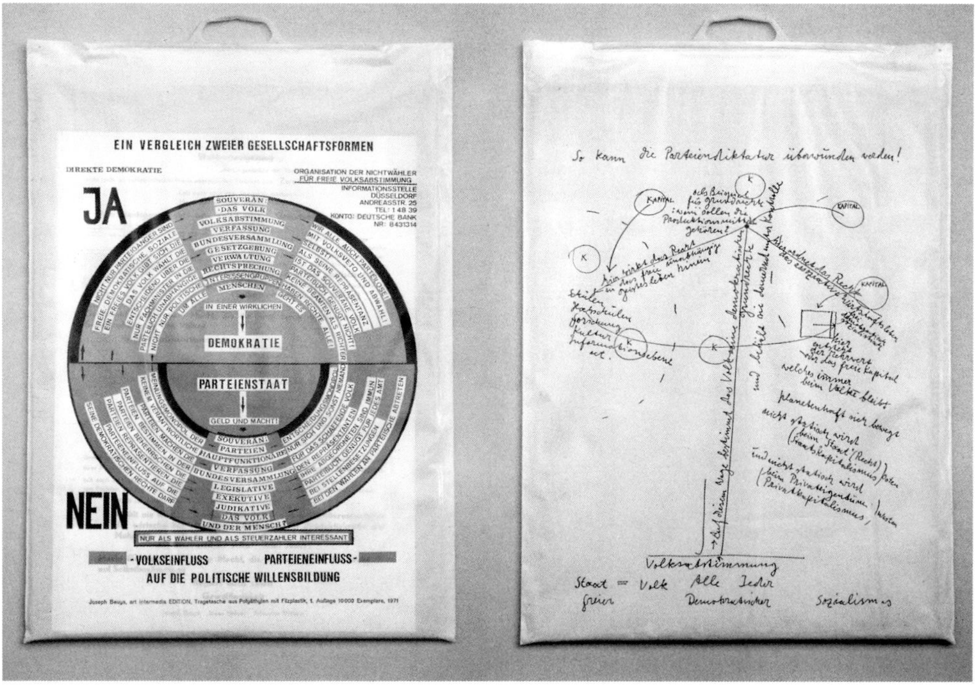

So kann die Parteiendiktatur überwunden werden. Joseph Beuys, art media (Hg.), Köln, 1971, Privatsammlung Erhard Klein, Foto: Christian Lethert.

In der Gegenüberstellung der beiden Seiten einer bedruckten Plastiktüte wird die scheinbare Opposition zwischen Skizze und elaboriertem Diagramm deutlich: Während auf der einen Seite Joseph Beuys mit zittriger Geste seiner venösen Hand Begriffe wie »Staat = Volk Alle Jeder« mit Linien verbindet, zeigt die andere Seite der Tüte ein kreisförmiges, mehrfarbiges Schema, das in seiner Darstellung die Frage aufwirft »Wie kann die Parteiendiktatur überwunden werden?« und zwei politische Systeme gegenüberstellt – »Ein Vergleich zweier Gesellschaftsformen« –, um schließlich die Antwort zu geben, dass das herrschende politische System nur durch die Herbeiführung eines Volksentscheids abgeschafft werden kann.[4]

Bei der Untersuchung solcher Darstellungen geht es mir um mögliche Verbindungen von Bild und Schrift, Theorie und Praxis, eine Kombination aus ikonischem und indexikalischem Zeichen und vor allem um eine Befragung des panoptischen Blicksystems auf seine Gültigkeit hin.

An dieser Stelle müsste aber auch eine inhaltliche Kritik der Begriffe folgen. Beispielsweise würde der Begriff ›Volk‹ gerade unter den Diskussionen, die Hans Haacke mit seiner Arbeit für den neuen deutschen Bundestag angefertigt hat, sich verbieten. Haacke betont mit seinem Titel *Der deutschen Bevölkerung* eine dringend notwendige Umdeutung dessen, was die Menschen zum Leben innerhalb nationalstaatlicher Grenzen legitimiert: nicht das *Ius sanguinis*, sondern ihre Anwesenheit konstituiert eine Bevölkerung.

[4] Vgl. art intermedia (Hg.): J. Beuys: So kann die Parteiendiktatur überwunden werden. Köln, 1971. In: *Die Lesbarkeit der Kunst. Das 20. Jahrhundert, Ein Jahrhundert Kunst in Deutschland.* Berlin, 1999, S. 213.

Indem Haacke die Abgeordneten auffordert, aus ihren Landkreisen Erde mitzubringen, konzipiert er eine Kartografie, die sich in der symbolischen Mischung in einem Behälter manifestiert. Die Mischung wird so zur Metapher für das im Alltag zu Leistende; dabei fungieren die Handlungen der Abgeordneten als Vektoren, die die Erde zusammentragen; den Rahmen für diese symbolische Handlung, die vom Künstler nur konzipiert wurde, bildet der Reichstag. Der wichtigste Akzent liegt jedoch eindeutig auf den politischen Diskussionen, die zur Realisierung des Projektes geführt haben.

Der Kunsthistoriker Stefan Germer entwarf aus seiner Rezeption von Michel Foucaults und Gilles Deleuzes Schriften hypothetisch ein anderes Bildverständnis: »Da der fragmentierte Raum der Gegenwart genau wie die homogene Weltzeit vor ihm das Produkt von (meist außerästhetischen) Machtbeziehungen ist, dürfen die regionalen Differenzen weder idealisiert noch essentialisiert werden. Vielmehr gilt es, die unterschiedlichen Entwicklungen zueinander ins Verhältnis zu setzen, wofür etwa die im Kreise der ›Annales‹ konzipierten Modelle von Peripherie und Zentrum und der Verräumlichung des Historischen hilfreich sein könnten. Das aber hieße: Karten träten an die Stelle der ›Bilder‹ vom Kunstgeschehen. Da man ihnen den fiktiven Charakter und die interessegeleitete Gestalt eher ansähe als den ›Bildern‹, hätte dies den Vorteil, daß niemand die Darstellung für die Sache selbst nehmen würde, sondern sich deren Vermitteltheit stets bewußt bliebe.«[5]

Dies entwirft nicht nur einen anderen Bildbegriff; hier werden auch bestimmte Funktionen zwischen Bildern, Begriffen und Orten hervorgehoben, die (wie Handlungen) zu Machtverhältnissen werden. Die Aktualität des Begriffs der ›Geopolitik‹ (im letztjährigen Kosovo-Krieg) verdeutlicht die politische Bedeutung, die diesen Konstellationen zugekommen ist. In diesem Sinne könnte sich eine weitere Frage auf die Performativität von Bildern, Begriffen und anderem richten.

Diese und ähnliche Fragen stellten sich mir verstärkt, seitdem das Layout der Printmedien nicht mehr nur auf Lesbarkeit ausgerichtet ist und sich einer Image-Wiedererkennbarkeit des jeweiligen Mediums unterordnet. Das Verhältnis schien sich plötzlich umzudrehen: Die Lesbarkeit des Texts wird zweitrangig; in den Vordergrund tritt eine imagebildende Gestaltung des Mediums, die auch ein adäquates Lifestylemodell seiner LeserInnen projiziert. Für die Technomagazine war die Nachfrage gesichert, denn sie lieferten – adäquat für die Bewusstseinszustände ihrer Zielgruppe – rare Informationen und waren vor allem an den Orten des Konsums umsonst erhältlich. Bedauerlicherweise beschränkte sich jenseits von neuesten Informationen zu Musik, Mode und DJs das Inhaltliche der Texte oft auf eine Wiedergabe von Pressemitteilungen. Dadurch ging die Qualität von früheren Modellen der Musikpresse verloren, wie sie beispielsweise *SPEX* als politische Begründung von *Independent Music* vertrat. Einerseits machte eine breit und undifferenziert einsetzende Welle des Pop alle

[5] S. Germer: Mit den Augen des Kartographen – Navigationshilfen im Posthistoire. In: Anne-Marie Bonnet und Gabriele Kopp-Schmidt (Hg.): *Kunst ohne Geschichte? Ansichten zu Kunst und Kunstgeschichte heute*. München, 1995, S. 151.

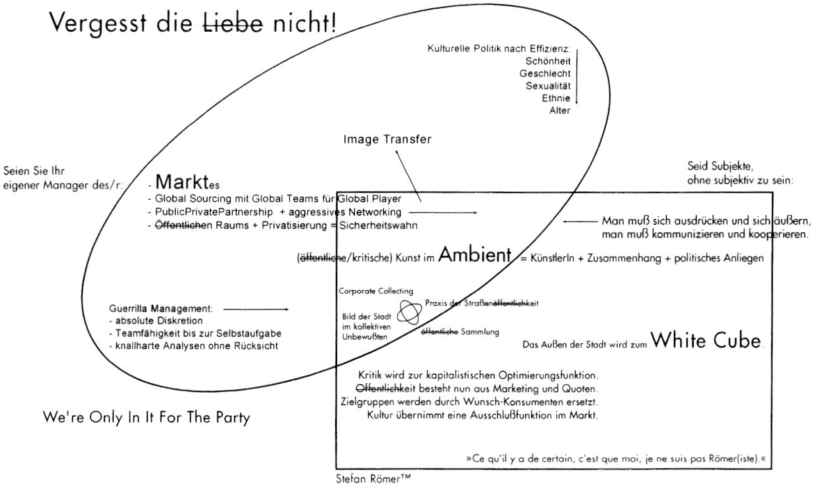

Diagramm des Autors zur Markierung der gegenwärtigen Korporatisierung des künstlerischen Bereichs: *Eine Kartografie: Vom White Cube zum Ambient.* Ausstellung: Dream City, Kunstverein München, 1999.

vorherig fein abgezirkelten Nischen zu Arealen des Marktes, das heißt die vertretene Musikrichtung wurde vor allem als Differenzgewinn instrumentalisiert; andererseits wurden dadurch die Möglichkeiten auf dissidente Differenz eingeebnet, wodurch alle plötzlich mit allen auf demselben Markt konkurrieren.

Im Grafikdesign wird der Wechsel von den 80er Jahren des 20. Jahrhundert zu den 90ern gerne personalisiert in der Behauptung der Ablösung von Neville Brody durch David Carson. Beide verkörpern zwar sehr unterschiedliche Konzepte von ›Kreativität‹, die Reduktion auf diese beiden Layoutgurus und die Dezennienperiodisierung umreißt jedoch die Komplexität der Wandlungsprozesse nicht einmal annähernd.[6] Vielleicht müssten in diese ästhetische Periodisierung des Layouts die Auswirkungen der Ästhetik der Computeroberfläche als größte Veränderung der letzten Jahre miteinbezogen werden.

Die umfangreichen Verschiebungen im Layout, das die Verbindung aus Inhalt und Darstellung, das heißt eine Verortung von Bedeutung im Medium, behauptet, zeigten sich vor allem an den Druckerzeugnissen der sogenannten Jugendkulturen wie dem Techno (Flyer, Magazine), hatten aber auch in den traditionellen und hegemonialen Medien wie etwa dem Nachrichtenmagazin *Der Spiegel* Wirkungen gezeitigt. Nachdem zu Anfang der 90er Jahre das neorechte Magazin *Focus* innerhalb kurzer Zeit hohe Verkaufszahlen mit dem Programm schneller Lesbarkeit errang, die von Diagrammen und Verlaufskurven hervorgerufen wurde und die nur scheinbar seinem Slogan »Fakten, Fakten, Fakten« gefügig war, stellte auch *Der Spiegel* sein Layout um.

Gleichzeitig hatten im Feld der Kunst kontextorientierte Praktiken die Transformation des White Cube zum Ambient[7] bewirkt, und alle Inhalte wurden tendenziell zu ästhetischen Elementen der Labels, die Stilschulen durch Galerienzugehörigkeiten ersetzten.

[6] Vgl. zum zeitgenössischen Layout: S. Römer: Alchemie aus Bild und Wort. Grafikdesign. In: *Kunstforum International.* Bd. 148, Dez. 1999 – Jan. 2000, S. 473 f.

[7] Vgl. S. Römer: Vergesst die Liebe nicht. Eine Kartografie: Vom White Cube zum Ambient. In: *Ausstellungskat. Dream City.* München. 1999, S. 43 f und 211 f.

Beliebt bei Kunsthistorikern und Kulturwissenschaftlern sind Diagramme zur Darstellung von historischen Genealogien. In ihnen wird oft positivistisch die Aufreihung der bekanntesten Künstlernamen und Kunststile bestimmten Orten zugeordnet ohne eine selbstreflexive Hinterfragung der zugrundegelegten Hierarchisierung eines Ursprungsdenkens.[8] Eine Form der kritischen Auseinandersetzung findet sich eher bei künstlerischen Persiflagen wie der bekannten Zeichnung von Ad Reinhardt *How to look at Modern Art in America*[9], in der er eine Genealogie zeitgenössischer Künstler in Form eines Baumes anlegt.

Christine Buci-Glucksmann leitet ihr Buch *Der kartographische Blick der Kunst* mit den Fragen ein: »Warum begeistern sich die Künstler für geographische Karten? Wie tritt die Unendlichkeit der Welt in die Kunst?«[10], um ein Plädoyer für eine »Geschichte des kartographischen Blicks« und eine »Kartographie-Kunst« anzuschließen. Die meisten Autoren beschäftigen sich in diesem Sinn mit der Beziehung zwischen geografischen Karten und künstlerischen Praktiken.[11] Mich interessiert hier eher die hybride Struktur der Karte als Verortung von begrifflich definierten Räumen und die Verknüpfung mit heterodoxen Formationen, weniger eine orthodoxe Geografie

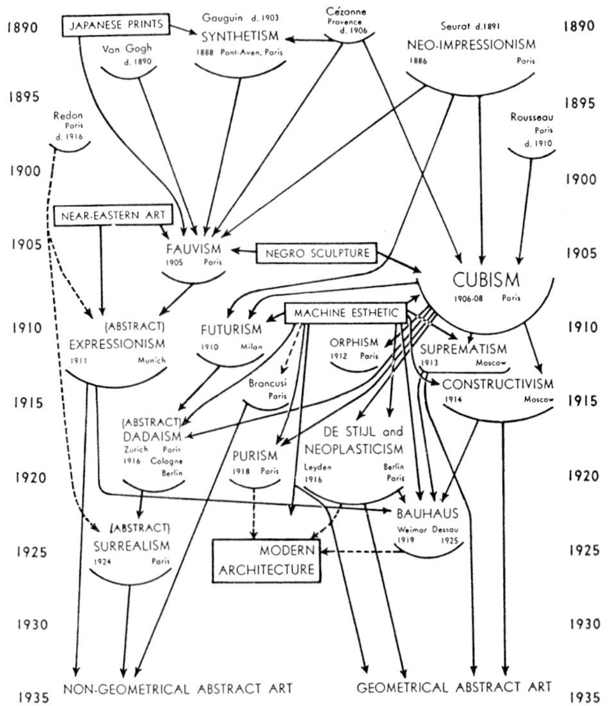

REPRODUCED FROM THE JACKET OF THE ORIGINAL EDITION

Erste dem Autor bekannte kunsthistorische Kartografie: Alfred Barr: *Cubism and Abstract Art.* Museum of Modern Art, New York, (1936) 1966.

[8] Vgl. Alfred Barrs Diagramm, das von 1890 bis 1935 nichtgeometrische abstrakte Kunst der geometrischen abstrakten Kunst gegenüberstellt; A. Barr: in: *Cubism and Abstract Art.* New York, (1936) 1966. Vgl. auch Germain Bazin: *Kunst aller Zeiten und Völker.* o. O., 1957.

[9] Ad Reinhardt, How to look at Modern Art in America (in: *PM*, New York 1946), und: How to look at Modern Art in America fifteen years later (in: *Art News*, New York 1961). In: Ad Reinhardt: *Schriften und Gespräche.* München, 1984, S. 176, 177. Dagegen wirkt das Schema *Fluxus* (Its historical development and relationship to avant-garde movements) von George Maciunas (1966) eher positivistisch: vgl. In: *Die Lesbarkeit der Kunst*, s. Anm. 4, S. 199.

[10] C. Buci-Glucksmann: *Der kartographische Blick der Kunst.* Berlin, (1996) 1997, S. 7.

[11] Vgl. Marie-Ange Brayer: Mesures d'une fiction pictural: La carte de géographie. In: *Exposé, Nr. 2*, Orléans o. J.; Wystan Curnow: Mapping and the Expanded Field of Contemporary Art. In: Denis Cosgrove (Hg.): *Mappings.* London, 1999; Paolo Bianchi, S. Folie: *Atlas Mapping. Künstler als Kartographen.* Linz, 1997.

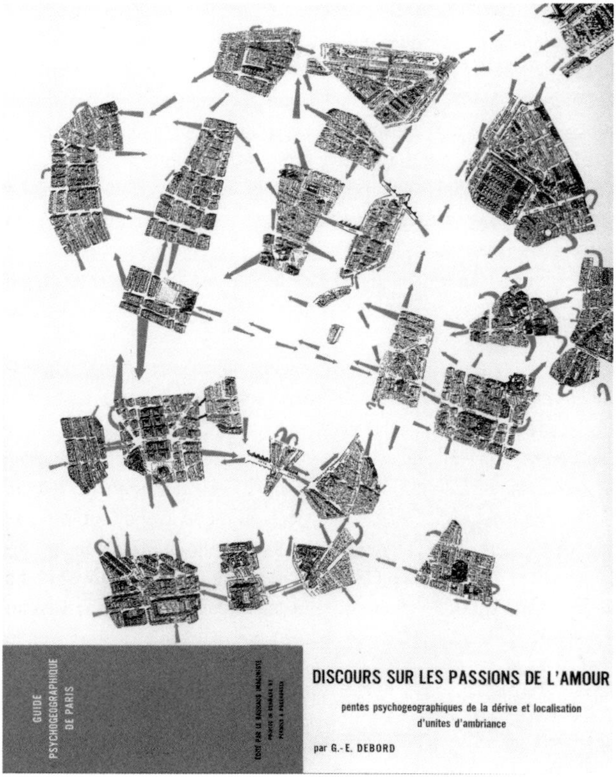

Typische situationistische Kartografie: Fragmente eines topografischen Stadtplans von Paris werden durch Pfeile verbunden. Wie die Wahrnehmung niemals homogen einen urbanen Komplex erfassen kann, so bezeichnen die Pfeile imaginäre Sprünge, vagabundierende, nomadische Ein- und Aussichten, die wie Kraftlinien die Fläche durchziehen. Guy Debord: *Guide psychogéographique de Paris.* 1957 (?) (entnommen aus: Roberto Ohrt: *Phantom Avantgarde.* Hamburg, 1990, Tafel XIV).

oder Kunstgeschichte. Dazu gilt es jedoch zunächst die Konstruktionsweisen von Karten zu untersuchen, wie die Räume sich zu Orten verhalten und wie dies dargestellt wird.

Vor allem in den künstlerischen Praktiken, die sich explizit mit Urbanität beschäftigen, kommen Kartografien zur Anwendung aufgrund der subjektivistischen Orientierung, aber auch wegen der strukturellen Verwandtschaft zwischen der Raumerfahrung der Stadt und der künstlerischen Raumgestaltung des Zeichenblatts. Seit Baudelaires Erkundungen der Passagen und den situationistischen Dérives, dem Umherschweifen der Haschrebellen, dem Driften von Graffiti-Gangs oder dem spezifischen Abfahren der urbanen Oberflächen durch Skater wird die Stadt als ein subjektiv erfahrener, aber hegemonial entworfener und regierter Raum aus Zeichen verstanden. Die Stadt wird körperlich als ein Makrotextgewebe erfahren und benutzt. Diese bewusste Praxis des Städtischen, wie rauschhaft sie auch immer erlebt und beschrieben wird, verhält sich konträr zum alltäglichen Gebrauch des urbanen Raums.

Michel de Certeau umschreibt diesen so: »Die gewöhnlichen Benutzer der Stadt aber leben ›unten‹ (*down*), jenseits der Schwellen, wo die Sichtbarkeit aufhört. Die Elementarform dieser Erfahrung bilden die Fußgänger, die Wandersmänner (Silesius), deren Körper dem mehr oder weniger deutlichen Schriftbild eines städtischen ›Textes‹ folgen, den sie schreiben, ohne ihn lesen zu können.«[12] Die Unsichtbarkeit der Organisationsformen der Wege gilt de Certeau als Grundlage für die »spezifische Form von *Tätigkeit*«, die die geplante und konditionierte Stadtbenutzung im Alltag in Frage stellt und künstlerischen sowie kulturellen Praktiken zugrunde liegt. Michel de Certeau geht so weit, dass er das Gehen der Fußgänger als die eigentliche Entstehung von Räumen definiert.[13] Zwar stellt er diesen Akt des »Herumirrens oder des ›Schaufensterbummels‹« noch willkürlich oder frei entschieden vor, betont damit aber bereits eine Wirkung dieser Wege auf den Raumbegriff. In der gegenwärtigen Überwachung von öffentlichen Räumen nehmen die zurückgelegten Wege als fiktive Bewegungsdiagramme einen hohen Stellenwert ein: Die Anordnung von Waren in Geschäften wird gegenwärtig nach dem möglichst langen Weg mit den meisten Warenkonfrontationen angelegt.[14] Dies läßt sich mit de Certeaus Grundthese des selektiven Konsums als Äußerung verstehen. Insofern trifft de Certeaus Schluss immer noch zu: »Das Gehen kann somit fürs erste wie folgt definiert werden: es ist der Raum der Äußerung.«[15] De Certeau entwickelt im Bezug des Gehens auf das Schreiben und Malen den Begriff der ›Äußerung‹. Damit meint er denjenigen selektiven Prozess, der durch Umherwandern in den urbanistischen Zeichen eine »Rhetorik des Gehens«[16] formuliert, die jedoch seiner Meinung nach, wegen ihrer »unbestimmten Vielfalt«, nicht auf ihre »graphische Linienführung« zu reduzieren ist.[17] Und es folgt der Schluß: »Das Gehverhalten spielt mit der Raumaufteilung, so panoptisch sie auch sein mag: es ist ihr weder fremd (es bewegt sich nicht woandershin) noch konform (es bezieht seine Identität nicht aus ihr). Es erzeugt in ihr Zwielichtigkeit und Zweideutigkeit. Es läßt in sie eine Vielzahl seiner Bezugspunkte und Zitate eindringen (gesellschaftliche Modelle, kulturelle Gebräuche, persönliche Faktoren). (...) All diese verschiedenen Aspekte beinhalten eine Rhetorik und definieren sie zugleich.«[18]

De Certeau weist darauf hin, dass der Umgang mit Räumen seit J.-F. Augoyard mit zwei grundlegenden Figuren theoretisiert wird: der Synekdoche, die mit Hilfe eines Teils von einem Ganzen Aussagen über dieses Ganze macht, und dem Asyndeton, das das Weglassen von Bindewörtern in einem Satz bedeutet.[19] Insofern ist die Wahrnehmung des Urbanen sprunghaft, was die Stadt in Wahrnehmungspartikel zerstückelt, daraus aber eine symptomatische oder signifikante Erzählung über die ganze Stadt in Aussagen fomuliert – wie es auch für die Collage oder Montage der Situationisten charakteristisch ist.[20]

Der Begriff der künstlerischen Kartografie hinsichtlich Intention und Funktion unterscheidet sich von der objektivierenden Perspektive und Darstellung der geografischen Karte. Denn es geht nicht um die traditionellen Bedeutungen der homologen geografischen Karte als einer »pure structure (›langue‹) without individuation (›parole‹)«[21] und »it refuses the status of a regulative ideal, which is the goal of the cognitive map«.[22]

[12] Michel de Certeau: *Kunst des Handelns*, Berlin, (1980) 1988, S. 182.

[13] Vgl. Anm. 12, S. 188.

[14] Vgl. Harun Farockis Videoinstallation *Ich glaubte Gefangene zu sehen* in der Ausstellung: *Dinge, die wir nicht verstehen*. Wien, 2000.

[15] M. de Certeau: *Kunst des Handelns*, s. Anm. 12, S. 189.

[16] »Indem er (der Stadtbenutzer) eine Auswahl unter den Signifikanten der räumlichen ›Sprache‹ vornimmt oder indem er sie durch den Gebrauch, den er von ihnen macht, verändert, schafft er also Diskontinuität. Einige Orte verurteilt er dazu, brach zu liegen oder zu verschwinden, und mit anderen bildet er ›seltene‹, ›zufällige‹ oder gar unzulässige räumliche ›Wendungen‹ (wie Redewendungen). Und das führt bereits zu einer Rhetorik des Gehens.« S. Anm. 12, S. 191.

[17] Vgl. Anm. 12, 192.

[18] Anm. 12, 194.

[19] Vgl. Anm. 12, 194 f.

[20] Vgl. den Zusammenhang von der Wahrnehmung des Urbanen und den künstlerischen Strategien: Vorbereitende Probleme zur Konstruktion einer Situation (Situationistische Internationale No. 1), in: *Situationistische Internationale 1958–1969. Gesamm. Ausgaben des Organs der Situationistischen Internationale*. Bd. 1, Hamburg, 1976, S. 16 f.

[21] Thomas F. McDonough: Situationist Space. In: *October*, Nr. 67, Winter 1994, S. 64.

[22] S. Anm. 21, S. 69.

Lässt man diese geografisch-positivistische Beziehung der Zeichnung zum Territorium beiseite und versteht die Kartografie als eine künstlerische Darstellungsmethode, Begriffe und Bilder zu verorten, reichen die Beispiele in den weiten Bereich der künstlerisch-konzeptuellen Darstellungen: von William Hogarths *Analyse der schönen Linie*[23], Marcel Duchamps großem Glas über Dan Grahams Schemata bis zu zeitgenössischen Outline-Darstellungen sowie von Lawrence Weiners an Architektur geschriebene Poetik bis zu Netzprojekten von Knowbotic Research, die als ein Hypertext von unbestimmten Referenzen fungieren. Thomas Locher präsentiert großflächig Gesetzestexte an den Wänden von Ausstellungsinstituten und erzeugt durch Fußnoten eine subjektivistische Kommentarebene, die die BetrachterInnen in den unterschiedlichen Kontexten mit der politischen Konstitution konfrontieren. Auch die kleinlich exakt aufgezeichneten Soziogramme des amerikanischen Künstlers Mark Lombardi, die Wirtschaftsbeziehungen und internationale Finanzskandale in politisch aufgeladenen Zeichnungen visualisieren, können zu den Kartografien gerechnet werden.

Entscheidend wichtig für das Verständnis von Karten, aber auch für die künstlerische Zeichnung, ist die Definition dessen, was als differentielle Relation zwischen dem Ort als punktueller Lokalität und dem Raum als Bereich von Handlungen definiert werden kann.[24] Der Narrativität kommt dabei die Funktion zu, die Verwandlungen von Orten in Räume und umgekehrt vorzunehmen.[25] Eine weitere wichtige Unterscheidung besteht zwischen der objektivierenden Karte (map) und der subjektivierten Wegbeschreibung (tour): »Insbesondere wenn man die ›Karte‹ in ihrer heutigen geographischen Form nimmt, hat es den Anschein, daß sie sich im Laufe der Periode, die durch die Geburt des modernen wissenschaftlichen Diskurses gekennzeichnet ist (15.–17. Jahrhundert), langsam von den Routen abgelöst hat, die die

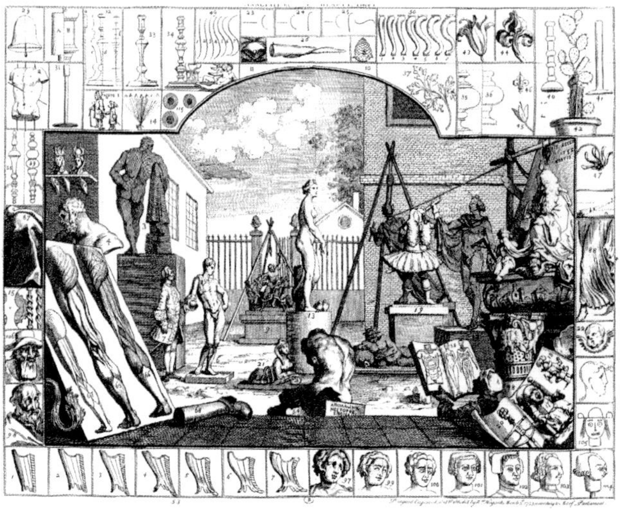

Beispiel für eine vergleichende Analyse, die die künstlerischen Linienvariationen in einem Rahmen prospektiert, und die Objekte, die mit diesen Darstellungselementen geformt werden, räumlich gruppiert: William Hogarth: *Analyse der Schönheit* (1753), Tafel 1.

23 »Daher muß man meine Figuren ebenso betrachten wie die, welche ein Mathematiker aufzeichnet, um der Vorstellungskraft bei seiner Beweisführung behilflich sein zu können, obwohl nicht eine Linie vollkommen gerade ist oder die bestimmte Krümmung aufweist, von der er gerade handelt.« W. Hogarth: *Analyse der Schönheit*. Dresden u. Basel, (1753) 1995, S. 34.

24 »Der Ort ist die Ordnung (egal welcher Art), nach der Elemente in Koexistenzbeziehungen aufgeteilt werden. Damit wird also die Möglichkeit ausgeschlossen, dass sich zwei Dinge an derselben Stelle befinden. (…) Ein Ort ist also eine momentane Konstellation von festen Punkten. (…) Ein Raum entsteht, wenn man Richtungsvektoren, Geschwindigkeitsgrößen und die Variabilität der Zeit in Verbindung bringt. Der Raum ist ein Geflecht von bewegten Elementen. Er ist also ein Resultat von Aktivitäten, die ihm eine Richtung geben, ihn verzeitlichen und ihn dahin bringen, als eine mehrdeutige Einheit von Konfliktprogrammen und vertraglichen Übereinkünften zu funktionieren. (…) Im Gegensatz zum Ort gibt es also weder eine Eindeutigkeit noch die Stabilität von etwas ›Eigenem‹. Insgesamt ist der Raum ein Ort, in dem man etwas macht. So wird zum Beispiel die Straße, die der Urbanismus geometrisch festlegt, durch die Gehenden in einen Raum verwandelt. Ebenso ist die Lektüre ein Raum, der durch den praktischen Umgang mit einem Ort entsteht, den ein Zeichensystem – etwas Geschriebenes – bildet.« M. de Certeau: *Kunst des Handelns*, s. Anm. 12, S. 218.

25 Vgl. Anm. 12, S. 220.

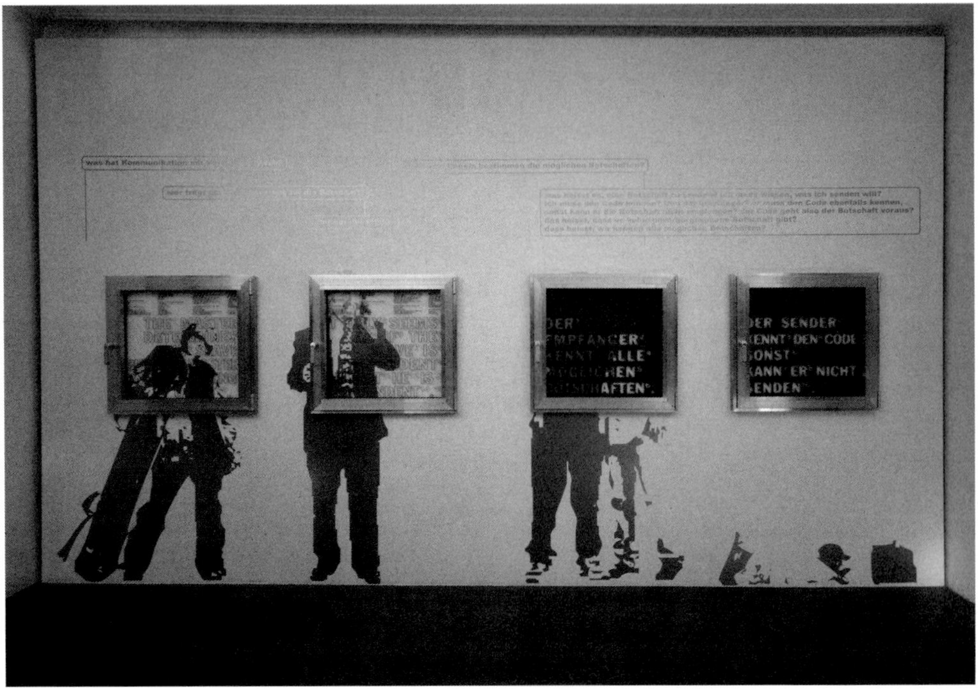

Beispiel für eine künstlerische Kombination von grafischen Elementen, Texten und Objekten: Thomas Locher: *Sender/Empfänger/Botschaft*. Ausstellungsansicht Galerie Reinhard Hauff, Stuttgart, 2000.

Bedingungen ihrer Möglichkeit waren.«[26] Diese Objektivierung wird in den konzeptuellen Kartografien und Diagrammen durch strategisch selektierte Schreib- oder Zeichnungsweisen konterkariert.

Die letzte für die künstlerische Darstellung substantielle Kategorie bei de Certeau ist die Grenzziehung, aus der die Aufteilung des Raums folgt.[27] Denn jede textuelle oder grafische Linie definiert je nach Standpunkt ein Ein- oder Ausgeschlossensein.

3. Über die An- und Abwesenheit des Autors und des Kontexts in Zeichenlinien

Was bedeutet es, künstlerische Zeichnungen nicht mehr als autonome Äußerungen, sondern als kontextreflexive, strategisch entworfene Linien zu betrachten – wie es beispielsweise Mitte der 80er Jahre des 20. Jahrhunderts der Künstlerin Sherrie Levine durch die Reproduktionen von Egon Schieles Zeichnungen gelang? Was macht die Äußerung der Zeichnung aus, die äußere Erscheinung, ihre Kontur, oder ihre Binnenstruktur?[28]

Die künstlerische Handschrift – der herkömmliche Mehrwertproduzent des Kunstmarkts –, wird traditionell mit dem Charakter und der ontologischen Verfasstheit des Künstlersubjekts analogisiert, und es wird immer behauptet, dass sie eine radikal individuelle Spur zeichne. Bis heute wird die Künstlerzeichnung verstanden als Synthese aus

[26] S. Anm. 12, S. 223.

[27] Vgl. Anm. 12, S. 227.

[28] Vgl. dazu Batesons Dekalog zugrundeliegende Fragen: »Meinst du, ›Warum geben wir Dingen Konturen, wenn wir sie zeichnen?‹, oder meinst du, daß die Dinge Konturen haben, ob wir sie nun zeichnen oder nicht?« Gregory Bateson: *Ökologie des Geistes. Anthropologische, psychologische, biologische und epistemologische Perspektiven*. Frankfurt/Main, (1972), 1992, S. 60.

Abbildung, projiziertem Bild, körperlicher Expression und individueller Verfassung des Künstlersubjekts, die außerdem durch stilistische Überlegungen gefiltert oder gefärbt wird, selbst wenn es sich dabei um eine hochgradig reproduktive Strategie handelt. Jedes Bild kann mittlerweile als Computerdiagramm formalisiert werden, deshalb bedeutet eine Übertragung in ein anderes Medium noch keine andere künstlerische Formation.

Auch in einem wissenschaftlichen Diagramm sind immer schon persönliche oder subjektivistische Ebenen angelegt, die Aufschluss über einen bestimmten Diskurs- und Formenkanon geben. Allerdings muss man sich die von Johann Caspar Lavater auf der Silhouettenmethode aufbauende Physiognomik genauer ansehen; dazu führt Krausse aus: »Aber während etwa Albrecht Dürer – unter Berufung auf Vitruv – in den menschlichen Gliedmaßen einen idealen Proportionskanon suchte, ist die Silhouette das Medium, das aus dem Interesse an der Differenz populär geworden ist. Die Silhouette ist das Diagramm eines Portraits. Sie reduziert die Datenmenge der singulären Erscheinung auf das charakteristische Profil einer Figur in der Fläche, die – und das ist das Neue – mit anderen Figuren visuell verglichen werden kann. Das Individuelle wird ›Charakter‹ erst mit der Einführung von Standards. Und erst wenn ein Spektrum an Individuation vorliegt, beginnt der Kampf um die Standards. Es ist nur ein kleiner Schritt von der Unterscheidung zur Diskriminierung. Das zeigen Lavaters Schriften überdeutlich. Was als ein Gesellschaftsspiel der Aristokraten und Gebildeten mit ihrem erwachenden Interesse an der Individualität begann und einen wesentlichen Bestandteil jenes Panoptismus darstellt, der in der zweiten Hälfte des 18. Jahrhunderts zunächst als Attraktion und Unterhaltung auftritt, um dann in eine Phase der Verwissenschaftlichung der politischen und administrativen Anwendung zu kommen und sich in Foucaultschen Machtdispositiven wiederfindet, wird ein Jahrhundert später zu jenem System erkennungsdienstlicher Behandlung, dessen operative Seite in der ›Rasterfahndung‹ kulminiert.«[29] In dieser Passage stellt Krausse die Interferenzen zwischen objektiven Veränderungen der Darstellungskonventionen mit politischen Interessen klar.

Die von Kartografien ermöglichten Optionen sollten auch unter diesem zunehmenden Kontrollaspekt des öffentlichen Raums und des Internets gedacht werden: Es ist transparent, welche Informationen ich mir beschaffe. So läßt sich mit dem neuen Informations-Individualismus (mit der fälschlichen Metapher des Surfens) auch eine gesteigerte Form der Kontrolle konstatieren, die allerdings nicht mehr zentralstaatlich, sondern eher dezentral korporativ institutionalisiert ist.

Um eine Reflexionsebene für künstlerische Linien zu entwerfen, die immer entlang sowohl textueller wie auch grafischer Referenzen verläuft, muß man die institutionellen Verästelungen und Beziehungen miteinander verknüpfen[30], denn die scheinbar leere, weiße Fläche des Blatts ist immer schon von unzähligen Linien überlagert, überdeterminiert: Die Psychogrammatik der Zeichnung muß Legitimationsrhetoriken für die Auswahl an Linien finden, die markiert werden.

[29] J. Krausse: *Information auf einen Blick*, s. Anm. 2, S. 13.

[30] Vgl. »... das Rhizom dagegen besteht nur aus Linien; ...« G. Deleuze, F. Guattari: *Rhizom*. Berlin, 1977, S. 34 f.

Wenn eine künstlerische Kartografie im Ausstellungsraum zwischen Texten und Fotografien situiert wird, eröffnet sie nicht nur die gewünschte Shifterfunktion zwischen den konventionalisierten Sehweisen der diversen Medien und so auch den Linien der eigenen Formation[31], sondern verwandelt auch den Ort mittels ihrer Aussagehandlung zum Raum. Insofern jeder exponierte Begriff und jede Fotografie sich einer räumlich situativen Rhetorik verdanken, sind die Elemente der Diagramme fluktuierend.[32] Dies verwirft den Standpunkt einer (panoptischen) Perspektive zugunsten polyperspektivischer Verhaltens- und Aussageweisen.[33] Die so in variierten räumlichen Anordnungen befindlichen Begriffe entstehen in und durch diese Beziehungen von Kräften des institutionellen Feldes der Kunst.[34] Dadurch schließt sich auch eine über diese Anordnung hinausreichende Identität der einzelnen Begriffe aus, auch wenn sie bestimmten Tendenzen folgen, die jedoch in anderen Zusammenhängen paradox erscheinen und trotzdem Handlungen auslösen können.[35]

Bernard Cache, der bei Deleuze studiert hat, stellt seinen Überlegungen zur Funktion der Architektur und der Möbel einige Überlegungen zum Bild voran. In der Entwicklung eines architektonischen Projekts stellt das Bild eine Serie von Dokumenten dar, die mit der Landkarte des Ortes beginnt, zu Entwürfen führt und mit den Architekturplänen endet. Cache fällt bei der Reflexion dieser Bilder auf, dass sie vorteilhafterweise mit drei formalen Elementen korrespondieren: der Inflektion, dem Vektor und dem Rahmen. Mit dieser Erkenntnis reflektiert er sie nicht mehr länger nur als Dokumente wie jedes sichtbare Objekt und im Speziellen wie solche Objekte, die einen ästhetischen Genuß einschließen. Er zielt vielmehr darauf, Architektur als Manipulation des wesentlichen Elements des Rahmens zu betrachten. Dies führt ihn zu der Überlegung, nicht nur Gebäude, sondern alle Bilder als Architektur zu betrachten, die auf irgendeine Weise ein rahmendes Element aufweisen, das heißt Malerei ebenso wie Kino.[36] Damit verweist Cache auf eine Grundstruktur des Visuellen, die es lohnt, auf die bisherigen Überlegungen zurückbezogen zu werden, insofern Layout immer schon architektonisch gedacht ist, was die Bauweise, die Struktur, die Architektur der Gedanken und ihre Darstellung in Räumen oder Druckerzeugnissen betrifft.[37] Aus Krausses Lavater-Kritik läßt sich ableiten, was dies in Kombination mit Michel de Certeaus Definition einer Rhetorik der Linie für die künstlerische Zeichnung bedeuten kann. Die individuell gezeichnete Linie wird erst dann zur charakteristisch originellen Formation, wenn Standards des Originellen konventionalisiert werden, das heißt Orte, die mittels Erzählungen zu Handlungsräumen werden, aus denen wiederum eigene Orte entwickelt werden können.[38] Die Rhetorik der künstlerischen Linien ist demnach immer schon durch ein hochspezifiziertes institutionelles Zusammenwirken – der Macht-Wissens-Komplex der Institution der Kunst im Foucaultschen Sinn – diskutiert, konstituiert, sanktioniert und kontrolliert. Selbst der individualistischste Ausdruck einer gezeichneten Linie ist somit als institutioneller Entwurf vorkonditioniert, insofern er in einer diskursiven

[31] »Das *Diagramm* ist nicht mehr das audiovisuelle Archiv, es ist die Karte, die Kartographie, koextensiv zur Gesamtheit des sozialen Feldes. Es ist eine abstrakte Maschine.« Gilles Deleuze: *Foucault*. Frankfurt/Main, (1968) 1992, S. 52.

[32] »Das Diagramm ist grundlegend instabil oder fließend und wirbelt unaufhörlich die Materien und die Funktionen so durcheinander, daß sich unentwegt Veränderungen ergeben. Schließlich ist jedes Diagramm intersozial und im Werden begriffen.« S. Anm. 31, S. 53 f.

[33] Vgl. die nomadische Polyperspektive: G. Deleuze und F. Guattari: *Tausend Plateaus. Kapitalismus und Schizophrenie*. Berlin, (1980) 1997, S. 683.

[34] »Was ist ein Diagramm? Es ist die Darstellung der Kräfteverhältnisse, die gemäß dem Charakter der vorangegangenen Analysen die Macht konstituieren. (...) Das Diagramm oder die abstrakte Maschine ist die Karte der Kräftebeziehungen, der Dichteverhältnisse, der Intensitäten, die über die nichtlokalisierbaren primären Verbindungen wirksam wird und jeden Augenblick durch jeden Punkt ›oder vielmehr in jeder Beziehung zwischen Punkt und Punkt‹ verläuft. (...) Nichtsdestoweniger wirkt das Diagramm als eine immanente, nicht vereinheitlichende Ursache, die dem gesamten sozialen Feld koextensiv ist: die abstrakte Maschine ist gleichsam die Ursache der konkreten Anordnungen, die deren Beziehungen herstellen; und diese Kräfteverhältnisse verlaufen ›nicht oberhalb‹, sondern im Geflecht der Anordnungen selbst, die sie produzieren. (...) Oder genauer, die immanente Ursache ist die, die von einem Effekt aktualisiert, integriert und differenziert wird. Genauso besteht ein Verhältnis der Korrelation, der wechselseitigen Präsupposition zwischen Ursache und Wirkung, zwischen abstrakter Maschine und konkreten Einrichtungen (hierfür reserviert Foucault zumeist den Namen ›Dispositive‹).« S. Anm. 33, S. 55 f.

[35] »Die Geschichte der Formen, das Archiv, wird durch ein Werden der Kräfte, ein Diagramm verdoppelt. Das heißt, die Kräfte erscheinen in ›jeder Beziehung eines Punktes zu einem anderen‹: ein Diagramm ist eine Karte oder, genauer, eine Überlagerung von Karten. Und von einem Diagramm zum nächsten werden neue Karten gezeichnet. Auch gibt es kein Diagramm, das nicht auf seiten der Punkte, die es verknüpft, relativ freie oder entkoppelte Punkte umfaßt, Punkte der Kreativität, des

Fig. 19 *Wind – Panofsky*

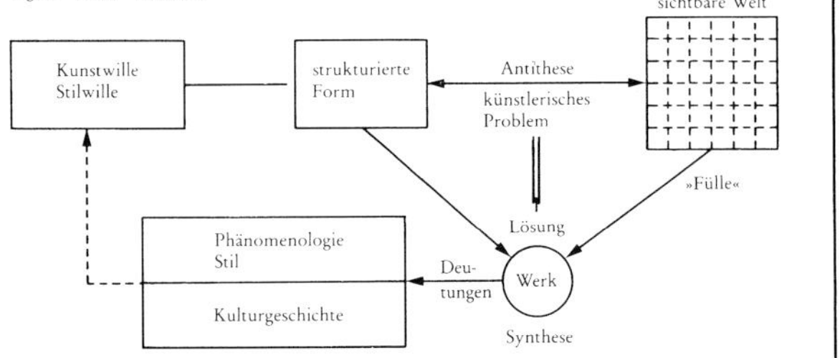

Panofsky: Die Bedeutungsschichten des Kunstwerks

Werk	*subjektive Quelle*	*objektives Korrektiv*
1. *Phänomensinn*		
objektive Form a) faktisch vorliegend (Sachsinn) b) expressiv (Ausdruckssinn) »primary or natural subject matter«	vitale Daseinserfahrung intuitives Verständnis	Gestaltungsgeschichte (das »Darstellungsmögliche«) Analyse der Form
2. *Bedeutungssinn*		
Inhalt: Bild Geschichte Allegorie »secondary or conventional subject matter«	literarisches Wissen	inhaltliche, ikonographische Analyse mittels literarischer Quellen, Bildüberlieferung, Typengeschichte
3. *Dokumentsinn* (Wesenssinn)		
Kunstwerk als *symbolischer* Ausdruck für Lebensgefühl, Weltanschauung, die geistesgeschichtliche Situation »intrinsic meaning, symbolical value«	intuitive Ganzheitsauffassung (»weltanschauliches Urverhalten«)	geistesgeschichtliche Deutung das weltanschaulich Mögliche Erkennen grundlegender Tendenzen

< Versuch einer Definition der produktiven und der interpretativen Schichten und Positionen in einem zweidimensionalen Verhältnis: Fig. 19 Wind – Panofsky, Panofsky: Die Bedeutungsschichten des Kunstwerks. In: Götz Pochat: *Der Symbolbegriff in der Ästhetik und Kunstwissenschaft.* Köln, 1983, S. 168.

Formation auftritt. Dies ermöglicht das Paradox der gleichzeitigen An- und Abwesenheit des Autors.[39]

Hier wäre eine Diskussion beispielsweise von Ikonen der freien, ›multidirektionalen‹ Linie (Michael Fried) der Drippings von Jackson Pollock anzuschließen.[40] Serge Guilbauts Untersuchung suggeriert, dass gerade diese Linie der größten Freiheit entgegen Pollocks eigener Intention das Programm einer staatlichen Ideologie repräsentiert.[41]

4. Politik der Linien

In meine hier vorgelegte Lektüre scheinbar kontingenter Phänomene schreibt sich eine mögliche Linie der Verbindung ein. Geht man von einer Analogie aus zwischen der dominanten Stellung des Informationsdesigns und der Aufhebung des alten nationalstaatlichen Begriffs der Grenze, wie er durch eine Linie markiert wird, projiziert man den Grund und Horizont, auf oder vor dem die Linien der Kartografien

Wandels, des Widerstands; und vielleicht muß man von ihnen ausgehen, um das Ganze zu begreifen. Ausgehend von den ›Kämpfen‹ jeder Epoche, dem Stil ihrer Kämpfe, kann man die Abfolge der Diagramme oder Wiederverkettung jenseits der Diskontinuitäten begreifen.« G. Deleuze (mit Bezug auf M. Foucaults Überwachen und Strafen): *Foucault,* s. Anm. 31, S. 65. »(D)ie abstrakte Maschine, das ist das informelle Diagramm.« Ebenda S. 59. Genau diese Unbestimmtheit gegenüber dem ›echten Diagramm‹ bei Foucault und Deleuze kritisiert Krausse; vgl. J. Krausse: *Information auf einen Blick,* s. Anm. 2, S. 10.

36 B. Cache: *Earth Moves. The Furnishing of Territories.* Cambridge, Massachusets, (1983) 1995, S. 2.

37 Walter Nikkels bemerkt, dass das Layout traditionell architektonisch aufgefaßt wird: »So führt die Geschichte der Typographie zurück auf eine architektonische Proportionslehre, und zwar auf das Verhältnis von Aufmaß und Zwischenraum. (y) Allmählich werden die Schattenpartien der Architektur gerade die *tragenden* Teile innerhalb der *typographischen* Architektur. Doch von seinem Ursprung her ist der bedruckte Teil der *unausgefüllte* Raum zwischen den tragenden Teilen der Architektur. Das Buch ist also ein Gebäude. Die Seite ist der Aufriß, und der Satzspiegel entspricht den manchmal noch gegliederten Fensteröffnungen. Die gesetzten Zeilen bilden so etwas wie die Schraffur der zurückspringenden Teile der Öffnungen in der Architektur.« W. Nikkels: *Der Raum des Buches.* Köln, 1998, S. 13–15.

38 Dies könnte auf die Tradition der esoterischen Zeichensysteme hin reflektiert werden; vgl. dazu ein Standardwerk: Giordano Bruno: *De imaginum, signorum et idearum compositione. Ad omnia inventionum, dispositionum et memoriae genera, libri tres,* 1591.

39 Vgl. zum ähnlichen Problem der Signatur: Jacques Derrida: Signatur Ereignis Kontext. In: derselbe: *Randgänge der Philosophie.* Wien, 1988, S. 312.

und Diagramme gezeichnet werden. Um eine Linie zu verstehen, muss man neben sie schauen.

Gegenwärtig wird allerdings mehr über ›das Zeichnen von Aktien‹ und die ›kreative Performance von Aktienfonds‹ gesprochen, die immer in Balken- und Kurvendiagrammen dargestellt werden (entsprechend der herrschenden Ideologie der Quantität), und das Informationsdesign instrumentalisiert den urbanen und digitalen Raum als Werbedisplay. Gleichzeitig scheinen die linienhaften Grenzen zwischen Nationalstaaten insofern aufgelöst zu werden, als ihre Kontrollfunktionen disloziert werden (Grenzkontrollen finden nun tendenziell in Bahnhöfen und an anderen Transport- oder Kommunikationslinien statt). Der Verlauf einer Grenze tritt in seinem Konfliktpotential hinter die ethnischen und ökonomischen Konflikte (die meist von außen durch internationale Interessen beeinflusst werden) zurück, die sich in das eingegrenzte Territorium (den Inhalt?) verlagert haben. Diese Phänomene haben keine Ausschließlichkeit, sondern ergänzen traditionelle Formationen an anderen Stellen der Erde.

Man könnte mit der Aufzählung analoger Phänomene fortfahren: Im Rahmen der staatlichen Deregulation kommt es gegenwärtig beispielsweise innerhalb des nationalen Territoriums (im Innern) zur Auflösung der Grenze zwischen Privatheit und Öffentlichkeit und der tendentiellen Aufhebung der Unterscheidung zwischen produktivem und reproduktivem Bereich. Es ließe sich also eine Umwertung dessen konstatieren, was die Linie der Grenze markiert.

Wenn es sich so verhält, dass der Entwurf von Karten dem Kolonisieren von bisher verborgenen Territorien vorausgeht (dies meint der Begriff der *mental map*)[42], dann stellen die künstlerischen Kartografien paradoxerweise ideale Trugbilder spekulativ antikolonialistischer und antikapitalistischer Räume oder Sphären dar, in denen jedoch politische Interessen niemals suspendiert sind. Wenn geografische Karten vor allem ein Hilfsmittel der Kontrolle und ein Symbolsystem des Imperialismus und Kolonialismus darstellen, kontrastieren die künstlerischen Kartografien dazu zwar eher als Formationen der kritischen Reflexion dieser Determination.[43] Die Kriterien des Illusionären und der Kritik scheinen jedoch gerade – zumindest in ihrer inhaltsleeren, informationsdesignten Sloganhaftigkeit – die besten Differenzgewinne auf dem Markt zu versprechen. Diese Differenzen lassen sich weniger durch Differenzlinien auf der Oberfläche der Produktästhetik als durch inhaltliche, das heißt die innere Struktur der Korporationen betreffende, Inkompatibilitäten andeuten.

Die gezeichnete Linie, die vorher der Ideologie des Originals unterstand, insofern sie als charakteristisch (vom Standard abweichend) originärer (einer eigenen Quelle entspringender) und deshalb unkopierbarer Gestus einer Künstlerhand galt, ist nun kopier- und reproduzierbar. Die Künstlerzeichnungen, die immer als Psychogramme oder individualistische Seismografen betrachtet wurden, erscheinen als Reflexe ihres institutionellen Kontexts. Auch die imaginierte Linie (des vorliegenden Texts) als Signifikant wird durch situativ variable, kontextreflexive Formationen konstituiert.

[40] Deleuzes Pollock-Interpretation stehe ich skeptisch gegenüber, da Deleuze sich nicht nur auf Worringers kulturelle Formen, sondern auch auf Wölfflins reine Formen bezieht, die von Erwin Panofsky diskutiert wurden: Eine Formanalyse, das heißt eine Analyse der ›primären Sujets‹ müsste schon bei den verbalen ›Grundbegriffen‹ selbst ansetzen. Vgl. G. Deleuze u. F. Guattari: *Tausend Plateaus.* Berlin, (1980) 1997, S. 682 f; G. Deleuze: *Francis Bacon – Logik der Sensation.* München, (1984) 1995, S. 78 f; Erwin Panofsky: Ikonographie und Ikonologie. In: Ekkehard Kaemmerling (Hg.): *Bildende Kunst als Zeichensystem. 1. Ikonographie und Ikonolgie: Theorien, Entwicklung, Probleme.* Köln, 1979, S. 211.

[41] Vgl. S. Guilbaut: *Abstrakter Expressionismus, Freiheit und Kalter Krieg. Wie New York die Idee der Modernen Kunst gestohlen hat.* Dresden u. Basel, (1983) 1997.

[42] Vgl. die Herleitung von J. MacKinder und seinem Begriff des »Karten-Habitus des Gedankens« als typisch deutsche, kolonialistische Denkstruktur, die er auf Alexander von Humboldt zurückführt; bei: J. Krausse: *Information auf einen Blick*, s. Anm. 2, S. 7.

[43] Vgl. die Rhetorik von Susanne Brüggers Foto-Bild-Kombinationen, die sich einer kontrollierbaren Eindeutigkeit entziehen. Der erste Satz lautet: »Befremden ist der Ausgangspunkt für meine Arbeit am *Kartenwerk*, einer Folge von fotografisch-kartografischen Arbeiten seit Ende 1990.« S. Brügger: ZWAR. Partikelbeobachtungen und Konjunktionen. In: *Lab. Jahrbuch für Künste und Apparate.* Köln, 1998, S. 46.

Es scheint um eine Rückübertragung der Geste der Zeichnung (was ist ihre Qualität jenseits einer Handschrift?) zu gehen. In einem anderen Gedankensystem, das sich nicht architektonisch strukturiert, könnte es um die Verbindung der einzelnen Diagramme im Sinn einer hypertextuellen Kartografie gehen, die nicht nur mit Intertextualität, sondern auch mit Interikonizität arbeitet. Jedes Bild wie jeder Begriff sollten durch einen Mausklick (stellt dies die zeitgenössische Koordination zwischen Denken und Muskelkontraktion beim Zeichnen dar?) zu einer anderen Kartografie führen. Dabei sollte eine solche Verknüpfung der einzelnen Elemente der Kartografien bestehen, dass eine Veränderung an einer Stelle auch eine relationale Variation in allen anderen Elementen bewirkt. Hinter jedem Begriff sowie hinter jedem Bild verbirgt sich ein Diskurs, also eine Vielzahl von variabel verknüpften Texten und Bildern. Das Wort ›hinter‹ verweist behelfsmäßig auf die Möglichkeiten der Beziehung, Verknüpfung, Vermischung.[44]

Wichtig für dieses Konzept wäre, die Kartografie nicht als Objekt, sondern als driftende Funktion zwischen Archiven von Bild- und Begriffsformationen sowie gesellschaftlichen Institutionen zu betrachten. Jede Aussage oder Positionierung richtet sich auf ein epistemologisches und politisches Interesse.

Die Reflexion dieser Wege möchte ich vorläufig an einer Frage ankommen lassen: Die paradoxe Selbstbezüglichkeit des Diagramms und der Kartografie kann in den Relationen zwischen Darstellung und (politischer) Wirkung gesucht werden – ist das Diagramm Anzeiger, Gestalter von gesellschaftlichen Prozessen oder gerade ein Symptom der Repräsentationsverhältnisse?

(Dank an Raphaële Jeune, Thomas Hensel und Hubertus Butin für Hinweise und Anregungen)

[44] »Die Lehre von der Autonomie der Kunstwerke arbeitet auf eine Art Separation hin, die, wie ich glaube, eine Entgrenzung verhängt, die die Werke selbst ganz entschieden nicht nachvollziehen. Dennoch, ich habe bewußt davon abgesehen, eine allgemeine Theorie der Beziehungen zwischen Literatur und Kultur einerseits und Imperialismus andererseits vorzutragen. Vielmehr werden die Verbindungen, wie ich hoffe, aus ihrer expliziten Stellung in den verschiedenen Texten hervorgehen, mit dem umfassenden Rahmen – Imperium –, in dem sie entwickelt, elaboriert und kritisiert werden können. Weder Kulturen noch Imperialismus sind träge, und damit sind auch die Verbindungen zwischen ihnen als historische Erfahrungen komplex und dynamisch. Mein Vorsatz ist nicht, zu trennen, sondern zu verknüpfen, und ich nehme ihn philosophisch und methodologisch deshalb ernst, weil kulturelle Formen hybrid, gemischt und unrein sind und weil für die Kulturanalyse die Zeit gekommen ist, ihre Neugier an der Wirklichkeit zu messen.« Edward W. Said: *Kultur und Imperialismus. Einbildungskraft und Politik im Zeitalter der Macht.* Frankfurt/Main, (1993) 1994, S. 50 f.

»listening and dreaming«. anthony moore

The limitlessness of dreams with no edges. In the day we contain our dreams, at night they contain us. It is as if the mind, the site of dreams, confined within the cell of the skull, spills out like vapour and surrounds us with its own desire to be borderless, infinite. So the connection is there between vast space and dreams. And that is why reverberation or echo always denotes dream sequences. A military band playing marching music, let's say very real, present; it becomes a dream as soon as the music becomes echoing, treated with reverberation. A dream or a memory or a vision, each is an absence and therefore existing somewhere in space, insofar as absence itself creates space. And your ears are open all night for your dreams to escape through. Sound and dreams share this immersive, all-pervading quality.

»Vision comes to a human being from one direction at a time: to look at a room or landscape, I must move my eyes around from one part to another. When I hear, however, I gather sound simultaneously from every direction at once: I am at the center of my auditory world, which envelopes me, establishing me at a kind of core sensation and existence. This centering effect of sound is what high-fidelity sound reproduction exploits with intense sophistication. You can immerse yourself in hearing, in sound. There is no way to immerse yourself similarily in sight.«[1]

There are deep connections between lucid dreaming and listening. For the very reason that our ears are ever open, even when we sleep, we create sound-screens, psychosomatic ear-lids that close at the point where the signals reach the brain. We have been taught to do this by our bodies. Perhaps, even before birth, we have already learnt to screen out the incessant roar of blood streaming through our veins, by far the loudest sound we could ever hear and yet silent to us. And even if one is unaware, one is still hearing, dreaming. Just think of that vertiginous feeling which comes with the sudden absence of a continuous sound you had ceased to notice, a kind of waking up. But if you are aware of listening, then the sound you are listening to will disappear; (this, according to some audiologists and a new approach towards a cure for tinnitus based on the idea of the brain turning off anything that goes on and on – »if music be the food of love«). Previously it was thought the more one dwelt on the sounds, the more

[1] Walter J. Ong: *Orality and Literacy. The Technologizing of the Word.* London – New York, 1982, S. 72.

present and irksome they would become. Now the belief is that it is possible to bring about a kind of psycho-cancellation, as if super-awareness is the penultimate stage towards complete non-awareness, that attention or consciousness doesn't fade in and out but rather switches on and off quite suddenly. This process of habituation is like a time-shift that locks into opposite phase and consequently produces nothing, silence, which forces a kind of forgetting that inescapably asserts itself by the very awareness of its happening. For only the briefest space of time something new makes itself known to us.

The way in which a sound arrives, its envelope-shape, contains as much of its identity as the attendant harmonics or overtones which give us the timbral information needed to distinguish between two instruments sounding the same note. The speed of forgetting is a function of the envelope too and it may be that memories are more likely to arrive suddenly than forgetfulness, which may fade. One switches and is switched between states of awareness and unawareness. The shape of the envelope affects the perception of the state-change. If you have a gradual attack and a slow release then you are not exactly sure when you ceased to be aware.

Some 2500 years ago Empedocles formulated a theory of perception that was significantly located between two alternative hypotheses. In the case of vision, simply put, one stated that objects emanated light that shone into the eye. The other concept was somehow the reverse, that the eye functioned like a projector, illuminating the object. The thinking of Empedocles embraced both these notions with the proposition that the eye did indeed engage the object by casting its gaze upon it. But at the same time the object shone back toward the viewer. This meant that the perception of the object was located more or less in between the seer and the seen, at an interface outside the body where two streams of light came together. Siegfried Zielinski, knowing of my interest in the inversion of function with regard to the ›transmitting ear‹, provided me with the following: Empedocles' texts are only available to us in fragments. One collection of fragments is called *The senses and the mind* (perhaps »thinking« is better). Empedocles principally describes the sense of ›hearing‹ much as he does the other senses within his *Theory of Pores*, and especially he remarks that auditive perception comes from inner noises, when the inner air produces a sound by being moved through resonance. For Empedocles, the system of the ear, which he calls a fleshy twig or branch, is some kind of a bell (ground of resonance), that produces sounds to match those in the outer world. By being moved, the inner air is beating against the bell-like, solid parts and thus produces sound.

Inversion of function: the idea is partly concerned with two internal, sonic phenomena generated by the ear-brain, tinnitus and oto-acoustical emissions (OAEs) which are measurable sounds emerging from the ear. By addressing the issue of OAEs, we are reversing the normally accepted function of the ear purely as receiver. Listening inwards is like looking at your own retina. There might be a tendency to think of ourselves as surrounded from without, information flying at us on all sides, colliding with our sensors, meteorites of stuff hitting our skin. But noises are also generated from within, which may include the noise of our thoughts as well as the physical sound of the body at work. So what is the connection between the sounding space of the world and the chamber or space of perception we tend to locate inside our skin? Sounds emerging from the ear meeting others on the way in, at the interface of the tympanic membrane suggests a model where signals pass through each other, retain their identity or get lost; a complex of waves that in some cases amplify each other and in others, cancel each other out.

In her book *Membranes*, Laura Otis writes, »Anatomically, a membrane defines a cell's form; in essence, microscopists knew that cells existed because they could see their boundaries. More important though, the membrane plays a key physiological role. Discussing vitalism in 1858, Virchow wrote that the fundamental quality of life was simultaneous independence (Selbständigkeit) and dependence (Abhängigkeit), a quality epitomised by the bounded cells he observed: ›Life‹, (wrote Virchow), ›consists of an exchange, but it would stop being life if this exchange did not have certain limits. These limits establish certain standards of moderation and regulation, as much in the simple cell as in the organism composed of cells. In the cell we have come to know the membrane and the nucleus as the regulators and moderators‹ The membrane defined the cells not only because it made them visible and set their limits in a physical sense but also because it let them regulate their own inputs and outputs. While these semi-permeable membranes never entirely sealed cells off from their environments, they allowed cells to resist them and to select the molecules that could enter.«[2]

To explore the inner soundscape, the sound of the inside of the head, and to think about the problem of bringing the inside to the outside, of externalisation and subjectivity, of no objectivity, of trying to get outside yourself, of always hearing from the inside, of never knowing the sound of your voice other than from the inside. How not to be stuck in the middle of your own hearing? Sing with somebody else, then the two sounds, the inside and the outside meet at the surface of yourself, that is the tympanic membrane and the bones of the skull. And here is the cell, it becomes your head, the eardrum is the skin through which signals pass in both directions, the sound inside your ears, and the surrounding field of sound outside your ears. The membrane is set vibrating from both sides. It is the skin surrounding the drop in the ocean, a denser collection of molecules, a thickening of the air around an airpocket.

[2] Laura Otis: *Membranes*. 1999, S. 23, darin: Virchow, 1971, (1859), S. 31 – 32.

›Cellula‹: with this work we sought to define in sound, a small, confining space within a larger space and to examine questions of inside/outside, of location and identity, the paradox of skin which consists of that which it contains as well as that which contains it, a drop in the ocean. And whenever I hear this, I always imagine the drop suspended somewhere mid-way between the ocean floor and the surface, somehow existing in the middle of the depths of the sea, separate and identical. And if space contains other spaces how are we aware of them, can an emptiness contain other emptinesses, and what is it that allows them to maintain (in the case of the sound of words for example) their autonomous existence? This idea of differing spaces, made up of the same material, existing inside each other, is to ask what separates, what is the skin of a sound that makes it distinguishable from the surrounding soundfield which is more often than not, a cacophonous accompaniment. Why can we understand a conversation against a noisy background, how is it that sounds can retain their individuality, and when do they lose their distinctive qualities and merge and dissolve into each other like paint, forming new colours, greens, where the blues and yellows are no longer distinguishable?

From the perspective of sound, the listener is at the vanishing point. What, for the eye, is in the distance, the point of convergence, is, for the ear, the closest. The vanishing point is the point of starting out and is located at the centre, the centre of an expanding sphere, a radial divergence that becomes a space which may contain other spaces. But at the centre, the very middle of anything, there is only room enough for one of us. It may be true that each point of view is also unique, separate. But you can look at someone looking at something and look at it too, a socialising triangulation. In a way, like dreaming, you can never really know what people are hearing. Dreaming and listening both start from the same place, the vanishing point between the ears. At the beginning of sound you are alone in listening, at the end of seeing you are alone in the vanishing point. At the beginning of seeing you can at least imagine others gazing down the sight-lines of the periphery, at the end of hearing, no longer at the centre but in the skin, you can at least imagine an expanding sphere that holds those same others. Seeing begins with the idea that you are not alone because you can't see behind you, the centre is in front and far away. Hearing begins with the idea of being alone because, though you can see someone looking at you, you can't hear anyone listening to you. However densely populated the dreams, the dreamer is, in fact, alone also.

This is a disturbing model of the listening self, isolated at the single point of the centre. How to achieve the necessary escape velocity to float out onto the edges of your soundfield? Singing with someone else is the answer because unlike particles, the coherence of waves allows for a simultaneous and separate existence. Waves can co-exist in the same place at the same time. You won't displace them. If you climb into a bath of sound waves they won't spill over onto the floor. Just as with the simultaneity of harmonic or disharmonic spectra, the simultaneity of thinking, hearing and talking. Occupying the same place at the same time allows us to escape from the sublunary solitude of being fixed at the core of our hearing.

The Howl for Air (or the art of slapping new-borns). The howl for air, the expanding sphere, the first feedback loop, the yell to the ears. If we can accept the anthropomorphic notion of a sound that listens to itself, a sound with ears(!) and the model of the negentropic soliton, then that first sound you made and heard, the howl for air, became an expanding bubble inside which all other proceeding sounds, heard or made, continue to be contained. What then is the difference between a sound you hear and a sound you make if the act of hearing is a making and the making, an act of hearing? The permeable and elastic membrane that surrounds the expanding, spherical after-life of a sound is pervious to carrier waves of information flowing in. These waves are themselves other sounds moving out from their sources and passing through each other. This is the simultaneous autonomy and permeability, which Virchow spoke of as a vital property of existence. The limitation might be time. An earlier sound may not be overtaken by a later one. But if all sounds are contained inside each other, by those that came before them, and they all travel at the same speed, and a more recent sound fades out before an earlier one, then what happens is a contained dispersal, a more entropic event within a lesser one. So fading is the dissolution of the skin, perhaps the most important ›organ‹ we have.

The disembodied head of the listener is the drop in the ocean submerged in the social space. Inside there are sounds which are imagined, remembered and actual (OAEs) and similarly there are sounds outside. The sounds on the inside are emanating from the available apertures and bony surfaces of the head. The sounds on the outside are radiating simultaneously into and away from the body of listener. The eardrum is the skin, the porous interface, the viscosity that defines the cell of the listening dreamer.

conditioned reflexes, music and neurofunction.

alla mitrofanova

Introduction: From aesthetics to physiology

The first quarter of the twentieth century saw the appearance of a whole range of movements away from the formal and aesthetic conception of music towards the functional, socially motivated, physiological, and so on. Among the most traditional circle of innovative composers – Scriabin, Nikolai Roslavets, Ivan Vyshnegradsky and the Cubo-Futurists Mikhail Matiushin and Artur Lurye –, ideas were being realised of the extra-musical synthetic effect of music: the music of ecstasy, of ceremony, of the spheres. They sought to expand the formal means at their disposal, developing the ideas of microchromatics and the construction of twelve-tone modal structures, as well as ›chromomusic‹ (a concept devised by Scriabin and Matiushin).

The composers belonging to the Association of Modern Music (*Assotsiatsiya Sovremennoi muzyki*) created ›industrial art‹, incorporating into their works the rhythms and noises of factory machinery and the physical movements characteristic of the worker: Prokofiev's ballet *Le Pas d'Acier*, Shostakovich's *Bolt*, Alexander Mosolov's opera *The Dam*... Mosolov also wrote a vocal cycle on four advertisements in the newspaper *Izvestiya*. They maintained that the age expressed itself in complex, innovative musical forms, that it was necessary to create not the simplified song music of the proletariat and not the imitation of noises, »but the complex music of Socialism – music for the new generations who should be given all the best that can be created at this moment.«[1]

One group of radical composers moved towards actual noise music: a symphony of factory hooters was performed in Baku in 1922. The Young Communist composers of the Russian Association of Proletarian Music (RAPM) created proletarian music that imitated the sounds of factory machines (discussed in the association's journal *Muzykal'naya nov'* [New Musical Ground] in 1926). The RAPM theoreticians studied rhythm and melody as the main and strongest means of musical influence, holding that the path to the creation of a new music of the proletariat lay through a revolution in those two spheres.

In search of new ways to analyse works, musical criticism and

[1] *Muzykal'naya nov'*, Issue 3, 1926

theory turned to neurophysiology in the study of tonality and harmony, the perception and social influence of music. By the mid-1920s the physiology of musical perception was being taken as the basic model for the study of music. The reorganised musicological institutions (the State Academy of Musical Sciences and the Institute of the Theory and History of Art) and the main musical periodicals – *Muzyka i revoliutsiya; Musyka i Oktiabr'; Muzykal'naya nov'* (that began life as the journal of the Association of Modern Music, but from its third issue began to turn into the organ of the RAPM) viewed neurophysiology as an objective physical science that would provide the foundation for a new theory of music.

pic. 1: An instrument for the volumetric measurement of the arm while listening music/ The arm expands due to extra blood and presses on the liquid that in turn moves the recording pen. The picture is taken from Tarkhanov: *The influence of music on human beings.* St. Petersburg, 1898.
pic. 2: The trace of the volumetric measurement of the arm. (from Tarkhanov). From right to left: 1) no music, 2) music starts – vessels contract, 3) vessels expand.
pic. 3: Cranial pressure measurement after listening to music. (from Dogel: *The influence of music on humans and animals.* Kazan, 1983.)

1) From the empirical physiology of musical perception to music as a conditioned reflex

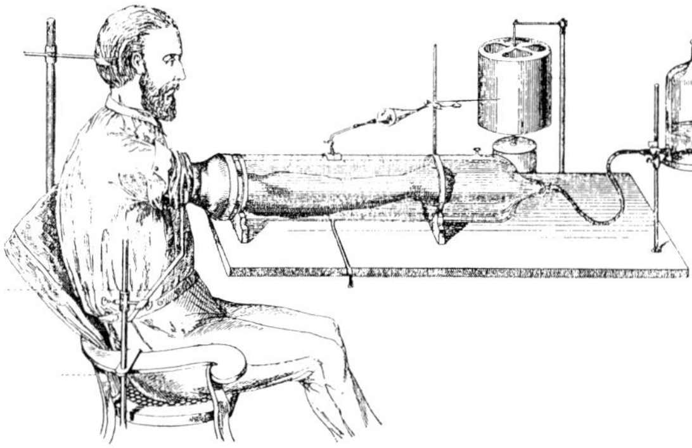

Рис. 1.

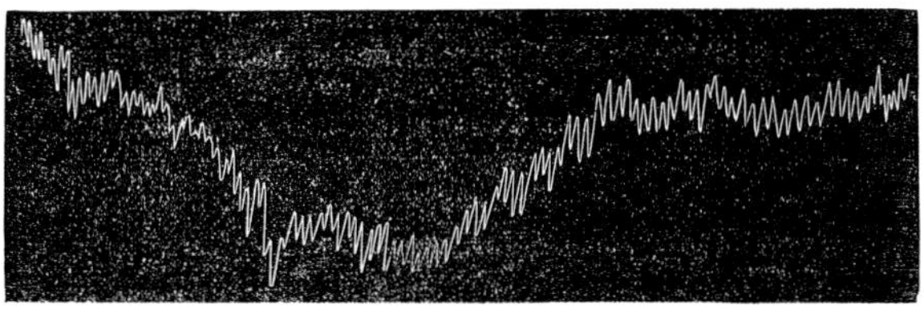

Рис. 2.

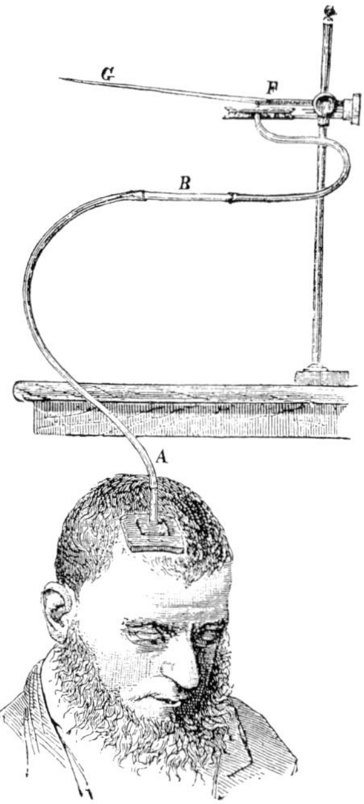

Рис. 3.

Empirical physiology of the late nineteenth and early twentieth century described the influence of music on physical activity in terms of functions: primarily blood circulation and changes in arterial pressure, the contraction of the arteries, changes in the pulse wave in peripheral and central parts of the body (Mertz in France, Adler in Germany, Spirtov and Reitz in Bekhterev's reflexology laboratory); the influence of tonal stimuli (Fere in France) on excitement (la-si, la-sol) and suppression (la-la, la-mi, la-fa), and muscular activity (Tarkhanov,

Dogel, Spirtov).[2] In the late nineteenth century Bekhterev conducted experimental research to determine the neurophysiological mechanisms of hearing and sound reproduction; the localisation of these to the brain centres; the respiratory structures, smooth musculature of the lungs and larynx involved in those processes.

Analysing the results produced by empirical physiology, Bekhterev concluded that it was necessary to make a study of the multifarious effect of music on the physiology of the human organism: how various types of music, noises and harmonies might influence the mechanisms of various disorders, primarily in psychiatry, removing aggression and fatigue. In an article entitled *Questions connected with the therapeutic and sanitary significance of music*, Bekhterev wrote that historical and contemporary music had pursued a course of developing aesthetic effect while completely neglecting its influence on human health. Yet music might be able »to regulate the condition of neurotics and hysterics on a par with pharmacological preparations.«[3] It was proposed that music might be used to treat various bodily disorders. Bekhterev envisaged the possibility of special therapeutic music being written. Music had such a strong reflex effect that the study of those mechanisms and their practical application in medicine, education, social and political conditions represented a highly promising field of research for neurophysiologists, a field that was not comprehended in the modern European musical cultural tradition. In the 1910s Bekhterev and his pupils planned to create a special laboratory of music that would operate in collaboration with the reflexology laboratory in the Psycho-Neurological Institute. The board of the institute appointed a special commission to set up the laboratory, but it never opened due to the outbreak of the First World War. Bekhterev's speech on the therapeutic and sanitary significance of music written for the inauguration of the laboratory was published in 1916, in issues 1–4 of the journal *Obozreniye psikhiatrii i nevrologii*. In it he explained the necessity of clarifying the mechanism involved in the complex influence of music and of establishing a theoretical explanation for the experimental data on the effect of music.

The chapter entitled *On the sthenic and asthenic action of stimuli on the perceiving organ* in Bekhterev's book *The General Foundations of Reflexology*, published in 1918, is regarded as his programmatic work, laying down directions for the study of music both in physiology and in the organisation of labour activity. In it he describes experiments conducted in the reflexology laboratory on the sthenicising effect of music on muscular activity. Another programmatic work was Pavlov's book *20 Years' Experience in the Objective Study of Higher Nervous Activity in Animals* in which he expounded the theory of the inhibition and excitation of nervous processes. »Our conditioned reflexes can serve to explain many important questions to do with music.«[4] In it Pavlov described the operation of a stereotype of the fixation of stimuli in the brain: »The ease with which the brain differentiates ratios of power produces a striving to place all perceived series of notes within the framework of a quantitative metric structure… the brain sys-

[2] I.R. Tarkhanov: *O vliyanie na chelovecheskiy organizm (Regarding influence on the human organism)*. St Petersburg, 1893. I.M. Dogel: *Vliyanie muzyki na cheloveka i zhivotnykh (The influence of music on human beings and animals)*. Kazan, 1899. I.N. Spirtov: O vliyanii muzyki na myshechnuyu rabotu (Regarding the influence of music on muscular function). In: *Obozreniye psikhiatrii i nevrologii*. St Petersburg, 1903.

[3] V.M. Bekhterev: Voprosy, sviazannye s lechebnym i gigenicheskim znacheniyem muzyki. In: *Obozreniye psikhiatrii*. Issue 1–3, 1916, S. 114.

[4] *Pavlovskiye sredy*. Moscow-Leningrad, 1949, Vol. 2, S. 186.

tematises stimuli in the creation of an organised, balanced system of internal processes.« Thus the physiological stereotype of the metric structure is a set of non-uniform processes systemised by their intensity. The metric structure is the basis for the ordering of rhythm, harmony and melody. In Pavlov's laboratories Ivanov-Smolensky conducted experiments to determine the musical centre in the cerebral cortex.[5]

As a result of this work, music came to be regarded as a conditioned reflex activity (listening reflexes, the singing reflex and so on). The perception of music, listening, singing and performing came to be understood as conditioned reflex links collected together in systems. They are formed through the creation of stable neuronal bonds. On the basis of the established conditioned reflexes, further new – aesthetic, evaluative and social[6] – reflexes are formed.

S. Kleshchov, a pupil of Pavlov who was a pianist as well as a neurophysiologist, set himself the goal of finding out the nerve processes involved in musical perception. In his article *The Physiology of Musical Perception*, published in the 1927 anthology *De Musica*, number 3, he wrote, drawing on Ivanov-Smolensky's theory of the sound analyser,[7] that the region of the cortex associated with sound, the sound analyser, takes the form of a projection of the peripheral organ of hearing – a cortical organ organised as a series of resonators responding to the pitch of the sound. The sound analyser perceives a tone ›coloured‹ by overtones whose pitches are multiples of the base tone. Through the nerve endings of the cortical fibres the signal reaches the large hemispheres. The higher overtones form a sensation of the fundamental, the dominant element; the lower overtones are inhibited as inhibition is stronger in more closely associated stimuli; tones further removed are inhibited to a lesser extent. This accords with the law put forward by Pavlov and studied on acoustic perception by Vasilyev.[8] This creates an induction field of sound. With time the series of overtones that constantly coincide in their stimulatory effect with the fundamental become included in its constellation and create »well-beaten tracks« to the octave, fifth, fourth, third and other diatonic and chromatic intervals. The major series of overtones runs into the upper register, while the inhibited overtones, inhibiting their own undertones, run into the lower register, forming the minor. This tendency becomes reinforced over the course of history, giving rise to styles and types of music. This accords with Pavlov's conclusion that first a general activation of the analyser perceiving timbre takes place, and then the determination of pitch. Thus the dissonance of intervals is a functional and historical phenomenon, while an evolutionary process leads to the atrophy of dissonance in the course of physiological selection – the ›physiological struggle‹ in the cerebral cortex. Thus, Kleshchov defines the perception of artistic sound as »a cortico-vegetative reflex in which processes with a dual nature come together in a dominant stimulatory effect. Further the reflex of musical perception is connected with the endocrinal apparatus. A beneficial secretion and innervation of the organs stimulates the tone of the vegetative system, something that will be studied by the science of the future.« (S. 76)

5 Ivanov-Smolensky: *O zvukovoi proyektsii v kore bol'shikh polushariy (On the sound projections in the cortex of the large hemispheres).* In the anthology dedicated to Pavlov's 75th birthday, Petrograd, 1924.

6 Bekhterev is known to have attempted to explain the revolution in terms of the dictates of conditioned reflexes.

7 Ivanov-Smolensky: *O zvukovoi proyektsii v kore bol'shikh polushariy*, s. Anm. 5.

8 Vasilyev: Trud i dominanta (Labour and the Dominant). In: *Novoye v refleksologii*, Issue 2, S. 28.

Kleshchov was a regular contributor to *Sovetskaya muzyka*, the periodical of the Union of Composers with the largest circulation, with articles such as *Tonality as a conditioned reflex stimulus*, *Consonance and dissonance as a conditioned reflex* and *The neurophysiology of the pianist's movements*.[9]

Music in the neurophysiological model has no aesthetic distance, it acts directly on the neurophysiological structure of the body through a system of unconditioned (primary) and conditioned (according to Pavlov) or correlative (according to Bekhterev) reflexes, accelerating and delaying functions, changing the intensity and rhythmic structures of the functions, acting directly on the respiratory and circulatory systems, intracranial pressure and muscle function. The reflex is a micro-measurement of the internal-external reaction of the organism. The reflex is the body's reaction to an external stimulus; therefore it makes it possible to ignore the classical concept of consciousness and aesthetics. In the 1920s and 1930s the influence of music was studied on the basis of an understanding of the brain as the central ›authority‹ managing processes in the organism, the top of the reflex arc leading from the peripheral nervous system. The brain was believed to have structurally determined and localised functions. The physiologist of the brain sought to determine the centres of speech, sound, music, and so forth. Musical perception was understood as a conditioned-unconditioned reflex activity and music itself was supposed to bear a structural resemblance to the physiology of its perception. The influence of music was studied in terms of the influence of stimulated brain centres on a number of allied vegetative functions. On the strength of the structural interconnection, the physiologist became a musical critic: knowing the physiology of music he logically became knowledgeable about music itself, an assumption that found reflection in the criticism in periodicals of the 1930s. This theory was, it seems to me, constructed along the lines of a piano, where the brain centres perform the role of the fixed range of notes, the reflexes press the keys, and the musical work is the sum total of the organism's reaction.

On the one hand, this was just the sort of ›objective materialist science‹ that the proletariat and the new state were seeking and it was immediately used as a ›party-line‹ method for the criticism of the worth of a work of art and in the struggle against bourgeois formalist influences. On the other hand, it represented a new means to expand the bounds of music and weaken the repressive influences of classical musical theory, as well as a method of interpreting music socially and politically. Neurophysiology became, for example, the cornerstone in the struggle against atonal music, which was held to be harmful as it stimulated without harmonising the brain's centres for the perception of music. The best type of music, according to the new science, was a song with a clear rhythm and melody that fitted ideally the mechanisms of stimulation and inhibition. (*Sovetskaya muzyka*, 1936). The use of neurophysiology as a means of criticising ›bourgeois music‹ actively continued in the 1950s and 1960s and persisted

[9] S.V. Kleshchev: *Sovetskaya muzyka*. Issue 4, 1935 and Issues 1, 2 und 9, 1936.

until the end of the Soviet era: »Modern formalism is pathological, not only because it reveals the incapacity of the nervous apparatus of composer and listener to restrict itself to stimuli of normal strength and timbre, but also because it is incapable of working out even the crudest acoustic differentiations, something characteristic of a state of physiological decrepitude… The overuse of excessive stimuli leads to neuroses, chronic pathological conditions; the abuse of experiment with sound leads to the liquidation of art… The physiological norms are predetermined by the anatomical and physiological nature of the sound analyser, that formed in the course of historical development under the influence of the social setting.«[10]

2) Reference material: Laboratories and institutes that made studies of the influence of music on human beings in the early Soviet period

The State Reflexological Institute for the Study of the Brain (created by Bekhterev after the revolution on the basis of the – repeatedly reorganised – Psycho-Neurological Institute that he had formed in 1906). Research work intended for the musical laboratory that was never set up was carried out in the laboratory of age-related reflexology. Empirical data was gathered on the influence of music on physiological functions. Those working there included Spirtov and Reitz, noted neurophysiologists of the older generation, and young researchers – Zaritskaya and Nevinskaya (the influence of musical perception on respiration).

The institute published several journals:

1. *Obozreniye psikhiatrii, nevrologii i refleksologii (Review of psychiatry, neurology and reflexology)*, appeared from 1906 to 1930
2. *Voprosy izucheniya i vospitaniya lichnosti (Questions on the study and cultivation of personality)*, published jointly with the Physiological Laboratory of Leningrad University and the State Psycho-Neurological Academy (defectology department), 1921–1933
3. *Zhurnal psikhiatrii, nevrologii i eksperimental'noi psikhologii* (*Journal of psychiatry, neurology and experimental psychology*), Petrograd, 1922–1923
4. *Voprosy psikhologii, refleksologii, gigiyeny truda* (*Questions of psychology, reflexology and occupational medicine*), edited by Bekhterev, Issue 1 in 1924, Issue 2 in 1926

Academician I. P. Pavlov's physiological laboratories – those laboratories that he set up in the institutes where he conducted research or taught: the Institute of Experimental Medicine, the Institute of Higher Nervous Activity and the Institute of Physiology that he headed from 1925. In these laboratories Ivanov-Smolensky and Kleshchov were directly engaged in the study of music.

Published *Trudy fiziologicheskikh laboratoriy I. P. Pavlova* (*The*

[10] M. Blinova: Ucheniye Pavlova i nekotorye zadachi sovetskogo muzykoznaniya (The Teachings of Pavlov and some tasks of Soviet musicology). In: *Sovetskaya muzyka*, Issue 8, 1951, S. 58.

Transactions of I. P. Pavlov's Physiological Laboratories) from the 1920s to 1941.

The Laboratory of the Department of Physiology headed by Alexei Ukhtomsky (from 1934 the *Ukhtomsky Institute* attached to Leningrad State University) conducted research on the basis of the dominant theory of higher nervous activity, into questions of the scientific organisation of labour and, in connection with that, on the influence of music on working efficiency. Collaborated with the Institute for the Scientific Organisation of Labour (NOT) in Kazan that would become a link between the ideas of the scientific organisation of labour in the 1920s and the technical aesthetics of the 1960s. M.I. Vinogradov, who conducted research in 1920, published a book in 1958 entitled *Fiziologiya trudovykh protsessov* (*The Physiology of Labour Processes*) which examined the use of functional music in the factory setting.

At the *Institute of the History and Theory of Art* in Petrograd/Leningrad (reorganised in 1926 from the Institute of Art Studies and the avant-garde Institute of Artistic Culture (GINKHUK), where Malevich, Filonov and Matiushin taught), the department of musical theory created a psycho-physiological commission that discussed questions of the physiology of musical perception. It had a laboratory for the construction of new musical instruments, including ones operating on electrical interference, (subsequently the museum of musical instruments) and developed a system of mathematical musical notation.
The institute published the periodical/anthology *De Musica*.

The *State Institute of Musical Science (GIMN)* in Moscow (1920s–1930s) had the following sections:

1. physico-technical: instrument studies, theory of acoustics;
2. physio-psychological: the musical perception of rhythm, intervals, melody, harmony, the theory of mode, the study of musical talent;
3. psychological and acoustic laboratories and a radio station that broadcast concerts (with an audience from 1926 of over 250.000 people);
4. studying the nature of vocal and instrumental skills on the basis of physiology and reflexology.

Published in the 1920s the journal *Muzyka i Revoliutsiya* (*Music and the Revolution*) and, jointly with the Russian Association of Proletarian Musicians, the journal *Muzyka i Oktiabr'* (*Music and the October Revolution*).

From 1928 to 1934 A.G. Ivanov-Smolensky, a pupil of Pavlov, taught a course on the physiology of higher nervous activity at the Leningrad Conservatoire. In that same period he established a *laboratory for the study of the influence of music on the higher nervous activity of the child* at the Herzen Pedagogical Institute in Leningrad.[11] That laboratory studied musically-gifted children with the aim of describing the phenomenon and also studied the harmonising and therapeutic influence of music on children with organic disorders.

[11] The facts were learnt from M. Blinova, one of Ivanov-Smolensky's collaborators. See M. Blinova, Anm. 10.

In 1932, in his work *The Centre and the Periphery in the Operation of the Nervous System*, Piotr Anokhin formulated the principles of a physiology of functional systems. »A functional system slides dynamically through the structural formations of the organism, while the structural formations themselves have an exceptional capacity for dynamism.« A functional system a) is oriented on a result that is its triggering and terminating factor; it is self-regulating; b) has a heterogeneous central-peripheral system; c) all elements acquire multivalence, controlling excessive degrees of freedom in the system components taken separately; d) functional systems mature and disappear selectively. The reflex arc had turned into the functional cycle; the regulatory function of the brain began to be regarded more as a communications link; the centre and periphery were allotted equal rights.

The neuro-psychologist Alexander Luria, founding-father of that discipline in Russia, began in that same period to develop a theory of the dynamic localisation of brain centres, in which the brain functioned as a communications system rather than a structure with fixed duties. Musical perception thus became a multi-functional process involving various brain structures.[12] The cerebral cortex synthesises nerve information, carries out a conversion of impulses. The more complex the task, the greater the number of zones in the brain involved in accomplishing it. It is nonetheless possible to distinguish those zones that are principally involved. In the perception of music, for example, the right hemisphere is prominent. A composer with an injury to the left hemisphere who had lost the ability to speak retained his ability to listen to music and to conduct a performance. Musical hallu-

[12] A.R. Luria: Afaziya u kompositora (Aphasia in a composer). In the anthology *Problemy dinamicheskoi lokalizatsii funktsiy mozga*. Moscow, 1968.

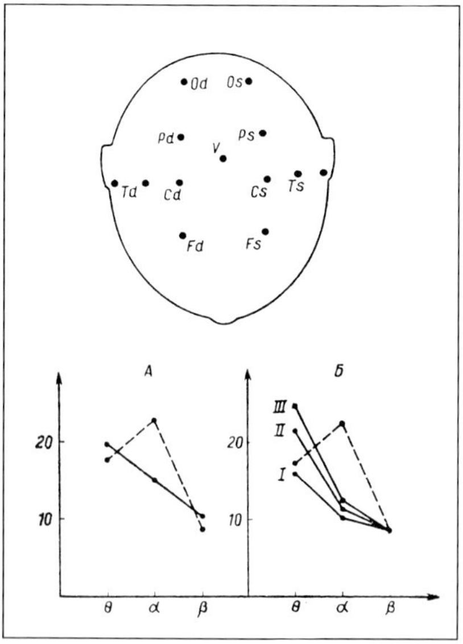

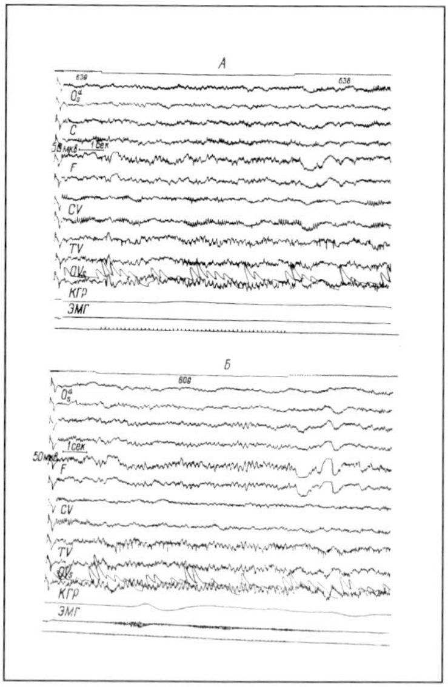

pic. 4: Above: the placement of EEG sensors Below: EEG trace showing changes in alpha, beta and theta waves indicating the involvement of various zones of the brain in the process of musical perception (from the book Luria and Modern Psychology).
pic. 5: Changes in the EEG indicating the involvement of the motor zones in musical perception (ibid.)

cinations occur in epileptics if the focus of the disease is on the right. Research carried out at the Burdenko Institute of Brain Surgery showed that, when they are listening to music, in right-handers the flow of blood increases in the right hemisphere, while it diminishes in the left hemisphere. An exception occurs in some professional musicians whose left hemisphere remains active.[13]

The quest to localise brain centres, the study of the structure of the brain, gave way to efforts to construct functional interstructural models: the limbic brain (the limbic or visceral (according MacLean) system is a structural-functional system) providing connection between the various parts of the brain and influencing the functions of behaviour, motivation, the emotional sphere and perception. Another example of a functional model is neuro-humoral regulation: the combined regulatory influence of the nervous system and hormones, metabolites and so on contained in the blood, lymph and tissue fluid on the physiological reactions of the organism: adaptation to changing circumstances, stresses, tensions, etc.

The mechanism of musical perception again becomes extremely unclear and requires new experimental research in the biochemical and bioelectrical fields. In this version, the influence of music was mediated through its effect on the systems in the organism (limbic system, reticular formation) responsible for the functions of perception and concentration, co-ordinating stimuli, organising the attention, and influencing the tonus of different bodily functions. (Pavlov studied the immediate influence of music on the stimulation and inhibition of reflexes.) In this explanation, music acts not on the reflex itself but on the conditions for the appearance or non-appearance of a series of reflexes (functions). The functional system here is an internal-external formation in which both physiological structures and external elements – the environment, music, cultural stereotypes/codes – participate equally. Cultural codes can be regarded as having been formed through a system of conditioned reflexes, like the reflexes for the musical perception of European tonal harmony. Using Anokhin's logic, it is possible to say that music is a heterogeneous element of a functional system in which each element has a direct effect on the other components and on the result of the function as a whole. Functional unity is always dynamic, functionally oriented; it is temporally delimited; all the elements work towards the attainment of a result; elements in the environment (cultural, ecological, informational and so on) determine the result no less than physiological structures.

In the 1960s and 1970s at the congresses entitled *Emotions and visceral functions*, *New developments in the physiology and pathophysiology of motor-visceral reflexes* and The *Physiology of Labour*, specialists in various fields, primarily medicine and physiology, modelled and studied the processes of labour, creativity and therapy, as well as the musical effect on those through the limbic system, determining the emotional syndrome, keenness of perception, the arousal of associations, and the provision of energy for muscular activity. Emotions

[13] I.M. Mosidze: O lateralizatsii muzykal'noi funktsii u cheloveka (On the lateralisation of musical function in the human being) In: *Funktsional'naya assimetriya i adaptatsiya cheloveka*. Moscow, 1976.

are viewed as an integrative function of the individual. The emotions have neurodynamic and endocrino-vegetative factors that change under the influence of music. Changes in the limbic system are recorded by an EEG which shows bioelectrical shifts in the limbic neocortical system. Endoctrinal changes are detected with the aid of an ECG and changes in respitory rhythm and also by biochemical studies of the type and quantity of biologically active substances in the blood and lymph – hormones, metabolites and so on. Studies were made into the influence of music on the normalisation of vegetative reactions in surgical patients, the reduction or elimination of stresses and sensations of pain during operations. It proved possible to avoid complications after an operation performed under local anaesthetic (A. G. Gadzhiev, at the Azerbaidzhan Institute of Physiology in Baku). Music was used in the treatment of cardiovascular disorders (V. B. Poliakova at the Perm Medical Institute). A prototype dentist's chair was developed fitted with headphones that were fed with different music for different types of pain.

»NOT« – the scientific organisation of labour and functional music

On the basis of the wealth of empirical observational data produced by physiologists on the effect of music on various bodily systems, there arose a widespread movement for the application of music in the scientific organisation of labour. The concept of functional music emerged, connected with Bekhterev's understanding of the therapeutic, regulating influence of music. A number of neurophysiologists – Vasilyev[14] and Vinogradov, a follower of Ukhtomsky who examined work processes from the position of the dominant theory[15] – began to study the neurophysiological mechanisms of labour activity together with the Institute for the Scientific Organisation of Labour in Kazan. The periodicals *Voprosy psikhofiziologii, refleksologii i gigiyeny truda* (*Questions of psychophysiology, reflexology and occupational medicine*) (early 1920s), anthologies and the Bulletin of the Institute for the Scientific Organisation of Labour (published up to the late 1920s)[16] examined questions of the organisation or rationalisation of the work process, providing a comfortable working environment, the standardisation and rationalisation of workers' movements (biomechanics).

Konstantin Sotonin wrote a brochure that asserted in its title that »the Scientific Organisation of Labour is the philosophy of the working masses«[17] and combined theory of life and labour, methodology of labour and leisure and theory on the organisation of social life. Labour was to be joyful, to which end there should be systemisation of labour. In the article *Fiziologiya truda, eyo zadachi i metody (The physiology of labour, its tasks and methods)* published in the *Biuro NOT* anthology No 1, 1922, he began to work on the standardisation of workers' movements and the breakdown of the working routine.[18] This led him to a study of the works of the neurophysiologist I. Bernstein who had constructed a theory of movements in which a movement is

14 L.L. Vasilyev: *O vliyanii razdrazheniy vosprinimayushchikh organov na rabotosposobnost' myshts (On the influence of stimulation of the organs of perception on the working capacity of muscles)*. Kazan, 1923.

15 M.I. Vinogradov: Trud i dominanta (Labour and the Dominant). In: *Novoye v refleksologii*, Issue 2, 1923; M.I. Vinogradov: *Fiziologiya trudovykh protsessov (The Physiology of Labour Processes)*. Leningrad, 1958.

16 The Institute for the Scientific Organisation of Labour in Kazan worked in collaboration with the Institute of the Reflexology of the Brain in Petrograd/Leningrad. They published the anthology *Psikhofiziologii, refleksologii i gigiyeny truda* (*Psychophysiology, reflexology and occupational medicine*) in 1923, the bulletin (*Vestnik*) of the Institute for the Scientific Organisation of Labour, and papers by individual authors.

17 K. Sotonin: *NOT kak filosofiy trudiashchikh mass.* Kazan, 1922.

18 K. Sotonin: Skorost' raboty i nastroyeniye (Pace of work and mood). *Trud i khoziaistvo*, Issue 12–16, 1921.

thought of as a multi-element function generated by a system of unconditioned and conditioned reflexes. Bernstein systematised the reflexes of movement in line with the evolution of the brain: reflexes of muscular regulation and the positioning of the body (the pyramidal and expyramidal formations of the brain that are the earliest in evolutionary terms) and then successively through the co-ordination of the movements of the limbs and orientation in the environment (the central sections of the brain) to cortical regulation. Sotonin attempted to apply Bernstein's evolutionary biomechanics to determine the natural reflex logic of movement, on the basis of which he created an »alphabet of movement«. In its degree of abstraction and precision this ›alphabet‹ was supposed to be reminiscent of musical notation. There were separate lines for the head, shoulders, hips, arms, elbows, hands, thighs, knees, and feet on the left and right sides. It was proposed that the notation would indicate the angles of the different parts of the body and the duration of a movement.

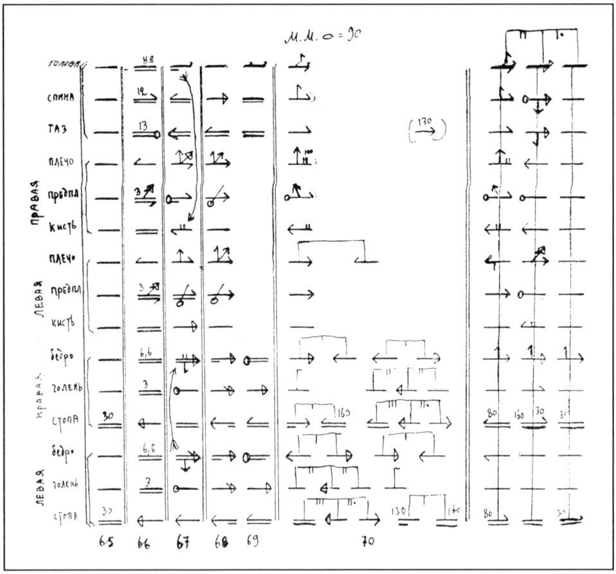

pic. 6: Parts of the body divided into twelve levels: head, back, hips, shoulder, upper arm, hand (left and right separately) thigh, shin and foot (left and right separately)
Examples of the notation: standing position (65); lying (66); a typist sitting incorrectly (67); a typist on a high stool (68); a stevedore carrying a load takes two steps and throws down his load.

Functional music, as the music of the factory floor and modern technology, was in the minds of the 1920s obviously associated with the radio. Radio broadcasts were relayed to the workplace; regional broadcasts and broadcasts by the state-run stations were made during working hours. This practice became part of the science of ›technical aesthetics‹ that appeared in Russia in the 1960s, based on the reconstruction of 1920s researches that had in some instances been broken off unfinished. In the 1960s technical aesthetics was one of the most modern and experimental interdisciplinary fields of study. It brought together neurophysiology, technology, psychology and aesthetics.[19] Music was used to relieve fatigue at industrial enterprises, to normalise muscular and mental tonus, the task being set to study the effect of various types of music on different conditions of tiredness and different types of work. This field became established as ›functional music‹ and, overcoming minor disfavour in the 1940s, survived through until the 1970s. During working hours a public address system broadcast orchestral music, the neurophysiological effect of which was attuned to the type of work and degree of fatigue as time advanced through the shift. The music was selected in accordance with the type of industrial enterprise and the type of work: assembly-line or individual, physical labour or work requiring mental concentration. Musical programmes consisting of several dozen short orchestral pieces were produced and changed two or three times a week. In the 1960s and 1970s the Kazan-based creative association *Prometei* developed ›functional‹ light-and-music installations for industrial enterprises.

[19] See the following:
1. V.B. Poliakova: O vliyanii myshechnogo napriazheniya i muzyki na chuvstvitel'nost' zritel'nogo analizator (The influence of muscular tension and music on the sensitivity of the visual analyser). In: *Eksperimental'nye issledovaniyapo fiziologii, biofizike i farmakologii.* Perm, 1965.
2. I. Gotvald, V.B. Poliakova: *Muzyka i trud* (*Music and Labour*). Perm, 1966.
3. V.B. Poliakova, M.R. Mogendovich: K fiziologicheskomu analizu vliyaniya muzyki na cheloveka (Towards a physiological analysis of the influence of music on human beings). In: *21 soveshchaniya po problemam nervnoi deyatel'nosti.* Moscow, 1967.
4. V.B. Poliakova: *O fiziologicheskom mekhanizme vliyaniya muzyki na nekotorye somaticheskiye i vegetativnyye funktsii (The physiological mechanism by which music influences certain somatic and vegetative functions).* Abstract of thesis, 1968.
5. V.B. Poliakova: O vozmozhnom primenenii muzyki dlia stimuliatsii umstvennoi raboty (The possible use of music to stimulate intellectual work). In: *Fiziologicheskiy kharakter umstvennogo i tvorcheskogo truda.* Moscow, 1969.
6. *Novoye v fixiologii i patofiziologii motornovistseral'nykh refleksov* (*New Developments in the physiology and pathophysiology of motorvisceral reflexes*). Perm, 1967.
7. V.B. Poliakova: Vliyaniye muzyki na serdechnuyu deyatel'nost' (The influence of music on cardiac activity). In the anthology: *Fiziologiya truda: Materialy 5. Vserossiyskoi konferentsii.* Moscow, 1967, S. 243.
8. V.B. Poliakova: Vliyaniye muzyki peredavayemoi v techeniye rabochei smeny na nekotorye psikhofiziologicheskiye funktsii rabotnikov zavodskogo konstruktorskogo biuro (The influence of music broadcast during the shift on certain psycho-physiological functions of the workers in a factory design office). In: *Trudy Permskogo meditsinskogo instituta,* Vol. 84, 1968, S. 171.
9. I.A. Gol'tvarg, A.A. Perrote: Funktsional'naya muzyka (Functional music). In: *Osnovnye trebovaniya NOT pri proyektirovanii predpriyatiy.* Moscow, 1967.
10. R.P. Povileiko: *Funktsional'naya muzyka* (*Functional music*). Novosibirsk, 1968.
11. A.G. Gol'tvarg: *Muzyka na proizvodstve* (*Music on the factory floor*). On the activities of the functional music laboratory at the Perm Telephone Factory.

auf der suche nach dem reell globalen.

klarenz barlow

Zur physischen Ertastung der Erde in Raum und Zeit
Das Projekt »Glokal!« in Musik und Film

Etymologisch stammt das Wort *global* vom lateinischen *Globus* ab, ein kugelförmiges Objekt bezeichnend, womit hier der Erdball gemeint ist. *Globus* selbst scheint seinen Ursprung mit Wörtern wie *Kleben* (im Sinne von ›Zusammenrollen‹) zu teilen – man vergleiche auch KLUMpen, KonGLOMerat, AgGLUTination sowie nicht zuletzt das englische GLUE (= ›Klebstoff‹). Es ist in der Tat dieselbe Schwerkraft, die alles Materielle erdwärts ›klebhaft‹ anzieht, die der Erde einst zu ihrer Kugelform verhalf.

Wussten schon die alten Griechen (Pythagoras, Aristoteles, Aristarchos, Erastothenes u. a.), dass die Erde rund ist, so dauerte es bis zur allgemeinen Durchsetzung dieser Erkenntnis noch einmal knapp zweitausend Jahre, und zwar bis zum Zeitalter von Kopernikus und Kolumbus (Ende des zweiten nachchristlichen Jahrtausends bekannte sich auch der Papst öffentlich dazu). Aber während früher die Entfernung zwischen beispielsweise Köln und Kioto durch den Kommunikationsaufwand in Reisewochen, später in Flugstunden bzw. Ferngesprächskosten angegeben werden konnte, hat im Jahre 2000 die digitale Weltvernetzung den Abstand für den Normalbürger auf kaum mehr als wenige Mausklicks schrumpfen lassen.

In der heutigen Welt der telematischen Netzwerke spielt im Allgemeinen die Erdkugelform, deren Anerkennung einst hart erkämpft werden musste, kaum noch eine Rolle. Selbst der Zeitzonenunterschied zwischen geographisch (in Kilometern oder Längen- und Breitengraden) weit entfernten Städten ist durch die Einführung von E-mail nunmehr praktisch irrelevant: Adressaten-Schlafzeiten, zum Beispiel, brauchen nicht mehr berücksichtigt werden.

In der Erfahrung dieser hochgradig virtuell gewordenen ›globalisierten‹ Erde fehlt zunehmend ihr physisches, reell ertastbares Pendant, ihr semantischer Ursprung, ›der Globus an sich‹. Auch zu bedauern ist das im Zuge der Globalisierung langsame Verschwimmen, gar Verschwinden unterschiedlicher kulturspezifischer Ansätze … Logische Adressierung sollte zur besseren Beschaulichkeit und ›Realitätsnähe‹

51°18'n 6°47'o	**DÜSSELDORF** DI 23 Nov 11:00	±0H
	-1H ↓ EI693 [2H00]	
53°21'n 6°15'w	DI 23 Nov 12:00 **DUBLIN** (2T) DO 25 Nov 20:40	-1H
	±0H ↓ BA8091 [1H20]	
51°30'n 0°05'w	DO 25 Nov 22:00 **LONDON** (5T) DI 30 Nov 09:00	-1H
	-5H ↓ UA957 [8H10]	
40°45'n 74°00'w	DI 30 Nov 12:10 **NEW YORK** (7T) MO 6 Dez 11:00	-6H
	±0H ↓ AC745 [1H15]	
45°30'n 73°40'w	MO 6 Dez 12:15 **MONTREAL** (2T) MI 8 Dez 12:25	-6H
	±0H ↓ AC746 [1H17]	
40°45'n 74°00'w	MI 8 Dez 13:42 **NEW YORK** (2T) FR 10 Dez 10:15	-6H
	-1H ↓ UA659 [2H12]	
41°50'n 87°50'w	FR 10 Dez 11:27 **CHICAGO** (4T) DI 14 Dez 11:45	-7H
	-2H ↓ UA117 [4H10]	
34°00'n 118°12'w	DI 14 Dez 13:55 **LOS ANGELES** (7T) DI 21 Dez 22:15	-9H
	-5H(+19H) ↓ UA815 [14H25]	
33°55's 151°12'o	DO 23 Dez 07:40 **SYDNEY** (6T) MI 29 Dez 22:15	+10H
	±0H ↓ QF91 [2H50]	
21°00's 166°00'o	DO 30 Dez 01:05 **NOUMEA** (2T) SA 1 Jan 08:35	+10H
	+3H(-21H) ↓ SB500 [8H10]	
17°50's 149°40'w	FR 31 Dez 19:45 **PAPEETE** (8T) SA 8 Jan 06:45	-11H
	-3H(+21H) ↓ SB601 [6H00]	
21°00's 166°00'o	SO 9 Jan 09:45 **NOUMEA** (0T) SO 9 Jan 11:00	+10H
	±0H ↓ QF92 [3H00]	
33°55's 151°12'o	SO 9 Jan 14:00 **SYDNEY** (0T) SO 9 Jan 18:55	+10H
	+2H ↓ NZ144 [3H15]	
41°17's 174°45'o	MO 10 Jan 00:10 **WELLINGTON** (4T) FR 14 Jan 16:00	±12H
	-2H ↓ NZ153 [4H10]	
37°45's 145°10'o	FR 14 Jan 18:10 **MELBOURNE** (4T) DI 18 Jan 15:05	+10H
	-3H ↓ AN163 [3H55]	
32°00's 115°50'o	DI 18 Jan 16:00 **PERTH** (4T) SA 22 Jan 08:00	+7H
	±0H ↓ GA727 [3H40]	
8°45's 115°05'o	SA 22 Jan 11:40 **DENPASAR** (3T) DI 25 Jan 21:25	+7H
	-1H ↓ GA972 [3H50]	
13°55'n 100°30'o	MI 26 Jan 00:15 **BANGKOK** (1T) DO 27 Jan 12:30	+6H
	-1½H ↓ AI305 [2H30]	
22°38'n 88°21'o	DO 27 Jan 13:30 **KALKUTTA** (11T) MO 7 Feb 13:50	+4½H
	+1½H ↓ TG314 [2H25]	
13°55'n 100°30'o	MO 7 Feb 17:45 **BANGKOK** (4T) FR 11 Feb 01:25	+6H
	-6H ↓ GA972 [12H05]	
50°05'n 8°42'o	FR 11 Feb 07:30 **FRANKFURT**	±0H

Abb. 1 Flugangaben zur durchgeführten Weltreise

öfter um die physische ergänzt werden; auch sollten im Betrachten des Ganzen aus den gleichen Gründen dessen Bestandteile nicht außer Acht geraten, im Bild die Pixels, im Schall die Samples, im Globalen das Lokale … »Glokal!«?

Im Winter 1998/99 beschloss ich, den bevorstehenden Zeitwechsel 1999/2000 als Anlass sowie Station einer zu dokumentierenden, physischen Umrundung des Erdballs zu erleben. Meine Auswahl, was die zu besuchenden Orte anging, fiel grundsätzlich auf Städte, in denen Freunde und Bekannte wohnten. Die Reise sollte von und nach Köln über die britischen Inseln, Nordamerika, Australasien und Indien führen (wobei ich mich offenbar fast durchgehend in vormals britisch beeinflussten Regionen befinden würde). Als Verkehrsmittel kam für mich nur das Flugzeug infrage; eine Schiffsreise würde zu lange dauern (von einem unrealistischen Fußmarsch mit Schwimmunterbrechungen ganz zu schweigen). So wurde die Route durch fünfzehn ausgewählte Flughafenstädte abgesteckt, die – ausreichend gezählt und verteilt – einer Erdumrundung durchaus zu entsprechen vermochten. Im Frühjahr 1999 begann ich mit der Hilfe eines Reisebüros die Reise zu planen; ein wichtiges Kriterium war Sparsamkeit: Rückflüge (von denen bisweilen nur der Hinweg genutzt würde) sowie Flugkombinationen unter Berücksichtigung von Fluglinienallianzen wurden bevorzugt gebucht.

Für den besagten Zeitwechsel wurde aus meiner (vom Erlebnisbedarf begleiteten) Erkenntnis der ›relativen‹ Natur menschlicher Zeitordnung und -einteilung, auch aus Gründen der Flugverfügbarkeit ein Abstecher in den (übrigens französischsprachigen) südpazifischen Raum vorgesehen: Auf die Einführung des Jahres 2000 auf der Insel Neukaledonien sollte ein Flug über die Datumsgrenze folgen, zurück ins Jahr 1999 nach Tahiti zur erneuten Begrüßung des neuen Jahres.

Nachdem alle Buchungen beisammen waren, stellte ich fest, dass die Reise genau achtzig Tage dauern sollte, vom 23. November 1999 bis zum 11. Februar 2000, wodurch dem Vorhaben – zufällig – ein gewisser Verne'scher Aspekt nicht abzusprechen wäre. Abb. 1 zeigt eine komplette Auflistung der 20 gebuchten (und tatsächlich – mit den üblichen und ein paar unüblichen Verspätungen – wahrgenommenen) Flüge, mit Ortsnamen und -lage in Breiten- und Längengrad, Orts-Zeitverschiebung gegenüber Mitteleuropäischer Zeit, Anzahl der Aufenthaltstage, Abflugs- und Ankunftsuhrzeit, relative Zeitverschiebung während des Fluges sowie Flugnummer und -dauer.

Zeitlich ging der Dokumentationsplan von der Vorstellung einer im All erstarrten, sich um ihre Nord-Süd-Achse auch nicht drehenden Erde aus. Allein die Bewegung des Reisenden um den so fixierten Erdball wäre hier interessant. Dementsprechend musste auf der Basis folgender Tatsache gerechnet werden: Die Erde dreht sich um 360° um ihre Achse in genau 23 Stunden, 56 Minuten und 4,1 Sekunden (ein *Sternentag*). Weil in dieser Zeit die Erde auch eine gewisse, ihrer Umlaufbahn um die Sonne entlang verlaufende Strecke zurückgelegt hat, muss sie sich in 3 Minuten und 55,9

№	Planzeit (MEZ)	Ort	Ortszeit	Kürzel	Aufnahmezeit(MEZ)
01	22.11.99/16:33	Köln	22.11.99/16:33	22N -------	(Kamera nicht verfügbar)
02	23.11.99/16:29	Dublin	23.11.99/15:29	23N MtHrbt	16:27-28
03	24.11.99/16:25	---"---	24.11.99/15:25	24N TrntyR	16:22-25
04	25.11.99/16:22	---"---	25.11.99/15:22	25N TrntyF	16:21-23
05	26.11.99/16:18	London	26.11.99/15:18	26N MdxUni	16:23-28, 16:32-40
06	27.11.99/16:14	---"---	27.11.99/15:14	27N TrnAlx	16:30-32, 16:33-37
07	28.11.99/16:10	---"---	28.11.99/15:10	28N Grnwch	16:11-15, 16:25-26
08	29.11.99/16:06	---"---	29.11.99/15:06	29N BrcLne	16:04-12
09	30.11.99/16:02	‹Flugzeug›	30.11.99/15:02	30N UA957	16:01-07
10	01.12.99/15:58	New York	01.12.99/09:58	01D GrndSt	16:09-09
11	02.12.99/15:54	---"---	02.12.99/09:54	02D ERiver	16:21-26
12	03.12.99/15:50	---"---	03.12.99/09:50	03D L-trn	15:51-56, 16:03-12
13	04.12.99/15:46	---"---	04.12.99/09:46	04D EmpStB	16:17-22
14	05.12.99/15:42	---"---	05.12.99/09:42	05D Librty	16:06-17
15	06.12.99/15:38	---"---	06.12.99/09:38	06D LaGuar	16:02-09
16	07.12.99/15:34	Montreal	07.12.99/09:34	07D Bineri	15:46-50
17	08.12.99/15:30	---"---	08.12.99/09:30	08D StLaur	15:51-56, 16:00-05
18	09.12.99/15:26	New York	09.12.99/09:26	09D CentPk	15:52-54
19	10.12.99/15:23	---"---	10.12.99/09:23	10D Newark	15:43-45, 15:49-50
20	11.12.99/15:19	Chicago	11.12.99/08:19	11D Oakdal	15:42-45
21	12.12.99/15:15	---"---	12.12.99/08:15	12D Lakesh	15:26-30
22	13.12.99/15:11	---"---	13.12.99/08:11	13D Fulton	15:34-37
23	14.12.99/15:07	---"---	14.12.99/08:07	14D Orbit	15:11-29
24	15.12.99/15:03	Valencia	15.12.99/06:03	15D Hamptn	15:12-21
25	16.12.99/14:59	---"---	16.12.99/05:59	16D HBkfst	15:00-07
26	17.12.99/14:55	---"---	17.12.99/05:55	17D TVhotl	14:47-15:05
27	18.12.99/14:51	S. Barbara	18.12.99/05:51	18D Lagune	15:00-12
28	19.12.99/14:47	---"---	19.12.99/05:47	19D UCSBch	15:26-29
29	20.12.99/14:43	L. Angeles	20.12.99/05:43	20D Radis1	14:51-54, 14:55-15:01
30	21.12.99/14:39	---"---	21.12.99/05:39	21D Radis2	14:52-57
31	22.12.99/14:35	‹Flugzeug›	22.12.99/05:35	22D Mond	14:37-42
32	23.12.99/14:31	Kang.Valley	24.12.99/00:31	24D KngVly	14:03-05
33	24.12.99/14:28	Sydney	25.12.99/00:28	25D Cthdrl	14:39-47
34	25.12.99/14:24	---"---	26.12.99/00:24	26D Bondi	14:06-11, 16-23, 28-34
35	26.12.99/14:20	---"---	27.12.99/00:20	27D Darlng	14:06-11
36	27.12.99/14:16	---"---	28.12.99/00:16	28D StVinc	14:17-22
37	28.12.99/14:12	---"---	29.12.99/00:12	29D KingsX	14:21-29
38	29.12.99/14:08	‹Flugzeug›	30.12.99/00:08	30D QF91	14:14-15, 25-31
39	30.12.99/14:04	Noumea	31.12.99/00:04	31D TrCafe	14:00-04
40	31.12.99/14:00	---"---	01.01.00/00:00	01J QuaiF	13:45-46, 48-55, 14:03-17
41	01.01.00/13:56	Papeete	01.01.00/02:56	01J 3Brass	13:16-25
42	02.01.00/13:52	---"---	02.01.00/02:52	02J Manaro	13:50-55
43	03.01.00/13:48	---"---	03.01.00/02:48	03J PrHino	13:33-37, 38-42
44	04.01.00/13:44	---"---	04.01.00/02:44	04J Tiare1	13:19-25
45	05.01.00/13:40	---"---	05.01.00/02:40	05J Tiare2	13:32-39
46	06.01.00/13:36	---"---	06.01.00/02:36	06J Schiff	13:18-25
47	07.01.00/13:32	---"---	07.01.00/02:32	07J Essbud	13:34-42
48	08.01.00/13:29	---"---	08.01.00/02:29	08J Casino	13:30-35
49	09.01.00/13:25	Wellington	10.01.00/01:25	10J MusHtl	13:34-39, 42-49
50	10.01.00/13:21	---"---	11.01.00/01:21	11J Biliad	12:56-13:00
51	11.01.00/13:17	---"---	12.01.00/01:17	12J TorySt	13:06-14
52	12.01.00/13:13	L. Tarawera	13.01.00/01:13	13J Tarwra	13:20-25
53	13.01.00/13:09	Wanganui	14.01.00/01:09	14J Wngnui	13:08-13
54	14.01.00/13:05	Melbourne	14.01.00/23:05	14J Elwood	13:20-28
55	15.01.00/13:01	---"---	15.01.00/23:01	15J Cleopa	13:11-15
56	16.01.00/12:57	Phillip I.	16.01.00/22:57	16J Pengun	12:44-50
57	17.01.00/12:53	Melbourne	17.01.00/22:53	17J RYarra	12:59-13:04
58	18.01.00/12:49	Perth	18.01.00/19:49	18J Benara	12:48-51
59	19.01.00/12:45	---"---	19.01.00/19:45	19J KngsPk	12:45-53
60	20.01.00/12:41	Fremantle	20.01.00/19:41	20J Frmntl	12:42-50
61	21.01.00/12:37	Perth	21.01.00/19:37	21J HydePk	12:47-52
62	22.01.00/12:34	Ubud	22.01.00/19:34	22J CWayan	12:22-27
63	23.01.00/12:30	---"---	23.01.00/19:30	23J Ketut	12:36-50
64	24.01.00/12:26	---"---	24.01.00/19:26	24J Legong	12:28-41
65	25.01.00/12:22	Denpasar	25.01.00/19:22	25J DPSapt	12:26-32
66	26.01.00/12:18	Bangkok	26.01.00/18:18	26J Fortun	12:19-22, 27-32
67	27.01.00/12:14	‹Flugzeug›	27.01.00/16:44	27J AI305	12:18-24, 33-39
68	28.01.00/12:10	Kalkutta	28.01.00/16:40	28J Drachn	12:08-14
69	29.01.00/12:06	---"---	29.01.00/16:36	29J Waesch	12:03-09
70	30.01.00/12:02	---"---	30.01.00/16:32	30J Versam	12:00-08
71	31.01.00/11:58	---"---	31.01.00/16:28	01J EliotR	11:55-12:02
72	01.02.00/11:54	---"---	01.02.00/16:24	01F Bucmes	11:48-56
73	02.02.00/11:50	---"---	02.02.00/16:20	02F Frdhof	12:14-15, 16-21
74	03.02.00/11:46	---"---	03.02.00/16:16	03F Chwrng	11:53-58
75	04.02.00/11:42	---"---	04.02.00/16:12	04F 67gate	11:47-54
76	05.02.00/11:38	---"---	05.02.00/16:08	05F ERdown	11:41-57
77	06.02.00/11:35	---"---	06.02.00/16:05	06F Mullah	11:25-32
78	07.02.00/11:31	‹Flugzeug›	07.02.00/16:01	07F TG314	11:14-22
79	08.02.00/11:27	Bangkok	08.02.00/17:27	08F SiamSq	11:17-25
80	09.02.00/11:23	---"---	09.02.00/17:23	09F WtArun	11:25-33
81	10.02.00/11:19	---"---	10.02.00/17:19	10F WatPho	11:14-23
82	11.02.00/11:15	Frankfurt	11.02.00/11:15	11F FftHbf	11:23-30
83	12.02.00/11:11	Köln	12.02.00/11:11	12F Neustr	11:12-16

Abb. 2 Information zu den geplanten sowie tatsächlich erfolgten Aufnahmen

Sekunden um etwa einen weiteren Grad um ihre Achse drehen bis ein beliebig vorgegebener Ort der Sonne (z.B. bei deren ›Kulmination‹) wieder gegenüber steht: es vergehen also durchschnittlich insgesamt 24 Stunden zwischen zwei aufeinander folgenden Sonnenkulminationen (ein mittlerer *Sonnentag*).

Vom Zeitpunkt null Uhr am 1. Januar 2000 ausgehend wurde auf Sternentagbasis – zeitlich vor- und rückwärts – die Uhrzeit für jeden Tag der Reise ermittelt, an der die Erdausrichtung den Sternen gegenüber unverändert bleibt. Abb. 2 zeigt diese in der 2. Spalte von links in Mitteleuropäischer Zeit (MEZ); Spalte 1 zählt die Tage vom Reisevortag 22.11.99 bis zum Tag nach der letzten Fluglandung in Frankfurt (die Reise selbst dauerte somit vom Tag 2 bis 82 – insgesamt 80 Tage). Allerdings wirkt sich auf den Zeitplan der darin unberücksichtigte Erdumlauf um die Sonne schleichend aber deutlich aus: die Planzeit für Köln – bei der Abfahrt auf 16:33 Uhr gesetzt – findet sich bei der Wiederankunft rückwärts verschoben auf 11:11 Uhr.

Zu jedem in Abb. 2 angegebenen Zeitpunkt wurde eine digitale Video- sowie Tonaufnahme vorgenommen, deren Dauer fünf Minuten möglichst nicht unterschreiten sollte – die Länge nach oben war zunächst unbegrenzt. Der genaue Aufnahmeinhalt sollte vor Ort kurzfristig entschieden werden, obwohl z.B. klar war, dass am 1. Januar höchstwahrscheinlich ein Feuerwerk das Sujet liefern würde. Weitere Angaben nach rechts in Abb. 2 sind Aufnahme-Orte (25 insgesamt) sowie -Ortszeit (man sieht zum Beispiel, dass beide, durch einen Sternentag getrennte Aufnahmen 40 und 41, jeweils für den ortszeitlichen Neujahrstag 2000 eingetragen wurden).

In den zwei letzten, rechts befindlichen Spalten von Abb. 2 sind Angaben über die tatsächlich erfolgten Aufnahmen: Für jede der 83 aufgelisteten Aufnahmen gibt es zur Erinnerung ein Kürzel (zu Nr. 1: die Videokamera war am Reisevortag erst *nach* der Aufnahmeplanzeit verfügbar; möglicherweise könnte hier für einen zeitgerechten Ersatz nachträglich gesorgt werden) sowie die tatsächliche Aufnahmezeit: Manche Aufnahmen wurden aus inhaltlichen Gründen wiederholt angegangen. Die Aufnahmedauer betrug im Durchschnitt 6 Minuten und erreichte einen Maximalwert von 18 Minuten.

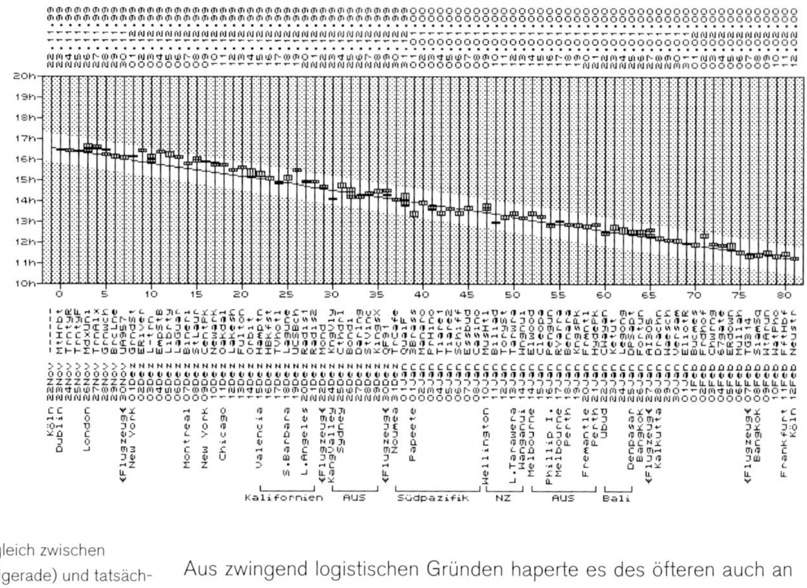

Abb. 3 Graphischer Vergleich zwischen Planzeit (schräge Zentralgerade) und tatsächlicher Aufnahmezeit (schraffierte Blöcke)

Aus zwingend logistischen Gründen haperte es des öfteren auch an der Pünktlichkeit der Aufnahme: Das Ausmaß der Verzögerung hielt sich aber in den Grenzen von ±1/36 oder ±2,8% des Planzeitabstandes (= Sternentag), d.h. bis zu maximal 40 Minuten zu früh oder zu spät – s. Abb. 3 für eine graphische Darstellung des Vergleichs zwischen der Planzeit und der tatsächlichen Aufnahmezeit; Ortsnamen und Kürzel sind angeführt.

Diese Reise ›um den Globus‹ müsste erwartungsgemäß etwas *Geodätisches* (= mit kürzestmöglichen Ortsverbindungen) innehaben; mathematische Versuche zeigten einen die Reise begleitenden, am

45°N 165°O (nahe Kamtschatka) bzw. 45°S 15°W (im Südatlantik) gepolten ›Großkreis‹. Abb. 4 zeigt diese Bewandtnis durch eine *zylindrisch-äquidistant* (= bei horizontal sowie vertikal gleichem Maßstab) projizierte Landkarte der Erde, auf der besagter, durch 45°N 15°W (Nordatlantik) und 45°S 165°O (Südpazifik) verlaufender Großkreis eingezeichnet ist. Ferner sind die 17 eingesetzen, für alle 25 Aufnahmeorte stellvertretenden, am obigen Rand mit Kürzeln versehenen, unten namentlich entschlüsselten Flughäfen als knopfähnliche Gebilde eingezeichnet.

Auch sichtbar sind elf beinah parallele, großkreisförmige ›Dämmerungslinien‹: Mit in Acht-Tages-Abstand dazugehörigem Datum (hier schon am 21.11.99 beginnend) zeigen – zu den vom Aufnahmeplan vorgegebenen Zeitpunkten – diese in der Westhemisphäre morgendlichen Grenzen zwischen Nacht (links) und Tag bzw. in der Osthemisphäre jene abendlichen zwischen Tag und (rechts) Nacht. Da die Reise die Morgendämmerung am 14.12.99 (nahe der 4. Linie von links) in die Nacht, die Abenddämmerung am 26.01.00 (nahe der 3. von rechts) wieder in den Tag hinein tatsächlich überquerte, ist die Nachtregion außerhalb (= oberhalb) dieser zwei Linien hier negativfarblich gezeigt. Nach rechts verschieben sich allmählich die elf Linien, und zwar bis zur winterlichen Sonnenwende (22.12.99) zuerst südwärts, dann wieder nordwärts wegen des jahreszeitlich bedingten Breitengrads der Mittagssonne – interessant ist die Tatsache, dass alle elf Linien zwei gemeinsame Schnittpunkte haben, einem weiteren Polpaar gleichsam, bei 24°W am Nordpolarkreis in der Dänemarkstraße zwischen Grönland und Island bzw. vor der antarktischen Küste bei 156°O am Südpolarkreis.

So ist zu ersehen, dass am 15.12.99 der Aufnahmeort Valencia (nahe bei Los Angeles) in sichtbarer Nähe der südöstlich befindlichen Morgendämmerung war; so war auch am 18.01.00 der Aufnahmeort Perth in sichtbarer Nähe der südwestlich befindlichen Abenddämmerung, ein in den Videoaufnahmen auffälliges Phänomen.

Würden die in Abb. 4 angegebenen (zufällig, aber interessanterweise äquatorial-symmetrischen) Koordinaten 45°N 165°O bzw. 45°S

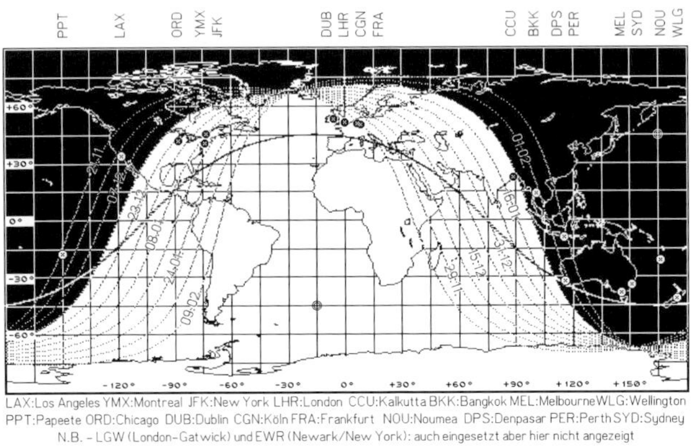

Abb. 4 Erdkarte mit der Reise begleitendem Großkreis sowie Dämmerungslinien

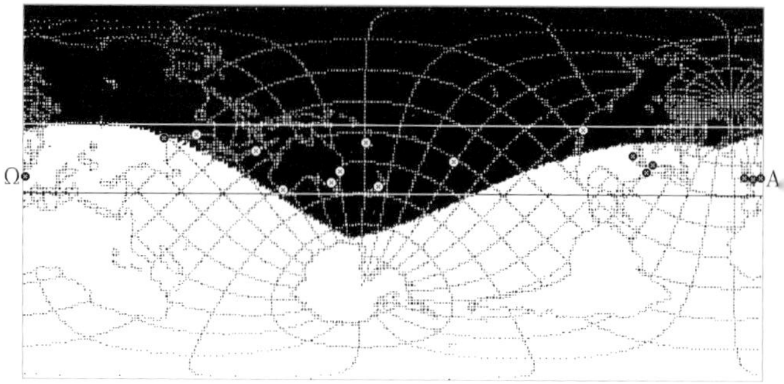

Abb. 5 Neuprojizierte Erdkarte (›Nordpol‹ = 45°N 165°O) mit geradliniger Reiseschneise

15° W den Nord- bzw. Südpol des Erdballs bilden, so würde dieser Großkreis den Äquator bilden, wie in Abb. 5 ersichtlich. In dieser ebenfalls zylindrisch-äquidistanten Projektion verlaufen die 17 Flughäfen im Allgemeinen sichtlich geradliniger von rechts nach links (Alpha bis Omega) in einem 3500 km breiten Band, dessen untere Grenze Perth, dessen obere Grenze Los Angeles streift. Auch hier ist die Tag-/Nachtregion wie in Abb. 4 eingezeichnet.

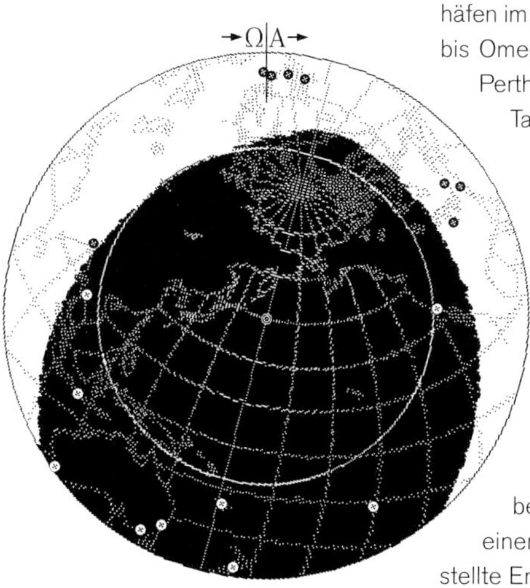

Abb. 6 Neuprojizierte halbe Erdkarte als Kreis um den Nordpol 45°N 165°O

Zur Komplettierung dieses Berichts ist in Abb. 6 eine polar projizierte Landkarte zu sehen – hier formt der ›Äquator‹ von Abb. 5 den äußeren Rand, die 3500 km breite ›Reiseschneise‹ einen äußeren Ring, innerhalb dessen die 17 Flughäfen allgemein im Uhrzeigersinn (von A bis Ω) verlaufen. Auch hier sind Tag und Nacht angezeigt.

Insgesamt sind zehn Stunden digitales Bild- und Tonmaterial auf diese Weise entstanden. Weitere zwanzig Stunden sind unplanmäßig aufgenommen worden. Es wird beabsichtigt, daraus eine 40-minütige Tonkomposition sowie einen 40-minütigen Film zu erstellen, in denen die oben dargestellte Erdertastung bildlich und klanglich beschrieben wird.[1]

Grundgerüst für diese beiden Arbeiten ist ein Zeitraster, in dem jede fortschreitende halbe Minute schwerpunktmäßig einem weiteren Reisetag entspricht. Beim Einsatz bester digitaler Audio- und Videoverarbeitungsmöglichkeiten sind – analog der ›Erinnerung‹ bzw. ›Vorahnung‹ – kreativ interagierende Überlappungen des Ton- und Bildmaterials eingeplant.

[1] Hierfür wurde ein Auftrag vom Studio für Akustische Kunst des WDR Köln erteilt.

process research:
»the spider project«
clea t. waite

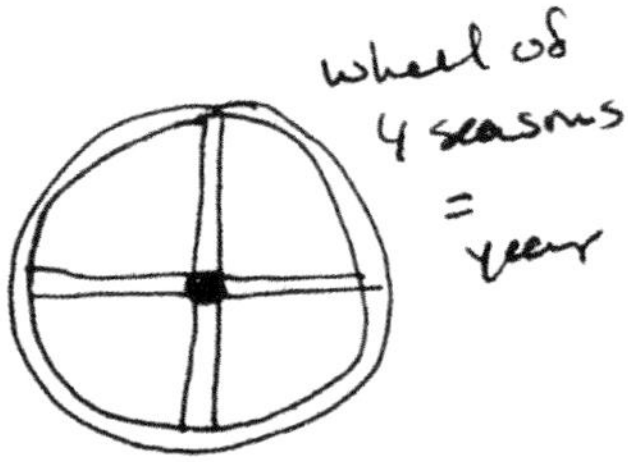

Hindu year wheel

The Spider Project is a multimedia work in several parts, a poem combining science and art, rooted in the process of research and collecting.

The metaphors of *The Spider Project* derive from the juxtaposition of ›factual truth‹, scientific theorems and observations, with ›metaphysical truth‹, the truth of mythology, folklore, religion, and philosophy. Disclosing the details within the theories, equations, and experiments of physics (particularly quantum physics), likewise the language, elements, and images of philosophical systems, *The Spider Project* creates a poetry of affectionate irony. With *The Spider Project*, I seek to create a poetry of synthesis in an age of specialization.

One segment of the project is the online ›sketchbook‹, *Spirals & Tangents*, an associative collection of text and image quotations gathered during my research. Another part of the project is the observation and rearing of the spider *Nephila madagascariensis* in the laboratory. These spiders are my collaborators on the project. Third is an installation based around a three-dimensional, room-size projection screen of inhabited, misted spider webs, a video projection, and four video monitors. The installation creates a contemplative space, a vivarium-mandala full of symbols, sounds, and images, culminating the project.

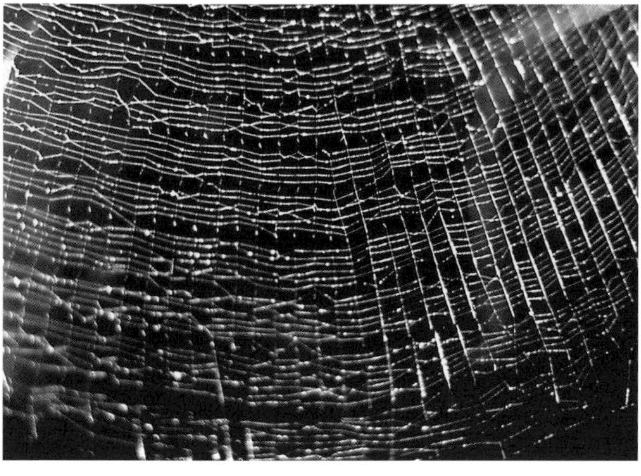

Web Detail: *Nephila madagascariensis*.
Photo: C. Waite

March 5, 1998
The spiderlings have arrived. There are 19 or 20, all smaller than the fruit flies that are their food. I have closed their temporary box home with lots of packing tape and a stocking. The mesh of the mosquito netting is much to big to keep them in.

March 14, 1998
Three of the spiders have built perfect, gorgeous mini-webs! These builders are now about the same size as the fruit flies. The others are still smaller.

March 31, 1998
One of the spiders is dead, accidentally killed by a drop of water.

April 1, 1998
Today there are five perfect webs of various sizes, the largest being about 15 cm diameter. Their arrangement would work very well in the installation. Three are flat/parallel to the wooden structure and two are rotated about 30–45° around the vertical axis.

The count is still 15. I think the missing 3 must have been eaten.

April 5, 1998
6 a.m. – The spiders are very actively building.

May 22, 1998
A cannibal! Last night I found the wrapped body of a spider that must have just molted and today the largest spider is eating it with sensual gusto. Disgusting!

May 31, 1998
One of the small spiders did not survive its molt. The back case got stuck.

June 28, 1998
The spiders have grown dramatically. I suspect one female is full-grown now. Her legs span about 10 cm. and her web is about 50 cm and yellow. Two smaller spiders (boys?) are hovering nearby and cautiously approaching her web – only to receive aggressive rebuttals. Are they trying to steal food or to mate? One of the ›boyfriends‹ keeps vibrating his rear rapidly.

July 11, 1998
6:30 p.m. SPIDER SEX! The largest spider molted and the largest male mounted her immediately. Now I know for sure who are the males and who are the females.

July 30, 1998
The last male spider is gone. There is a leg hanging from a thread.

August 9, 1998
First cocoon appeared overnight.

August 17, 1998
Moved the spiders from the terrarium into the tent – 3 x 3 x 3 meters. They are fighting it out for the best place, in the corner nearest to the window.

August 29, 1998
There is a lovely, 1 meter web! The others are 80 cm and 60–70 cm.

September 9, 1998
A second spider has laid her eggs. The first is thick again, looking as if she is preparing to lay her second cocoon.

September 20, 1998
The first spider has laid her second cocoon. She needed six weeks between layings.

October 29, 1998
A cocoon hatched! There seem to be at least 200 spiderlings.

December 10, 1998
The last of the adult spiders died.

The largest of the spiderlings' webs is about 40 cm.

February 27, 2000
The adult females (3rd generation) have both ›red-banded legs‹ and ›black legs‹ which contradicts with the article I read, according to which the different leg colors should belong to different breeds. Have to check this at the Zoo …

Nephila

I have raised and observed the spider *Nephila madagascariensis* for over two years; three generations from newly hatched nymphs the size of pinheads to palm-sized adult females. I have kept a daily log book of their developments, behaviors, and the changes I made to their environment along the way.

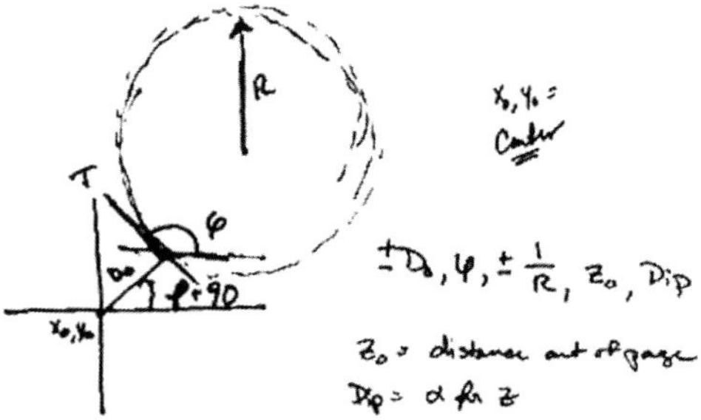

ALEPH encoding scheme, *Spirals & Tangents*

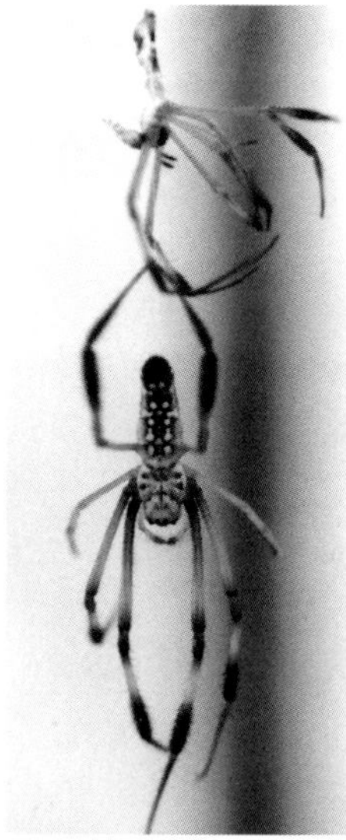

A newly molted *Nephila madagascariensis* spider female, May 6, 1999 – approximately life size. Photo: C. Waite

Spirals & Tangents

The structural motif for *Spirals & Tangents* was inspired by the data encoding system used in the ALEPH detector of the CERN particle accelerator. The idea came to me as Dr. Hans Drevermann of CERN sketched out and described this method to me which uses the tangent and radius of a curve to efficiently identify a location within the detector. The method elegantly reduces the number of data points necessary for locating a point in a cylinder from six to five, a significant data reduction at 10,000 points/second throughput. The use of a curve and its tangent as an encoded notation of space has the refined quality of a poem. Likewise, the website is a series of tangents and curves, tangential connections to the central theme of the spiral cycle. The hypertext structure of the website is a natural format for joining discrete concepts, allowing for discontinuous jumps, multiple, minute associations, and non-linear traversal through various forms and disciplines of information.

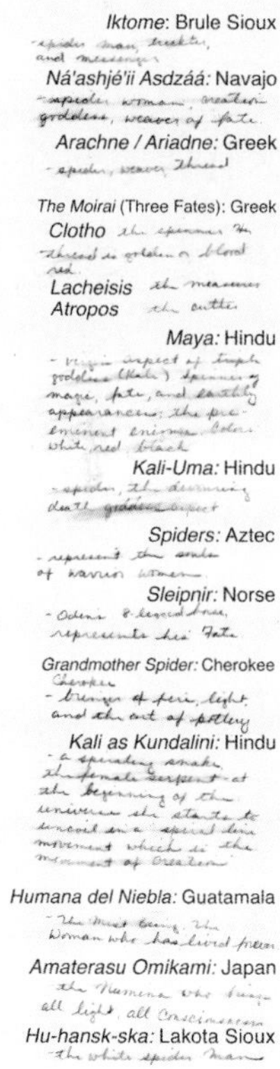

The Bubble Chamber

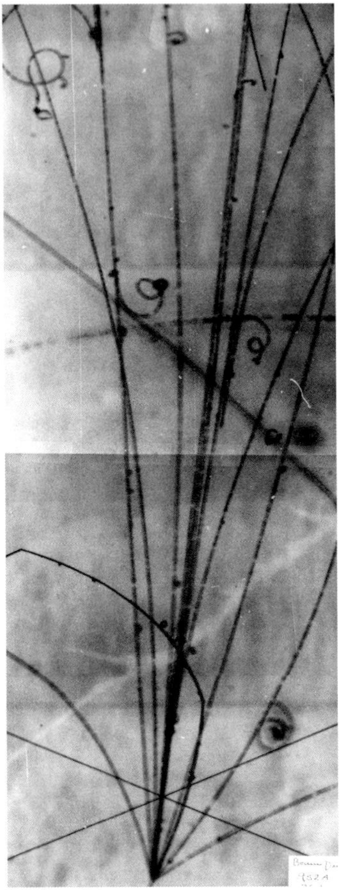

and there sprang up something like a reed shoot, from which two spirits emerged...

Bubble chamber photograph, courtesy CERN

The fine threads of a spider's silk are nearly invisible to the naked eye, but when covered in dew and lit by the morning sun, the orb web is a stunning sight. Taking advantage of similar principles, physicists use the condensation of fine droplets in a bubble chamber to see the invisible paths traced by subatomic particles in their experiments. The photographs from these bubble chambers reveal spirals and jets. The jets are a plethora of high energy particles emerging spontaneously from the point of a successful reaction. Spirals appear when lower energy particles, often a positron-electron pair, are created by a secondary collision. The magnetic field surrounding the bubble chamber spins these complementary pairs characteristically as their energy subsides. The tracks disappear as the particles are reabsorbed into atoms. The entire process occurs in a flash at the speed of light.

The first text I collected in my personal notebook for *The Spider Project* was the *Koijiki*, a Japanese creation myth from the eighth century. This story of creation reads like an anthropomorphic description of the particle reactions in a bubble chamber. Energy forms matter out of *Chaos* – the Void. Shoots and pairs spontaneously appear and disappear in the mists. Are these spirits muons and pions? Electrons and neutrons?

> *The Age of Spirits*
>
> Now when chaos had begun to condense, but force and form were not yet manifest and there was nothing named, nothing done: who could know it's shape? Never the less Heaven and Earth parted, and Three Spirits began the work …
> These appeared spontaneously and afterward disappeared.
> But the young earth, like floating oil, now was drifting, and there sprang up something like a reed shoot, from which two spirits emerged …
> And these were the five who separated Heaven and Earth.
> Now there were born thereafter, spontaneously, the following pairs, who also appeared and then disappeared …
> Kojiki: *Record of Ancient Matters.* Japan, 712 AD[1].

[1] Joseph Campbell: *The Masks of God Oriental Mythologie.* New York, 1962, S. 466.

The Installation

In *The Spider Project*, the symbols of cycles culled from many cultures determine the architecture of the installation, the structure of the films, the colors used, and the organization of the themes. The installation takes the form of the four directions and the center, a motif found in myths around the world. Each direction, represented by a video monitor, is assigned an element, a color, a theme, and a sound (see illustra-

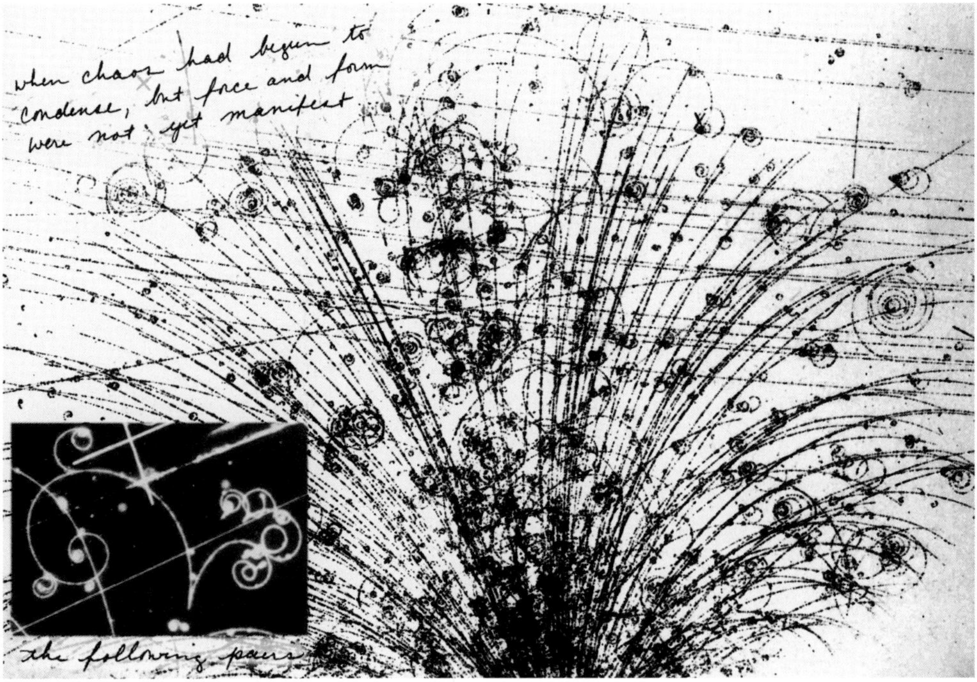

Bubble chamber photograph, courtesy CERN

tions). The center, the point of intelligence, is where the spiders are. Surrounding a central pavilion, small screens monitor live images of the spiders from infra-red cameras within. Four video sources, scientific apparatus, and an internet station guide the visitor with history, stories, poetry, and data.

In the center, a gauze enclosed pavilion contains a frame bearing webs and water mist, forming a three-dimensional projection volume. Approximately 50 spiders live on this structure to create the projection screen with their webs. The viewer enters the spiders' room, separated from them only by a low fence. The spiders are free. There is no barrier between viewers and spiders. An unobstructed view is necessary in order to perceive the video projection on the delicate threads. The spider is a creature which appears often in mythology as an archetype of the elemental cycle of nature, creation and destruction. *The Spider Project* hovers in the moment of our culture's rebirth out of the end of the twentieth century. I came upon a beautiful Buddhist word which encapsulates this process of rebirth, *samsara*. Samsara is »… the passing or cycling through successive lives as a consequence of moral and physical acts (*Karma*); everyday life in the world.«[2] What ›is‹ is a result of what preceded and will be the cause of what follows.

The images in all five films of the installation come from the micro and macroscopes of scientific research, concentrating on and circular

[2] Keith Crim (Hg.): *The Perennial Dictionary of World Religions*. San Francisco, 1989, S. 650–651.

the four directions

Zuni arrangement ↓

"Ya"

subatomic

monitors → Yellow monitor

A "Centre" represents an ideal point which belongs not to profane geometrical space, but to sacred space; a point in which communication with Heaven or Hell may be realized...
-Eliade

N

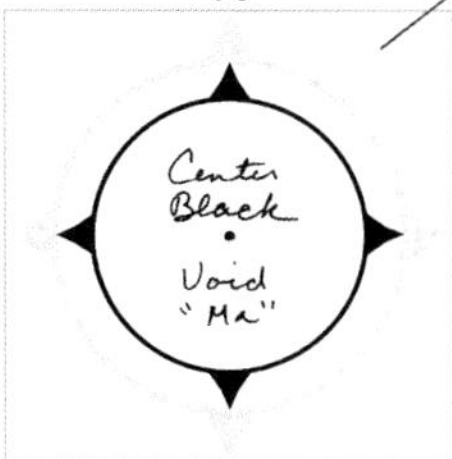

peace

biology

"Va" Blue monitor W

E White monitor "La"

↓

Sanskrit elemental sounds created by Kali-Ma. They create what they express →

Venus lightning sounds →
4 tones mapped onto data parameters → Koanformality

From the Self (ātman) space arose;
From space, wind;
From wind, fire;
From fire, water;
From water, earth;
-Upanishads

S

Red monitor

astronomic

"Ra"

nuclear/atomic
war/poison

bubble chamber

"Ya"
Hydrogen
Air
yellow

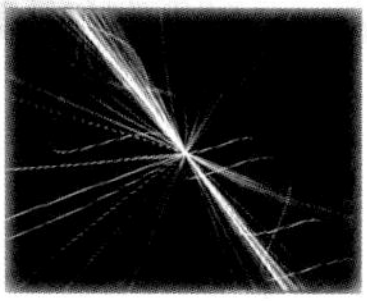

Yellow monitor

White
Earth → life
Carbon sperm
smoke

N

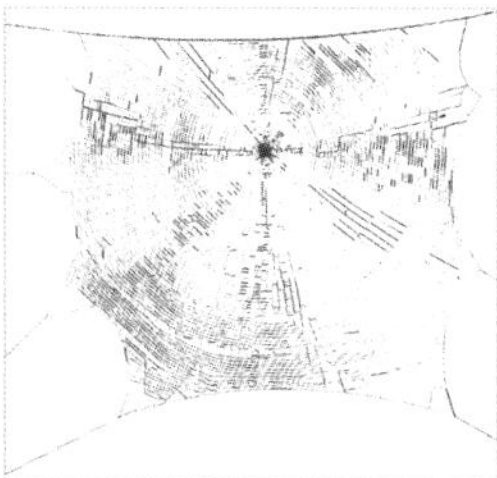

W

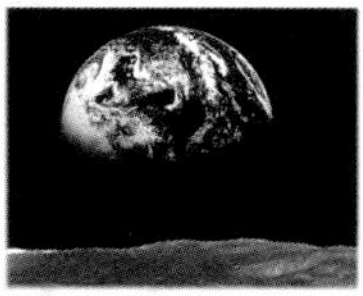

Blue monitor

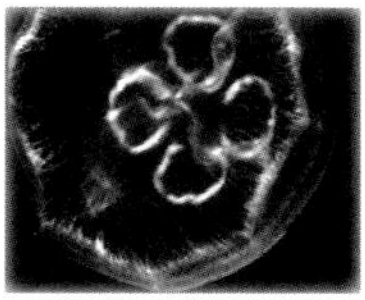

E

White monitor

S

peace
spaceflight
Cosmonaut ← Blue
Water
Oxygen

Red
Fire
Nitrogen
↓
sun (Yohkoh)
Venus
Red spot of jupiter
Mars

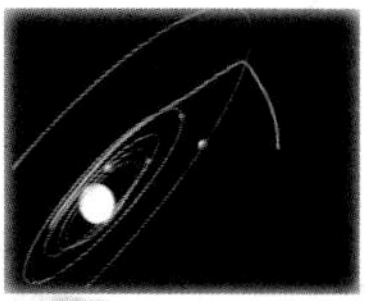

Red monitor

natural forms. The description of the »way of the ancestors« in the samsara text struck me immediately as a prepared storyboard for all the elements I had gathered, from the falling mist of the installation, to the microscope recordings of human sperm.

The Way of the Ancestors

They return. Successively becoming sky, air, smoke, mist, and cloud, they fall to the earth as rain to become seeds and plants. Eaten by men, they enter the semen. There follows impregnation, conception, and the cycle's renewal.[3]

The technologically augmented eye illumines the images of the inner eye. The images of the inner eye are projected as exceptional images of the natural world. *The Spider Project* is an act of sympathetic magic.

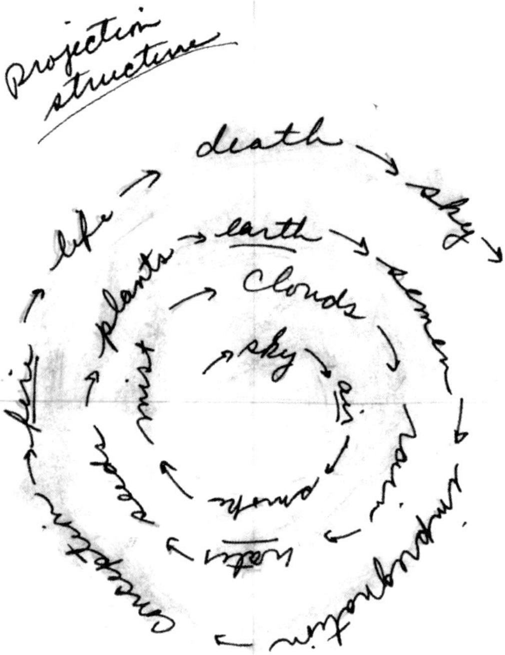

[3] S. Anm. 3.

die schönheit der welt und die unerträgliche leichtigkeit des neuen millenniums.

jorge j. a. la ferla

1. Einleitung

Bedeutende Nachrichten markieren den Beginn des neuen Jahrhunderts. Die vielversprechende Fusion zwischen *American On Line* (*AOL*) und *Time Warner* war *das* Ereignis im Reich der Medien, welches von allen erwartet worden war, nachdem Microsoft bei dem Versuch gescheitert war, das Unternehmen Ted Turners zu kaufen. Die Tendenz zur absoluten Konzentration via Kooperationen in den Geschäftsbereichen der audiovisuellen Distribution über Netze ermöglichte den ersten Pool von Firmen, die sich der Herstellung von Nachrichten, Unterhaltung und Spektakel und deren Distribution über Netze widmen.

Die Metapher jener großen französischen Wasserverwaltungskonzerne, die sich seit einigen Jahren dem Geschäft mit der audiovisuellen Kommunikation widmen, funktionierte wie das *métier* und die Monopolisierung der Distribution anderer vitaler Flüsse für das Überleben der Bevölkerung auf globalem Niveau. Wasser und Spektakel, geschaffen durch die gleichen Unternehmen und durch ähnliche Kanäle distribuiert. Im Zuge dieser Verteilung fiel dem südlichen Zipfel Lateinamerikas immerhin der Stolz auf das Gefühl der Bedeutsamkeit zu, da man einen aktiven Part in diesem Geschäft gespielt hatte: Ted Turner hatte Jane Fonda in Patagonien umworben.

Vor dem Hintergrund der Fortdauer dieser neuen Ära, die durch die mögliche Wahl Al Gores zum US-Präsidenten, des Motors des Verkaufs von Mautgebühren für die Informations-Highways, geprägt ist, werden diese Megafusionen die Zukunft charakterisieren. Die Magnaten kontrollieren in dieser neuen Gesellschaft vollkommen den Fluss, die Produktion, die Kommerzialisierung und die Verteilung des Audiovisuellen von wenigen Zentren in den Vereinigten Staaten aus, zumindest für Lateinamerika. Die absolute Standardisierung der audiovisuellen Botschaften in der Unterhaltungsindustrie, sei es Kino, TV oder On-Line, wirft viele Fragen bezüglich der Urheberschaft, der Ideen der Künstler auf. Die periphere Stellung der Lateinamerikanischen Staaten in diesem Prozess und die Isolation von Argentinien bei dieser beginnenden Globalisierung sind interessante Faktoren, mit denen all jene konfrontiert sind, die in unserem Land Politik betreiben oder mit audiovisuellen Medien zu tun haben.

»La révolution est finie«, sagen heute Philippe Sollers und verschiedene französische Intellektuelle. Kaum 20 Jahre ist es nun her, da gingen die unvergesslichen Bilder von Godard um die Welt, die diesen von jungen Menschen umgeben zeigen, die in Maputo den Umgang mit Videotechnik lernen wollten. Schon in diesen Bildern waren die Bilder der vom Ertrinken bedrohten Menschen in Mozambique angelegt, die zu Beginn des Jahres auf eine Rettung vor dem Wasser warteten. Die Rettung für die ›Verelendeten‹ (›descartabes‹) – wie man in Kolumbien die Menschen nennt, die die unterste Klasse der Gesellschaft bilden – vor dem Wasser sollte niemals kommen.

Die mögliche Rückkehr Berlusconis, des Besitzers des *Mediaset*-Imperiums und des Fußballclubs *A. S. Milan* (Abb. 1), an die Macht in Italien bedeutet auf politischem Weg das Versagen der ehemaligen Linken. Sie hat sich zu einer Sozialdemokratie gewandelt, die mit Ruhm das Erbe des Thatcherismus in einer Zeit angetreten ist, in der sich alle Politikkonzepte gleichen, ganz gleich, von welcher Partei sie stammen. Die europäische Regierungstrivialität geht mit dem tiefgründigen Verfall der künstlerischen Aktivitäten in Italien einher.

Die Lage in Lateinamerika, und in besonderem Maße die in Argentinien, ist symptomatisch für diesen Zustand der Garantien durch die neuen Demokratien, die eine periphere Anpassung an die neue Weltordnung erlauben. Die europäischen politischen Modelle und die ökonomische Dominanz der Vereinigten Staaten stellen die Parameter für Argentinien dar. Unter der permanenten Bedingung des wirtschaftlichen Kräfteverfalls versucht Lateinamerika, sich an die neue Peripherie der Globalisierung anzupassen. Das vielfältige Beziehungsgeflecht zwischen dem Feld der Kunst, der audiovisuellen Produktion und dieser neuen Geschichte eines neuen Jahrhunderts ist schwer zu beschreiben.

Argentinien war immer ein Land, das bestrebt war, in politischen Dingen den Schritten seiner europäischen Väter zu folgen: Nach der schweren Zeit jener Militärdiktatur, die das gesamte Land in ein System der Verfolgung jeglichen oppositionellen Gedankens und unabhängiger kreativer Aktivität verwandelte, nach einem absurden, von vornherein feststehenden Krieg gegen Großbritannien im Jahre 1982 begann die Epoche einer Demokratie *light*, die mit einem irreversiblen Prozess der unkontrollierten Privatisierung aller Staatsbetriebe und der Destruktion des nationalen produktiven Apparats einherging. Hinzu kam eine Auslandsverschuldung, die logarithmisch bis ins Unendliche angestiegen ist. Ende März dieses Jahres sprach der Ökonom Clarín in diesem Zusammenhang vom argentinischen Phänomen, das sich mit der »Traubentheorie« erklären lasse: »Wenn ein Land nicht die Bedürfnisse der Gesellschaft erfüllt, nur um vermeintlich höhere Wohlstandsniveaus zu erreichen, obwohl es über hinreichend hochwertige physische und humane Ressourcen verfügt, und wenn die sozialen Strukturen des Landes es gleichzeitig nicht erlauben, davor zu warnen, dass die Resignation nicht durch Mystik ersetzt werden kann, um die ökonomische Entwicklung voranzutreiben, dann ist dieses Land dazu verdammt, langsam, aber unerbittlich auszutrocknen – wie es bei einer Rosine geschieht.« Diese pessimistischen Schlussfolgerungen reflektieren die gegenwärtig herrschende Stimmung in Argentinien. Es handelt sich um eine Nation, die von Emigranten im letzten Jahrhundert ersonnen und gegründet wurde, um große historische Ziele zu erreichen. Heute leidet sie unter einer eklatanten Identitätskrise. Die Hoffnung, die sich während der Diktatur aus einem Widerstandgeist nährte, hat sich vor dem Hintergrund einer vollkommen von den größten Börsen dieser Erde abhängenden Wirtschaft in Resignation verwandelt. Charakteristisch ist das Verschwinden der industriellen Aktivität und die Reduktion der politischen Tätigkeit auf bloße Verwaltung dessen, was der Internationale Währungsfonds vorgibt.

Innerhalb dieses Panoramas und angesichts der eigenen Aktivitäten in der Medienwelt und der Welt der audiovisuellen Kunst stellt man sich die Frage, inwiefern heute ein Überdenken der wichtigen Problemstellungen im Rahmen des künstlerischen Schaffens, der Literatur und der Erziehung in den Medien und den audiovisuellen Künsten erfolgen könnte. Seit fünf Jahren veranstalten wir in Buenos Aires die *Muestras EuroAmericanas*[1] zum Thema Video und digitale Kunst. Seit Beginn stellen diese Veranstaltungen eine Art Forum der Analyse audiovisueller Kunst dar. Besondere Berücksichtigung erfährt dabei das kreative Potential einiger Medien. Es wird der Anspruch erhoben, die Möglichkeit einer diversen Handhabung des uniformen Flusses der Massenmedien zu reflektieren. Bei diesen *Muestras*, die in der Umgebung der Universität von Buenos Aires stattfinden, wurde für das Thema *Audiovisualität im nächsten Jahrhundert* ein Ansatzpunkt gewählt, der den Schlüsselcharakter der Audiovisualität für Politik und Kultur vor dem Hintergrund des technologischen Wandels berücksichtigt. Außerdem spielt die Pseudoglobalisierung auf dem audiovisuellen Markt und die Dominanz der digitalen Apparate in allen produktiven Prozessen eine Rolle. Die außerordentliche Entwicklung des Mediums hat alle Aspekte der Produktion und Rezeption von Botschaften, die akademische Propädeutik bezüglich dieses Themas und das theoretische Denken in Frage gestellt. Die Digitalität kann gewissermaßen als ein Schnitt durch die Tradition der bisherigen audiovisuellen Medien betrachtet werden.

[1] Seit 1996 veranstaltet von der Universität von Buenos Aires in Zusammenarbeit mit der französischen Botschaft in Argentinien, dem Goethe-Institut, dem I. C. I., dem spanischen Kulturzentrum und anderen.

2. D'ont cry for me … Der TV-Diskurs in Argentinien

Voraussetzung für das Verständnis des argentinischen Phänomens Fernsehen ist die Kenntnis der Geschichte des Mediums in diesem Land. Das Fernsehen hat sich in Argentinien spät verbreitet. Es wurde Anfang der 50er Jahre unter Kontrolle des peronistischen Regimes, das den ersten Kanal als Regierungspropaganda instrumentalisierte, eingeführt. Der Kanal war vollkommen abhängig von den Getreuen und Beamten der Regierung.

Die technologische Essenz des Fernsehens und sein Charakteristikum, die Simultaneität der Übertragung, war immer in radiale Gattungen strukturiert. Im Vordergrund standen stets die Aktivitäten der Regierung und jene Sportereignisse, die geeignet schienen, den nationalistischen Geist zu stimulieren. Alle Programme beschränkten ihre Tätigkeit auf die korrekte, das heißt fehlerlose Realisierung der Formalitäten: die simultane Transmission zum Konsumenten. Von Beginn an war dieses Schema von der Studioübertragung geprägt. Das diskursive Niveau und die Inszenierung war in allen Programmen uniform. Diese Charakteristika determinierten in jener Epoche die Geschichte des Fernsehens in Argentinien. Anfang der 70er Jahre wurden die großstädtischen Programme als Tochtergesellschaften der drei amerikanischen Ketten *ABC*, *NBC* und *CBS* ins Leben gerufen. Von nun an reduzierte sich das Fernsehen auf das Kopieren der amerikanischen Vorbilder, hinter denen sich kommerzielle Unternehmen verbargen, deren einziges Ziel die Steigerung der Anzahl der Konsumenten war. All dies diente nur einem einzigen Zweck: dem Verkauf von Werbezeiten. Auf diese Weise entstanden nach und nach neue Programmgattungen und Sendeformate.

Die enorme Reichweite des Mediums, die Möglichkeit, verstärkt die privaten Haushalte zu erreichen, machte das Fernsehen zu einem perfekten Träger des ideologischen Staatsapparates. Eine Schlüsselrolle spielte sicherlich jener Zeitpunkt Anfang der 70er Jahre, als die privaten Sender verstaatlicht wurden. Die Konzessionen, die in den 60er Jahren gewährt worden waren, wurden widerrufen. Der Peronismus missbrauchte das Fernsehen als wichtigstes monopoli(ti)sches Instrument zur Propaganda. Die Militärdiktatur versuchte sich Mitte der 70er Jahre massiv über Sportspektakel an das Volk zu wenden. Größtes Ereignis war die Fußballweltmeisterschaft von 1978. Das begeisterte Volk verfolgte via Direktübertragung den Weg der nationalen Auswahl zur Eroberung des Weltpokals, während in den versteckten Konzentrationslagern gefoltert und im Land jegliches Aufkeimen von Opposition erstickt wurde. Die Stimmen der Sportreporter überdeckten die Schreie aus den Folterstätten.

Über die Unterhaltungsschiene, die Informations- und Kultursendungen, entwickelten sich die kommerziellen Kanäle nach und nach zum effizientesten Medium, um Werbung und politische Botschaften an das Volk heranzutragen. In den 70er Jahren erreichten die kommerzielle Werbung und das mit ihr verbundene Ambiente ihren Höhepunkt – nicht nur im ökonomischen Sinne, bezogen auf einzelne Sendekanäle, sondern vor allem hinsichtlich ihres Einflusses auf die allgemeine Programmierung der Sendeinhalte. Von diesem Zeitpunkt an war die Einschaltquote einziger Wertmaßstab und Parameter für jegliche Sendung. Diese Entwicklung hatte eine enorme Verknappung der Sendezeit zur Folge. Der Minutenpreis stieg vor dem Hintergrund der allgemeinen Kommerzialisierung sprunghaft an. Die einzelnen Sendungen übernahmen lediglich die Rolle des Füllmaterials für den

Raum, der der Publicity zugestanden wurde. Das Fernsehen arbeitete nicht mehr, um Sendungen zu produzieren. Hauptzweck war einzig und allein, die Einschaltquote in die Höhe zu treiben. Mit der Einführung der Fernbedienung und des Kabelfernsehens erreichte der Kampf um die Quote aufgrund des Wettbewerbsdrucks einen Höhepunkt. Die Programme wurden sowohl hinsichtlich ihrer Gattung als auch ihrer Originalität immer ununterscheidbarer. Das System zum Erhalt der Quote nach einem Sendeerfolg bestand in folgender Formel: Etwas ähnlich produzieren, aber anders.

Dieser Zustand schränkte das kreative Arbeiten mit diesem Medium gewaltig ein. Einziges Ziel der Autoren war die Produktion von Beiträgen, die die Quote in die Höhe trieben. Die transportierten Botschaften hatten eine jämmerliche Qualität und basierten auf identischen Programmstrukturen. Meistens handelte es sich um billige Kopien europäischer und amerikanischer Modelle. Derzeit macht sich das Phänomen eines aleatorischen ›TV-Surfing‹ breit, ein Konzept, das Komponenten des Navigierens enthält: das blinde Gleiten über Massen von Bildern. Dieses Phänomen ging euphemistischerweise mit den Erfahrungen des Internet-Konsums einher. Dieser sektorielle Fluss wandelte sich mit der Unterstützung von Satelliten und Kabeln zu einem globalen Phänomen ohne Grenzen. Je größer das Angebot war, desto einheitlicher war die Uniformierung dieses globalen Phänomens.

Auf der Basis der von den Autoritäten kreierten Interessen wurde der unkontrollierte Prozess der Privatisierung der Fernsehkanäle nach der Rückkehr zur Demokratie zu Beginn der 80er Jahre hin zu einer perversen Struktur konsolidiert. Mit Hilfe von obskuren Ausschreibungen wurden die Lizenzen verteilt. Dieser dekadente Zustand trat in den letzten Jahren vor dem Ende des Millennium in eine kritische Phase; denn die neuen (Fernseh-)Gesellschaften wandelten sich in multimediatische Finanzpools, die schwer zu identifizieren waren. Das Geschehen um das Fernsehen herum wird nicht einmal mehr von den Kennern des Mediums gemanagt, sondern nur noch von Strohmännern, Buchhaltern und Verwaltern, die keine Ahnung vom Fernsehen selbst haben. Das Design des korporativen Bildes wurde mehr und mehr zu einer fundamentalen Aufgabe für die TV-Gesellschaften; es ist vor dem Hintergrund der Anzahl und Ähnlichkeit der Kanäle und deren Programmierung lebenswichtig. Fast alle Politiker des Landes tendierten zu einer Gesetzgebung, die eine Zerstörung der nicht kommerziellen öffentlichen Kanäle und Kulturkanäle zur Folge hatte. Die Folge: ein Mangel an unabhängiger TV-Produktion. Die unkontrollierten Privatisierungen und die Ignoranz der Antitrust-Gesetze halfen den aktuellen Multimedia-Oligopolen, ihre Vorherrschaft weiter auszubauen. Charakteristisch ist vor allem die dramatische Reduzierung der Optionen für die Programmgestaltung. Diese neue Ordnung der öffentlichen Kommunikation hat starke ideologische und kulturelle Auswirkungen. Die Kulturpolitiker – selbst diejenigen, die eigentlich für die Gestaltung der TV-Landschaft zuständig wären – begreifen nicht, dass das Thema Fernsehen zu den zentralen Gestaltungsaufgaben gehört, deren Vernachlässigung zur Uniformität der politischen, wirtschaftlichen und kulturellen Aspekte im Land führt. Die neuen Gesellschaften haben die selbständige Produktion praktisch eliminiert. Programmgestaltung reduziert sich auf Berichterstattung, Talk-shows und auf die Übertragung von Sportspektakeln. Und all das auf dem Niveau der schlechtesten europäischen Privatsender. Sender wie der ehemalige *Canale 5* und *Mediaset* von Berlusconi sind die tonangebenden Vorbilder. Die Mehrheit der aus dem Ausland übertragenen Programme kommen über Kabel aus Miami.

Die abwegige Entwicklung des argentinischen staatlichen TV-Kanals *A. T. C.* während der letzten zehn Jahre ist durch dessen völlige Abhängigkeit von der politischen Macht im Land gekennzeichnet. Wegen der extrem hohen Produktionskosten wird der Sender aus der Staatskasse subventioniert. Ständige Liquiditätsprobleme des Staatsfernsehens veranlasste die Verantwortlichen, das politische Konzept in Richtung einer Privatisierung zu ändern. Die Strategie: Ansehensverlust über eine schlechte Programmgestaltung und der Aufbau horrender Schulden, die eine Sanierung von Seiten der neuen Autoritäten als äußerst schwierig erscheinen ließen.

Nach unserer Einschätzung ist der interessanteste Fall für uns Argentinier der Sender *TV Cultura* von San Pablo aus Brasilien. Es handelt sich um einen Kanal mit einer relativ offenen Programmgestaltung. Hier bleibt Raum für die Realisierung unabhängiger Produktionen. Außerdem sticht dieser Kanal hervor, weil er nicht von einer staatlichen, sondern einer gemischten Gesellschaft betrieben wird, die zwar im kommerziellen Sinne überleben muss, aber dennoch nicht von der Einschaltquote abhängig ist.

Vor dem Hintergrund der Digitalisierung der Kanäle und der genannten Angebote durch das *Cyber-TV* wird abzuwarten sein, welches das Geschäftsziel sein wird, zu dessen Realisierung sich die massiven Konsumparameter etablieren werden. Dies wird nicht über die gegenwärtigen Netze geschehen. Hier existieren schwerwiegende Probleme bezüglich der Übertragung von Bildern und Klängen; denn noch müssen die verschiedenen Kontrollmöglichkeiten, der Zugang zu den entsprechenden Sendungen, der Empfangstyp und die entsprechenden Tarife festgelegt werden, damit das Funktionieren des zukünftigen Fernsehens über digitale und interaktive Netze seine ersten Konturen erhält.

Auch die wichtigsten Internet-Portale sind bereits praktisch in der Hand von ausländischen Unternehmen. Es handelt sich um ein im Entstehen begriffenes Medium, das das Monopol über die technischen Möglichkeiten der Transmission zu umgehen im Stande sein könnte. Doch rasch sind die wichtigsten Schaltstellen von den großen Firmen und internationalen Konglomeraten erschlossen worden.

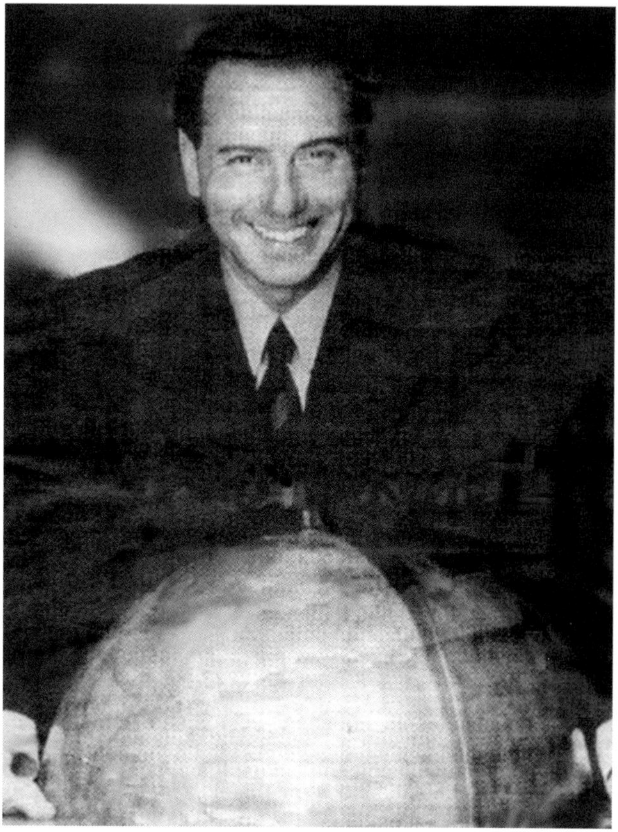

Abb. 1 *Il Mondo e rotindo.* Silvio Berlusconi.

3. Leben, Leidenschaft und Tod der argentinischen Videokunst

Anfang der 60er Jahre gab es die ersten Erfahrungen mit diesem Medium in Argentinien. Im Vordergrund stand die Experimentierfreude, verbunden mit einer Suche nach einer neuen Kunstgattung, fern ab jeglichen Gedankens an Kommerz. Erst Ende der 80er Jahre allerdings kann man vor dem Hintergrund des verspäteten Erscheinens der portablen Ausrüstung (Camcorder-Video) in Argentinien von einer interessanten Video-Produktion im Sinne eines expressiven Mediums gegenüber dem Fernsehen sprechen. Wieder generierte die Aneignung eines anderen technischen Produktes, das aus dem Norden stammt, weitere Optionen zur Konstruktion neuer Botschaften. In diesem Fall stammten sie vom Ursprungsapparat, dem Fernsehgerät. In den 90er Jahren konnte man dann von eigenständigen Produktionskonzepten sprechen. Der Bruch mit dem institutionellen TV-Modell war in diesen neuen Konzepten evident. Sie unterschieden sich deutlich von den Standards der vorangegangenen Jahrzehnte. Mehr als von speziellen Autoren kam der Einfluss von bestimmten Werken, die die Geschichte des Mediums in Argentinien prägten.

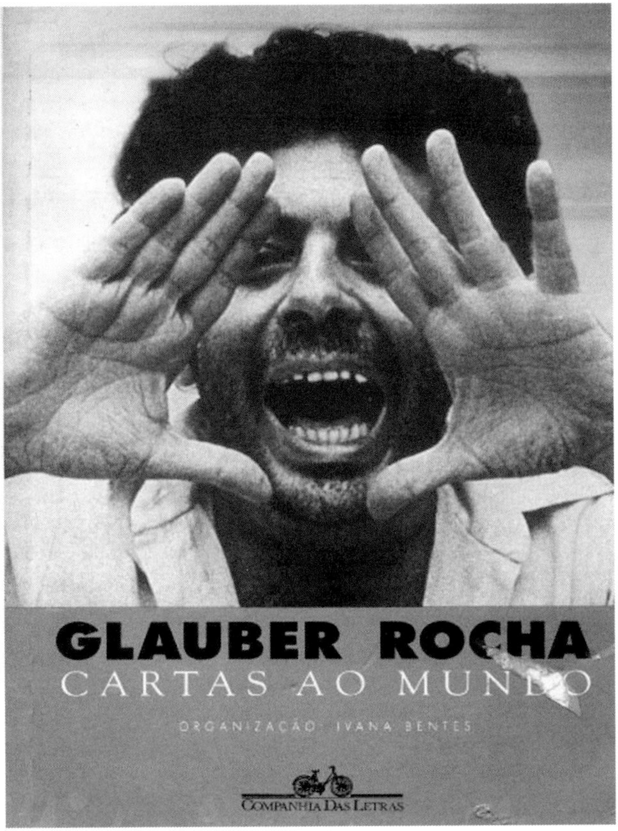

Abb. 2 *Briefe an die Welt.*
Postume Publikation von Glauber Rocha.

Claudio Caldini, Regisseur von Experimentalfilmen und -videos, ist mit seinen Werken, die sich über einen Zeitraum von zwanzig Jahren erstrecken, die absolute Ausnahme im Bereich der audiovisuellen unabhängigen Medien, die experimentell arbeiten. Die große Vielfalt macht jegliche Kategorisierung der Werke äußerst schwierig. Das gleiche gilt für die Schaffung allgemeingültiger Parameter für die Einteilung in verschiedene Gattungen, Strömungen oder Ästhetiken. Mit Ausnahme einiger Versuche einer argumentativen Fiktion müssen wir feststellen, dass das argentinische Video auf dem Gebiet der Skulptur und besonders im Bereich der Dokumentarformen in den letzten zwanzig Jahren einen innovativen Weg beschritten hat. Es wurden neue Wege gesucht, die die experimentelle Praxis mit Hilfe des audiovisuellen Mediums erneuerten. Die Bereiche Kinofilm und in besonderem Maße Fernsehen zeichnen sich hier durch Stillstand aus. Wenn das argentinische Video die Schuld gegenüber dem elektronischen Bild beglich mit diesem Raum des unabhängigen kreativen Denkens, über den das Fernsehen niemals verfügte, so ist das allein das Verdienst von jungen Videokünstlern, die in starker Isolierung ihre Arbeit verrichteten. Der Mangel an guter Ausrüstung für die Postproduktion und der Mangel eines gut organisierten Umfelds haben eine alternative Produktion so gut wie unmöglich gemacht.

Es ist kein Zufall, dass einige der herausragenden Video-Regisseure des Landes an ausländischen Akademien oder Hochschulen tätig sind. Denn dort wird ihnen ein Freiraum für die Entwicklung ihrer Projekte eingeräumt. Fabián Hofman entwickelt seit einigen Jahren interaktive Werke, die man als die ehrgeizigsten der letzten Zeit bezeichnen kann. Mit Hilfe der Infrastruktur des *C. C. C.* (*Centro de Capacitación Cinematográfica*) in Mexiko arbeitete er am *Pachito Rex-Projekt.* Ziel dieses multimedialen Projektes ist es, mit Hilfe von Digitaltechnik eine konfuse Geschichte über einen mächtigen lateinamerikanischen Politiker (Herrn Pachito) zu entwickeln: Pachito, ein ehemaliger erfolgreicher Sänger, der zum aussichtsreichsten Kandidaten für die Präsidentschaft geworden ist, wird ermordet. Auf virtueller Basis werden mit Hilfe des Konzeptes der Chinesischen Kästchen die einzelnen Episoden der Geschichte wie Navigationsoptionen innerhalb einer komplexen Struktur erzählt. Das Material wurde auf 16 mm-Film mit den Schauspielern vor einer *blue screen* in den *Churubusco-Studios* in Mexiko gedreht. Schon während der Vorproduktion wurden die Autoren des Projektes eingeladen, aus dem Material einen Spielfilm im mexikanischen *Instituto de Cine* zu machen. Derzeit schließt Fabián Hofmann die Postproduktion eines Projektes ab, das sich aus einem hybriden Text mit verschiedenen Film-, Video- und Digitalelementen zusammensetzt. Aus dem Material ergeben sich unterschiedliche Optionen mit diversen Navigations- und Rezeptionsvariablen. Es handelt sich wohl um eines der kreativsten und interessantesten Abenteuer der derzeit auf dem ganzen Kontinent durchgeführten Projekte.

Marcello Mercado, ein anderer herausragender Künstler aus Argentinien, konnte in der Kunsthochschule für Medien Köln in Deutschland sein langfristiges Projekt mit dem Titel *El Capital* weiter verfolgen. Mercado verwendet digitalisierte Videobilder. Es handelt sich um ein sehr ernsthaftes Projekt, das nicht nur eine hochentwickelte Ausrüstung voraussetzt, sondern auch einen akademischen und künstlerischen Rahmen. Beide Voraussetzungen waren in der Heimatstadt des Autoren, in Córdoba, schwerlich zu finden. Der Mangel an solchen experimentellen Ansatzpunkten in verschiedenen Hochschulen oder Akademien macht die Lage in Argentinien so besonders dramatisch. Die wenigen vorhandenen akademischen Institutionen und Akademien lassen eine solche Arbeitsweise in diesem Land nicht zu.

4. Das Experimentelle: Vom Kino zum Video

Vor dem Hintergrund der Tatsache, dass der argentinische Kinomarkt besonders klein ist und folglich die Einnahmen der Kinokassen niemals die Kosten decken, blieb das Kino in Argentinien stets ein sehr fragiles Element. Das *Instituto Nacional de Cinematografía y Artes Visuales* wurde zur einzigen Institution, an der Spielfilme produziert werden konnten. Mit Einverständnis und unter Einfluss der Regierung wurde dieser staatlichen Institution eine perverse Struktur übergestülpt. Politische Aspekte waren das einzige Kriterium zur Bewertung jeglicher Projekte. Es fehlten alternative Erfahrungen, wie bei der Schule *Cine del Litoral* in den 60er Jahren mit einem Künstler wie Fernando Birri, der mit neuen unabhängigen Produktionsformen experimentierte.

Natürlich gibt es auch heute einige Ausnahmen, die ein gewisses Maß an Unabhängigkeit aufweisen und deren Geschichte noch nicht geschrieben ist. Oben wurde schon die Ausnahme eines experimentellen Kinos erwähnt, das sich parallel zum industriellen Kino entwickelte und sich von diesem abhebt, indem es sich auf die Suche nach anderen expressiven und narrativen Strukturen fern ab der ausgetrampelten traditionellen Pfade machte. Die Werke von Narcisa Hirsch und Claudio Caldini stellen Beispiele alternativer Formen dar, die beim Experimentalfilm eine wichtige Rolle spielten. Später sollten beide ihre Aufmerksamkeit auch der Videokunst widmen.

In Argentinien hat es niemals eine Filmindustrie gegeben. Die geringe Kontinuität der Arbeit der argentinischen Regisseure ist teilweise darauf zurückzuführen, dass es immer Schwierigkeiten gegeben hat, für Projekte, seien sie auch noch so traditionell, Produzenten zu finden. Innerhalb dieses Umfelds werden unabhängige Regisseure mit der Frage konfrontiert: Wann produzieren Sie wieder? Wenn Fernando Birri, Edgardo Cozarinski, Eduardo de Gregorio, Hugo Santiago und andere argentinische Regisseure, die auf einem hohen Niveau produzieren und im Ausland sowohl leben wie arbeiten, in Argentinien geblieben wären, hätten sie schwerlich weiterhin Spielfilme produzieren können.

Gewisse Bewegungen stellten eine Ausnahme dar. Sie erzielten einen bestimmten Grad an Autonomie, so wie bei der *Escuela del Litoral* oder dem *Cine de Liberación*. In diesem komplexen Panorama der Kino-Geschichte des Kontinents tauchte dann die Figur Glauber Rochas auf: die große Ausnahme, vergleichbar mit einem Sergej Eisenstein oder Orson Welles. Der brasilianische Regisseur, der durch die *Nouvelle Vague* und die alten *Cahiers du Cinèma* geprägt wurde, entwickelte im Laufe seines Lebens ein anstößiges und originelles Werk von einer unwiderstehlichen Kraft, das tiefe Spuren in der Geschichte des lateinamerikanischen Kinos hinterließ (Abb. 2). Er wurde verfolgt und zensiert, und im Exil schuf Glauber Rocha schließlich mit *Edad de la Tierra* sein letztes Werk und eines seiner wichtigsten, präsentiert auf dem Festival von Venedig im Jahr 1980. Interessanterweise ist Rocha einige Male mit Fassbinder zusammengetroffen, der dort mit dem Film *Berlin Alexanderplatz* auftrat. Die *Cinema Novo*-Bewegung in Brasilien war sehr bedeutend und brachte in den 70er Jahren Autoren wie Cacá Diegues und Nelson Pereira Dos Santos hervor. Aber Rocha ist wohl die schillerndste Person. Bemerkenswert sind vor allem seine Beständigkeit sowie sein unaufhörliches Bemühen um ein episches Werk. Er schrieb eine Geschichte über ein anderes Brasilien, das in anarchistischen Mythen lebte: Figuren wie Lampião, María Bonita und José Conselheiro sind genauso hervorzuheben wie der Krieg von Sertão, die Guerilla und die Militärs. Nicht zuletzt auf Grund europäischer Einflüsse war Rocha in der Lage, Filme auf einem hohen kreativen Niveau mit einer subtilen Charakteristik zu produzieren – sogar im Exil. Seine Vehemenz schuf sich Öffentlichkeit über polemische Interventionen im Fernsehen oder über Schriften, die zuletzt in Brasilien veröffentlicht wurden. Unter den interessanten international bekannten Regisseuren Lateinamerikas, die um die Welt kamen, war Raúl Ruiz wohl der radikalste. All diese Beispiele sind Ausnahmen in einer Zeit, in der das Produzieren von Filmen wegen der institutionellen Situation, der Wirtschaftskrisen und der monopolitischen Filmbranche äußerst kompliziert war.

5. Die audiovisuelle Erziehung: Die Lehre und das Experimentieren

Den Verlust der Singularität bei audiovisuellen Medien und die Schwierigkeiten der Realisierung unabhängiger Produktionen haben wir ausführlich geschildert. Auf der Basis dieser Erörterungen stellt sich nun eine weitere fundamentale Frage: Wie könnte ein sinnvoller Ansatz einer Lehre im visuellen und experimentellen Bereich aussehen? Allein in Buenos Aires lassen sich mehr als zwei Dutzend private und öffentliche Orte ausfindig machen, die eine Ausbildung im Bereich der audiovisuellen Medien anbieten. Die Konzepte dieser Ausbildungsstätten werden hingegen immer flacher. Auffallend sind sowohl ein Mangel an auktorialer Expression sowie ein Schwund der produktiven Vielfalt. Die Anzahl der Zentren, die eigene Konzepte für eine kreative und professionelle Ausbildung der Studenten auf einem international hohen Niveau entwickeln, ist äußerst gering. Da sich die meisten Ausbildungsinstitutionen in vielen Ländern sogar weigern, sich mit dem Fernsehen zu beschäftigen, ist die Ignoranz bezüglich der Möglichkeiten der Medien Video und Computer im experimentellen Bereich nicht weiter verwunderlich. Die Defizite sind offensichtlich. Das Paradox besteht darin, dass Video und multimediale Elemente in der Praxis immer häufiger als Ersatz für das filmische Material dienen. Die Anzahl der Institute oder Akademien, die ihre Curricula mit Videoelementen oder digitalen Werkzeugen erweitern und deren spezifische Eigenschaften und Codes für die Möglichkeit einer Integration von elektronischen, digitalen und fotochemischen Elementen in Erwägung ziehen, ist gerade in Argentinien sehr gering. Über all die Jahre hinweg entlassen zahlreiche Schulen, Zentren und Universitäten – mehr als 30 in Argentinien – Tausende von Studenten auf den Markt, die die Hoffnung haben, in der Filmbranche gutes Geld verdienen zu können. Dieses Ziel allerdings erreichen nur die allerwenigsten von ihnen. Die Pflicht jeglicher Institution, bei der Ausbildung der zukünftigen Künstler und Regisseure eine umfassende Theorie und Praxis zu lehren, wird nach wie vor in den meisten Fällen nicht erfüllt. Die Uniformität in der Lehre hinsichtlich der audiovisuellen Medien ist das Ergebnis einer Anpassung an die allgemeine Lage, um nicht zu sagen, an den Markt. Derzeit scheint es keinen Ausweg zu geben. Der audiovisuelle Markt verlangt, und die TV-Programme bieten nur verkäufliche Produkte einer geringen Qualität. Regisseure werden hier zu reinen Erfüllungsgehilfen des Establishments, es geht lediglich um die Realisierung der etablierten Parameter. Die Lehre und Praxis der Kunst und Gestaltung mit audiovisuellen Medien stellen eine komplexe Herausforderung dar, die diverse Paradigmenwechsel voraussetzt, was die etablierten Curricula angeht. Es geht darum, in großem Rahmen Alternativen zu den verschiedenen klassischen Strukturen zu entwickeln – vom theoretischen Denkansatz über die Entwicklung eines Konzeptes bis hin zur Praxis bei der Aufnahme, beim Dreh und bei der Postproduktion.

Nachfolgende lateinamerikanische Ausbildungsstätten bilden Ausnahmen, sind sich der Notwendigkeit solcher Herausforderungen bewusst und haben entsprechende Konzepte kreiert: das *C. C. C.*, (*Centro de Capacitación Cinematográfica*), welches ein Teil des *Centro Nacional de las Artes de México* ist, das *Departamento de Arte de la Facultad de Artes y Humanidades de la Universidad de los Andes* in Kolumbien und die *Fundación Universidad del Cine* in Argentinien. Auch zu berücksichtigen ist das *Centro Multimedia*, das ebenfalls Teil des *Centro Nacional de las Artes de México* ist, an dem Künstler und Regisseure aus aller Welt residieren und auf der Basis einer soliden Infrastruktur ihre Erfahrungen austauschen können. Eine weitere Ausnahme bilden die professionellen Seminare, die von der *Fundación Antorchas* in der patagonischen Stadt Bariloche (Argentinien) organisiert werden. In diesen nicht öffentlichen Seminaren wurden von so berühmten Professoren und Künstlern wie Xavier Berenguer, Antonio Muntadas, Arlindo Machado und Edin Velez – um nur einige zu nennen – ungewöhnliche Ansätze analysiert und diskutiert.

6. Die Zukunft. Welche Zukunft?

Pessimismus in der Theorie,
Optimismus in der Praxis.

Antonio Gramsci

Vollmundige Ankündigungen hinsichtlich des Veränderungspotentiales der neuen Technologien waren von Seiten derer zu hören, die die Geschäfte mit ihnen managen. Diese großen Veränderungen scheinen in verschiedener Hinsicht fragwürdig, vor allem dann, wenn man in Betracht zieht, dass es die Mehrzahl dieser Technologien schon seit vielen Jahren gibt und dass sie schon von den Militärs benutzt wurden. Das Auftauchen der neuen Internet-Generation wird ein immens vielfältiges Angebot generieren; denn diese Technologie erlaubt unzählige Verbindungen und eine noch nicht zu ermessende Kapazität an Informationstransfers. Aus diesem Grund ist auch oft von einer digitalen Neorevolution die Rede. Die Art der Hybridisierung von TV und Computer im Netz ist noch nicht abzuschätzen. Aber trotz allen sektoriellen Angebots, sei es TV über Kabel, seien es verschlüsselte Kanäle, der Empfang über private Parabolantenne oder via Internet, hat die traditionelle Übertragung über den Äther nach wie vor eine exklusive Monopolstellung gleich der des großen Unterhaltungskinos, das heißt ein starkes Publikum. Von den multimedialen Mega-Pools, die auf wenige Muttergesellschaften mit großer finanzieller Macht und globaler Reichweite konzentriert sind, ist nicht viel zu erwarten, was die Qualität der audiovisuellen Produkte angeht. Weder der Bereich des Experimentellen noch der künstlerische Anspruch werden eine Rolle spielen. Aber es wird in zunehmendem Maße Workshops geben, die mit geringen Kosten arbeiten und sich der digitalen Aufnahme und Bearbeitung von Bild und Ton widmen. Außerdem wird die Anzahl der multimedialen Basisstationen ansteigen, über die unabhängige Werke realisiert werden können. Das Paradox besteht darin, dass immer weniger dieser Werke distribuiert und breit konsumiert werden können. Hier handelt es sich natürlich um eine politische Angelegenheit. Und diesbezüglich sind in Zukunft wenig Veränderungen zu erwarten. Aber es wird immer Werke geben, die den herrschenden Standard herausfordern. Ob es gelingt, eine gewisse Kontinuität außerhalb des Mainstreams zu erzeugen, hängt sowohl von der Einstellung des jeweiligen Autors oder Regisseurs ab als auch von den Instituten, die relativ unabhängig arbeiten können. Die Position einiger Regisseure, die sich mit audiovisuellen Experimenten außerhalb der großen Produktions- und Vertriebsströme auf den Märkten verteidigen, ist äußerst interessant. Jenseits jeglichen Pessimismus hat die Geschichte der Kunst und die Geschichte der audiovisuellen Medien im Lauf der Zeit stets Künstler hervorgebracht, die in völliger Isolation produziert oder innerhalb des Systems sich einer künstlerischen Herangehensweise an das audiovisuelle Medium verpflichtet gefühlt haben. Die neu entstehenden technischen Möglichkeiten erweitern das Spektrum des künstlerischen Schaffens und führen zu einem ständigen Dialog, einer ständigen Konfrontation mit der vorangegangenen audiovisuellen Kunst. Vor diesem Hintergrund, nämlich der Erzeugung neuer kreativer und unabhängiger Optionen, ist die Einführung der Digitaltechnik interessant. Die Mehrheit der Festivals im Rahmen der Videokunst orientieren sich multimedial. Es handelt sich um einen Prozess, der der Tendenz des Marktes folgt. Die Ignoranz einiger Video-Regisseure verwandelt sich bei vielen Künstlern, die mit digitaler Unterstützung arbeiten, in unbedingte Leichtigkeit. Allerdings muss festgestellt werden, dass so unterschiedliche argentinische Künstler und Regisseure wie Fabián Hofman und Leonardo Favio[2] diese Verwandlung auf einem sehr hohen und kreativen Niveau durchleben. Andererseits ist es wichtig zu bekräftigen, dass nicht alle unabhängigen Werke unbedingt wertvoll sind. Innerhalb der Massenmedien gibt es einzelne Fälle einer überragenden Qualität. Von hier aus gesehen ist abzuwarten, was in den nächsten Jahren bezüglich der totalen Verschmelzung im digitalen Magma und des ins Netz transferierten Fernsehkonsums geschehen wird. In jedem Fall gibt es schon jetzt einen Überlebenskampf der Autoren und Künstler, die sich zu Beginn des neuen Jahrhunderts in immer stärkerem Maße bedroht sehen. Allerdings stellt diese Situation auch eine Herausforderung dar, etwas Alternatives zum universellen Mix des audiovisuellen Spektakels zu produzieren. Die Situation ist komplex und schwierig, aber es würde sich nichts verändern, behielte die Beharrlichkeit gegenüber der lebendigen Vielfältigkeit die Oberhand.

[2] Ich halte Leonardo Favio für den überragendsten Regisseur der argentinischen Kinogeschichte. In seinem jüngsten Werk (*Perón, Symphonie der Gefühls,* 1995/99), einer Synthese aus Film, Video und digitalen Elementen, unternahm er eine expressive multimediale Suche nach verschiedenen Mechanismen zur Strukturierung eines historischen Dokumentarfilms über den Beginn der peronistischen Bewegung im Oktober 1945.

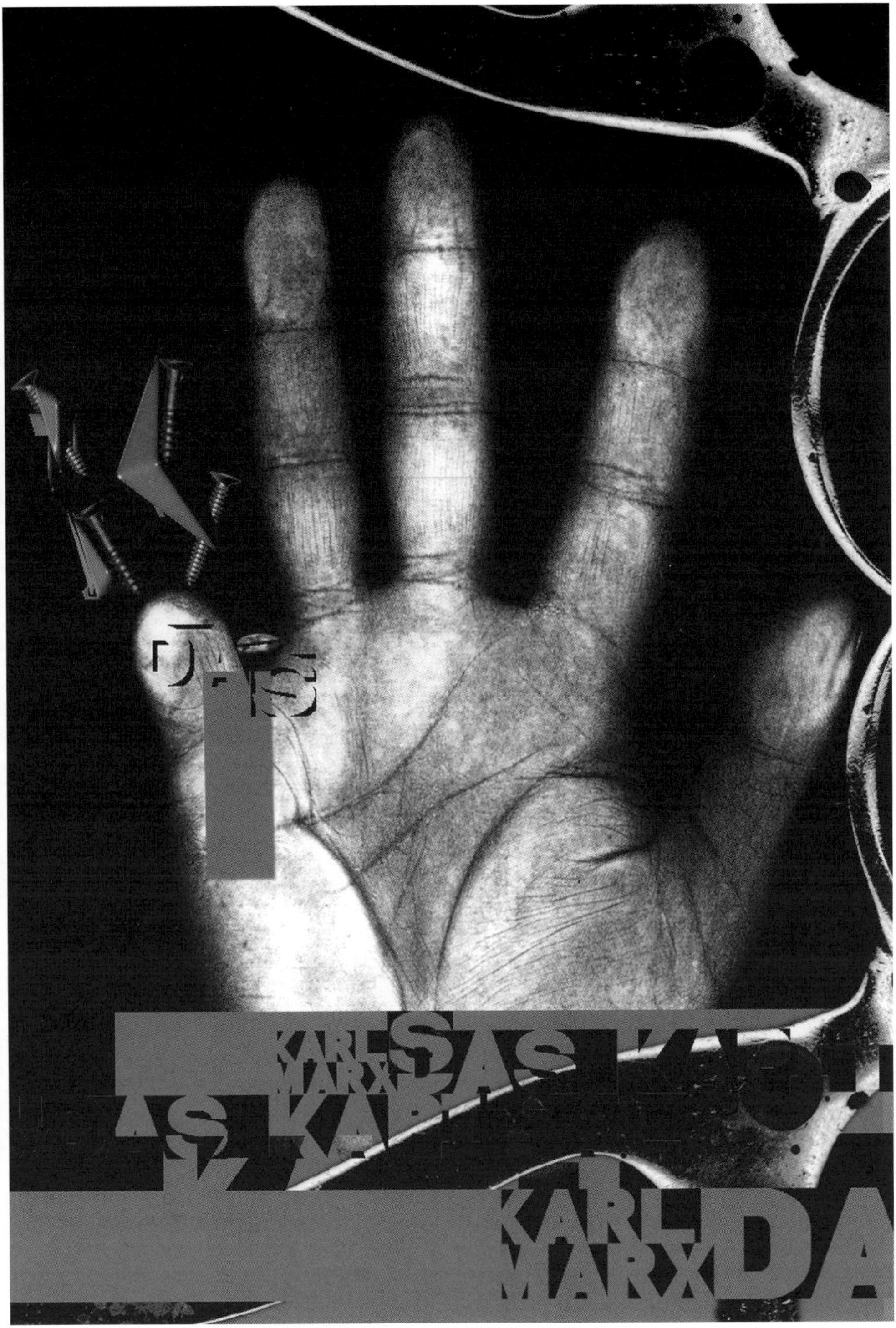
KARL
MARX
KARL
MARX

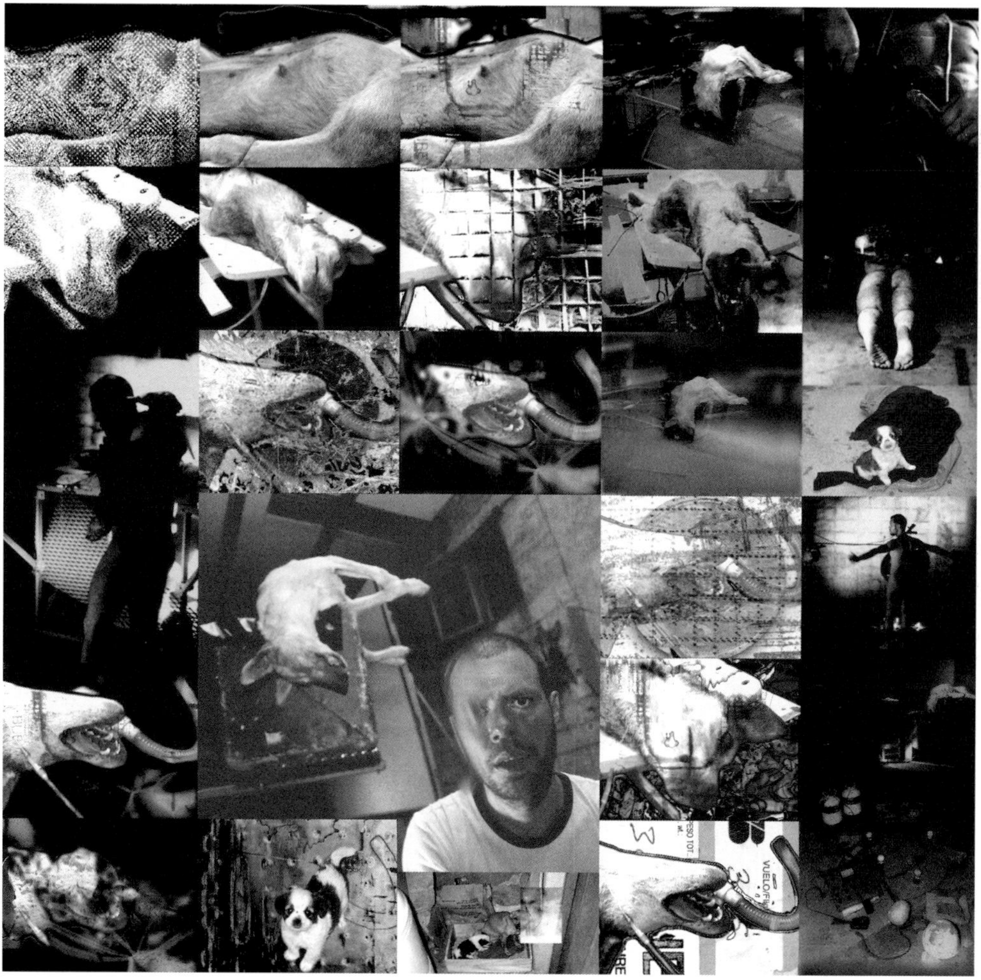

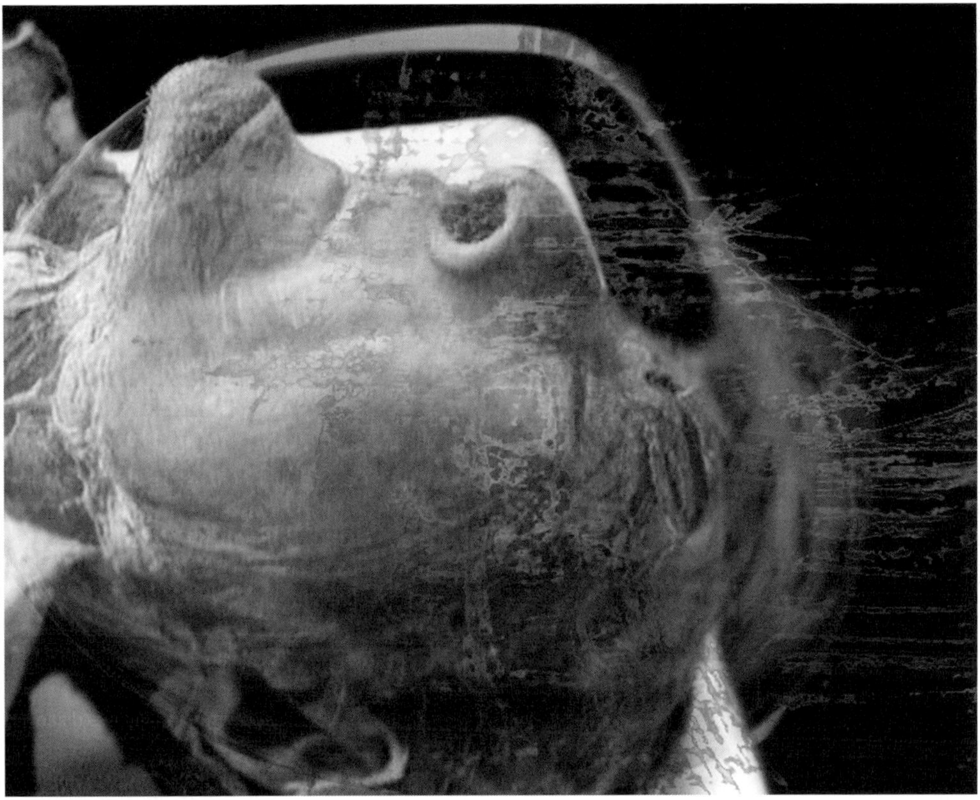

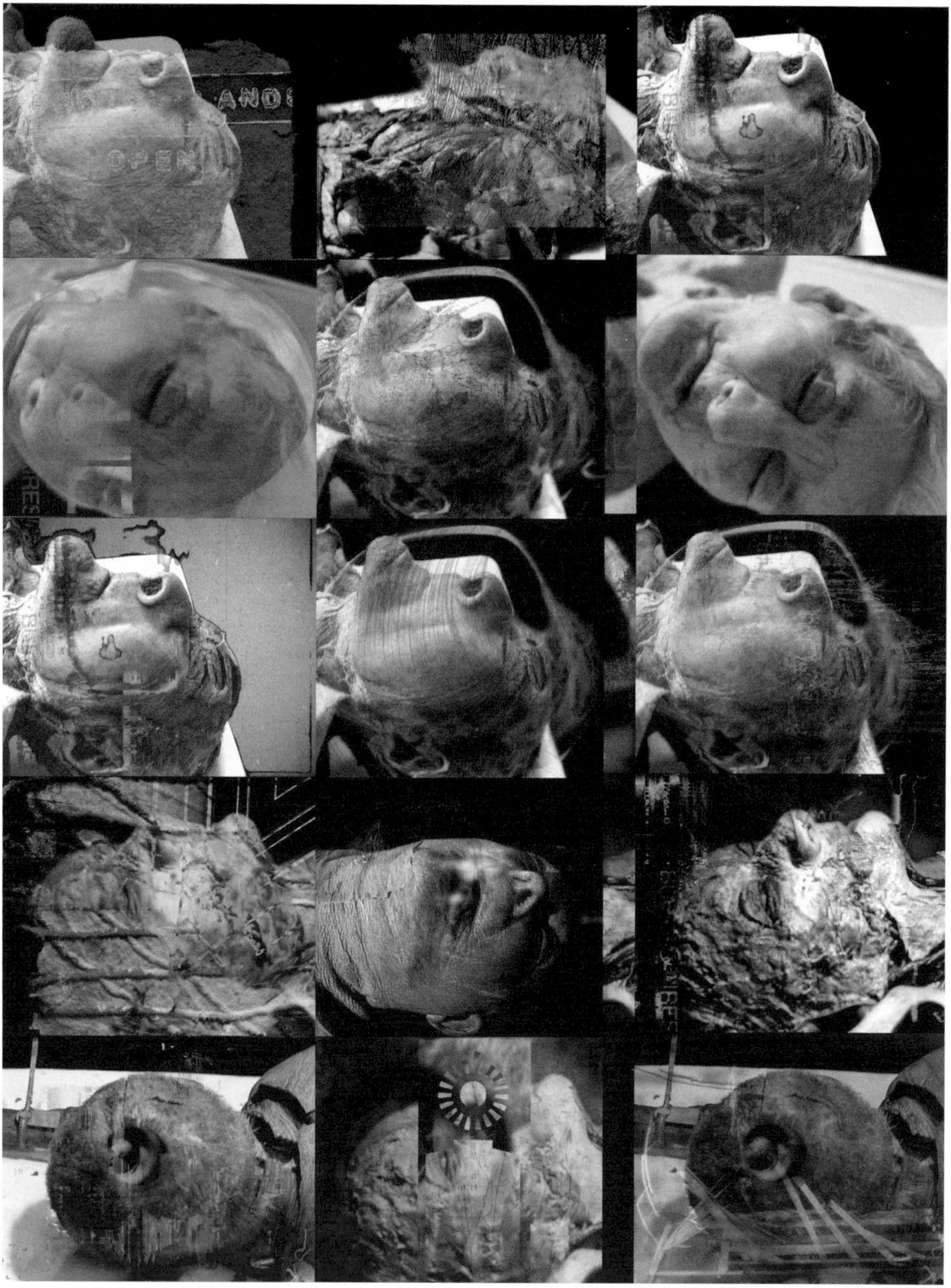
OPEN

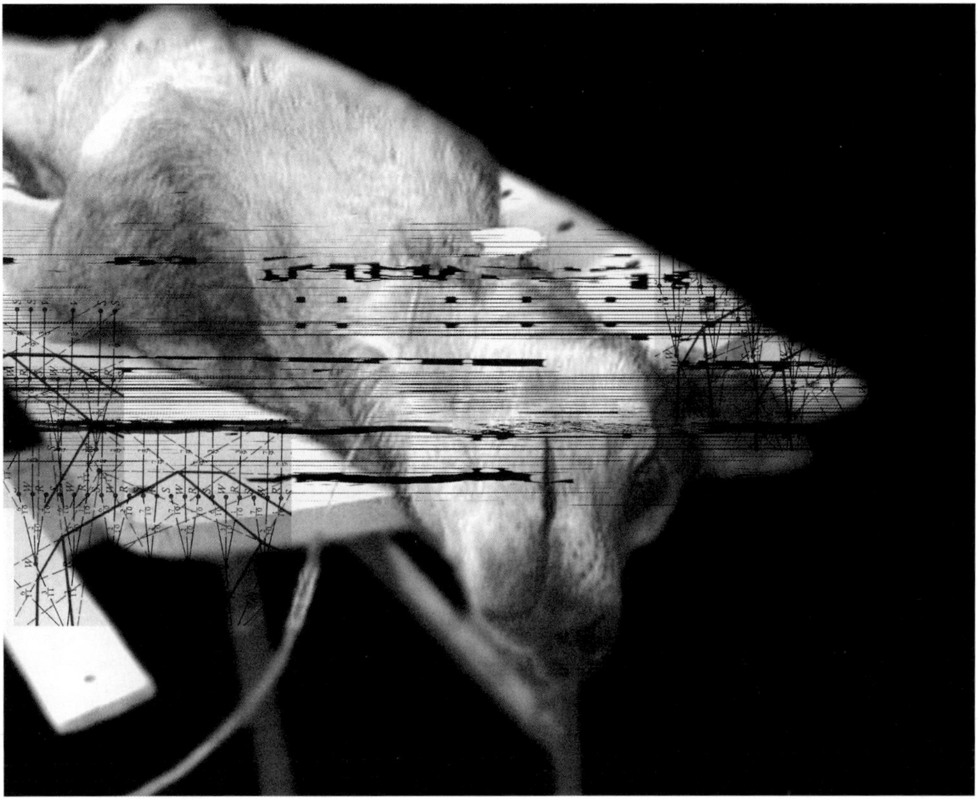

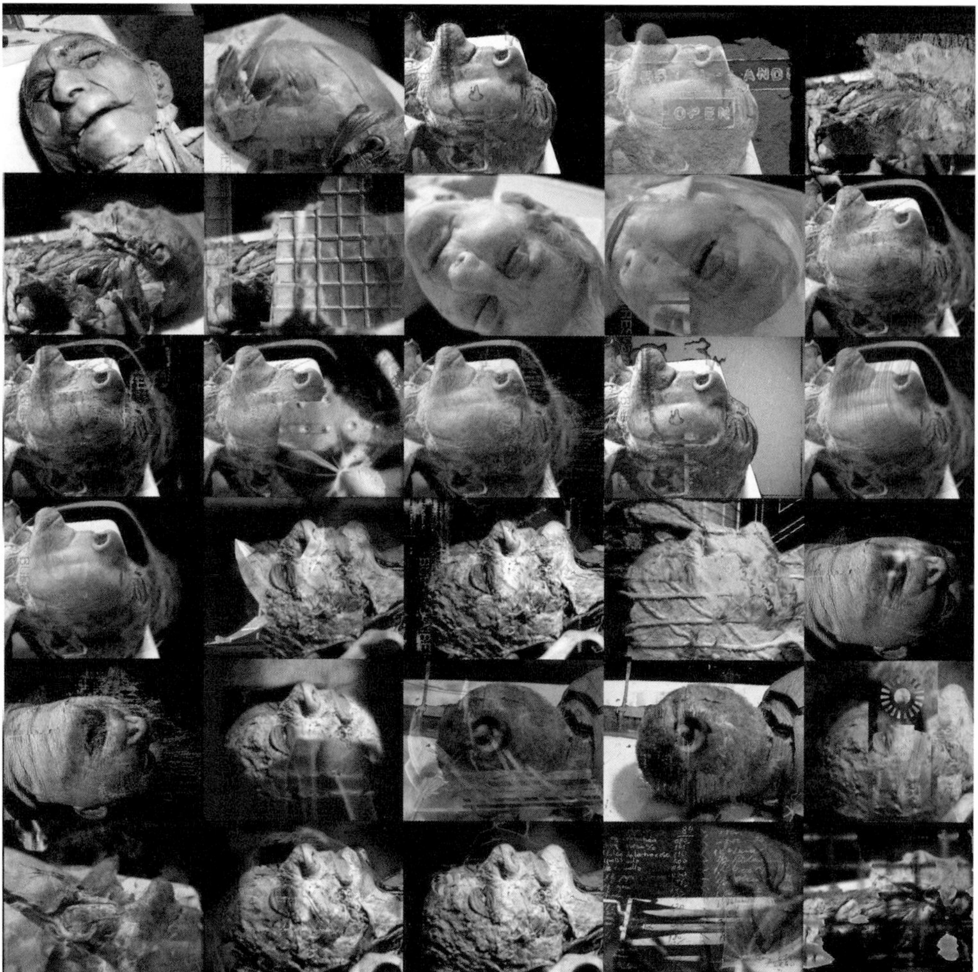

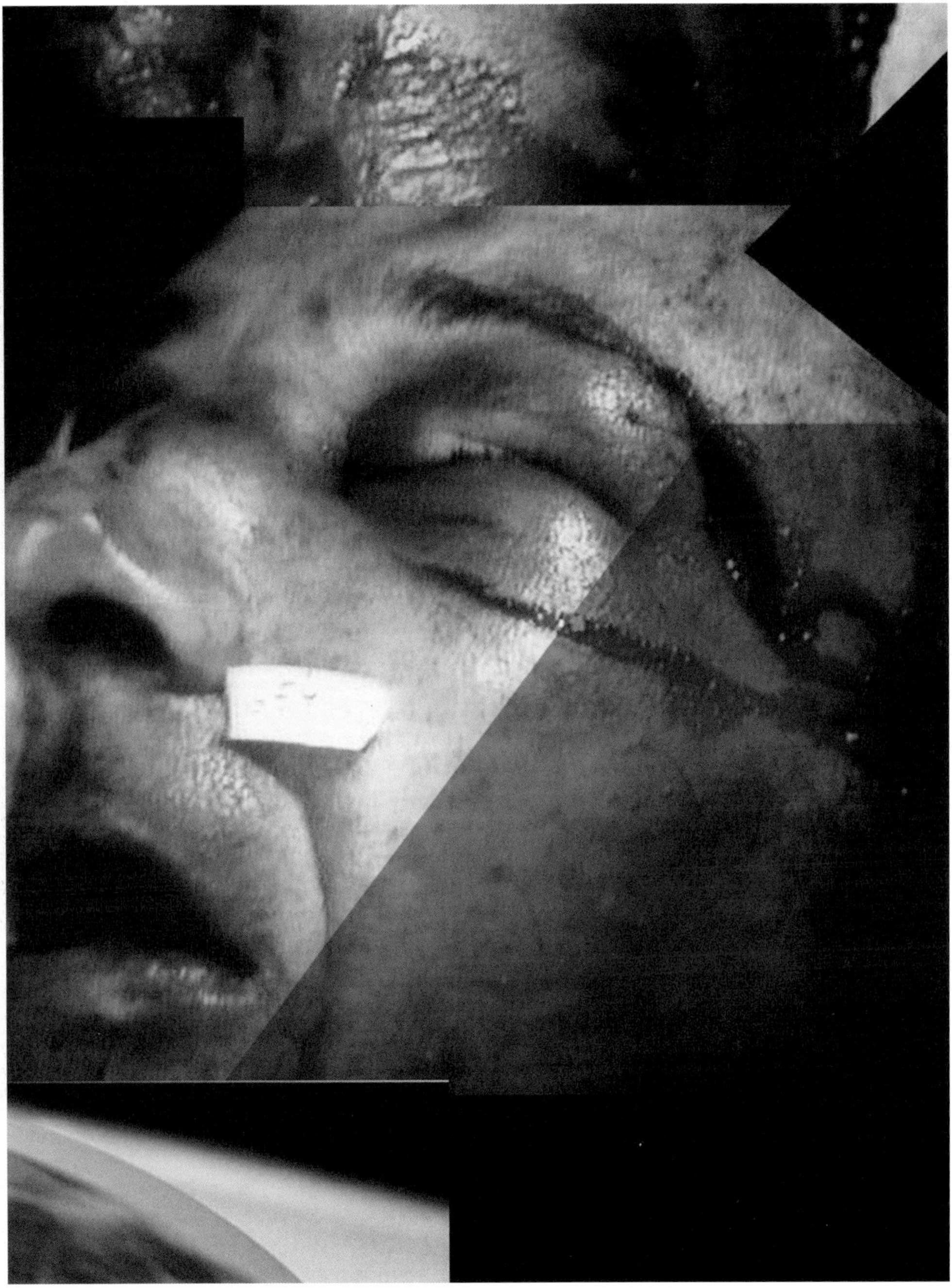

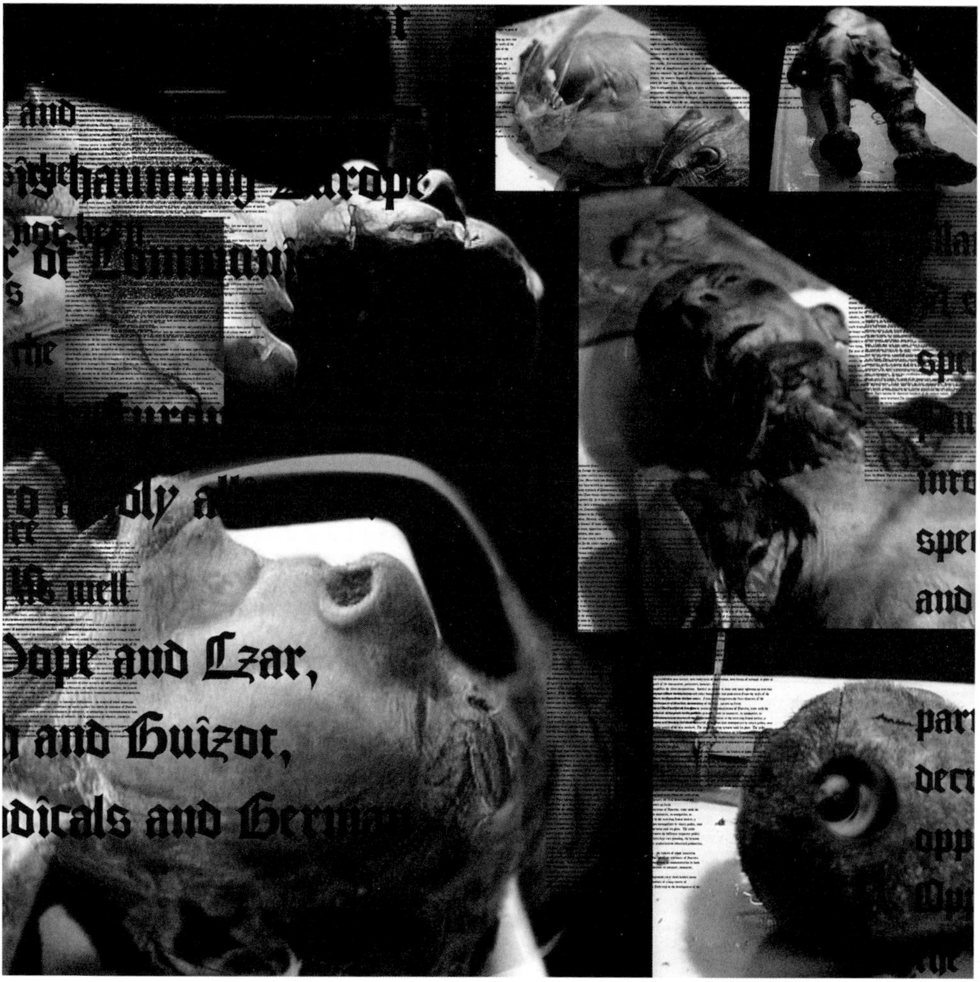

»Das Kapital«, based on the tragedy by Karl Marx. Marcello Mercado.
Opera-Oratorium in 2 acts and 779 Parafine Strings (Auszüge)

FOLLE VOLO oder
das meer ist so blau, so blau.
thomas schmitt

I met a genius on the train today,
about six years old.
He sat beside me and as the train ran along
the coast
we came to the ocean.
And we both looked out the window at the
ocean.
And then he looked at me and said: It's not pretty.
It was the first time I have realized that.

Charles Bukowski

Ja das Meer ist blau, so blau; das geht alles seinen Gang
Und wenn die Chose aus ist, fängts nicht von vorne an
Ja das Meer ist blau, so blau, und das geht auch nicht mehr lang
Ja das Meer ist blau, so blau; ja das Meer ist blau, so blau …

Brecht/Weil, *Matrosentango*

ODYSSEUS

Odysseus, der Reisende, durchkreuzt mit seinen Schiffen das Mittelmeer und stößt in unbekannte Räume vor. Die ›Irrfahrten‹ des Homerischen Helden sind Expeditionen, seine Abenteuer frühe geographische und ethnologische Forschungsberichte. Gefahren, die dem Menschen durch die Begegnung mit dem Fremden drohen, überwindet Odysseus dank seiner mentalen Kraft. Seine Waffen heißen Logik und Semiotik.

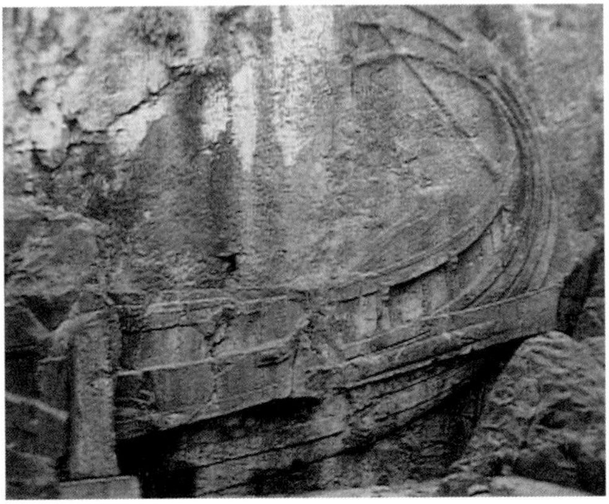

So ging aufs hohe, offene Meer die Fahrt
Mit einem Schiff und wenigen Kameraden,
Von denen ich nicht mehr verlassen ward.

Mein Blick drang zu den beiden Seegestaden
Bis Spanien und Marok, zum Sardenstrand
Und anderen Inseln, die im Meer sich baden.

Dante Alighieri: *Die Göttliche Komödie*

Ein Felsengewölbe öffnet sich im weiten Halbrund zum Meer. In der schattigen Grotte tafeln der Kaiser mit seinem Gefolge. Die Speisen schwimmen auf flachen Booten über das Wasser. Man bedient sich und lässt den Blick schweifen. Im Inneren erzählen überlebensgroße Skulpturen, kunstvoll gehauen aus feinem Marmor, von den abenteuerlichen Reisen des Odysseus. Draußen erstreckt sich gleißend das Mittelmeer, jener mythisch-geographische Raum des Homerischen Epos. Am Horizont erhebt sich der Monte Circeo, die Insel, auf der die Zauberin Circe den Odysseus gefangen hielt und seine Gefährten in Schweine verwandelte.

Aus dem Begehren, mit Leib und Seele in eine Geschichte einzutauchen, mit allen Sinnen überzugehen in eine imaginierte Welt, entstand vor zweitausend Jahren ein suggestiver Kunstraum, dessen Überreste noch heute, nahe dem italienischen Fischerdorf Sperlonga zu finden sind – das mythische Naturtheater war eine Lustgrotte des römischen Kaisers Tiberius.

Die Höhle war Panorama, Panoptikum und Kino. Sie war Kathedrale, Disney-World und holographischer Zauber. Und Odysseus war ihre Seele, Kinoheld der römischen Kaiser, *Indianer Jones* und *Peter Pan*, ein unsterbliches Beispiel der Tugend und selbst dem Cäsar ein größeres Ich.

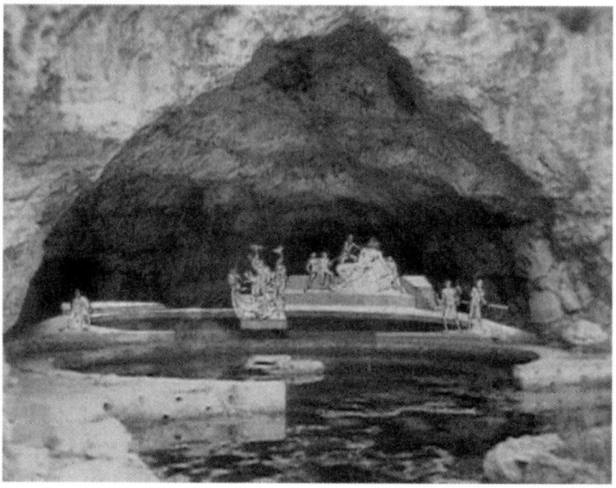

Wir waren alle alt und abgespannt,
Als wir gekommen sind zur Meeresenge,
Wo Herkules die Grenzen, die er fand,

Bezeichnet das, daß der Mensch nicht weiter dränge;
Dort, wo Sevilla rechts man liegen läßt,
Nachdem man links gelassen Ceutas Hänge, …

Zum Osten hin ward unser Heck gewandt;
Die Ruder: die Ruder schwingen zu dem tollen Fliegen.

Dante Alighieri: *Die Göttliche Komödie*

Dante begegnet Odysseus. Nicht etwa im Paradies, sondern im achten Kreis der Hölle. Der antike Held schmort im Inferno, denn als er vorbei an den Säulen des Herakles durch die Meerenge von Gibraltar segelte, durchbrach er die von den Göttern gesetzten Grenzen der damaligen Welt. Odysseus selbst beschreibt Dante die kühne Fahrt auf den Atlantik hinaus als *folle volo*, als ›tollen Flug‹.

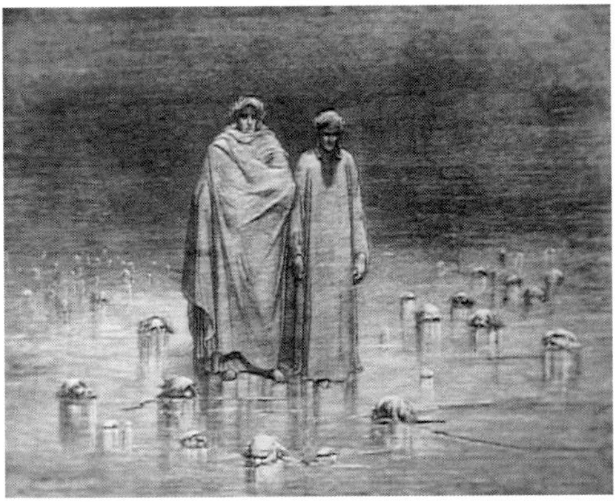

Gustave Doré

Jetzt braucht da nur einmal ein Sturm zu kommen; na ja, da ist ja schon das Dock von Birma Halt du, das ist doch nur ne schwarze Wolkenwand. Mensch und die Wellen, das ist ja allerhand, Mensch, das verschlingt uns ja die ganze Firma, ja da sind wir ja jetzt glatt am Rand.

Brecht/Weil: *Matrosentango*

Der Film *2001: A space odyssey* von Stanley Kubrick ist eine Resonanz auf das, was im Mittelalter Hybris hieß. Die Reise des Helden geht zunächst zum Jupiter und verliert sich dann in den Weiten des Weltraums. Auch diese Odyssee ist ein *folle volo*, ein wahnsinniger Flug über die Grenzen der irdischen Sphäre hinaus und gleichzeitig eine Unternehmung, in der die techno-logische Rationalität ihre eigenen Grenzen überschreitet.

Bald sinkt das Schiff zu Grund, das Meer geht drüber und die versunken sind sucht nur der Hai im See, da hilft kein Whisky mehr und keine ›Henry Clay‹. Wo's jetzt hingeht, da geht kein Mädchen mehr mit rüber – na also, good bye …

Brecht/Weil: *Matrosentango*

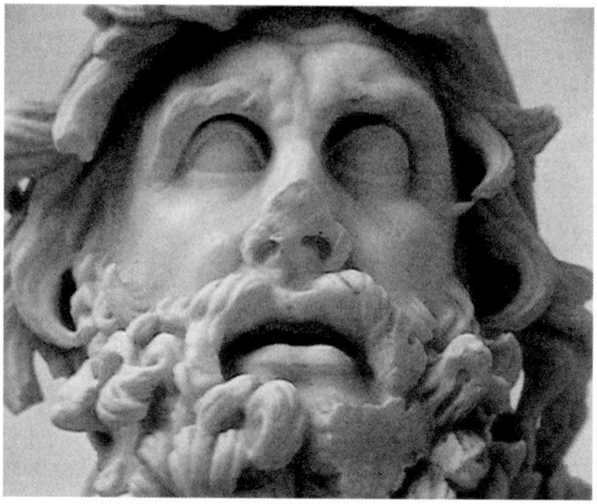
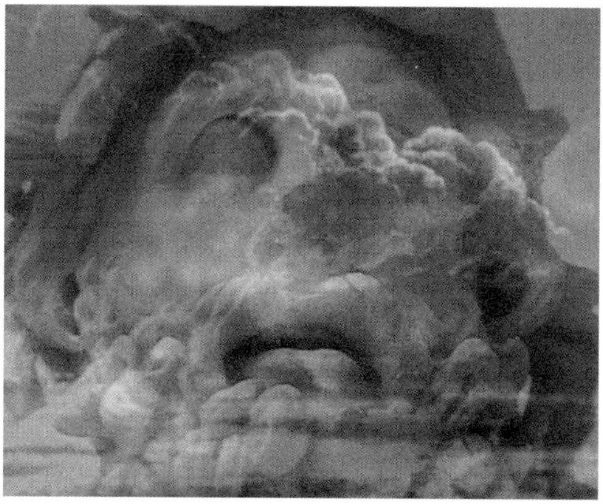
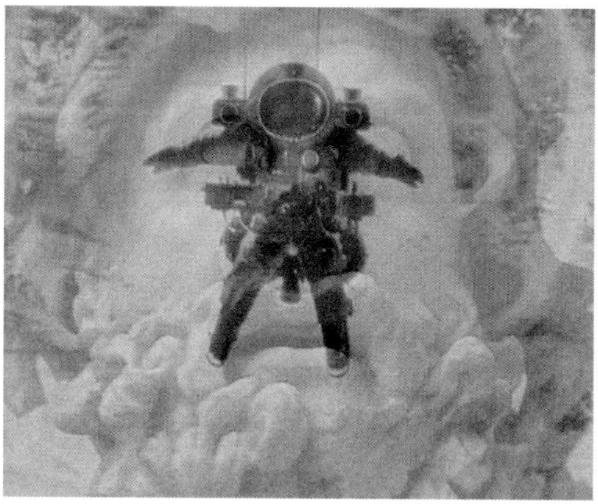

Schon siebenhundert Jahre früher fliegt Dante am Jupiter vorbei durch die Planetensphären bis er schließlich den zehnten Himmel erreicht, das *Empyreum.* Auch Dantes Flug, beschrieben in seiner großen Dichtung *Divina Comedia,* ist Science-fiction. Hier geht es jedoch um die Fiktion einer anderen, nämlich der scholastischen theologischen Wissenschaft, die sich den Weltenraum als ein von göttlicher Ordnung und Wissen durchflutetes System denkt.

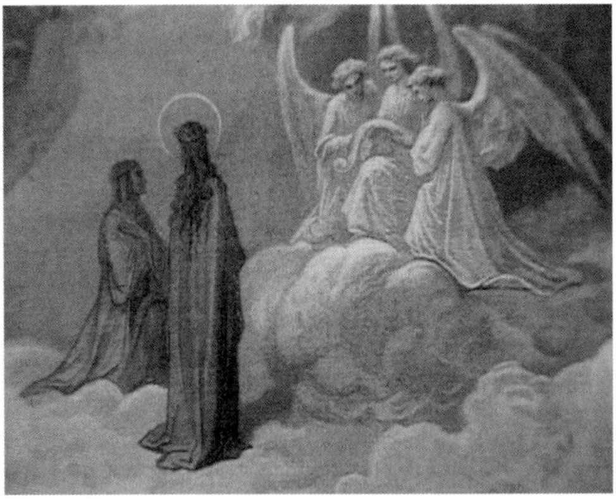

Gustave Doré

Der Raumfahrer in Kubricks Filmodyssee erfährt durch die Begegnung mit außerirdischer Intelligenz eine kosmische Wiedergeburt. Wie schon Odysseus, kehrt er von seiner Reise als ein Anderer zurück. Auch Dante, der Reisende, wird ein Anderer, denn er hat eine Ahnung von dem bekommen, was man im Mittelalter den Gnadenstand nennt.

Die moderne Reise kennt keine Grenzen mehr und somit auch nicht deren Überschreitung. Damit sind alle Zugänge zu einer Erfahrung des Anderen versperrt. Übriggeblieben ist dem Reisenden lediglich das eine Emblem der Veränderung, gleichsam als Rudiment und Verfallsform ihres Verlustes: die Veränderung der Epidermis. Die gebräunte Haut des Touristen ist das Signal der Illusion, er sei in einen früheren Zustand zurückgekehrt.

BAUDRILLARDS TRAUM VON PATAGONIEN

»Wenn wir wissen, dass die Erde rund ist, gibt es die Reise eigentlich nicht mehr. Denn sobald wir uns von einem Punkt entfernen, nähern wir uns ihm auch schon wieder. Das ist keine Reise, sondern Tourismus. Vielleicht müssen wir Omega-Punkte in einem anderen Raum finden, in einem Raum der Fiktion, um wieder zu einer Form des Reisens zu gelangen.

Patagonien ist für mich eine dieser Möglichkeiten. Patagonien, das wäre eine allegorische Reise bis an das Ende der Welt. Vielleicht lebt dort noch das Gespenst einer älteren Welt oder das einer künftigen – ich weiß es nicht.«

Baudrillard in *Freistil*

Im Norden Mexikos, 48 Stunden von Mexiko-Stadt entfernt, gibt es eine reinblütig indianische Rasse, die Tarahumaras. Da leben vierzigtausend Menschen in einem Zustand wie vor der Sintflut. Sie stellen eine Herausforderung dar für diese Welt, in der nur soviel von Fortschritt geredet wird, weil man wahrscheinlich keine Hoffnung mehr hat, Fortschritte zu machen.

Ich habe im mexikanischen Gebirge Peyotl eingenommen und ein Paket davon gehabt, das bei den Tarahumaras für zwei oder drei Tage gereicht hat, ich habe da geglaubt, die drei glücklichsten Tage meines Daseins zu erleben.

Artaud, *Die Tarahumaras. Revolutionäre Botschaften*

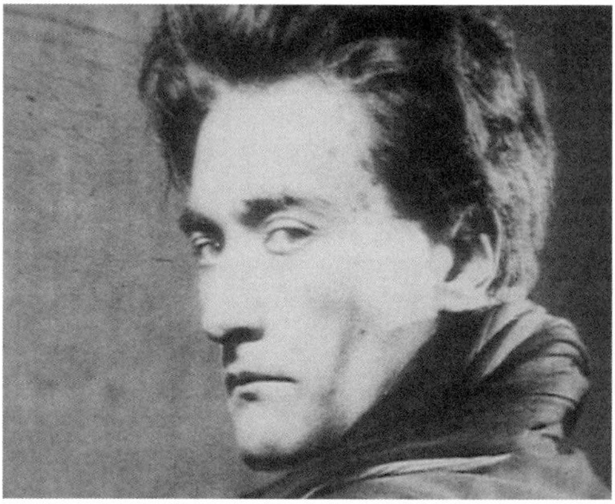

Antonin Artauds Beschreibungen haben uns gelockt. Sechzig Jahre nach seiner Reise zu den Tarahumaras folgen wir seiner Spur. Das ist nicht einfach, denn der Dichter hat keinerlei Ortsangaben hinterlassen und die Sierra Tarahumara ist groß.

»Wenn ihr zu den Indianern wollt, müsst ihr nach Creel«, sagt man uns in Mexiko-City. Wir fliegen also nach Chihuahua, steigen dort in einen Fernbus und erreichen in der Abenddämmerung die kleine Stadt am Rande der Sierra. Der Bus hält neben der Bahnstation, ALTITUD 2330 MTS ist auf einem alten Eisenschild zu lesen. Es ist kalt. Ein junger Tarahumara, in eine Decke gehüllt, steht regungslos neben den Gleisen. Sein Blick ist auf die endlose Kolonne weißgrauer Wohnmobile gerichtet, die man auf Wagons verladen hat. Aus einem Lautsprecher vom Kirchturm auf der anderen Seite des Platzes hört man ein Violinkonzert von Mozart.

So unglaublich es scheinen mag, die Tarahumara-Indianer leben, als ob sie schon gestorben wären … Sie nehmen die Realität nicht wahr und ziehen magische Kräfte aus der Verachtung, die sie der Zivilisation entgegenbringen. Manchmal kommen sie in die Städte, um zu sehen, sagen sie, »wie die Menschen sind, die sich getäuscht haben«. In den Städten leben, heißt für sie: sich täuschen.

Artaud, *Die Tarahumaras. Revolutionäre Botschaften*

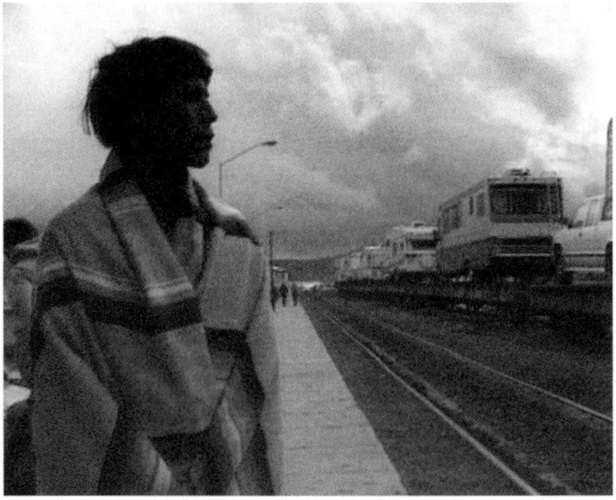

Die Wohnmobile gehören amerikanischen Urlaubern auf der Durchreise zum mexikanischen Pazifik. Wir sitzen im Büro von Pater Verplanken. Er ist ein freundlicher Mann um die sechzig, liebt klassische Musik und läßt die Bewohner von Creel allabendlich daran teilhaben. Er ist Jesuit und leitet seit 36 Jahren die örtliche Indianermission. Wir erfahren von ihm, dass noch ein weiter Weg vor uns liegt, wenn wir wirklich zu den Tarahumaras wollten. Er sagt uns, dass sie sich selbst als Teil der Natur empfinden. Wir besichtigten ihr Land und sie seien Teil davon; von dem Land, das ihnen die Mexikaner übriggelassen haben. Jetzt lebten sie so weit entfernt, dass sie niemand mehr stören kann.

Ich war mit einem Zeichen zu den Tarahumaras gekommen, einer Art kleiner Toledaner Klinge, die mit drei Angelhaken befestigt war und auf die mich ein Neger, ein Zauberer aus Havanna, hingewiesen hatte. »Damit«, sagte er zu mir, »werden Sie eintreten können.« Ich hatte aber gar nicht den Wunsch, einzutreten. Wer sich nämlich etwas ansehen will, möchte in eine bestimmte, bis dahin verschlossene, ungeahnte Welt eintreten. Ich suchte aber den Peyotl nicht, um einzutreten, sondern um herauszutreten. Wer sich aber loslöst, der will eintreten, heraustreten vielleicht, aber in etwas hinein, das Hier verlassen, um anderswo aufzugehen …

Artaud, *Die Tarahumaras. Revolutionäre Botschaften*

Um vier Uhr morgens verlassen wir Creel, um auf Anraten des Priesters tiefer in die Sierra vorzudringen. In dreizehn Stunden soll uns der klapprige Bus in einer halsbrecherischen Fahrt durch die Cañons nach Batupillas bringen, dem letzten Vorposten im Rückzugsgebiet der Tarahumaras. Wir sitzen dicht gedrängt zwischen stoisch dreinblickenden Mestizen und fahren durch eine gigantische Bergwelt, immer etwas in Angst, dass unser Gefährt im nächsten Moment von der schmalen Piste abkommt und in eine der tiefen Schluchten stürzt. Der Bus fährt die Strecke einmal in der Woche, seit fünf Jahren und soll immer angekommen sein. Vor dieser Zeit war der abgelegene Ort nur mit dem Pferd oder dem Maultier zu erreichen.

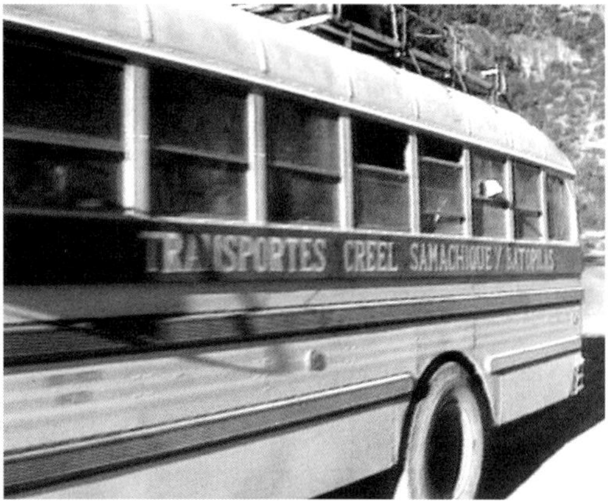

Das Gefühl unerschöpflicher innerer Leere, des Verlustes aller Empfindungen, sobald sie geboren waren, hatte mich in Mexico dazu getrieben, wieder Opium zu nehmen. Als ich zu den Indianern ging, wußte ich, dass es dort keins mehr gab, und ich wollte dem Peyotl auch mit einem Körper begegnen, der von jeder anderen Art der Berührung gereinigt war. Am Fuß des Gebirges warf ich meine letzte Dosis Heroin in einen Wildbach und stieg auf ein Pferd.

Artaud, *Die Tarahumaras. Revolutionäre Botschaften*

Batupillas liegt unter dem Meeresspiegel in einem tiefen fruchtbaren Cañon. Kinder planschen in einem kleinen Fluß. Es ist warm, und überall wachsen Bananenstauden. Diese Idylle haben wir nicht erwartet. Zwischen verwitterten, weiß gekalkten Steinhäusern führen Männer mit weißen Hüten ihre Pferde am Zügel, Hühner laufen über die ungepflasterten Straßen. Irgendwann im 19. Jahrhundert hat man hier Silber gefunden, so dass in dieser Abgeschiedenheit eine kleine blühende Stadt entstanden ist. Heute hat ihre Schönheit etwas Unwirkliches. Hier sehen wir zum ersten Mal Tarahumaras im Lendenschurz. Sie gehen barfuß, und fast alle tragen Säcke über den Schultern. In kilometerweiten Märschen kommen sie von den Bergen herunter und tauschen geschnitzte kleine Bälle und Masken aus Holz gegen Salz und Nescafé.

Denn von so weit hergekommen sein, endlich an der Schwelle einer Begegnung und vor dieser Landschaft stehen, von der ich soviele Offenbarungen erwartete, und mich so verloren fühlen, so verwüstet, so abgetakelt! … Ich hatte diese unüberwindliche Feindlichkeit der Organe, als ich nicht mehr weiter wollte, nicht mit dem Geiste besiegt, um dann eine Sammlung antiquierter Bilderbogen nach Hause zu tragen, aus denen unsere Zeit, darin einem umfassenden System folgend, höchstens Ideen für Plakate und Modelle für ihre Modeschöpfer anfertigen würde.

Artaud, *Die Tarahumaras. Revolutionäre Botschaften*

Noch am gleichen Abend werden wir uns mit Juan einig. Er ist ein Tarahumara-Indianer aus den Bergen, der ein paar Worte spanisch spricht und bereit ist, uns mitzunehmen. Kurz vor Sonnenuntergang brechen wir auf. Am Tag wäre es für den Aufstieg ins Gebirge zu heiß. Tarahumaras finden ihren Weg auch in der Dunkelheit. Acht Stunden soll der Fußmarsch dauern, es werden zehn. Es geht auf fast zweitausend Meter Höhe, und wir müssen immer wieder anhalten, weil unsere Kräfte nicht ausreichen. Juan merkt man die Strapazen nicht an, ohne uns hätte er den Weg in der halben Zeit geschafft. In der Morgendämmerung erreichen wir völlig erschöpft unser Ziel: acht Lehmhütten, verstreut auf einer Hochebene, vor einigen brennt ein Feuer – endlich sind wir bei den Tarahumaras.

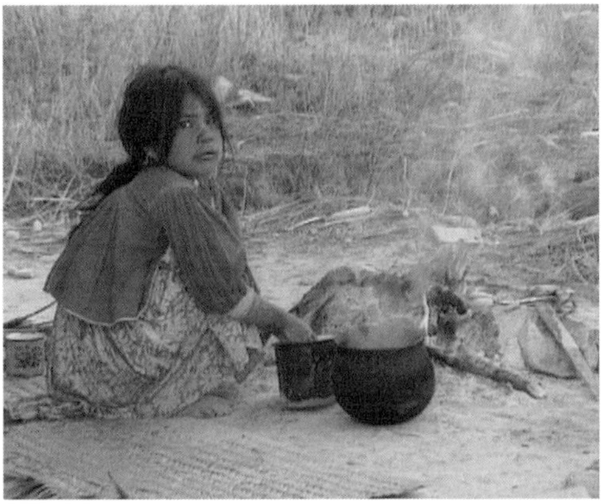

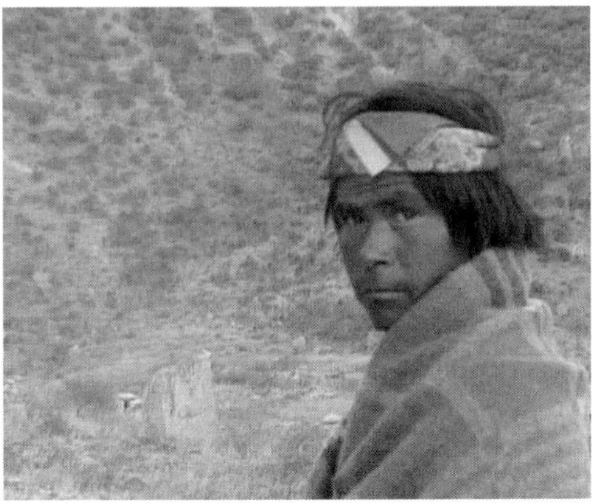

Nach diesen Strapazen hatte ich eine der letzten Stellen auf der Erde erreicht, wo es den Tanz der Heilung durch Peyotl noch gibt, jedenfalls die Stelle wo er erfunden worden ist.

Sicher, ich werde sehen, wie die Zauberer ihren Ritus vollziehen; doch inwiefern würde mir dieser Ritus nützen? ... Peyotl ist nicht für die Weißen bestimmt. Denn ein Weißer ist für die roten Männer einer, den die Geister verlassen haben.

Vor Juans Haus sitzen seine Frau und seine kleine Tochter um die Feuerstelle und bereiten Tortillas vor. Wir können uns kaum noch auf den Beinen halten, und Juan bedeutet uns, dass wir in seiner Hütte ausruhen können. In dem dunklen Raum gibt es nichts außer Mais. Der Boden ist vollständig davon bedeckt. Wir strecken uns auf den Kolben aus und schlafen sofort ein. Nach drei Stunden stehen wir auf, um mit den Dreharbeiten zu beginnen und Juan vor der Kamera unsere Fragen zu stellen.

»Warum lebt ihr hier in dieser Einsamkeit, kannst Du Dir vorstellen, in der Stadt zu leben?« – »Nein, das kann ich nicht.« – »Die Tarahumaras nehmen in ihren Riten den Peyotl ein. Kannst Du uns etwas darüber sagen?« – »Nein.« – »Wo wächst denn hier Peyotl?« – »Wer weiß das schon, wir wissen es nicht.« – »Aber du weißt, dass es ihn gibt?« – »Nein.« – »Du hast in Deinem Leben noch nie Peyotl gegessen?« – »Nein.« – »Wir glauben, dass die Indianer noch von Dingen wissen, die uns Weißen verloren gegangen sind. Kannst Du darüber sprechen?« – »Das ist sehr schwierig.« – »Du kannst es auch in Deiner Sprache versuchen.« – »Das ist genauso schwierig.« – »Warum?« – »Es ist eben unmöglich.«

Natürlich war ich nicht um malerischer Erinnerungen willen mitten ins Gebirge dieser Tarahumara-Indianer vorgestoßen. Ich hatte genug gelitten, meine ich, um mit ein bißchen Realität belohnt zu werden.

Artaud, *Die Tarahumaras. Revolutionäre Botschaften*

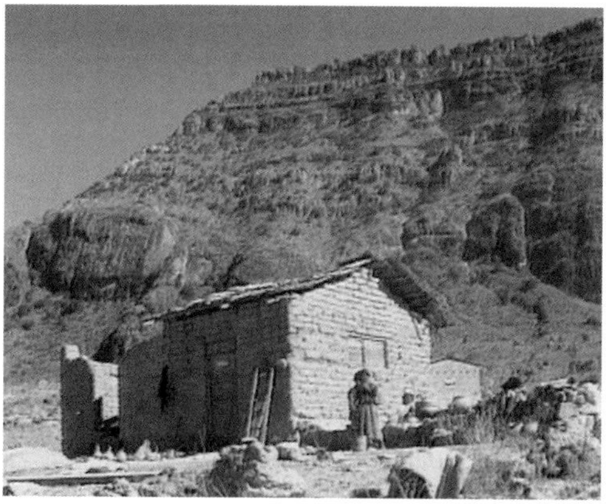

Zurück in Creel sprechen wir noch einmal mit Pater Verplanken: »Die Indianer sagen nie etwas direkt, niemals. Man muss schon sehr lange mit ihnen leben, um zu begreifen, was sie meinen. Sie sind nicht in der Lage, sich zu erklären, so dass wir es verstehen. Ihr Geist arbeitet anders. Sie sprechen in Symbolen. Ihrer Kultur ist es fremd, Begriffe zu entwickeln. Unsere Fragen klingen so dumm, weil es für sie keine Definitionen gibt, wir aber Definitionen brauchen, um zu begreifen. Artaud war nur einen Monat hier. Ich kann mir nicht vorstellen, dass er in der Lage war, all diese besonderen Einzelheiten über die Kultur der Tarahumaras, in so kurzer Zeit herauszufinden. Das ist unmöglich …«

Welch ein begnadeter Dichter muss Antonin Artaud gewesen sein.

EL HIERRO

Es war der Wind, der göttliche Wind. Ein Schiff nimmt Kurs auf die Küste, die Segel leuchten in der Sonne, die Bauern auf der *Dehesa* verlassen ihre Äcker und nähern sich dem Ufer. Vor ihren Augen macht das Schiff kehrt und strebt zurück zur offenen See. Rasch gewinnt es an Fahrt, doch dann scheint es auf der Stelle zu verharren, wendet, zum Erstaunen der Zuschauer, erneut und nimmt ein weiteres Mal Kurs auf die Küste.

Rätselhaft ist den Bauern das Schauspiel, sie holen Unterstützung, und viele werden Zeugen immer neuer Versuche des Seglers, das offene Meer zu erreichen. Wie ein Magnet scheint die felsige Insel das Schiff an sich zu reißen. Mehrere Tage und Nächte kämpft das Schiff gegen die geheimnisvolle Anziehung, bis die Vorräte an Bord zur Neige gehen. Der Kapitän wendet sich in seiner Verzweiflung an die Inselbewohner und bittet um Nahrung und Wasser. Geld hat er nicht, zum Tausch für die Speisen kann er nur eine Marienstatue anbieten. Und siehe da, ein kräftiger Wind bläst das Schiff in Richtung Westen hinaus in die See.

Dies geschah im Jahre 1545 auf der kleinen Kanareninsel *El Hierro*, die man auch die ›Vergessene Insel‹ nennt. Seit dieser Zeit ist die Marienfigur, die *Virgen de Los Reyes*, die Schutzheilige der Insel. Und seit dieser Zeit wird die ›Jungfrau der Heiligen Drei Könige‹ alle vier Jahre in einer prachtvollen Prozession über die Insel getragen.

Die Prozession ist eine Reise auf der Stelle, eine Reise nicht an einen Ort, sondern am Ort. Das Ziel der Sehnsucht, der Ort des Heils – sie sind nicht in der Ferne zu suchen, sondern gegeben und wirksam. Die Präsenz des Heiligen wird gefeiert. Das Heilige wird gezeigt. Sein Ort wird mit Schritten markiert.

Wir modernen Reisenden ahnen nur noch schwach, welches Versprechen uns auf die Straßen und in die Lüfte treibt. Der Teilnehmer einer Prozession hingegen folgt keinem Versprechen. Sein Versprechen ist bereits eingelöst. Er ist in den Bann eines größeren Seins geschlagen, und der Bannkreis wird ausgemessen in der Prozession und dadurch sichtbar gemacht. Die Prozession ist die Bewegung der erfüllten Zeit, sie ist die paradoxe Figur einer Fortbewegung auf der Stelle.

Die Figur der Jungfrau befindet sich seit über 400 Jahren in einer kleinen Kapelle in *La Dehesa*, im dünnbesiedelten Westteil von El Hierro. In aller Herrgottsfrühe wird sie ins Freie getragen und im Verlauf des Tages über die Berge hin zur Hauptstadt Valverde. Wirbelnd und scheinbar richtungslos der Tanz der *Herrenos* nach den Klängen der *Baile de la Virgen* und des *Tajaraste*, zu Pfeifen, Trommeln und Kastagnetten. Die Tänzer hüpfen und drehen sich, sie springen vor, wenden sich um und tanzen zurück. Und doch kommen sie vorwärts, und mit ihnen der ganze Zug. Bei jedem Dorf wechseln die Träger der Heiligen, und jedes führt der Prozession seinen jeweiligen Schutzpatron zu, so dass am Ende Sankt Simon und Sankt Salvador, Sankt Telmo und Sankt Andreas, Sankt Petrus und Sankt Johannes mit von der frommen Partie sind. Auf diese Weise also – vor- und zurücktanzend – nähert sich die Prozession dem Gotteshaus von Valverde. Der Einzug der Jungfrau gerät zum ausgelassenen Freudenfest.

Die Prozession ist keine Reise über die Insel; die Bewegung misst vielmehr den Wirkkreis jener Verkörperung des Heiligen aus, die den geographischen zu einem sinnhaften Raum macht. Jede Stelle dieses Raums ist dem Heiligen jederzeit gleich nah. Dies zeigt, dies zelebriert die Prozession. Und die Menschen feiern es; in El Hierro sieben Tage lang. Wo das Heilige allgegenwärtig ist, darf das Leben in vollen Zügen genossen werden. Der Erlöste ist kein Reisender.

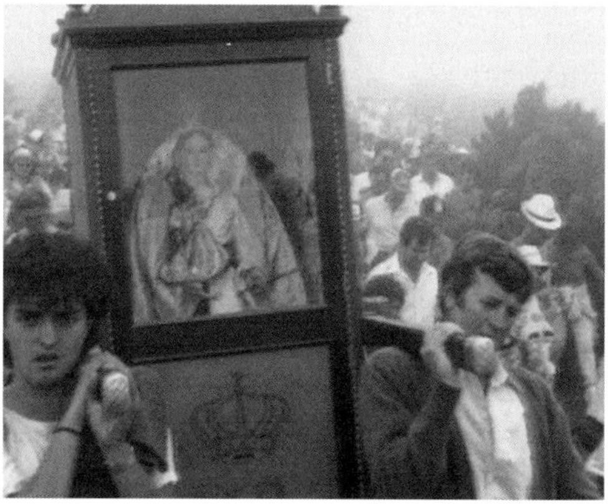

Der Artikel folgt in Teilen dem Sendemanuskript der Folge FREISTIL *oder das Meer ist so blau, so blau. Mitteilungen aus der Wirklichkeit von Thomas Schmitt.*

Das Fernsehessay entstand 1990 in Zusammenarbeit mit Hubert Winkels und wurde im gleichen Jahr vom WDR und 3sat ausgestrahlt. Der Text wurde für LAB ergänzt und überarbeitet.

scherben in friesland.
egon bunne

Vorwort für eine Fernsehdokumentation

Seit über 20 Jahren begleitet mich bei jedem Umzug eine hölzerne Kiste. In ihr befinden sich 183 Originale von Super 8-Filmen. Sie stammen aus einer Zeit, die noch vor meiner Regieausbildung an der Deutschen Film- und Fernsehakademie in Berlin lag.

Die Filme entstanden in den Jahren 1974 bis 1978, als ich Mitglied einer Landkommune in Fresenhagen in Nordfriesland war. Es war die Kommune der Musikgruppe *Ton Steine Scherben,* die noch heute, mehr als zwanzig Jahre später, fester Bestandteil der deutschsprachigen Rockgeschichte ist. Bereits Ende der 60er Jahre hatte die Gruppe in Berlin als Polit- und Hausbesetzerband Furore gemacht. Leadsänger Rio Reiser sollte in den 80er Jahren als *König von Deutschland* zum Popstar aufsteigen.

Als ich 1974 zu den ›Scherben‹ kam, lebten sie am Tempelhofer Ufer in Berlin Kreuzberg. Die Gruppe hatte bereits zwei LPs im Selbstverlag, der *David Volksmund Produktion*, herausgegeben. *Ton Steine Scherben* waren berühmt und bankrott zugleich und auch künstlerisch in eine Krise geraten. Die Band wollte sich nicht länger ausschließlich als musikalisches Sprachrohr linker Ideologien verstehen und sich politisch vereinnehmen lassen.

Nach Dutzenden von Solidaritätskonzerten (für Jugendzentren in Selbstverwaltung, für die Anti-AKW-Bewegung, für Dritte Welt-Initiativen etc.) mußten die ›Scherben‹ die schmerzliche Erfahrung machen, daß die Politszene keineswegs bereit war, ihre Band in ausreichendem Maß zu finanzieren. An staatliche Subventionen war schon gar nicht zu denken. Mit der Teilnahme an Politaktionen hatte man sich lediglich regelmäßige Hausdurchsuchungen der Berliner Polizei eingehandelt.

Ich selbst habe *Ton Steine Scherben* 1973 beim Arbeiter-Künstler-Treffen in Braunschweig kennengelernt und kurz darauf mit ihnen ein Konzert im Nürnberger Kommunikationszentrum KOMM veranstaltet. Schnell wurde mir klar, daß es diese Leute waren, mit denen ich künftig leben und arbeiten wollte. Ihre Form des Zusammenlebens in einer Kommune entsprach ganz meinem damaligen Lebensgefühl. Von Anfang an war es meine Absicht, einen Dokumentarfilm über *Ton Steine Scherben* zu drehen. Aus diesem Grund verließ ich Nürnberg und zog nach Berlin.

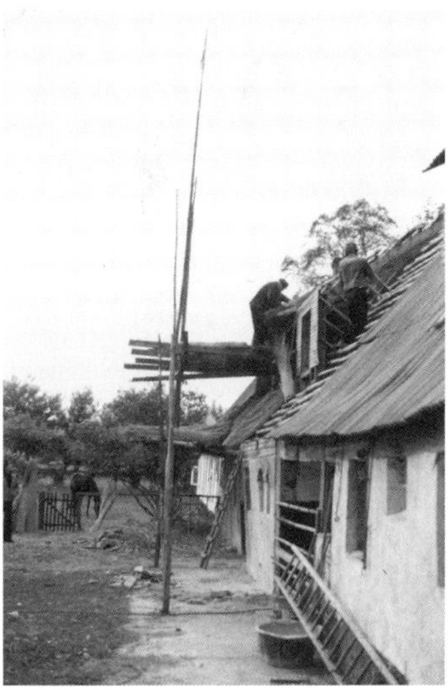

Reetdachdecker in Fresenhagen

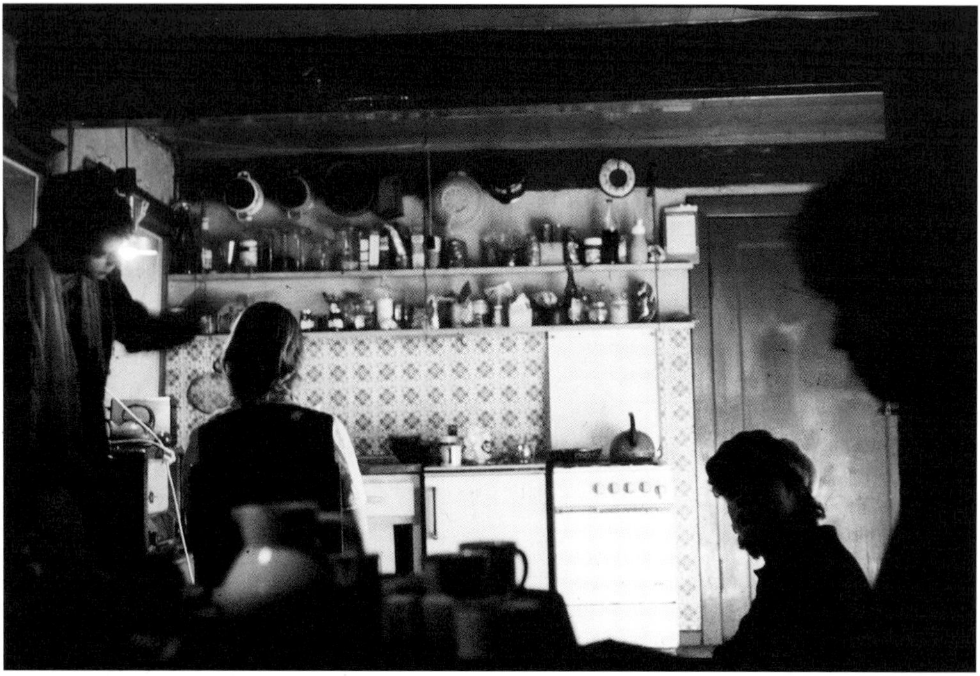

Rio, Thomas und Felser

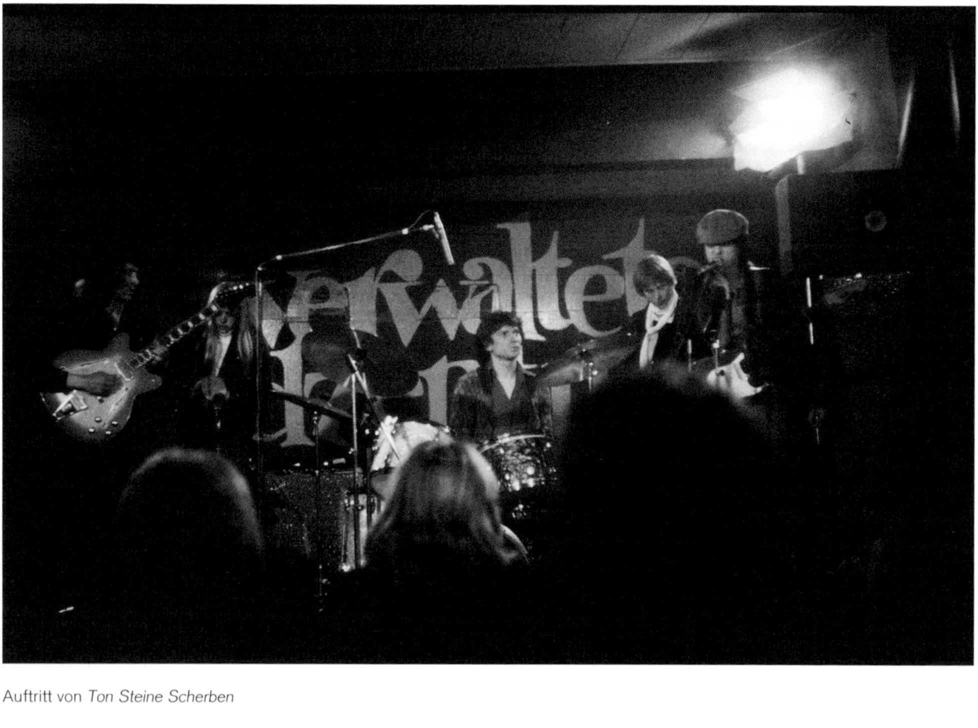

Auftritt von *Ton Steine Scherben*

Um so größer war meine Enttäuschung, als ich feststellen mußte, daß sich die Musikgruppe gerade von der Szene-Hochburg Berlin in die freie Natur verabschieden wollte und einen Bauernhof in der nordfriesischen Geest zum kommenden Eldorado ihrer Kommune-Utopien erklärte. Doch absurderweise waren es ausgerechnet diese Umzugspläne auf's Land, die meinen eigenen Stellenwert in der Gruppe ungemein steigen ließen. Ursprünglich mit dem Manko eines Amateurmusikers versehen, wurde ich nun, dank meiner Herkunft als westfälischer Bauernsohn, für die landwirtschaftlichen Newcomer zum gefragten Spezialisten. Durch Rios Fürsprache stieg ich alsbald zum Vollmitglied der Expeditionstruppe auf, dem neben meiner Tätigkeit als landwirtschaftlicher Berater die Aufgabe des Dokumentaristen zufiel. Schließlich war ich schon in Berlin mit dem Anspruch angetreten, ein Essay über Deutschlands berühmteste Politband zu realisieren.

Vorwort für eine TV-Dokumentation, in Zusammenarbeit mit Oliver Held und Cornelie Kister, für den Norddeutschen Rundfunk Hamburg, Redaktion Dr. Horst Königstein.

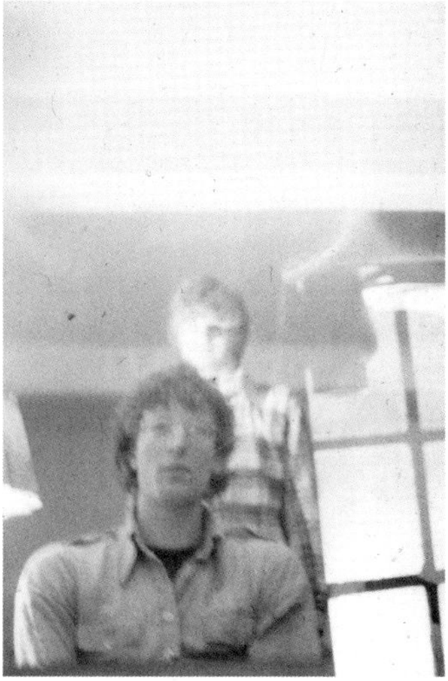

Selbstportrait

is there a south african national cinema? ntongela masilela

In a remarkable and exemplary essay on the theoretical complexities of the history of form in contemporary Conceptual art, Thomas Crow writes the following sentences: »Almost every work of serious contemporary art recapitulates, on some explicit or implicit level, the historical sequence of objects to which it belongs. Consciousness of precedent has become very nearly the condition and definition of major artistic ambition.«[1] South African cultural history since 1994 in large part is confronted with the historical meaning of this formulation. The hegemonic cinema in South Africa until recent times, in contrast to ›the idea of the South African national cinema‹ which in all likelihood still does not yet exist, has been largely in the service of white oppression, white supremacy, and white nationalism. This is an undeniable historical fact which is possibly at the center of the tragedy of film form in South Africa. The tragedy resides on two levels: in almost a hundred years of cinema in South Africa, the country has yet to produce a single masterpiece or great film; the tragic consequences may still not be over of this conjoining on the imaginative plane of a pernicious ideology and film form.

Perhaps the reasons for the refusal of Thelma Gutsche, our great cultural historian of film, in *The History and Social Significance of Motion Pictures in South Africa 1895–1940* to engage the history of films made by white South Africans (the majority of whom saw themselves as Europeans in Africa, not as Africans) was a refusal to countenance to colonization of film form on the imaginary plane by white nationalist ideology. She may have intuitively felt that it would prove fatal, as it seems to have been the case for decades and decades. In her reading of film history in South Africa, what she perceived to be American sensationalism was partly responsible for this untenable situation. To her perhaps there was not much of a historical and ideological distance between *The Birth of a Nation* (1915) and *De Voortrekkers* (1916). Given that to her film practice was one of the quintessential forms of modernity, she wanted film culture or cultural practice in this domain to proximate closer to European classicism. Thelma Gutsche unquestionably believed that the cultural practice of making films should be in the service of democratic traditions. On the other hand, the other epistemological reason, in contrast to the mentioned directly political-cultural reason, for the seeming refusal of the engagement with films made in South Africa in their autonomous representative form, was

[1] Thomas Crow: *Unwritten Histories of Conceptual Art.* In: Alexander Alberro and Blake Stimson (Hg.): *Conceptual Art: A Critical Anthology.* Cambridge, 1999, S. 564.

that for Thelma Gutsche film history should be written from the perspective of cultural history, because film history is inseparable from cultural. The impermanent conditions of historical possibilities for countries in a state of the incompleteness of modernity compels this conjoining. Whatever historical and/or philosophical postulates one may set forth for this disengagement, the fact of the matter is that the founding text of the history of film studies ›in‹ Africa does not engage films made in South Africa as autonomous aesthetic objects configuring their own differential complexity.

In totally unambiguous terms, Thelma Gutsche's book develops the thesis that there can no such a thing as the South African cinema under the modernist conditions then prevailing. The historical logic of this insightful thesis has continued at least to the periodizing date of 1994. Here it is necessary to interpose a thesis developed by Lewis Nkosi, a member of the Sophiatown Renaissance of the 1950s and simultaneously belonging to the last intellectual generation of the New African Movement, a decade ago: »In any case, a serious examination of South African culture must at some time come to terms with a fact that may be uncongenial to both black and white progressives, given our prior commitment to a non-racial democratic future, and that fact is the near total hegemony, within the various cultural practices of South African society, of an unrepresentative white minority, consisting not only of diehard upholders of the apartheid system but also of white liberals and progressives as well, in their roles as academics, as critics, as anthologists, as impresarios, as gallery owners and publishers and as consultants of those who own virtually all the means of cultural production.«[2] This is one of the fundamental issues that bedevils the making of the South African cinema, let alone the creation and making of a national cinema in South Africa. The unrepresentativeness of the cultural domination of white South Africans in film culture will perpetually render these two historical projects unrealizable. This hegemony must be broken. Eventually its breakage will occur. Only then will the historical possibility of realizing these projects occur. There is no way of escaping this necessary historical eventuation.

It is necessary here to revert to the ideas formulated by Thomas Crow. Simultaneous with the necessary breakage of white supremacy in film production, the Africans in South Africa will need to re-acquire the »consciousness of precedent« of the intellectual and cultural heritage of the New African Movement.[3] This acquisition is made all the more necessary by the recent calls of the former President Nelson Mandela and the present President Thabo Mbeki for the creation and forging of an »African Renaissance«. In actual fact, the African Renaissance is the rebirth and renewal of the intellectual and cultural legacy of the New African Movement which never completed the construction of modernity in South Africa because of its defeat by white supremacy. The African Renaissance is a call for completion of the modernist project of the New African Movement. The New African Movement covers the whole expansive historical space from the Sesotho novels of Thomas Mofolo through the Xhosa poetry of S. E. K. Mqhayi

[2] Lewis Nkosi: Introduction (1990). In: *Blame Me on History*. London, 1990 (1963). The Introduction also appeared as Bloke Modisane: Blame Me on History. *Southern African Review of Books*, Double Issue 13 & 14, 1990. That Lewis Nkosi was also preoccupied with the historical ideas of the ›New African‹ as was the case with earlier generations of New African intellectuals within the New African Movement as R. V. Selope Thema, H. I. E. Dhlomo, H. Selby Msimang and others see the fascinating pages of his superb book: *Tasks and Masks: Themes and Styles of African Literature*. Harlow, 1981.

[3] The relinguishing of the domination of white South Africans of others will privilege them to be considered Africans. This argument is similar to that postulated by Nadine Gordimer in her most recent seminal book: *Living in Hope and History: Notes from Our Century*. New York, 1999.

to the political practice of Bram Fischer and pedagogics of Harold Cressy. Indeed, a convoluted cultural field. This is the mirror of the future of the South African national cinema. How can this necessary but monumental project be possible? At a significant moment in the process of the Russian Revolution Vladimir Lenin asked: What is to be done? Eisenstein, Pudovkin, Dziga-Vertov, Dovzhenko, Medvedkin and others gave an eloquent response. A comparable response was given in the context of the Cuban Revolution by Sara Gomez, Tomas Gutierrez Alea, Santiago Alvarez, Julio Garcia Espinosa, Humberto Solas and others when Fidel Castro postulated that the duty of the revolutionary is to make a revolution. To argue that Russia and Cuba were in the midst of a socialist revolution and South Africa is not, hence the applicability of their historical lessons is not valid, is not a real argument, or at least is not complete, since what is central here is the possibility of a correct reading of a particular historical experience by intellectuals and artists facilitating the complete opening of the imagination. Gomez, Pudovkin and others dared to be completely imaginative and original. Paradoxically, to be original and imaginative is to be historical. And to be historical is to possess a ›consciousness of precedent‹.

For film practice as well as for intellectual endeavor in the sphere of film culture in South Africa today to be completely original and imaginative is to be conscious of the precedent of the New African Movement. South African film practice and its scholarship »belongs to the historical sequence of objects« that should be in synchrony with the intellectual achievements and expressive forms attained by the New African Movement. It is not accidental that Thelma Gutsche in the early part of the twentieth-century was vitally interested in the New African intellectual Benedict Wallet Vilakazi, an outstanding scholar, poet and novelist. In as much as the New African Movement set about the establishing of a ›national culture‹ in the context of modernity and modernism, film practice and film scholarship today is confronted by the necessity of establishing a ›national cinema‹ in the context of postmodernity and postmodernism. The failure of the New African Movement in constructing a national culture was due its political defeat by the reactionary forces of white nationalism and white supremacy. Though defeated politically, it was never defeated intellectually and culturally. The testament to its triumph in these two domains is evident in the great poetic practice of Mazisi Kunene. In our context, although 1994 represents a political triumph, it is very much questionable whether it has been accompanied by commensurate intellectual and cultural achievements. Our present is the reverse mirror of the past of the New African Movement. All the more necessary for the African Renaissance to establish the dialectical connection between the past and the present.

Particular debates and practices within and across the New African Movement have essential relevance for film practice and film scholarship today: the extraordinary debate between Benedict Wallet Vilakazi and H. I. E. Dhlomo on the relationship between language and culture in representation, as well their duelling on the dramatic forms of the theatre, still seems exemplary; the different structures of portrayal of Shaka in history by Thomas Mofolo and Mazisi Kunene across generic forms and in the context of nationalism and modernity, has not lost its relevance; the nature of pedagogics advocated by Harold Cressy, Abdullah Abdurahman, Charles Dube and others, still has many lessons to impart; the discussion and dialogue between Solomon T. Plaatje, H. I. E. Dhlomo. R. V. Selope Thema, H. Selby Msimang, Lewis Nkosi about the construction of the idea of the New African, concerning national identity and cultural identity, still seems very much inexhaustible; the lessons facilitated by Charlotte Manye Maxeke and James Emman Kwegyir Aggrey in making possible the connection between the New Negro modernity and New African modernity, the umblical cord between Africa and the African diaspora, have not lost their fascination; the discourse on the relationship between Marxism and modernity within the context of the Trotskyism of Ben Kies and I. B. Tabata and the Stalinism of Michael Harmel and Albert Nzula and Yusuf Mohammed Dadoo, is still spell-binding; the visual poetics of the photography of Peter Magubane, Jurgen Schadeberg, Bob Gosani, G. R. Naidoo, Lionel Oostendorp, Gopal Naransamy, and that of the paintings of Selby Mvusi and Gerald Sekoto, still impart the images necessary to represent the present; the feminist political practices of Helen Joseph, Lilian Ngoyi, Phyllis Ntantala and others, still possess their imaginative originality; the music of the Jazz Epistles, the Skylarks, the Jazz Maniacs and others, still has much to say to the present; and so on.

In other words, the intellectual achievements and the cultural attainments New African Movement is the past that has much meaning for the present in order to move towards the future. Although knowledge of the past heritages is fundamental in constituting film practice and film scholarship in the present, the salutary warning of Georg Lukács in 1913 is still relevant: »We seem to be in a perpetual state of shifting terms and concepts. Something new and beautiful has arisen in our time, but instead of accepting it for what it is we try by whatever means we can to slot it into old and inappropriate categories, and to divest it of its true meaning and value. The ›cinema‹ is currently seen either as the instrument of a graphic education, or as a new and cheap competitor for the theatre; i.e. either from a pedagogic or economic perspective. But the fact that a new form of *beauty* is precisely beauty, and that it is the role of aesthetics to describe and evaluate it, is something that occurs to very few people at present.«[4] Ultimately, film form and cinema have to be evaluated and judged on their own terms in accordance with the force with which they poetically graph on the cultural plane of history.

A South African national cinema can come into being in the context in which »the cultural means of production« revert back to or are expropriated by the majority of the African people. Its construction involves both ethical, cultural and intellectual undertakings. One principal task in the making of a national cinema is to situate South African

[4] Georg Lukács: Thoughts on an Aesthetic for the Cinema. *A Film Journal*, no. 14, 1981. Originally appeared in the *Frankfurter Zeitung*, September 10, 1913.

film practice and film scholarship into African film history,[5] where they naturally and historically belong, not in European film history or Hollywood film history, as white nationalism and white supremacy had attempted to impose them. In this context African film history holds many lessons for South African film history. Among the most primary of those lessons is that the aesthetics and narrative form of African film should be modelled on African oral narrative traditions. With slight modification, given the forceful and violent entrance of European modernity into South African history which has no parallels in Africa, this is also applicable to the context that concerns us here. Until this lesson is taken to heart, white aesthetics will prevail over African aesthetics in South African film history. There is no such thing as a ›raceless cinema‹, as some liberal ideologues are deluding themselves. What South Africa needs are films of the prototype of Souleymane Cisse's *Yeelen* (1987). To argue that such a political aesthetics is inapplicable in the context of South Africa, is to exhibit an unfamiliarity with the African poetics of S. E. K. Mqhayi, Mazisi Kunene, J. J. J. Jolobe, Benedict Wallet Vilakazi, D. L. P. Yali-Manisi and others in the African languages. It is not even necessary here to mention the great lineage of Izibongo (their attendant mythological structures) in all the African languages in South Africa.

Another primary principle of African film aesthetics is that African films should be made in the African languages. A whole spectrum of films from Ousmane Sembene's *Xala* (1974) through Gaston Kabore's *Wend Kuuni* (1982) to Idrissa Ouedraogo's *Tilai* (1990), are exemplary. Again here to argue against this edict, is to exhibit an unfamiliarity with the Zulu novels of Benedict Wallet Vilakazi (*Noma Nini* [1935], *Udingiswayo Kajobe* [1939], *Nje-Nempela* [1944]), or with Thomas Mofolo's Sotho novel (*Moeti oa Bochabela,* 1907 *[The Traveller of the East]*), or the greatest anthology ever assembled in South Africa, Walter B. Rubusana's *Zemk'inkomo Magwalandini* (1906), or the Zulu essays of E. H. A. Made's *Indlalifa yase Harrisdale* (1940). Many others could be mentioned. The third cardinal principal of African film aesthetics is a call for films to reflect the process of national integration. Haile Gerima's *Harvest: 3000 Years* (1976) and Cisse's *Baara* (1978) carry forth this historical quest. Pixley ka Isaka Seme's manifesto, *The Regeneration of Africa* (1903), the founding text of the New African Movement, the brilliant columns of Jordan Kush Ngubane in the newspaper he edited in the 1940s *Inkundla ya Bantu*, and H. I. E. Dhlomo's great essays in the *Ilanga lase Natal* newspaper in the 1940s and in the 1950s, were all a call for the national unity and national integration of the African people. For all three, the African National Congress (ANC) was this modernizing instrument. The New African Movement, again in this instance, is an exemplary precedent for ›many‹ of the things that would have to be undertaken in order not only to establish a national cinema, but also to integrate the South African cinema into the African cinema.

Given the deep historical affinities throughout the twentieth-century between Africans in South Africa and African Americans, it is

[5] Cf. Ntongela Masilela: Presence Africaine and the Emergence of African Film Criticism. *Communicare*, vol. 15 no. 1, Winter 1996.

unavoidable that the film practice of the latter would be exemplary to the former. It was the New African intellectuals of the New African Movement such as John Dube with the essay *Are Negroes better off in Africa? Conditions and Opportunities of Negroes in America and Africa compared* (1904), Allan Kirkland Soga with *Call The Black Man to Conference* (1903–04) and Solomon T. Plaatje with *Negro Question* (1904) who forged the Black Atlantic connection between New Negro modernity and New African modernity.[6] These intellectuals were preoccupied with the historical meaning of modernity for Africans. For them it was inseparable from a pan-Africanist perspective. The portion of the African American history that would seem to have the most relevant to the national cinema in South Africa is the Los Angeles School. The Los Angeles School being a component of the African American independent film movement, its prestige can only be more enhanced. The major films of the Los Angeles School have focused on the historical meaning of modernity for African Americans: Charles Burnett's *To Sleep With Anger* (1990) and *The Wedding* (1998); Julie Dash's *Daughters of the Dust* (1992); and Haile Gerima's *Sankofa* (1993). The visual images of these films are extraordinary. *To Sleep With Anger* examines the contradiction between the Old History of the South and the New History of the North, while *Daughters of the Dust* meditates on how the Africanness (past) of the African American people inform their Americanness (present), and *Sankofa* reflects on the historical meaning of the Black Atlantic between Africa and the African diaspora. All three films traverse the conceptual field of double-consciousness articulated by W. E. B. Du Bois so vividly in *The Souls of Black Folk* (1903). It was this book, as well as Booker T. Washington's *Up From Slavery* (1901), that was influential in the formation of the modern consciousness of many of the New African intellectuals within the New African Movement. Given the call for an African Renaissance in order to complete the modernist project of the New African Movement, it is apropos that the construction of a national cinema in South Africa would most likely look to the African American film history that has the greatest affinity with Du Bois.

Is there then presently a ›national cinema‹ in South Africa? An unequivocal answer is No. Until the historical and intellectual forces and tendencies tentatively mapped here converge towards a synthesis, there can not be any possibility of a national cinema. The contribution of film practice and film scholarship to the African Renaissance would be in realizing such a historical possibility, an objective so central to what the New African Movement stood for.

[6] Respectively in *The Missionary Review of the World*, August 1904. *The Colored American Magazine*, December 1903, January, February, March, April 1904; and in *Koranta ea Becoana*, Loetse (September) 7, 1904.

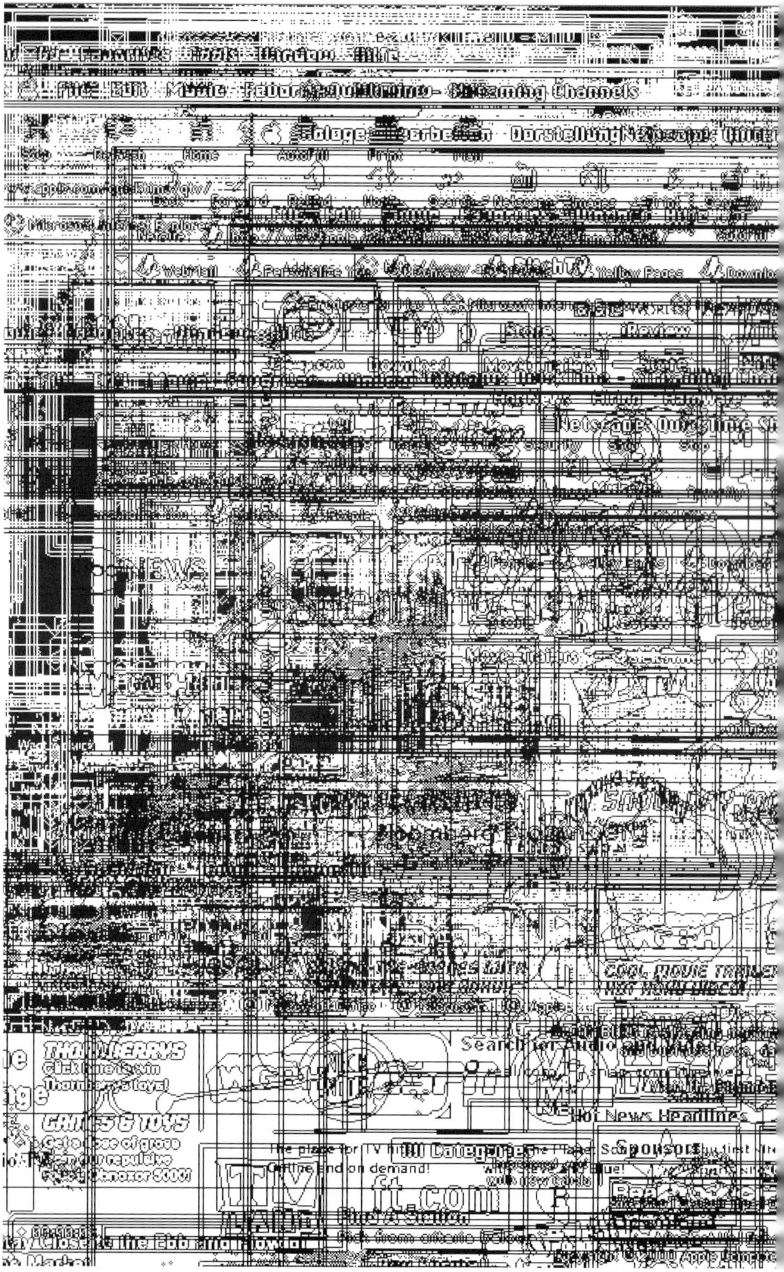

open source cinema.

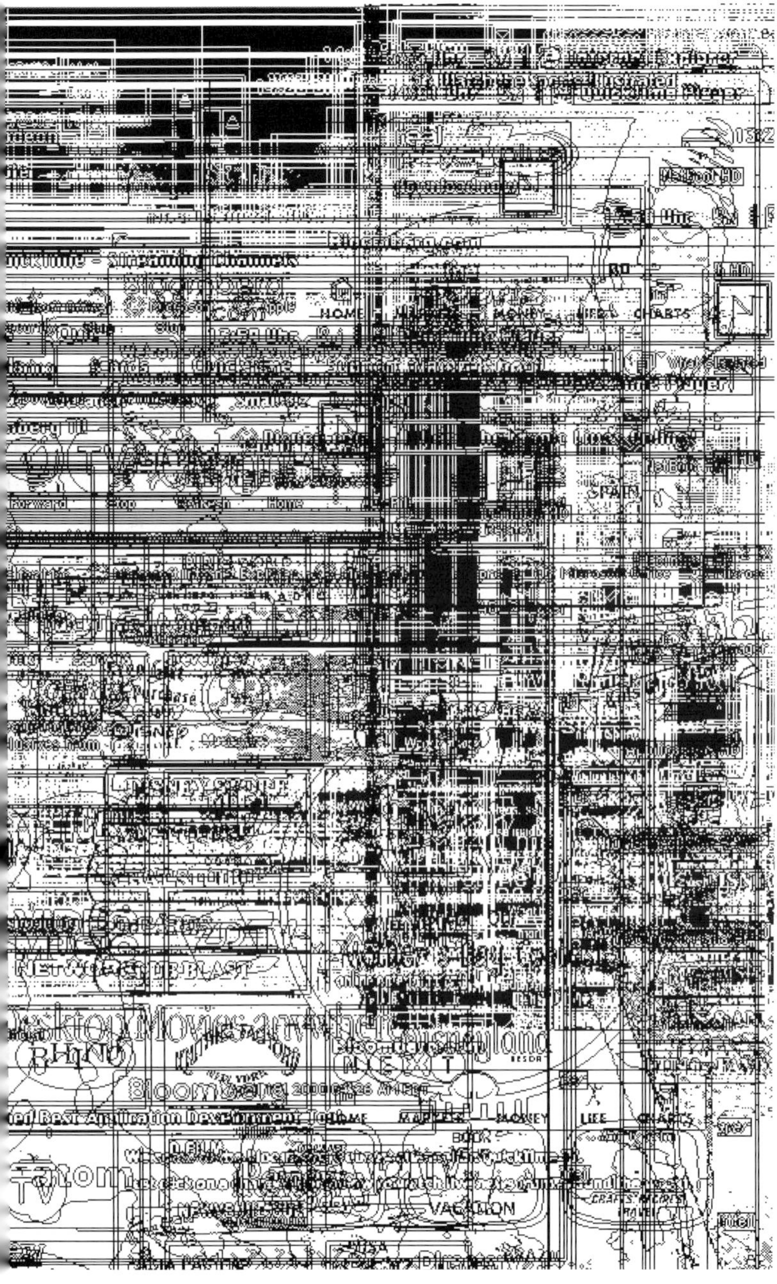

timothy ingen-housz

The Internet had just turned into another massmedia when strange creatures appeared in the streets. At the dawn of a new millenium, sunday-afternoon-filmmakers invaded the world … wandering around with DV cameras, palmtop editing suites, and wireless satelite connections, turning wastelands and parking lots in surburban dreamsets. In a few mouseclicks they would cut a short movie, compress it, and screen it in the ubiquituous minimax of the world wide web. / Making movies had just become as banal as watching them. No longer captured in the passive spectatorship of the televisional hyperworld, TV nerds had turned overnight into DV freaks. / Ladies and Gentlemen, the latest scientific miracle! Hi-tech wizards had invented and marketed democratic Creativity – soon, they would create democratic Paranoia … In those copyright obsessed years, piracy was still confused with criminality – they would one day realise that everything in nature developed via chaos and theft – cultural piracy was about to turn into a legalised process of individuation. As recent discoveries revealed real sheep could be drawn out of a DNA sample, everything in nature appeared to be clonable and repeatable – camouflage animals always knew, but men still wondered: is the chameleon a tree, or the tree a chameleon? Men slowly realised that saving a file actually meant to lose it. Anything digital could be hacked, cloned, bred, and altered. The availability of all digital material to all men was about to blur borderlines and territories in the overlapping grounds of culture – it would soon be hard to declare what is whose … In a wired world, the politics of encryption would rule the cross-breeding of audiovisual data, and rewrite the unwritten laws of free-association – the madman would ask: what *can* you encrypt, aren't things already undecipherable? – why wouldn't you alter things already alien from themselves?

Nobody is willing to question anymore who invented the word ›invention‹. Words have always been freely sampled, edited in oral and written text, traveling from mouth to ear, ear to hand, hand to eye. That migration process, copyright-free, accelerated the growth of language: learning to speak was the fuel of individuation – Piracy rhymes here with Privacy … But what about the copyright rules of network audiovisuals? What if hypersampling would replace hyperlinking? Gigantic audiovisual databases would be accessible to all via complex sampling protocols turning movie loops into the elementary particles of a new compositing language to come. Wizards would invent new computer languages extending HTML to wider audiovisuals properties, marking up sample sources remotely saved on distant servers, compositing and keying them along a timeline, and rendering them live on local players. A film would exist as text file listing the addresses of its remote media components. Web native cinematography would develop as a dynamic collage-system assembling digital video, like hip-hop music scratches sound bits. Piracy would turn into a disguised form of tribute, the technological continuation of oral transmission and metamorphing reiterations … There would be no need to crack DVD players to key Clark Kent out of his wheelchair, and take him out for a walk – Blue links would merge with blue boxes in the celebration of ubiquity, and found footages would further loose their way in the Neverneverland of network audiovisuals. Sunday-afternoon-filmmakers would eventually turn off their camcorders and use the web as a camera, ambling around the global Junk yard, using whatever they find in their browser's cache and treat it as if they owned it. After all the browser is a fishlens pointed at the hyperreal information sphere, using remote eyes and remote ears to extend the websurfer's perceptual slide, turning all of us into audiovisual hunter-gatherers …

The bandwidth soon would go so broad that minimality would no longer be a criteria of net aesthetics. Gigabyte quicktimes wouldn't take more than a few minutes to travel down the wires. Network congestions and post-modem bottlenecks would be the memory of another age. DVD hackers would be locked in jail for a few more years but eventually the open source movement would contaminate the audiovisual community. Material would be shared by all and assembled by all. The genealogy of audiovisual samples would be hard to map unless some transclusive system or radioactive markers physically printed the motherfile … before being digested and broken apart in the gargantuesque stomach of planetary networks. It is interesting to watch human technology walk so far apart from human culture. Machines copy and clone at the speed of light while men cling on to authorship and signatures as a sacred reminder of their singularity …

Are machine networks reflecting and distorting authorship in such radical ways that the digital shock, soon to be followed by the genetic bomb, would for ever transform the identification process and reformulate the very nature of the subject? »je est un autre«, said Rimbaud more than a hundred years ago … but what about now? self consciousness is possibly about to shift on to another dimension through the overall presence of copy & paste technologies, and the post-modern man would find his roots entangled with 6 billion other thinking trees … alone together?

One of these days we will be able to back up computer files in vegetables, and load data in our own bodies. People will save movies in potatoes, and our flesh will store information laid in redundant DNA strings. Eventually our organs will be plugged-in a wireless network of piracy/privacy. Breaking in somebody else's body will no longer have a murderous or a sexual value, it would be an intimate act of disembodied communication. All would crack in one another's endogenous database in a kind of transpersonal indentification process. Individuality would be an assembly code building oneself out of remote media elements ambulating in some other people's flesh and bones. Endogenous and extragenous data would merge in some transclusive phenomenon of migration-integration, almost experienced organically by each one of us, and the computation of audiovisual files would be shared by multitasking nanorobots directly linked to our arboreal neurons. We would all be very happy … what did we talk about? Web-native cinematography?

Oh yes, it's possible to put a film online. Streaming video technology transformed the ideas and attitudes towards network audiovisuals, enabling live broadcasting and turning local playback softwares such as MoviePlayer into expanded Browsers. After being compared to a book or a radio, the web is now the cousin of television, a democratic medium remote-controled by the audience, programmed by the spectators, co-invented by an atomised community of sunday-afternoon-filmmakers ... It all happens on the desktop: there is a historical paradox in the encapsulation of a homestudio into a TVset – in other words, the screen used to watch movie is also the screen used to cut movies. But there's more to it: it's also possible to broadcast live events from home, and perform weird actions in front of a large, invisible, world wide audience. Live multicasting is probably the coolest way to deal with the web today, because it's effortless: turn on the camera, boot up the encoder, and stand up for your rights. Freedom of speech is now available in millions of colors ...

There is also a lot of fuzz about viral promotion, the latest memetic disease designed by market-snipers to organise the success of a movie, months or years before its release. Posting trailers on the web is a bit like distributing flyers for next year's birthday party. It's also, obviously, a way to create a ›community‹ of fans, and to profile a target group of merchandising victims. Movies websites often hide an online store branding all types of stuff for you to buy.

The fame of ›Blair Witch‹ was based on an advertising strategy turning the moviemaking process into a transparent phenomenon, accessible to all, while creating a thick mystery around its plot. People want to attend to the process, witness the making off before viewing the film ... The audience suddenly moved in backstage.

The Internet is of course a new chance for independant filmmakers to broadcast their movies – good and bad, it's a chance for them to meet and build up international communities of media rebels, promote their projects, and seek for wider audiences. Hybrid forms of audiovisual expression bring electronic musicians and video artists together, blending formely remote scenes, while the variety of tools (from gif-animation to Flash and Java) enable further kinematic experiments, at the crossroads between optical music and interactive storytelling. But in the mega-merging atmosphere of media corporate, independant broadcasters already face the challenge of swimming in the same waters as mainstream sharks. Online monsters compete to earn their audience, complexifying a medium formerly admired for its simplicity, and blitz the cablemodem with TV native content. Time will tell. Noone knows whether this democratic creativity will reorganise hierarchies and create a class thinking, or if some radical transformation of audiovisual language will birth open source cinema ... Isn't the non-hierarchical nature of the web typical of a new-born medium? In fact, the euphoric profusion of independant cinema webstations will possibly have to go through some identity crisis. While working on blackhole TV, I was asking people wether they agreed to give away a piece of video for an internet prototypal TV station. Some worried about the quality of compression – claiming that they didn't work on high-end machines to see their pieces end-up in post stamp size – and a few answered without asking who else was invited. It's still a matter of belonging to an exclusive scene: noone wants to be the man in the crowd ... The pattern seems to be the same everytime a new medium develops: utopic vision, democratic euphoria, struggle for life, ›reterritorialisation‹, and survival of the fittest? Stop Darwin! There's an evidence that every true change questions old hierarchies and creates new ones, so who's going to win this time?

The winners, for some reason, could be the gamers. The long term evolution of the gaming schemes asks further questions than the present revolution of desktop filmmaking. The merging of the web and the new playstations announces somehow the coming of an open source cinema. The real revolution of network audiovisuals can be already perceived in the structural patterns of online gaming: a totally modular structure opened to transformation and customization on almost all levels: gamers have an absolute ›control‹ on their stage-playground / This, of course remains contrived by the existing libraries of components (environments, costumes, voices, audio patterns, etc ...) made available to them. The Linux pinguin makes the source code rewritable by their user-authors, and sets the ability for them to entirely reinvent a virtual universe.

At the moment, gaming is still a matter of shooting up Aliens and driving F1 cars at the speed of light, but soon it might as well incorporate the scenaristic complexity of MUDs (multi-user role-games), and maybe more textual subtleties and ornamented dialogues ... As semantic engineering slowly transforms computers into almost autonomous thinking engines, it's a matter of years before the entire dramatic structure of a game is also customisable through menues of variables and conceptual properties. If filmmakers would adopt these ways of contructing movies, they would leave a large ›participative‹ role to the spectators, and provide the naked context of a dramatic experience for the audience to define, along a set of endless preferences ... Each spectator would watch a different movie, they would ›play‹ it always new. What is going to happen to authorship? In this context of ever recombinable material, Heraclitus smiles somewhere in a videostream ... Ladies and Gentlemen, you might never be watching the same movie twice.

angaben zu den autorinnen und autoren

Klarenz Barlow, geb. 1945, spielt Klavier seit 1950, komponiert seit 1957. 1968–1973 studierte er Komposition bei B. A. Zimmermann und K. Stockhausen. Seit 1969 beschäftigt er sich mit elektronischer Musik, seit 1971 mit Computermusik. Er ist Dozent für Computermusik in Köln und Professor für Komposition in Den Haag.

Klaus Bartels lehrt als Professor an der Universität Hamburg, Institut für Germanistik II, u.a. in den Themengebieten Multimedia, Internetkultur und Schnittstellendesign. In den 80er Jahren war er Mitbegründer eines Hamburger Multimedia-Unternehmens. Letzte Veröffentlichung: Selbstverkunstung, Denaturalisierung, Auflösung. Der Dandy als postmoderner Sozialisationstyp. In: S. Porombka, S. Scharnowski (Hg.): *Phänomene der Derealisierung*. Wien, 1999.

Marcel Baumgartner, geb. 1950, Professor für Kunstgeschichte an der Justus-Liebig-Universität Gießen. Publikationen vor allem zur Kunst des 20. Jahrhunderts und zur zeitgenössischen Kunst. Als Autor zuletzt: *Einführung in das Studium der Kunstgeschichte*. Köln, 1998; Herausgeber der Reihe *Kunstgeschichte und zeitgenössische Kunst*. Köln, seit 1996.

John Berger, geb. 1926 in London, Schriftsteller, Drehbuchautor, Maler und Kunstkritiker. Seit 1974 lebt er in der Haute Savoie (Frankreich). Werke u.a.: *G* (Booker Award 1972), *Das Kunstwerk, Ort der Malerei* (1982), *A Question of Geography* (1985), *King* (1999).

Fernando Birri, geb. 1925, Filmemacher, Regisseur, Drehbuchautor, Schauspieler, Schriftsteller, Maler. Lebt und arbeitet in Rom, Santa Fé und Kuba, Begründer des Neuen Lateinamerikanischen Kinos; Filme u.a.: *El siglo del viento* (1999), *Che – Death of Utopia* (1997), *Un senor muy viejo con unas alas enormes* (1988, mit García Márquez), *Org* (1967, Spielfilm), *Buenos Dias, Buenos Aires* (1960), *Tire dié* (1956) u.v.a.m.

Detlef Bollmann, geb. 1959, Trickfilmkameramann, Animator und Cutter, 1996–1999 künstlerisch-wissenschaftlicher Mitarbeiter mit dem Schwerpunkt elektronische Bildgestaltung/Animation/Computergrafik und seit 1999 künstlerischer Leiter des *Laboratory for Mixed Realities* (LMR) an der Kunsthochschule für Medien Köln.

Christiane Büchner, 1999/2000 Diplom für audiovisuelle Medien mit dem Projekt *Ich sehe was, was Du nicht siehst!* an der Kunsthochschule für Medien Köln, Mitarbeit im dortigen LMR, Arbeit als freie Filmemacherin und Autorin interaktiver Medienprojekte.

Egon Bunne, geb. 1952, Studium an der Deutschen Film- und Fernsehakademie Berlin, Bildtechniker und Cutter bei Geyer Video und dem Sender Freies Berlin, Bildregisseur bei SAT 1 Berlin, Lehrbeauftragter und Dozent in Berlin, Potsdam-Babelsberg, Karlsruhe und Köln.

Jürgen Claus, geb. 1935 in Berlin. Entwickelte ab 1967 eine umweltbezogene Kunst, die das Meer, das Wasser und die Sonne einbezieht. Seit 1991 Professur für Medienkunst an der Kunsthochschule für Medien Köln. Zahlreiche Bücher zu den Themen erweiterter Kunst, Umwelt- und Solarkunst. Biographie: H. Stachelhaus (Hg.): *Jürgen Claus, SonnenMeer – Projekte einer ökologischen Kunst.* Köln, 1995.

Vilém Flusser, 1929–1991, geb. in Prag. Emigrierte 1940 über London nach Brasilien. Professur für Kommunikationsphilosophie in São Paulo von 1963–1972. Rückkehr nach Europa. Zahlreiche internationale Gastprofessuren, Vorträge und Veröffentlichungen. Sein Nachlass mit u.a. 2.500 Manuskripten befindet sich seit 1998 an der Kunsthochschule für Medien Köln.

Christian Geissler, geb. 1928 in Hamburg, lebt als Autor im ostfriesischen Rheiderland, schrieb zahlreiche Hörspiele, Fernsehspiele und Dokumentarfilme. Im Mittelpunkt seines Schaffens stehen seine Romane und Gedichtbände, u.a.: *Wird Zeit, daß wir leben*, Roman (1976), *Im Vorfeld einer Schußverletzung,* Gedichte (1980), *kamalatta,* Roman (1988), *prozeß im bruch* (1992), *Wildwechsel mit Gleisanschluß,* Roman (1996), *Klopfzeichen,* Gedichte (1998), *ein kind essen,* Roman (2001).

Ingo Günther lives and works in USA. Exhibitions at Venice Biennale, the Guggenheim Museum, documenta, Kunsthalle Düsseldorf, and other international venues. Founded TV Station *Kanal X* in Leipzig, Germany in 1989. Refugee Republic project since 1992 (www.refugee.net). Worldprocessor since 1989 (www.worldprocessor.com). Publications: *Republik.com.* Stuttgart, 1998; *Worldprocessor.* Tokyo, 1991; *Refugee Republic Passport.* Cambridge, MA, 1999.

Timothy Ingen-Housz, born 1971 in France, works in parallel with video, hypermedia and drawing. Studies in audiovision at the ENSAD (Paris), residencies at the CICV (Montbéliard) and at the Kunsthochschule für Medien Köln. Personal and collaborative works on the internet, video tapes, environments.

Felix Philipp Ingold, geboren 1942 in Basel, lebt in Zürich und St. Gallen. Letzte Buchpublikationen: *Freie Hand.* München, 1996; *Zeichensatz.* Münster, 1997; *Nach der Stimme.* Stuttgart, 1998; *Geballtes*

Schweigen. St. Gallen, 1999; *Kunstleben und Lebenskunst.* Zug, 2000; *Der große Bruch.* München, 2000; *Auf den Tag* (genaue Gedichte). Graz/Wien, 2000.

Jorge J. A. La Ferla, Video, TV and Multimedia maker, Licence d'Enseignement, Université Paris VIII, Vincennes, France; Master in Arts, University of Pittsburgh; Professor Chief of Chair after open contest, Universidad de Buenos Aires; Director of the Muestras EuroAmericanas de Video y Arte Digital.

Ntongela Masilela, a black South African, was in exile for decades until 1994. Presently an Associate Professor of English and World Literature at Pitzer College in Los Angeles, Adjunct Professor at the University of California at Irvine. General Editor of the African Renaissance Series imprint of the Africa World Press (New Jersey).

Marcello Mercado, Performance- und Medien-Künstler, lebt und arbeitet vor allem in Cordoba, Argentinien, zur Zeit Fellow an der Kunsthochschule für Medien Köln, zahlreiche internationale Ausstellungen und Auszeichnungen.

Kurt Meyer, geb. 1939 in Basel, bis 1999 als Gymnasiallehrer tätig (Sprachen, Philosophie), jetzt im Ruhestand. In Publikationen den Komplex der Rechten und der Linken analysiert, also das weite Feld zwischen Ernst Jünger und George Orwell, zwischen Henri Lefebvre und Jacob Burckhardt usw.

Alla Mitrofanova is a theoretician living in St.Petersburg. background interests: philosophy of anarchy and permanent revolution. field of interest is communicative modeling subjectivity, body, friendly technology, philosophical aspects of neuroprogramming. co-founder of cyberfemin club in St.Petersburg (1994) (http://www.cfc.spb.ru/), currently develops cybermotherizm (http://www.cfc.spb.ru/cybermotherizm/).

Anthony Moore – composer and sound artist. Since 1969 has scored many european independent movies. In 1972 formed the band *Slapp Happy.* From 1973 worked as freelance composer, songwriter and experimenter of sound. Collaborated with Pink Floyd and produced records in America and the U.K. Since 1996 professor at the Academy of Media Arts in Cologne.

Juan Muñoz, Künstler, lebt und arbeitet in Madrid.

Xinru Nie, geb. 1953 in Beijing, VR China, hat in Shanghai den Bachelor of arts und an der Kunsthochschule für Medien Köln das Diplom erworben. Tätigkeit als Redakteur, Regisseur und Drehbuchautor. Zahlreiche Filmkritiken und Abhandlungen über die Filmkunst in China.

Christian Reder, geb. 1944 in Budapest. Sozialwissenschafter, Autor und Professor an der Universität für angewandte Kunst Wien (Ordinarius für Kunst- und Wissenstransfer) (www.christianreder.net).

Stefan Römer ist Künstler und Kunsthistoriker. Er promovierte zum Thema *Der Begriff des Fake* 1998 an der Humboldt-Universität, Berlin. Im September 1999 erschien eine kleine Singleauskopplung daraus mit dem Titel *Fake als Original. Ein Problem für die Kunstkritik* (hg. v. Walter Vitt, Köln).

Zbig Rybczynski, geb. 1949, Regisseur und Filmemacher in Polen, Österreich und den USA. Filmographie: z.B. *Tango* (Oscar 1983), *Steps*, *Orchestra*, zahlreiche Ausstellungsbeteiligungen, u a. Museum of Modern Art, New York. Associate Professor an der Columbia University, New York, Abt. Film, 1990. Pionierarbeit in HDTV, z.B. *Imagine* (1986). Professor für Experimentalfilm an der Kunsthochschule für Medien Köln seit 1998.

Elisabeth von Samsonow, geb. 1956, lehrte Philosophie in München und Wien, 1996 Berufung als Ordinaria für Sakrale Kunst an die Akademie der bildenden Künste, Wien, Forschungsschwerpunkte Renaissance-Mnemophilosophie und Mnemotechnik, philosophische und historische Anthropologie der Kunst in Verbindung mit einer Theorie der Medien, Prozesse der Symbolbildung.

Priya Sarukkai-Chabria lives in Pune, India. She has written short stories, essays and poems and scripted short films. Her first novel *The Other Garden* was published in 1995. She has narrated *Fireflies*, a performance piece combining painting, classical dance and poetry. She scripted and narrated *Srinkala* (1999), a multimedia production of poetry, dance and the moving image. Outstanding Artist (1996–1998), Department of Culture, Ministry of Human Resource Development, Delhi.

Thomas Schmitt, Fernsehmacher. 1979 Gründung der Produktionsfirma TAGTRAUM. Regie und Supervision für die SFB-Jugendprogramme *45 Fieber* und *Moskito*. Ab 1988 Entwicklung, Produktion und Realisation der WDR-Sendereihe *Freistil*. Adolf-Grimme-Preis und Finalist Award beim New Yorker Film and Television Festival. Seit 1995 Professor für künstlerische Fernsehregie und Bildgestaltung an der Kunsthochschule für Medien Köln.

Bernd Ternes, geb. 1964, wissenschaftlicher Assistent am Institut für Soziologie der FU Berlin. Letzte Bücher: *Invasive Introspektion. Fragen an Niklas Luhmanns Systemtheorie* (1999); (zusammen mit Dietmar Kamper (Hg.)) Themenheft Idiosynkrasien. *Paragrana*, Bd. 8, Heft 2/1999: (zusammen mit Andreas Hofbauer und Renate Bauer (Hg.)) Einfache Lösungen. Beiträge zur beginnenden Unvorstellbarkeit von Problemen der Gesellschaft (2000). *Soziologische Marginalien* 2. Aufsätze (2000).

Keyan G. Tomaselli is Director of the Graduate Programme in Cultural and Media Studies, University of Natal, Durban, South Africa. He has consulted for UNESCO, and is active in the Training in Developing Countries Board of the International Association of Film and TV Schools. He was a co-writer on the South African government's White Paper on Film and its strategy paper.

Silvia Wagnermaier, geb. 1969. Seit 1997 mit Unterbrechung an der Kunsthochschule für Medien Köln, wissenschaftliche Mitarbeiterin zur Betreuung des dortigen _Vilém_Flusser_Archivs.

Clea T. Waite, born 1962 in New York City. Adj. Asst. Prof. for C. G. and Video, Pratt Institute, NYC, 1989–1993. Fellowships: KHM Cologne, 1993–1996; Von Humboldt Foundation 1993–1994. Research residencies: CICV, France, 1997; CERN, 1998. Waite's video works, computer animation, and installations have been exhibited and received prizes in the USA, Europe, and Japan since the mid-80's.

chronik '99

Die Kunsthochschule für Medien Köln lädt ein

In der Vortragsreihe *Dienstags*, die als Schnittstelle zwischen der Arbeit in den Seminaren und einer interessierten Öffentlichkeit seit Jahren durchgeführt wird, lädt die Kunsthochschule für Medien Künstler und Theoretiker zu öffentlichen Vorträgen, Vorführungen und Diskussionen ein. 1999 wurde die Reihe *Das Recht ergreift die Medien* vom Vorjahr fortgesetzt, das Flusser-Archiv veranstaltete erstmals die *International Flusser Lectures,* und zwei Professoren stellten sich mit ihren Antrittsvorlesungen vor:

12.1. *Filmrecht an der digitalen Schwelle*, Thomas Hoeren, Juristische Fakultät, Universität Münster, Moderation: Karl Wilhelm Pohl.

2.2. *Rettet den deutschen Kinofilm*, Antrittsvorlesung von Helga Bähr, Professorin für Kreatives Produzieren in der Fächergruppe Fernsehen/Film.

9.2. *Zur Rückkehr des Autors/Copyrights in der Wissenschaft und zu seiner Anonymisierung in der Kunst*, Bazon Brock, Gesamthochschule Wuppertal.

20.4. *Introduction Into the New Field of Hybrid Space Design*, Antrittsvorlesung von Frans Vogelaar, Professor für Mediale Raumgestaltung in der Fächergruppe Mediengestaltung.

11.5. *V.I.R.â. G. 6 Butterfly* (Work in progress), Vortrag und Filmvorführung des Experimentalfilmers Ladislav Galeta.

25.5. *Spielwiese – Prolegomena zu Geschichte und Theorie des Computerspiels*, Claus Pias, Bauhaus Universität Weimar.

15.6. *Körper-Abstraktionen*, Dietmar Kamper, Freie Universität Berlin, 1st International Flusser Lecture.

29.6. Vortrag von Titus Leber aus Anlass der Beendigung seiner nebenberuflichen Professur in der Fächergruppe Mediengestaltung, *Schichtungen – Drei Jahre mediale Traumarbeit an der KHM.*

7.7. *Missing Links*, Timothy Druckrey, Medientheoretiker aus New York, 2nd International Flusser Lecture.

9.11. Musikalische Performance und Vortrag in englischer Sprache von Richard Lerman, Arizona, USA.

7.12. *Bilderschatz*, Harun Farocki, Filmemacher aus Berlin, 3rd International Flusser Lecture.

13.12. *Zur Geschichte der Lautdichtung*, Gerhard Rühm, Komponist und Dichter aus Wien.

21.12. *Reflections on Flusser*, Miklós Peternák, Direktor von C3 und der Intermedia-Abteilung der Akademie der Künste Budapest, 4th International Flusser Lecture.

Zu Jahresbeginn startete das Sound event per→SON in der Trinitatiskirche, als Teil der *Digitale,* die jeweils im Herbst stattfindet. Im Juni lief die Filmreihe *Junge Regisseure* in der Kölner Cinemathek, im Juli öffnete die Hochschule während der Präsentationswoche für fünf Tage ihre Ateliers, Studios und Labore mit den aktuellen Arbeiten der Studierenden, im November beteiligte sich die Kunsthochschule für Medien wie seit vielen Jahren mit einer Sonderschau an der Art Cologne. Weitere Veranstaltungen fanden aus jeweils aktuellem Anlass statt.

29.1.–31.1. *per→SON 1999 – a 3 nights sound event: Stimme – Obertöne – Geschichten – Klangmaschinen*, Klangereignis in der Trinitatiskirche Köln, konzipiert und organisiert von Anthony Moore und Peter Kiefer.
Gäste: John Berger (Frankreich), First Eight (Köln), Peter Kowald (Wuppertal), Michael Lentz (Essen), Chatharina Marquet (Aachen), Sainkho Namtchylak (Wien), Natascha Nikprelevic (Köln), Christoph Schläger (Herne), Nicole Tibbels (London), Raili Viljakainen (Helsinki), The Great Learning Choir Cologne mit Michael Parsons, John Tilburgy (London) u.a.

3.2. Premierenfeier mit 21 Diplomfilmen der Studenten des ersten grundständigen Jahrgangs der Kunsthochschule für Medien Köln im Odeon Kino Köln.
Doch jetzt ist hier Wasser von Stefan Röttger, *Genoveva Superba* von Elmar Fasshauer, *Les deux clefs* von Sabine Burg, *Maria* von Jakob Hüfner, *Später wird's mal* von Peter Dommaschk, *Das Ende ein Anfang* von Thomas Arntz, *R.O.S.I.* von Claudia Horst, *Auf'm Dach* von Julia Nohr, *Höllisch rote Haare* von Ingo Schulten, *Luder* von Christian Becker, *Derby* von Ingo Haeb, *Independent* von Dirk Oetelshoven, *Lenas Land* von Lars Montag, *Alles* von Andreas Wodraschke, *Gefangen* von Julian Tyrasa, *Milch* von Ludger Hoffacker, *Vita reducta* von Tom Schreiber, *No talk* von Uli Wilkes, *Ein Kondom schützt beide* von

Jürgen Pütz, *Hähnchen Ewald* von Alexander Röhrig, *Onkel* von Ralf Burmester.

6.2. *No future*, Festakt zur Semesterfreude, Party des ASTA der Kunsthochschule im Neptunbad, Köln-Ehrenfeld.

31.5.–13.6. *Rochade*, Ausstellung im Bismarckturm in Mühlheim an der Ruhr mit den Studierenden Eva Bodemer, Klaus Fritze, Marek Goldowski, Olaf Hirschberg, Dagmar Keller/Martin Wittwer, Christian Keßler, Heike Mutter und Jörg Pfeiffer (Projektleitung: Anna Anders).

6.5. *Das Cover von Sgt. Pepper – Pop Art und Kulturindustrie*, Walter Grasskamp, Akademie der Bildenden Künste München.

12.5. Phil Tomsett, Fellow der Mediengestaltung, stellt sein Projekt *Close, closer, closest* vor.

31.5.–1.6. Showcase der Fächergruppe Fernsehen/Film im Kölner Filmhaus, präsentiert wird eine Auswahl der aktuellen Produktionen für geladene Vertreter der Film- und Fernsehproduktion, Filmförderung und Fernsehanstalten.

2.6.–30.6. Die Filmreihe *Junge Regisseure* zur Produktionslandschaft Deutschland in der Kölner Cinemathek in Anwesenheit der FilmemacherInnen Dominik und Ben Reding, Didi Danquardt, Kai Christiansen und Dagmar Knöpfel. Das Vorprogram stellt jeweils einen Kurzfilm von Studierenden der Kunsthochschule für Medien Köln vor: *Frank* von Johann Weingartner, *Mariemarie* von Erica von Moeller, *Independent* von Dirk Oetelshoven, *Schrecksekunden* von Philipp Wohlleben.

17.6. *Analogischer Alpinismus – Interaktive Inszenierung medientheoretischer Vorträge* Präsentation von Rajele Jain zum Abschluss ihres Fellowships in der Fächergruppe Mediengestaltung.

5.–9.7. Präsentationswoche der Kunsthochschule für Medien *Positionen – Vorführungen – Ereignisse*. Auf 4.000 qm präsentiert die Kunsthochschule für Medien Köln neueste Arbeiten von Studierenden und Fellows in den Räumen der Hochschule sowie in der Trinitatiskirche. Das Programm reicht von zahlreichen Ausstellungen zu Film- und Videoprogrammen sowie Performances und Unvorhergesehenem.

26.8. *Liebe Dein Symptom wie dich selbst* – Vorführung des Dokumentarfilms von Claudia Willke und Katharina Höcker über den Philosophen Slavoj Zizek.

30.9.–2.10. Digitale 1999 *Digitale Autonomie*. Eine Veranstaltung der Kunsthochschule für Medien Köln (Siegfried Zielinski und Nils Röller) im Auftrag der Staatskanzlei des Landes Nordrhein-Westfalen, unterstützt von Sony Deutschland und der Stadt Köln. Brunch, Workshops und Veranstaltungen in der Cinemathek Köln mit internationalen Gästen: Back_Space (James Stevens), Yann Beauvais, Fernando Birri, Caspar Brötzmann, Hellmuth Costard, Sergei Dvortsevoy, Farmers Manual (Oswald Berthold, Gert Brantner, Matthias Gmachl, Stefan Possert), F.M. Einheit, Simon Field, Vinyl Video Show/_Best Before (Rike Frank, Stefan Gyöngyösi, Gebhard Sengmüller), Janis Garancs, jodi.org (Joan Heemskerk, Dirk Paesmans), Keith Griffiths, Timothy Ingen-Housz, Fred Kelemen, Stephen Kovats, Richard Leacock, Eoin Moore, Jürgen Moritz, Paul Morrissey, Erik Pauser, Christoph Schlingensief, Alexandar Stankovski, Olivera Milos Todorovic, Tara Veneruso, Maja Weiss, Kraft Wetzel, Katarina Zivanovic.

30.9. Im Rahmen der *Digitale* 1999 stellt Simon Field (IFF Rotterdam) die erste Edition (90 Min.) der Initiative j e k – junges europäisches kino von Züli Aladag (Organisation: Kerstin Bergmann und Heike Mutter) vor. Unter dem Titel *Identität* entstanden DV-Produktionen der Regisseure Andrea Staka, Sandra Kogut, Yaak Kilmi, François Méthé, Züli Aladag.

3.10.–1.11. In Kooperation mit dem Kölner Filmhaus zeigt die *Digitale* Filme ihrer Gäste und Retrospektiven des *direct cinema* (Richard Leacock und Paul Morrissey) im Kinoprogramm.

2.–10.10. *parcours*, Ausstellung im Innenraum der Deutzer Brücke Köln, entstanden im Rahmen »Raumbezogenes Arbeiten« (Frans Vogelaar und Anna Anders) mit den Studierenden Bettina Bachem, Eva Bodemer, Bettina Buck, Nicolas Desponds, Thomas Heinz, Olaf Hirschberg, Christian Keßler, Arne Ludwig, Andreas Menn und Heike Mutter.

4.11. Zum Abschluß seines Gastaufenthaltes an der Kunsthochschule zeigt Santiago Herrera Gomez seinen Dokumentarfilm *Entre montanas* (*Von Bergen umgeben*).

11.11. Teilnahme der Kunsthochschule am Hennessy Cup, München, mit vier Werbespots von Michael Schwertel, Thomas Heinz und Alexander Lorenz, Michael Ester und Bernd Schaarmann sowie Olaf Hirschberg und Tom Schreiber (Projektleitung: Stephan Boeder).

7.–14.11. Sonderschau der Kunsthochschule für Medien auf der ART COLOGNE, kuratiert von Dieter Jung, mit *Mirro* von Ikuo Nakamura, *Meine dunkle Zelle* von Olaf Hirschberg und Börries Müller Büsching, *Lightdance* von Seth Riskin, *Katoptisches Pendel* von Nicolas Desponds, *Progressive Scanner* von Jan Verbeek, *I-magie-nation* von Ruth Baettig, FAJSCH von Daniela Sperling, *Air de repos* von Dagmar Keller und Martin Wittwer, *Raum der Erinnerung* von Martin Gaissert, *Zeitmaschine* von Christian Hoßner, *Doors* von Petr Zubek, *Stubenfliege* von Silvia Schopf, *Lulla be* von Stephanie Thiersch und Miki Yui, und das Projekt *reBooT*.

8.11. Preisverleihung und Präsentation der ausgewählten Arbeiten *Kurz & Schön*, Junior Special 1999, auf der Photokina, Köln, Nachwuchswettbewerb der Kunsthochschule für Medien mit dem WDR für Studierende der Medienhochschule für Film- und Videoproduktion mit einer maximalen Länge von 100 Sekunden (Projektleitung: Stephan Boeder).

25.11. *Kunst/Nichtkunst im Zeitalter von Visual culture*, Vortrag von Diedrich Diederichsen, Köln.

Die Kunsthochschule für Medien zu Gast:

Mitwirkung und Beteiligung der Kunsthochschule bei Ausstellungen, Messen, internationalen Film- und Medienkunstfestivals etc.

Siegfried Zielinski und Kerstin Bergmann präsentieren die Hochschule auf dem Festival *Video lisboa* in Lissabon (14.–17.1.) mit folgenden Arbeiten: *Blindnis* von Matthias Caduff, *Trace Pattern* von Ursula Damm, *Dumb Angel* von Klaus Gasteier, *Einundzwanzig* von Kirsten Glauner, *Institut für mediale Krankheiten* von Markus Käch, *Ex Machina* von Fabrizio Plessi und Studierenden, *Cyber SM* von Stahl Stenslie und Kirk Woolford, *Subject: emotions encoded* von Merel Mirage, *Noch weiss schon weiss* von Tomoko Mukai, *Nico Icon* von Susanne Ofteringer, *Bilfou Biga* von Britta Wandaogo-Petzold, *Uns alle* von Ina Pillat, *Hasi* von Eva von Platen, *Anonymous Muttering* von Knowbotic Research, *Cyber 3* von Clea T. Waite, *Loki* von Peter Simon und Anselm Weidmann.

Am 14. Bundeswettbewerb unter den Kunsthochschulen des Landes *Kunststudenten stellen aus* (29.1.–21.2.) in der Kunst- und Ausstellungshalle Bonn nehmen die Installationen *Bewegter Raum* von Katharina von Cube und *Sgod* von Herwig Weiser teil.

Die Studierenden Maximilian Erbacher, Frederik Walker und Richard Bade produzieren unter der Leitung von Egon Bunne vier Kurzfilme für die Oper *Così Fan Tutte* von W. A. Mozart in der Inszenierung von Alfred Kirchner im Opernhaus Bonn (Premiere 9.2.).

rendern vs. filmen, Siegfried Zielinski stellt die Konzeption der Kunsthochschule für Medien Köln beim Medienkunstfestival *transmediale* in Berlin vor (17.2.).

Fünf Kurzfilme der Kunsthochschule für Medien werden auf den Europäischen Filmtagen in Vilniusc in Litauen (26.–31.3.) gezeigt: *R.O.S.I.* von Claudia Horst, *Höllisch rote Haare* von Ingo Schulten, *Vita Reducta* von Tom Schreiber, *Lenas Land* von Lars Montag sowie *Sommerloch* von Lars Montag und Sarah Siegl.

Berlin-Premiere feiern sechs Filme der Kunsthochschule für Medien Köln im Kino Arsenal (10.4.): *Luder* von Christian Becker, *Lenas Land* von Lars Montag, *Vita Reducta* von Tom Schreiber, *Independent* von Dirk Oetelshoven, *Gefangen* von Julian Tyrasa und *Alles* von Andreas Wodraschke, Moderation: Jeanine Meerapfel.

Zuckerbrot und Peitsche – die zukünftige Arbeitswelt. Eine Diskussionsrunde in Kooperation mit der FH Köln initiiert von Michael Erlhoff und Peter Stephan unter Mitwirkung von Studierenden beider Hochschulen im Glaskasten in Marl (19.4.).

In Kooperation mit Silver Cine Filmverleih veranstaltet die Kunsthochschule für Medien die Premierenfeier des Films *Meisterspiel* von Lutz Dammbeck im Kölner Cinenova Kino (23.4.); an der anschließenden Podiumsdiskussion nehmen teil: Boris Groys, Hans Ulrich Reck und Lutz Dammbeck, Moderation: Siegfried Zielinski

Bei den 45. Internationalen Kurzfilmtagen Oberhausen (22.–27.4.) werden vier Filmproduktionen der Kunsthochschule im Programm »Starthilfe des Ministeriums und Filmbüro NW e.V.« vorgestellt: *R.O.S.I.* von Claudia Horst, *Höllisch rote Haare* von Ingo Schulten, *Lenas Land* von Lars Montag und *Auf'm Dach* von Julia Nohr.

Für das Programm *Next Generation* von studentischen Produktionen der Deutschen Export-Union beim Festival International du Film de Cannes 1999 (12.–23.5.) wurden *Les Deux Clefs* von Sabine Burg und *Superschurken* von Vera Lalyko ausgewählt. *Next Generation* wird außerdem in den deutschen Filmwochen in Madrid, Paris, Bueños Aires, London und Nantes gezeigt. In Paris und Nantes vertritt Sabine Burg die Kunsthochschule mit einem Vortrag.

/¯ICON Ludwig van / performance_sound_video_installation ein Ausstellungsprojekt der Kunsthochschule für Medien Köln für den Kammermusiksaal des Beethovenhauses Bonn zu dessen 10-jährigem Bestehen (27.5.–13.6.). Mit den Studierenden Jan Arlt, Rosa Barba, Bettina Buck, Marek Goldowski, Alina Paluch, Holger Reckter, Peter Simon, Jan Verbeek und Miki Yui (Projektleitung: Peter Kiefer). Zur Ausstellung erschien ein Katalog.

Verkaufsaktionen *Respiratio / Devotionalien van B.* von Bettina Buck zu den Konzertterminen aus Anlass des Ausstellungsprojekts der Kunsthochschule für Medien Köln für den Kammermusiksaal des Beethovenhauses Bonn (17.4. und 23.–28.4.).

In der Kinoteka, Ljubljana, Slovenien, stellt Egon Bunne Arbeiten der Kunsthochschule vor (13.5.): *Pictophonic* von Marek Goldowski, *Loki* von Peter Simon und Anselm Weidmann, *Entrée* von Herwig Weiser, *Traffic Jam* von Falko Brocksieper, *Never touch a running System* von Jan Verbeek u.a.

BIMODE Expertenseminar zum Forschungsprojekt *Bi-funktionale photovoltaische Module* der Europäischen Gemeinschaft im Rahmen des nicht-nuklearen Energieprogrammes *Joule III* unter der Leitung von Jürgen Claus, Overstolzenhaus Köln (12.–13.6.). Zum Projekt erscheint eine Broschüre.

Ausstellung als Rahmenprogramm des Dance Screen Awards 1999 (11.–13.6.) im Kölner Filmhaus mit den Installationen *Perspective Case* von Ruth Prangen, *Light shapes* von Nicolas Desponds und *Komposition für 4 Treppenhäuser und 1 Person* von Olaf Geuer. Sowie Uraufführung der Tanzperformance *ba:ab* von Stephanie Thiersch im Studio A/B.

Die Künstlergruppe Knowbotic Research ist auf der 48. Biennale di Venezia 1999 mit dem Projekt *Io_lavoro immateriale* im Pavillon Österreichs vertreten.

Egon Bunne präsentiert Videokunst der Kunsthochschule für Medien Köln im Electronic Art Café, Galleria Fiorella Mancini, Biennale, Venedig (15.6.).

Im Rahmen der Deutschen Filmwoche in Eriwan, Armenien werden Produktionen der Kunsthochschule gezeigt: *Lenas Land* von Lars Montag, *Ein einfacher Auftrag* von Raymond Boy, *Sommerloch* von Lars Montag und Sarah Siegl (19.–25.6.).

Beim 19. Internationalen Festival der Filmhochschulen (24.6.–1.7.) in München nehmen im nationalen Wettbewerb folgende Filme teil: *Lenas Land* von Lars Montag, *Höllisch rote Haare* von Ingo Schulten, *Feindlich negativ* von Andreas Menn, *Schrecksekunden* von Philipp Wohlleben und *Gefangen* von Julian Tyrasa. Im internationalen Wettbewerb sind *Te quedarás* von Ariane Skupch, *Frank* von Johann Weingartner, *Mariemarie* von Erica von Moeller, *Vita Reducta* von Tom Schreiber und *Independent* von Dirk Oetelshoven vertreten.

Ein Symposium zum Thema Netzradio veranstalten Michael Erlhoff, FH Köln, und Peter Stephan an der Fachhochschule Köln (25.6.).

Digital Bauhaus – A Vision of Education and Creation for the New Century (6.8.–19.9.), Ausstellung im NTT, Intercommunication Center (ICC) Tokyo mit vier weltweit ausgewählten Hochschulen. Siegfried Zielinski und Kerstin Bergmann stellen die Kunsthochschule anhand von 70 Arbeitsbeispielen vor. Christian Kessler, Tilman Lothspeich und Oliver Schwabe sind mit ihren installativen und fotografischen Arbeiten vertreten. In Abendveranstaltungen werden ausgewählte Filme und Videoarbeiten von Studierenden und Absolventen vorgeführt. Georg Trogemann repräsentiert die Hochschule auf dem Abschlusspodium im ICC.

Nach einer öffentlichen Ausschreibung werden die Studenten Anne Pascual und Markus Hauer mit der medialen Gestaltung des Eingangsbereichs der Stadtbibliothek Essen betraut (17.8.).

Siegfried Zielinski stellt die Kunsthochschule für Medien Köln mit einer Auswahl von Arbeiten auf dem Filmfestival *Muestra Euroamericana de video y arte digital*, Buenos Aires (23.8.) vor.

Bei der Internationalen Funkaustellung 1999 in Berlin (28.8.–5.9.) wird der Pilot der interaktiven Fernsehsendung *Ich sehe was, was Du nicht siehst!* live produziert. Die experimentelle Kindershow ist das Diplomprojekt von Christiane Büchner und wurde vom Laboratory for Mixed Realities (LMR) und der Kunsthochschule für Medien Köln in Zusammenarbeit mit dem WDR, der GMD Bonn und dem DFN realisiert.

Für den Wettbewerb des V. International Festival of Filmschools in Mexiko City (11.–18.9.) wurden *Maria* von Jakob Hüfner, *Luder* von Christian Becker, *Vita Reducta* von Tom Schreiber und *Alles* von Andreas Wodraschke ausgewählt.

Beim Kölner Kurzfilmfestival *short cuts* (15.–19.9.) werden im Programm »Cologne shorts« *Lenas Land* von Lars Montag, *Bevor der Tag anbricht* von Züli Aladag, *Mariemarie* von Erica von Moeller, *Auf'm Dach* von Julia Nohr, *Geometrix 2* von Thomas Schmidl gezeigt.

Präsentation von Theaterclips im Westendtheater der städtischen Bühnen Köln (22.9.). Ein Projekt der Fächergruppe Mediengestaltung unter Leitung von Heide Hagebölling in Zusammenarbeit mit den Bühnen der Stadt Köln. *Stueckwerk* von Iris Then sowie *Westendclip* und *Theater – eine Illusion zum Greifen nah* von Bettina Braun und Uta Kopp.

Mitwirkung der Kunsthochschule für Medien am Symposium: *Köln: Medienstadt – Kunststadt – Medienkunststadt?* (23.9.) initiiert vom Museum Ludwig. Podiumsgäste: Siegfried Zielinski, Anna Anders, Achim Mohné und Andreas Köpnick.

Kunst NRW.NL – Mitwirkung der Kunsthochschule für Medien Köln am Kulturaustausch zwischen den Niederlanden und Nordrhein-Westfalen (1.10–7.11.).
– *Experimentele film en video van de Kunsthochschule für Medien Köln* – Video- und Filmprogramm im de Balie, Amsterdam (1.–3.10.) *Cyber 3* von Clea Waite, *Century fuge* und *Gambleby'n* von Ivar Smedstad, *Scale* von Irit Batsry, *Ludwig Fischer* von Katrin Sehl, *Pictophonic* von Marek Goldowski, *Black pompei* von Angela Melitopoulos, *Nipkow TV* Christian Hossner, *Entrée* von Herwig Weiser, *Komposition für 4 Treppenhäuser und 1 Person* von Olaf Geuer, *Brunnen* und *Hotel* von Ludger Hoffacker, *Plastic death* und *Kritzkratz city* von Kritzkratz, *Still creatures* von Melita Dahl, *Beilage* von Lale Nalpantoglu, *Workout* von Andreas Menn, *Blood in blossom* und *Who's Tibet is it anyway* von Merel

»ich sehe was, was du nicht siehst!« oder wie versteckt man einen schatz im unsichtbaren.

christiane büchner und detlef bollmann (projektskizze)

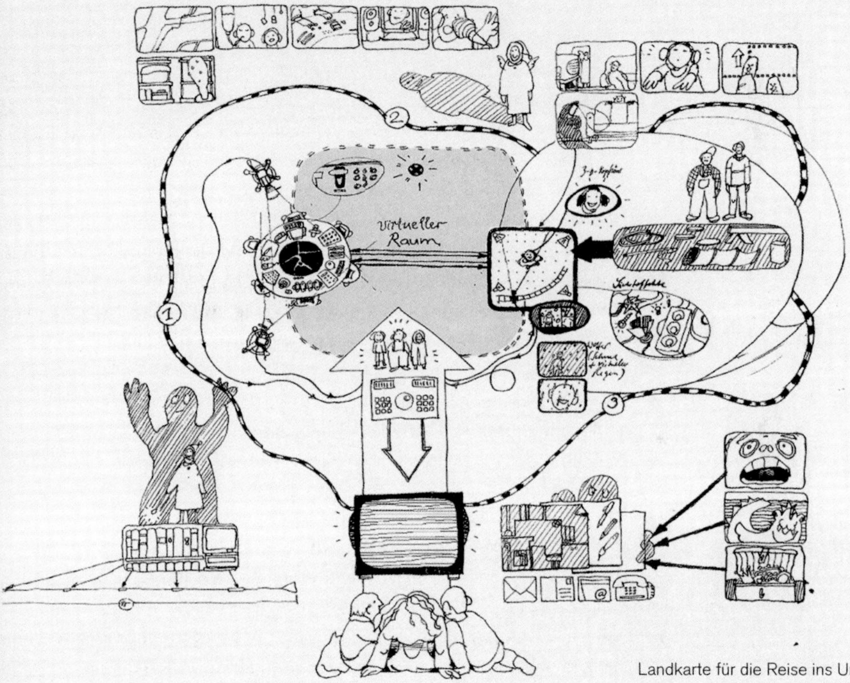

Landkarte für die Reise ins Unsichtbare

Ich sehe was, was Du nicht siehst!, die Schatzsuche im Unsichtbaren, ein experimentelles Sendeformat für das virtuelle Studio, macht die Orientierungslosigkeit im computergenerierten Raum zum Thema. Glaubwürdige Interaktion mit dem Unsichtbaren, die sinnvolle Verbindung von Realität und Virtualität verlangen eine ständige Neuorientierung in diesem Un-Raum. Die besonderen Gegebenheiten des virtuellen Studios werden nicht verschleiert, sondern – im Gegenteil –, es wird offen mit ihnen gespielt. Das Blau der Blue-Box ist die Zauberfarbe, durch die Zuschauer und Beteiligte in eine märchenhafte, von Kindern entworfene Welt gelangen. Bewohnt wird dieses Reich von einer zauberhaften, realen Fee und ihrem eigenwilligen, virtuellen Schatten. Als Gastgeber führt dieses ungewöhnliche Paar Mitspieler und Zuschauer durch die phantastische Welt der Spielshow.

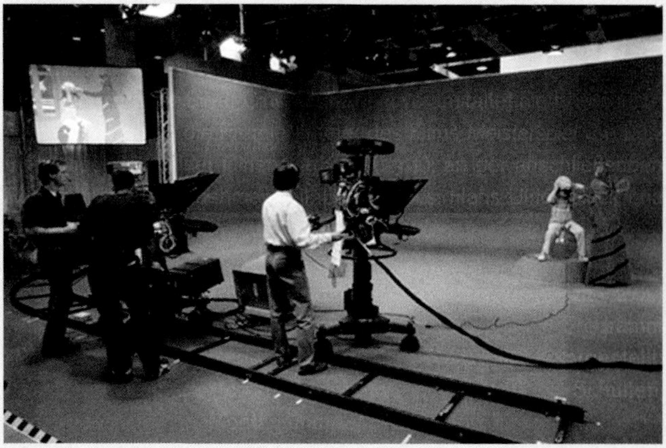

Ich sehe was, was du nicht siehst! auf der Internationalen Funkausstellung 1999 in Berlin, Blauraumstudio

Auf der Suche nach dem Schatz ist die Spielerin dem blauen Raum hilflos ausgeliefert. Nur mit Unterstützung ihrer Mannschaft kann sie die Aufgaben bewältigen, die das virtuelle Abenteuerland bereithält. So muß sie z.B. aus der sinkenden Titanic wertvolle Gegenstände retten, indem sie diese mit weißer Kreide auf eine blaue Tafel malt. Da die Gegenstände aber für sie nicht sichtbar sind, ist sie gezwungen, nach den Anweisungen ihrer Mannschaft (hoch, runter, links, rechts) zu zeichnen. Unterdessen versucht die gegnerische Mannschaft, die Titanic zu versenken und damit das Spiel für sich zu entscheiden.

Im weiteren Verlauf muß die Spielerin aus einer gruseligen Höhle entkommen, zusammen mit dem Schatten Begriffe darstellen oder den Blumenplaneten vor Kitzelmonstern retten.

Das zentrale Motiv dieser Spiele ist die unterschiedliche Wahrnehmung und die Diskrepanz zwischen dem erlebten und dem generierten Raum. Diese Orientierungslosigkeit im Mix aus virtueller und realer Welt ist auch eine maßgebliche Schwierigkeit von VR-Technologien: Topfschlagen für Fortgeschrittene (ohne Topf)!

Ich sehe was, was du nicht siehst!, vom Laboratory for Mixed Realities und der Kunsthochschule für Medien in Zusammenarbeit mit dem Westdeutschen Rundfunk, der GMD/Forschungszentrum Informationstechnik und des Deutschen Forschungsnetz e.V. entwickelt und realisiert, wurde auf der Internationalen Funkausstellung 1999 in Berlin live präsentiert (http://www.IchSeheWas.khm.de).

Mirage. Im de Balie Foyer: Installation *Expression Modulator* von Melita Dahl und CD-Rom Präsentation *Kritzkratz city* von Lili Voigt und Marcus Krips.
– *reBoot. media art & telematic club* – Aktionen und Live-Programm an Bord eines Ausflugdampfers sowie an den Anlegestellen: Köln – Düsseldorf – Duisburg – Euregio – Arnheim – Rotterdam – Amsterdam (8.–15.10.). Eine Kooperation von Studierenden der Kunsthochschule für Medien unter der Leitung von Frans Vogelaar und *Paradiso*, Amsterdam.
– *kunst.nrw.nl.masterclass* – eine Ausstellung mit Arbeiten von Diplomanden der Rijksakademie und des Sandberg Institutes, beide Amsterdam, im Keller der Trinitatiskirche Köln (20.–30.10.): *Stoelendans 3* von Rachel de Boer, *Stare out* von Runa Islam, *Let's practice/loveserenade* von Christian de Jong, *Space heart* von Rintaro Hara, *Mouthhot* von Rik Simon, *Innocence is lost* von Stefan Smarius.
Im Austausch dazu Arbeiten von Studierenden der Kunsthochschule für Medien Köln beim Netherlands Media Art Institute »Montevideo« in Amsterdam (23.10.–13.11.: *Flugmaschine* von Rosa Barba, *Wenn der Hase mit dem Igel* von Heike Mutter, *Animat 2000* von Oliver Schwabe *The tin roof* von Peter Simon und Marek Goldowski, FAJSCH von Dani Sperling und *Schwebende Komposition* von Nicolas Desponds. Beide Ausstellungen wurden in einem gleichnamigen Katalog dokumentiert.
– *Urban Agency/Urban strategies* – Workshop der Künstlergruppe Knowbotic Research, Köln, V2_ Rotterdam (1.–5.11.). Auftaktveranstaltung zu einer neuen Etappe des Projektes *10_Dencies* für Rotterdam 2001, Kulturhauptstadt Europas.
– *Full Play* – A spectacular site specific dance/hybrid media performance im Gasometer Westergasfabriek, Amsterdam (5.–7.11.) Konzept und Realisation: Paolo Atzori und Anthony Moore.

Das Filmfestival Münster (20.–24.10.) präsentiert im Programm »Neues aus NRW« folgende Produktionen: *Sprech ens aanständich* von Bettina Braun, *Schrecksekunden* von Philipp Wohlleben, *Lenas Land* von Lars Montag, *Höllisch rote Haare* von Ingo Schulten, *Mariemarie* von Erica von Moeller, *Spots & Stripes* von Almut Getto, *Bevor der Tag anbricht* von Züli Aladag und *Blasse Schimmer* von Michael Ester.

Am 6. Internationalen Festival der Filmhochschulen *Mediaschool* in Lodz, Polen (24.–28.10.) nehmen teil: *Luder* von Christian Becker, *Maria* von Jakob Hüfner, *Bevor der Tag anbricht* von Züli Aladag und *Verführung von Engeln* von Jan Krüger.

Am bundesweiten Tag des Kurzfilms (31.10.) ist die Kunsthochschule für Medien in der Bonner Brotfabrik mit zwei ausgewählten Kurzfilmprogrammen zu Gast. Im Abendprogramm: *Friends* von Laura Lehmus, *Spots & Stripes* von Almut Getto, *Kleiner Reiter, reite* von Ralf Steffens, *Mariemarie* von Erica von Moeller, *Ludwig Fischer* von Kathrin Sehl, *Der gelbe Kaiser* von Nana Neul, *Superschurken* von Vera Lalyko, *Independent* von Dirk Oetelshoven (8).

Im Nachtprogramm *Musik ist Trumpf* von Ralph Caspers, *Brunnen* von Ludger Hoffacker, *Fall 21* von Dagmar Keller, *Bevor der Tag anbricht* von Züli Aladag, *4 min. 3 sek.* von Carolin Schmitz, *Bilfou biga* von Britta Wandaogo-Petzold, *43 sek.* von Florian Böder, *Alles* von Andreas Wodraschke, *Verführung von Engeln* von Jan Krüger.

Siegfried Zielinski stellt die Kunsthochschule bei der Jahresversammlung (18.11.) des Verbands der deutschen Film- und Fernsehproduzenten im Kölner Filmhaus mit folgenden Beiträgen vor: *Vita Reducta* von Tom Schreiber, *Mariemarie* von Erica von Moeller und *Frank* von Johann Weingartner.

L'Alternativa 1999 VI. Festival de cinema independent de Barcelona (19–27.11.) zeigt im Filmhochschulprogramm *Te quedarás* von Ariane Skupch, *Engel* von Ulrike Molsen, *Vita Reducta* von Tom Schreiber und *Mariemarie* von Erica von Moeller.

Erste Kooperation der Kunsthochschule für Medien Köln mit dem Kölner Schauspielhaus. Bei der Inszenierung des Theaterstücks von Albert Ostermaier *The Making Of. B.-Movie* (Regie: Volker Hesse) entwickeln Studierende unter der Leitung von Egon Bunne das Konzept für die elektronische Szenographie. (Premiere: 26.11.). Das Team: Roland Bauer, Kerstin Bergmann, Markus Bledowski, Gerrit Chee Caruso, Christina Dallmann, Daniel Gräbner, Timothy Ingen-Housz, Dirk Holzberg und Tillman Roth.

Beim *backup-wettbewerb für neue medien im film* in Weimar (26.–30.11.) nehmen folgende Produktionen der Kunsthochschule teil: *Te quedarás* von Ariane Skupch, *9K11* von Nana Neul und Wolfgang Fischer, *XXL2* von A. Lorenz, A. Ludwig und C. Krönke, *Mariemarie* von Erica von Moeller, *Haemmerli* von Lucia Schmid, *Nur mal so* von Peter Dommaschk, *Independent* von Dirk Oetelshoven, *Kür* von Thomas Heinz, *Expression Modulator* von Melita Dahl.

Beteiligung von studentischen Arbeiten an internationalen Ausstellungen (Auswahl)

Endlose Bewegung Installation von Aurelia Mihai: Ausstellungsreihe des 8. Marler Videokunstpreises im Bluebox Videoforum, Wiesbaden, Neues Museum Weserburg, Bremen und Kunstverein Braunschweig; *Serien und Konzepte in der Photo- und Videokunst* des Museum Ludwig, Köln; *Projektionen, Liebe und Instinkt*, Raum X, Düsseldorf; Calaf Art Públic, Videofestival, Barcelona; European Media Art Festival Osnabrück.

Mutatie/Verschiebung Installation von Aurelia Mihai: Beitrag zur Ausstellung *Dis.Location*, hARTware projekte, Dortmund.

Kreislauf Videoinstallation von Aurelia Mihai: 16. Kasseler Dokumentarfilm- und Videofest

Air de repos Videoinstallation von Dagmar Keller und Martin Wittwer: 16. Kasseler Dokumentarfilm- und Videofest

Sichtraum von Eva Bodemer und *Modulator* von Björn Schülke: Gemeinschaftsausstellung im *besser Schauraum – Ideen + Produkte*, Köln.

Simulations-Simulator Interaktive Video-Rauminstallation von Jan Verbeek: Internationales Medienkunstfestival Berlin *transmediale*

Never touch a running system Video- und Klanginstallation von Jan Verbeek: *last minute* Jahresausstellung Atelierhaus Dorotheenstraße, Bonn; CineMedia-Workshop, Medienzentrum Bremen; *Dzwiek/Klang* Ausstellung in der Galeria Arsenal, Bialystok, Polen; Gruppenausstellung *Surprise!* im Kunstraum B/2, Leipzig.

No talk – das Fernsehen denkt ein Fernsehexperiment von Uli Wilkes: 16. Kasseler Dokumentarfilm- und Videofest; Beitrag zum 1. Kölner Design-Sprachkongress *Sprachwerk*.

Bewegter Raum Lichtinstallation von Katharina von Cube: Internationales Medienkunstfestival Berlin *transmediale*, *Kunststudenten stellen aus*, Bundeskunst- und Ausstellungshalle Bonn.

Superkollektor interaktive Installation von Felix Hahn und Holger Reckter: Internationales Medienkunstfestival Berlin *transmediale*

By tube Videoinstallation von Alexander Röhrig: 9. Bochumer Videofestival

Delay_01 interaktive Webperformance/N.T. von Stephanie Thiersch: Neues Theater München

In/Outsite von Ursula Damm: *life science* ars electronica '99, Linz.

Verstärker Videoinstallation von Oliver Schwabe: smart art projects, Amsterdam (Gruppenausstellung); Ausstellung zusammen mit Roland Gruden in der Galerie Kunst und Technik, Berlin.

Offenlegungsschrift des Sonnenspiegel-Patentes von Christoph Keller: Gruppenausstellung *Construction-Drawings* in Kunst-Werke, Berlin.

Tunnel & Lightbox Einzelaustellung von Christoph Keller in der Galerie Schipper – Krome, Berlin

Snowflake office, Teil 3 Ausstellung von Andreas Menn: Galerie Usula Walbröl, Düsseldorf

Wenn der Hase mit dem Igel Einzelausstellung von Heike Mutter: Galerie Eberhard Lüdke, Köln

Kontrollorgan Computerarbeit von Carsten Becker: 3. Medien-Biennale, München, *Envisioning Knowlegde*

Rücksichten und *Expositionsmassnahmen* von Klaus Fritze: Präsentationen zum Jahreskonzert 1999 des Max-Planck-Instituts für Züchtungsforschung

Art & Music von Andreas Menn: Popkomm 1999 *Komm.Unity* im Kölner Neptunbad

Bilfou biga und *Den Affen töten* Dokumentarfilm von Britta Wandaogo-Petzold: in einer Installation im Projektraum des Kölnischen Kunstvereins; MICA, Burkina Faso; XIV. Black International Cinema Berlin.

Teilnahme studentischer Produktionen an internationalen Film- und Videofestivals (Auswahl)

Te quedarás Kurzspielfilm von Ariane Skupch: Festival Internacional de Cine Latinoamericano, Havanna, Cuba; Max Ophüls Festival, Saarbrücken; Filmfest Dresden; Berliner Filmkunsthaus Babylon, Berlin; Festival Internazionale di Cortometraggi e Nuove Immagini, Rom, Italien; Internationales Dokumentar- und Kurzfilmfestival Bilbao, Spanien; cinema goes exground, Wiesbaden; up and coming, Hannover; Blicke aus dem Ruhrgebiet, 10. Kinofest Lünen.

Engel Kurzspielfilm von Ulrike Molsen: Festival Internacional de Cine Latinoamericano, Havanna, Cuba; Internationale Kurzfilmtage Oberhausen; Blicke aus dem Ruhrgebiet.

Lenas Land Kurzspielfilm von Lars Montag: Filmfest München (Eröffnungsfilm); Sehsüchte, Potsdam (Eröffnungsfilm); International Filmfestival, Seattle, USA; Toronto Worldwide Short Film Festival, Canada; Int. Kurzfilmfestival Palm Springs, USA; Int. Film-Festival Edinburgh; Int. Kurzfilm-Festival Uppsala; Camerimage, Torun, Polen.

R.O.S.I. Kurzspielfilm von Claudia Horst: Bamberger Kurzfilmtage; Sehsüchte, Potsdam.

Luder Kurzspielfilm von Christian Becker: Internationales Filmfestival Odense, Dänemark; Internationales Filmfestival, Figuera da Foz, Portugal.

Alles Kurzspielfilm von Andreas Wodraschke: *Message to man*, Kurz- und Dokumentarfilmfestival St. Petersburg, Russland; Festival de Cine Corto, Huesca, Spanien; Internationales Filmfestival, Figuera da Foz, Portugal; L'Alternativa, Int. Festival for Independent Films, Barcelona; Filmfest Split; Lümiere, 1. Lüneburger Filmschau; Filmfestival Cork.

Vita Reducta Kurzspielfilm von Tom Schreiber: Filmfest Emden; FIF-NOP, Kelibia, Tunesien; Open Air Filmfest Weiterstadt; Chichester Filmfestival, Grossbritannien; Torino Film Festival, Turin, Italien; Internationales Filmfestival Bilbao; Filmfestival Münster; Kinofest Lünen.

Frank Spielfilm von Johann Weingartner: Internationale Hofer Filmtage; Kurzfilm-Festival Brest.

Independent Spielfilm von Dirk Oetelshoven: Internationale Kurzfilmtage Oberhausen; Blicke aus dem Ruhrgebiet, Internationales Kurzfilmfestival München *Bunter Hund*; 10. Kinofest Lünen.

Maria Kurzspielfilm von Jakob Hüfner: Internationales Filmfestival, Figuera da Foz, Portugal; Filmfest Dresden; Ludwigsburger Filmfestival; Filmfestival Münster; als Vorfilm in der Abendkinoreihe *Der besondere Film* in Leipzig.

Feindlich negativ Kurzfilm von Andreas Menn: up and coming, Hannover; Blicke aus dem Ruhrgebiet; Filmkunsthaus die nato, Leipzig.

Bevor der Tag anbricht Kurzspielfilm von Züli Aladag: Internationales Dokumentar- und Kurzfilmfestival Bilbao; L'Alternativa, Int. Festival for Independent Films, Barcelona; 10. Kinofest Lünen.

Hasi Kurzspielfilm von Eva von Platen: *Kurzfilme und Videos von Künstlern* im Schnitt Ausstellungsraum Köln.

Zoran experimenteller Dokumentarfilm von Züli Aladag und *Dont bring a dog* experimenteller Dokumentarfilm von Oliver Schwabe: Videokunstfestival *video lisboa*, Lissabon.

XXL2 Animationsfilm von Arne Ludwig, Chris Krönke und Alexander Ludwig: Filmfestival Münster; 10. Kinofest Lünen.

Blutiger Ernst Kurzspielfilm von Christian Rau: 10. Kinofest Lünen.

Mariemarie Kurzspielfilm von Erica von Moeller: Short Cuts Mainz, Frankfurter Filmschau; Interfilmfestival, Berlin; Short Cuts Cologne.

Spots & Stripes Kurzspielfilm von Almut Christiane Getto: Guanni in Tasca, Italien; Dublin Film Festival, Irland; Filmfest Verden; Spoleto Festival, Italien; Camerimage, Torun, Polen; Short Cuts Cologne; Filmfestival Seoul.

Derby Kurzspielfilm von Ingo Haeb: 10. Kinofest Lünen.

Route 69 Kurzspielfilm von Anja Friehoff: Internationale Hofer Filmtage; 10. Kinofest Lünen.

Traffic jam Video von Falko Brocksieper: Videofestival Pescaro, Italien.

Später wird's mal Dokumentarfilm von Peter Dommaschk: *10 Jahre Mauerfall* Themen-Festival in Brüssel »Nova Cinema«; Filmmarkt Nyon.

Bilfou biga – ein bisschen Kind Dokumentarfilm von Britta Wandaogo-Petzold: DokumentArt Neubrandenburg; 14. Frankfurter Filmschau.

First Look Dokumentarfilm von Britta Wandaogo-Petzold: Filmfestival Münster.

Liebe ist Geschmackssache Kurzspielfilm von Piet Fuchs: Deutsches Filmmuseum Frankfurt; Kino in der Brotfabrik, Bonn; Bonner Kinemathek; KommKino Nürnberg.

Workout Experimentalvideo von Andreas Menn: Filmfest G-niale in Stralsund; Filmfest Weiterstadt; Internationales Kurzfilmfestival Berlin *InterFilm*; 16. Kasseler Dokumentarfilm- und Videofest; *1999 Zwischen den Zeiten 2000* Internationaler digitaler Kunstwettbewerb der Digital Art Gallery Frankfurt.

Hahnwald und *Waiting for the sun* Dokumentarfilme von Daniel Gräbner: 14. Frankfurter Filmschau.

Haemmerli Dokumentarfilm von Luzia Schmid: 14. Frankfurter Filmschau; Filmfest Solothurn, Schweiz.

Ave & Mada Videoarbeit von Giuliano Vece: Internationales Medienkunstfestival Berlin *transmediale*; im Rahmen der Ausstellung *Rosa für Jungs/Hellblau für Mädchen* Neue Gesellschaft für Bildende Kunst, Berlin; 16. Kasseler Dokumentarfilm- und Videofest.

Nipkow TV Experimentalfilm von Christian Hoßner: 10. Festival for Audiovisual Arts IMPAKT, Utrecht, Holland.

Fenstersturz, Schichtwechsel u.a. – ein Abend mit Experimentalfilmen von Christian Hoßner bei Scratch Projection, Paris.

Mr. Jackson bleibt im Bett Kurzspielfilm von Jörn Hintzer: Im Rahmen der 6. bundesweiten Kurzfilmtage 1999 der Deutschen Bischofskonferenz, Tourneeprogramm in 16 bundesdeutschen Städten.

Ein einfacher Auftrag Kurzspielfilm von Raymond Boy: Tourneeprogramm *Filmfest Dresden präsentiert Preisträger und Publikumslieblinge* in Bukarest und Glasgow; Vorführungen weltweit im Rahmen der Kurzfilmrolle '99 des Goethe-Instituts; der Film lief außerdem in über 30 deutschen Kinos als Vorfilm.

Geometrix 1 und *2*, *Für den Arsch, Millennium Superstars* und *The Primagen* Videos von Thomas Schmidl: Internationales Kurzfilmfestival München *Bunter Hund*; InterFilm Berlin; Cartoombria, Perugia, Italien; Internationales Trickfilmfestival Stuttgart; Animerte Dager, Norwegen; Matida Film Festival, Chieti, Italien; Annecy, Frankreich.

The evolution of home Entertainment Commercial für Sony wird auf der Internationalen Funkausstellung in Berlin präsentiert.

Instrument und *Traxdata* Experimentalvideos von Jürgen Moritz: Internationales Medienkunstfestival Berlin *transmediale.*

Entrée Experimentalvideo von Herwig Weiser: Internationale Kurzfilmtage Oberhausen.

One night Computeranimation von Jordi Moragues: Ciberart 99, International Panorama. Valencia and Alicante; Seoul Cyber Film Festival; 16th Olympia Film Festival, Washington; SAS 11th conference, Brisbane; Digital Arts Days at the Spain-Cordoba Cultural Center, Cordoba, Argentina; California SUN International Animation Festival, Los Angeles; Donostia IV Video Show, Gipuzkoa; ARCO ELECTRONICO '99, Madrid; CARREFOUR MEDIA of CNIT, Paris; ESPACE MEDIA of Centre de Recontre International, Monaco.

N+ich eskalopp, Experimentalvideo von Dirk Holzberg: Dancefestival München, wahwah/viva2, golem festival, Turin.

Fernsehausstrahlungen von studentischen Produktionen

Fensterputzer Dokumentarfilm von Jens Barlag: WDR in der Reihe *Menschen hautnah* 8.2.

No talk – das Fernsehen denkt Fernsehexperiment von Uli Wilkes: WDR 8.5.

Mr. Jackson bleibt im Bett von Jörn Hintzer: WDR in der Reihe *Avanti Debütanti* 15.5.

Sommerloch von Lars Montag: WDR in der Reihe *Avanti Debütanti* 15.5.

Liebe 99 – Fünf Filme der Kunsthochschule für Medien präsentiert von Eva von Platen und Ralph Caspers: *Die Chomsky-Hierarchie* von Dirk Oetelshoven, *Mr. Jackson bleibt im Bett* von Jörn Hintzer, *Frank* von Johann Weingartner, *Sprech ens aanständich* von Bettina Braun und *Hasi* von Eva von Platen: WDR, 15.8.

Liebe ist Geschmackssache Kurzspielfilm von Piet Fuchs: Canal Plus, Frankreich 15.9.

Brunnen von Ludger Hoffacker, *Weltende* von Christin Bolewski, *Blue* von An Reich, *Itsy-bitsy-teenie-weenie* von Christian Weckerle, *Zitella* von Irina Kurtischwili, *Ludwig Fischer* von Kathrin Sehl, *Beilage* von Lale Nalpantoglou, *Minusmann* von Ralf Steffens, *White magic* von Iris Then, *Komposition für 4 Treppenhäuser und 1 Person* von Olaf Geuer, *Workout* von Andreas Menn: Kunstkanaal Amsterdam, 8.10.

Später wird's mal Dokumentarfilm von Peter Dommaschk: ORB 8.11.

Kleiner Reiter, reite Animationsfilm von Ralf Steffens: BR 13.11.

Spots & Stripes Kurzspielfilm von Almut Christiane Getto: BR 13.11.

Lübke – ich nehme die Wahl an! Dokumentarfilm von Lars Jessen: NDR 24.11.

Hand auf's Herz Videotagebuch von Oliver Schwabe: NDR 21.12. und 3sat 28.12.

Preise und Auszeichnungen Studierender der Kunsthochschule für Medien Köln (Auswahl)

Independent Spielfilm von Dirk Oetelshoven: 2. Preis im Deutschen Wettbewerb der Internationalen Kurzfilmtage Oberhausen.

Heike Mutter: Spiridon-Neven-Dumont-Preis, Köln.

Heike Mutter und Dagmar Keller: 2. und 3. Preis *Digitale Bilderwelten* der Kreissparkasse Recklinghausen.

Puntea und *Endlose Bewegung* von Aurelia Mihai: Max Ernst Stipendium der Stadt Brühl, 2. Preis.

Vita Reducta Kurzspielfilm von Tom Schreiber: »Besonders wertvoll«, Filmbewertungsstelle Wiesbaden.

Lenas Land Kurzspielfilm von Lars Montag: »Besonders wertvoll«, Filmbewertungsstelle Wiesbaden.

Weihnachtsanleitung Werbespot von Thomas Heinz und Alexander Lorenz: 2. Preis »mecon«, Köln.

Frühkölsch shooter Werbespot von Arne Ludwig und Alexander Lorenz: 3. Preis »mecon«, Köln.

Lenas Land Kurzspielfilm von Lars Montag: Filmhochschulpreis in Silber, Int. Filmhochschulfestival München.

Bevor der Tag anbricht Kurzspielfilm von Züli Aladag: Student Camera Award, Int. Filmhochschulfestival München.

Künstlergruppe *autopsi* (Andreas Köpnick, Achim Mohné, Mario Ramiro und Thomas Roppelt): Chargesheimer-Stipendium für Foto/Film/Video, Köln.

Collection esthetique Netzprojekt von simonex: 1. Preis beim 1. Video-Net-Festival, Berlin.

Feindlich negativ Kurzfilm von Andreas Menn: Kamerapreis bei Blicke aus dem Ruhrgebiet, Bochum.

Katja Davar: DAAD Stipendium für hervorragende Leistungen ausländischer Studierender.

Achim Mohné: 8. Videokunst Förderpreis, Bremen.

Spots & Stripes Kurzspielfilm von Almut Getto: The Best Family Prize, Seoul International Family Film Festival.

Independent Spielfilm von Dirk Oetelshoven: Nominierung *Bester Absolventenfilm* der HFF Potsdam-Babelsberg und GWFF.

Ursula Damm: Förderpreis für Bildende Kunst der Stadt Düsseldorf.

Workout Experimentalvideo von Andreas Menn: 2. Preis beim Nachwuchswettbewerb *Kurz und Schön*, Kategorie C.

43 sek. Musikclip von Florian Boeder: 2. Preis beim Nachwuchswettbewerb *Kurz und Schön*, Kategorie A.

Apokalypse Experimentalvideo von Herwig Weiser: Preis der Diözese Innsbruck.

Züli Aladag: Förderpreis des Landes Nordrhein Westfalen in der Kategorie Film.

Mariemarie Kurzspielfilm von Erica von Moeller: Hans W. Geissendörfer Nachwuchsförderpreis.

Herwig Weiser: Hermann Claasen-Förderpreis für Photographie und Medienkunst Köln.

Aurelia Mihai: Kunstpreis *Digitale Bildwelten* der Kreissparkasse Recklinghausen, 3. Preis.

Mariemarie Kurzspielfilm von Erica von Moeller: 2. Publikumspreis bei der Frankfurter Filmschau.

Mariemarie Kurzspielfilm von Erica von Moeller: 1. Preis der MFG Filmförderung beim Forum des Hochschulfilms Südwest, Stuttgart.

Independent Spielfilm von Dirk Oetelshoven: »Preis der Stadt Bochum« bei Blicke aus dem Ruhrgebiet.

Subway Netzprojekt von Pascal Glissmann: *dima new talents award 1999* – Kategorie Kunst: Gold.

Das ›gläserne‹ Genlaboratorium von Klaus Fritze und Dirk Prüfer (Fraunhofer Gesellschaft): Preisträger des Aktionsprogramm *PUSH – Dialog Wissenschaft – Gesellschaft* des Stifterverbandes für die Deutsche Wissenschaft.

Kartenwerk X Digitale Fotografien von Susanne Brügger: 2. Preis, Digital Imaging Award, Stuttgart.

Die Chomsky-Hierarchie Kurzspielfilm von Dirk Oetelshoven: Friedrich-Wilhelm Murnau Preis, Wiesbaden.

Nachrichten/Personalia

Siegfried Zielinski wird für ein weiteres Jahr zum Rektor gewählt, auf Vorschlag des Rektors ernennt der Senat Dietrich Leder zum Prorektor für Lehre und Forschung und Andreas Henrich zum Prorektor für Raum und Finanzen.

Die Kunsthochschule für Medien Köln beendet mit der Neukonstituierung des Senats ihre Gründungsphase.

Die Kunsthochschule beschließt die Gründung ihres ersten An-Instituts, des Laboratory for Mixed Realities (LMR), das Institut ist als wissenschaftlich/künstlerische Einrichtung der Hochschule vom Land NRW anerkannt; Gründungsmitglieder sind Georg Trogemann, Gary Bente (Universität zu Köln), Detlef Bollmann, Oliver Bunsen, Felix Heimbrecht und Jens Piesk.

Die Kunsthochschule für Medien Köln erhält Anschluß an das Hochgeschwindigkeitscomputernetz *Gigabit Testbed West* neben weiteren Forschungseinrichtungen in Jülich, Bonn und Köln.

Manfred Eisenbeis scheidet als Professor der Fächergruppe Mediengestaltung mit Erreichen der gesetzlichen Altersgrenze aus. Bis zur

Aufnahme des Studienbetriebs im WS 1990/91 war Manfred Eisenbeis Gründungsbeauftragter der Kunsthochschule für Medien.

Stephan Boeder, Bernd Kracke, Titus Leber scheiden als nebenberufliche Professoren der Fächergruppe Mediengestaltung, Fabrizio Plessi als nebenberuflicher Professor der Fächergruppe Medienkunst und Peter Nadermann als nebenberuflicher Professor der Fächergruppe Fernsehen und Film durch Ablauf der vertraglich vereinbarten Laufzeit aus.

Robert van Ackeren wird als Professor für Filmregie in die Fächergruppe Fernsehen und Film aufgenommen.

Wolfgang Becker vertritt die nebenberufliche Professur »Filmregie« in der Fächergruppe Fernsehen und Film.

Als künstlerisch/wissenschaftliche MitarbeiterInnen beginnen Anja Streiter und Andreas Fischer in der Fächergruppe Fernsehen und Film, Axel Roch, Jochen Viehoff und Thomas Hensel in der Fächergruppe Kunst- und Medienwissenschaften, Oliver Wrede in der Fächergruppe Mediengestaltung sowie Stephan Reusse in der Fächergruppe Medienkunst.

Als Gäste des Internationalen Fellowshipprogramms der Kunsthochschule für Medien wurden 1999 ausgewählt: Markus Huemer (Österreich) auf Einladung der Fächergruppe Kunst- und Medienwissenschaften, Phil Tomsett (Großbritannien) in der Fächergruppe Mediengestaltung, Marcello Mercado (Argentinien) und Muriel Toulemonde (Frankreich) in der Fächergruppe Medienkunst.

Mit dem Arts Institute Bournemouth, Großbritannien, wurde erstmals ein studentisches Austauschprogramm im Bereich Animation vereinbart. 1999 waren Teresa Diehm und Carolin Saavedra-Lux zu Gast in England. Im Austausch waren Charles Looker im Bereich 3D Animation und eine Gruppe von sechs Studierenden für zwei Wochen an der Kunsthochschule zu Gast.

Im Rahmen des Austauschprogramms mit der kubanischen Filmschule EICTV in San Antonio de los Baños waren Luis Ernesto Herrera und Francisco Hervé Espejo für ein Semester zu Gast an der Kunsthochschule. Die Studenten Dirk Böll und Ariane Kessissioglou konnten während ihres Aufenthaltes an der kubanischen Hochschule mit Unterstützung des Filmbüros NW e.V. einen Musikfilm bzw. einen Kurzspielfilm realisieren.

Gastaufenthalte der Künstlerinnen Irit Batsry und Angela Melitopolous an der Kunsthochschule für Medien Köln ermöglichten die Postproduktion deren experimenteller Dokumentarfilme *These are not my images, neither here nor there* (2000 Betacam SP 80 Min.) und *Passing Drama* (1999 Betacam SP 66 Min.).

Ausstellungen, Produktionen, Vorträge etc. der Lehrenden der Kunsthochschule für Medien Köln (kleine Auswahl)

Professorinnen und Professoren

Stephan Boeder

- Hennessy-Preis, Betreuung und Leitung von vier studentischen Projekten zur Teilnahme am Wettbewerb
- »Kurz & Schön« 1999, Leitung und Projektbetreuung des Nachwuchswettbewerbs der Kunsthochschule für Medien Köln und des WDR in Zusammenarbeit mit der Köln-Messe

Veröffentlichung:

- *Bildjournalismus.* 5. überarbeitete Auflage, München, 1999

Peter F. Bringmann

- *Meine Mutter – meine Rivalin* (TV-Movie, Melodram), Drehbuch: Horst Königstein und Markus Busch, NDR-Produktion
- *Der Schnapper: Ein Toter kehrt zurück* (TV-Movie, Krimi für das ZDF), Produzent: Calypsofilm Köln, Drehbuch: Ralf Löhnhardt
- *Ein starkes Team 17: Zwischen allen Fronten* (TV-Movie für das ZDF, Westdeutsche Universum Film, Berlin), Drehbuch: Leo P. Ard

Jürgen Claus

- Einzelausstellung: *Kristall-Welten,* SIG combibloc, Linnich
- *Bausteine zu einer solaren Ästhetik.* Vortrag am FB Architektur und Städtebau, Universität Siegen
- Ausstellungsbeteiligung: *Lumia – International Lyskunst* im Charlottenborg Udstillingsbygning, Kopenhagen

Valie Export

Einzelausstellungen:

- *Medial Anagrams III*, Museum of Modern Art, New York
- *Ob/De+Con(Struction),* Goldy Paleyy Gallery, The Galleries at Moore, Moore College of Art and Design, Philadelphia, Pennsylvania
- *VALIE EXPORT Body Configurations 1972–1976,* Klemens Gasser & Tanja Grunert, Inc., New York

Heide Hagebölling

- *Interaktive Dramaturgien/Interactive Storytelling/Intermediale Inszenierungen im Museums- und Ausstellungsbereich:* Vorträge und Austausch zum Arbeitsbereich und zur Vorbereitung einer Publikation u.a. mit dem Smithsonian Institute, Washington DC und dem Center for Advanced Visual Studies, MIT, Massachusetts
- Organisation, Eröffnung, Projektbetreuung der Ausstellungen *Visuelle Choreographien* im Rahmen der internationalen *dance-screen-Tage* Köln und »profile #2: mediale Choreographien« im Deutschen Tanzarchiv Köln in Zusammenarbeit mit der SK Stiftung Kultur, Köln
- *Theater-Clips:* öffentliche Aufführung einer Serie von Clips und

Essays über die Städtischen Bühnen und die Oper der Stadt Köln im Westendtheater in Zuammenarbeit mit den Städtischen Bühnen, Köln

Andreas Henrich

- *Schnittstelle Gutenberg,* CD-ROM zur Entwicklung der Medienkommunikation im Zeichen Gutenbergs. Konzeptionelle, inhaltliche und gestalterische Entwicklungsarbeit und Textbeiträge, hrsg. v. Gutenberg-Museum der Stadt Mainz, Institut für Mediengestaltung und Medientechnologie, IBM Deutschland, Mainz 2000
- *Gestaltung und Kunst – Multimedia zwischen Ergonomie und Ästhetik,* Vortrag an der RWTH Aachen
- Lesen digital. In: Stephan Füssel (Hrsg.): *Gutenberg-Jahrbuch 2000.* Mainz, 2000

Dieter Jung

Ausstellungen:

- *Natura della Luce,* Galleria d'Arte Contemporaneo, Venedig und Biagiotti Arte Contemporaneo, Florenz
- *Mirage,* Rauman Taidemuseo, Rauma, Finnland
- *Lumia,* Charlottenborg Museum, Kopenhagen

Jürgen Klauke

Einzelausstellungen:

- *Desaströses Ich,* Galerie Helga de Alvear, Madrid
- *Wirklichkeits-Kompromiss,* Galerie Metropolitana, Barcelona
- Ausstellungsbeteiligungen u.a. in Bern (Katalog), Düsseldorf (Katalog), Karlsruhe (Katalog) und Berlin (Katalog)

Horst Königstein

- Regie: *Mr. Peters' Connections* von Arthur Miller, Europäische Erstaufführung, Hamburger Kammerspiele
- Einrichtung der Szenenfolge für *Mein Jahrhundert* von Günter Grass, Thalia Theater, Hamburg

Dieter Kraemer

Einzelausstellungen:

- Galerie *Frye und Sohn,* Münster (Katalog)
- Galerie *Jutta Bengelsträter,* Iserlohn (Katalog)
- Galerie *Ricarda Fox,* Essen-Werden

David Larcher

- Screening of *Ich Tank* at Wroclav festival in Poland
- Visiting Professor and Screenings at the Carpenter Center for Visual Studies, FAS, Harvard University, Cambridge, MA
- Visiting Artist and Screenings at Pacific Film Archives, Berkeley, California

Dietrich Leder

- seit Oktober 1997 einmal im Monat Gespräche mit Dokumentarfilmregisseuren für die Reihe *Dokumentarfilmzeit* auf 3sat
- Vorträge und Referate auf diversen Symposien
- Rückblick auf das zurückliegende Fernsehjahr für die *Funk-Korrespondenz* und das *Jahrbuch Fernsehen*. hg. u.a. vom Grimme-Institut

Jeanine Meerapfel

- Werkschau auf dem Filmfestival Anakra *The Flying Broom*
- Vorbereitung eines neuen Spielfilms

Anthony Moore

- *Voices* – Expanded Lecture mit Siegfried Zielinski, *School of Sounds* 2000, London
- Teilnahme an *Perspective on Perspective*, scientific symposium in the Mücsarnok (Kunsthalle), Budapest
- Vortrag im Rahmen der Tagung *Weltbürgertum und Globalisierung*, Weimar

Hans Ulrich Reck

- *Junggesellenmaschinen*. Erweiterte Neuausgabe, hg. zus. mit Harald Szeemann (Reihe Medienkultur, hg. v. Hans Ulrich Reck, Wien/New York 1999
- Manfred Faßler: *Cyber-Moderne. Medienevolution, globale Netzwerke und die Künste der Kommunikation* (Reihe Medienkultur, hg. v. Hans Ulrich Reck), Wien/New York, 1999
- Bild als Medium – Zeichen der Kunst. In: Hans Belting/Dietmar Kamper (Hg.): *Der zweite Blick: Bildgeschichte und Bildreflexion*. München, 2000

Zbig Rybczynski

- Präsident der Jury *Internationales Filmfestival Cracow*
- Teilnahme an *Perspective on Perspective*, scientific symposium in the Mücsarnok (Kunsthalle), Budapest
- Gründung der Firma *Zbig Vision* in Köln

Thomas Schmitt

- *Die unstillbare Sehnsucht des Dr. Speck*, Porträt für den Themenabend *Sammeln*, 50 Min., ZDF/arte und 3sat, Festival: Duisburger Filmwoche
- *Hypersomnia. Von schlummernden Schönheiten, Nachtmahren und Mohnstengeln*, Essay zus. mit Claudia Dichter, 45 Min., ZDF/arte
- als Produzent: *Auge*, *Spielplatz* und *Schlafpille* von Rosemarie Trockel für den deutschen Pavillon auf der Kunstbiennale Venedig 1999

Peter Friedrich Stephan

- Leiter der Sektion Design der Deutschen Gesellschaft für Semiotik
- *Denken am Modell – Gestaltung im Kontext bildender Wissenschaft.* In: Bernhard E. Bürdek (Hg.): *Der digitale Wahn.* Frankfurt/M. 2000
- Hg. v. *Events und E-Commerce – Kundenbindung und Markenführung im Internet.* Heidelberg

Georg Trogemann

- Gründung des *Laboratory for Mixed Realities* (LMR) als An-Institut der Kunsthochschule für Medien Köln
- Start des Drittmittelprojektes *Entwicklung und Evaluation einer universellen anthropomorphen Assistenzplattform.* Das Projekt ist ein Teilvorhaben des BMBF-Leitprojekts EMBASSI, d.h. ein ausgewähltes Leitprojekt des Wettbewerbs *Mensch-Technik-Interaktion in der Wissensgesellschaft.* Projekt der Kunsthochschule für Medien Köln zus. mit der Universität zu Köln, Psychologisches Institut, Prof. Dr. Bente, Laufzeit: 4 Jahre, Beginn: Juli 1999
- Start des Drittmittelprojektes *Informatik, künstlerische Praktik und Kunsttheorie der digitalen Bildtechnologien* im Rahmen des Modellversuchsförderprogramms *Kulturelle Bildung im Medienzeitalter* des Bundes, Laufzeit: 3 1/2 Jahre, Beginn: November 1999. Projektleitung: Prof. Dr. Hans Ulrich Reck, Prof. Dr. Georg Trogemann. Wis senschaftliche Mitarbeit: Dr. Rudolf Kaehr, Dr. Stefan Römer

Elisabeth Vary

Einzelausstellungen:

- Galerie aller Art, Bludenz
- Galerie Evelyne Canus, La Colle-sur-Loup
- Ausstellungsbeteiligungen u.a. in San Jose, Californien (Katalog), Italien, Frankreich und Österreich

Frans Vogelaar

- Forschungsauftrag von der Koninklijke Nederlandse Akademie van Wetenschappen (Royal Netherlands Academy of Arts and Sciences) und vom Infodrome, einem Think-Tank der niederländischen Regierung, zum Thema *Auswirkungen der Informations– und Kommunikationstechnologie auf das Wohnen, den öffentlichen Raum, die Raumnutzung und die Planung: The Use of Space in the Information/Communication Age – Processing the Unplannable*
- Präsentation *Idensity/Public Domain* im Rahmen des Kongresses *Architecture Now! Space* der 4. Medien und Architektur Biennale Graz
- *Trans-Tecture*-Projekt, Studie über die Integration von digitalen Werkzeugen (Hard- und Software) in den kreativen Prozeß des architektonischen Entwerfens

Siegfried Zielinski

- Juz nie kino, ani telewizja ... In: Andrzej Gwozdz (Hg.): *Wspolczesna, Niemiecka, Mysl Filmowa? Od projektora do komputera,* Katowice 1999
- *Zur (An)archäologie der Medien,* Vortrags- und Seminartour durch Argentinien und Uruguay
- *Voices* – Expanded Lecture mit Anthony Moore, *School of Sounds* 2000, London

Künstlerische-wissenschaftliche Mitarbeiterinnen und Mitarbeiter

Andreas Altenhoff

- Öffentliche Präsentation und Debatte in Zusammenarbeit mit der Zeitschrift *Nummer* von *Liebe Dein Symptom wie Dich selbst.* Dokumentarfilm über Slavoj Zizek von Claudia Willke und Katharina Höcker
- Mitwirkung am Sound-Spektakel *Auf der Platte* als Vokalist, Wiesbaden, Jagdschloß Platte
- Moderation des *Literatur-Ateliers* der SK-Stiftung Kultur

Anna Anders

Einzelausstellungen:

- Präsentation des 1. Marler-Video-Installationspreises, Kunsthalle Bremen
- *life size,* Galerie Gabriele Rivet, Köln
- seit Sept. '99 in der ständigen Ausstellung des Ars Electronica Center Linz mit der Video-/Computerinstallation *Touchscreen* vertreten

Kerstin Bergmann

- Sehende Maschinen. Einige Miniaturen zur Archäologie des Fernsehens. In: Stefan Münker, Alexander Roesler (Hg.): *Televisionen.* Frankfurt/M., 1999 (zus. mit S. Zielinski)
- Konzeption (mit S. Zielinski) und Organisation der Ausstellung *Digital Bauhaus* im NTT Inter Communication Center in Tokyo
- Durchführung (mit Züli Aladag und Heike Mutter) des Pilotprojektes von jek – junges europäisches Kino, einer Produktion von 5 Kurzfilmen zum Thema *Identität*

Michael Bleyenberg

- *Cannibalizing Images,* Vortrag, Workshop, Ausstellungsbeteiligung *Digital Art Bahia* 1999, Salvador, und Centro Cultural Itau, São Paulo
- *Spin in Space. Bewegte Bilder im Raum,* Präsentation und Vortrag auf dem European Media Art Festival 1999, Osnabrück
- */˜ICON Ludwig van/performance, sound, video, installation,* Ausstellungsbeteiligung im Kammermusiksaal Hermann J. Abs, Beethovenhaus, Bonn

Detlev Bollmann

- Mitbegründung und künstlerische Leitung des An-Instituts der Kunsthochschule für Medien Köln »Laboratory for Mixed Realities« (LMR)
- Projektleitung der experimentellen Fernsehshow für Kinder *Ich sehe was, was Du nicht siehst!*, Internationale Funkausstellung, Berlin 1999

Egon Bunne

- *Fleischer und Frau* (Llurex Video), Beitrag für *Vollmondnächte – Bilder der Nacht*, arte
- Teilnahme an *Medien Kunst Interaktion. Die 80er und 90er Jahre in Deutschland*, Goethe-Institut und Zentrum für Kunst und Medientechnologie Karlsruhe
- *Alles wandelt sich* (Llurex Video), Beitrag für *An der Mauer, auf der Lauer*, Videokunstprogramm von Gerd Conradt für den Neuen Berliner Kunstverein und das Goethe-Institut

Thomas Hensel

- Die Zukunft im Feuerschein einer Medienkritik. François Truffauts *Fahrenheit 451*, Vortrag im Rahmen der Tagung *Zukunft im Film – Film in der Zukunft* des Arbeitskreises *Film und Politik/Visuelle Politik* der Deutschen Vereinigung für Politische Wissenschaft, Magdeburg (wird publiziert)
- Metaarchitektur. O. M. Ungers und das Bauen der Idee des Bauens. In: Klaus Rehkämper, Klaus Sachs-Hombach (Hg.), *Vom Realismus der Bilder. Interdisziplinäre Forschungen zur Semantik bildlicher Darstellungsformen*. Magdeburg, 2000
- Einladung zur Konzeption und Leitung der Sektion *The Spatial Turn – Das neue Interesse am Raum* auf dem XXVI. Deutschen Kunsthistorikertag (*Was war Kunstgeschichte im 20. Jahrhundert?*), Universität Hamburg (gemeinsam mit Cornelia Jöchner)

Andreas Kaufmann

Einzelausstellung:

- *Here you are*, Städtische Galerie Wolfsburg (Katalog)

Ausstellungsbeteiligungen:

- *Kunst setzt Zeichen – Landmarken-Kunst*, Ludwig Galerie Schloss Oberhausen (Katalog)
- *Moving Images. Film-Reflexion in der Kunst*, Galerie für Zeitgenössische Kunst Leipzig (Katalog)

Peter Kiefer

- *Zeitwenden – Rückblick*, sechs Musik– und Raumklangkompositionen für die Ausstellung *Zeitwenden* im Rahmen der Global Art 2000, Kunst- und Ausstellungshalle der Bundesrepublik Deutschland, Bonn
- *Der SINN bewirkt die Dinge*, Erstsendung der Komposition für Stimme, Pauke und Lifeelektronik, Studio Akustische Kunst, WDR 3
- *INCUBI – SUCCUBI*, Musik- und Raumklangkomposition für die gleichnamige Ausstellung, Musée d'Histoire de la Ville de Luxembourg

Christin Lahr

Ausstellung:

- *CrossLinks*, Marstall, Berlin
- Beitrag in: *Medien Kunst Aktion/Interaktion*, Bd. 2, Buch/CD ROM zu 40 Jahren Medienkunst in Deutschland 1960–1999. Hg. v. Rudolf Frieling und Dieter Daniels für das Goethe-Institut und das Zentrum für Kunst und Medientechnologie Karlsruhe, Wien/New York (Springer) 2000

Stephan Reusse

Einzelausstellungen:

- Galerie Oliveira, Porto
- Kunstverein DG, München
- Vortrag und Workshop als Visiting Artist an der California State University Long Beach, Los Angeles

Axel Roch

- Die Wasseroberfläche. Medialität und Ästhetik der elektronischen Reflexion. In: Manfred Faßler (Hg.): *Ohne Spiegel leben. Sichtbarkeiten und posthumane Menschenbilder.* München, 2000. Auch vorgetragen bei DFG-round table conference *Rauschen. Seine Phänomenologie und Semantik. Zwischen Sinn und Störung,* Freie Universität Berlin
- Maschinen, die Maschinen verfolgen. Über Claude E. Shannons und Norbert Wieners Flugabwehrsysteme. In: Georg Christoph Tholen, Sigrid Schade (Hg.): Konfigurationen. Zwischen Kunst und Medien. München, 1999 (zus. mit Bernhard Siegert)

Herbert Schwering

- Produzent des Kleinen Fernsehspiels (ZDF) *Milch und Honig aus Rotfront* (Regie: H.-E. Viet)
- Filmreihe *Filme aus NRW* im Rahmen des Filmfestivals Münster 1999
- Jurymitglied der Internationalen Kurzfilmtage Oberhausen für das Ministerium für Arbeit, Soziales und Stadtentwicklung, Kultur und Sport des Landes Nordrhein-Westfalen

Der Verein der Freunde der Kunsthochschule für Medien Köln e.V.

Das zehnjährige Bestehen der KHM ist auch für den Freundeskreis ein Jubiläum. In den 20er Jahren entstanden als Förderkreis der Kölner Werkschulen, in deren Nachfolge die Kunsthochschule für Medien Köln etabliert wurde, erleben wir nicht nur eine enorme Veränderung mit, sondern auch die Kommunikationsrevolution quasi als eine kreative Schaltstelle. Diese Revolution führt im Effekt zu tiefreichenden Formveränderungen menschlichen Zusammenlebens. Das dürfte communis opinio sein; aber zu welcher Qualität der sozialen Veränderung die Entwicklung führt, ist noch völlig offen. Manche sprechen von der dritten Welle der Industrialisierung, die uns in eine andere Gesellschaft transferieren wird. An diesem Prozeß wollen wir künstlerisch teilhaben und auf ihn einwirken.

Die Kunsthochschule für Medien geht neue Wege oder alte Wege neu – sozusagen avantgarde. Auch auf diesem Wege brauchen nicht nur die Hochschule, sondern besonders ihre Studentinnen und Studenten tatkräftige und finanzielle Unterstützung. Dies zu ermöglichen, ist Aufgabe unseres Freundes- und Förderkreises, dem beizutreten wir Sie einladen.

Anläßlich des zehnjährigen Bestehens der Kunsthochschule werden wir am 9. September 2000 im Wallraf-Richartz-Museum/Museum Ludwig eine Benefizauktion ausrichten zugunsten des Vereins der Freunde der Kunsthochschule für Medien Köln e. V.

Henrik Hanstein
Vorsitzender der Freunde und Förderer der Kunsthochschule für Medien Köln

Vorstand: Hans Baedecker, Klaus Katz, Axel Momm, Alfred Neven DuMont, Axel Rodert, Norbert Seidel, Claudia Sester-Pirlet, Dieter Weirich, Siegfried Zielinski

Mitgliedschaft:
Die Mitgliedsbeiträge betragen mindestens 100,– DM für Privatpersonen (60,– DM für Studierende) und 200,– DM für Firmen und Institutionen und schließen das Jahrbuch als Geschenk ein.
Als Stifter des Vereins gelten darüber hinaus Personen, Firmen und Institutionen, die einen einmaligen Betrag von mindestens 2.500,– DM leisten.

Peter-Welter-Platz 2, 50676 Köln

Bisher erschienen

▷ *lab – jahrbuch für künste und apparate 1995/96*

Hrsg. von der Kunsthochschule für Medien Köln mit dem Verein der Freunde der Kunsthochschule für Medien Köln, Konzept und Redaktion: Hans Ulrich Reck und Siegfried Zielinski mit Nils Röller und Wolfgang Ernst, Verlag der Buchhandlung Walther König, Köln 1996. 350 Seiten, zahlreiche Abbildungen, Broschur, 28,– DM,
ISBN 3-88375-245-2

Mit Beiträgen von: Siegfried Zielinski, Dietrich Leder, Philipp Heidkamp, Bazon Brock, Werner Nekes, Nils Röller, Sabine Fabo, Georg Fleischmann, Jürgen Klauke, Christoph Lischka, Detlev Schwabe, Kirk Woolford, Hans Ulrich Reck/Knowbotic Research, Jean-François Moreau, Axel Roch, Ingo Günther, Peter Kiefer, John Wyver, Stefan Heidenreich, Otto Rössler, Dietmar Kamper/ Hans Ulrich Reck, Akke Waagenar, Liliane Weissberg, Wolfgang Ernst, Valie Export, Arthur Kroker, Werner Barg, Paolo Atzori, Ruth Prangen, Georg Christoph Tholen, Hinderk M. Emrich/Karen Trocha

▷ *lab – jahrbuch für künste und apparate 1996/97*

Hrsg. von der Kunsthochschule für Medien Köln mit dem Verein der Freunde der Kunsthochschule für Medien Köln, Konzept und Redaktion: Hans Ulrich Reck und Siegfried Zielinski mit Wolfgang Ernst und Nils Röller, Verlag der Buchhandlung Walther König, Köln 1997. 407 Seiten, zahlreiche Abbildungen, Broschur, 48,– DM,
ISBN 3-88375-279-7

Mit Beiträgen von: Jaroslav Andel, Zdenek Pesánek, Sebastian Klotz, David Larcher, Renate Bauer, Siegfried Zielinski, Timothy Druckrey, Nils Röller, Holger Kube Ventura, Hans Ulrich Reck, Anthony Moore, Friedrich Wolfram Heubach, Sabine Fabo, Marc Maurmann/Ulrich Hölzer, Angela Melitopoulos, Horst Königstein, Jürgen Klauke, Alfred Biolek, Klaus Bartels, Hinderk M. Emrich, Jürgen Reble, Hartmut Winkler, Merel Mirage, Otto Rössler, Michael Hoch, Myron W. Krueger, FM Einheit, An Reich, Yaroslav A. Khetagurov, Knowbotic Research, Friedrich Kittler, Georg Trogemann, Miklós Peternák, Sandrina Khaled

▷ *lab – jahrbuch für künste und apparate 1998*

Hrsg. von der Kunsthochschule für Medien Köln mit dem Verein der Freunde der Kunsthochschule für Medien Köln, Konzept und Redaktion: Hans Ulrich Reck, Nils Röller, Siegfried Zielinski, Verlag der Buchhandlung Walther König, Köln 1998. 224 Seiten, zahlreiche Abbildungen, Broschur, 38,– DM, ISBN 3-88375-324-6

Mit Beiträgen von: Georges Wenger, Waly Salomão, Herwig Weiser, Jeanine Meerapfel, A. A., Carlos Nader, Susanne Brügger, Michael Lentz, Antonio Cicero, Nikolaj Izvolov, The Quay Brothers, Stephen Vitiello, Renate Bauer, Heinz Emigholz, Gabór Bódy, Michael Erlhoff, Elmar Mauch, Christin Lahr, Maurizio Lazzarato, Intelligent Agent, Ingo Günther, Marcelo Tas, per→SON, David und Ulrike Gabriel, Elisabeth Sikiaridi/Frans Vogelaar, John Berger

▷ *lab – jahrbuch für künste und apparate 1999*

Hrsg. von der Kunsthochschule für Medien Köln mit dem Verein der Freunde der Kunsthochschule für Medien Köln, Konzept und Redaktion: Hans Ulrich Reck, Nils Röller, Siegfried Zielinski, Verlag der Buchhandlung Walther König, Köln 1999. 352 Seiten, zahlreiche Abbildungen, Broschur, 48,– DM, ISBN 3-88375-381-5

Mit Beiträgen von: Claudia Schink, Ricardo P. Wende, Achim Mohné, Iris Sofka, Dirk Oetelshoven, Martin Gaissert, Rolf-Peter Schmidt, Annette Weisser, Markus Käch, Holger Kunze, Christoph Keller, Rainer Plum, Herwig Weiser, Susanne Ofteringer, Mattias Caduff, Stahl Stenslie, Tilman Lothspeich, Klaus Gasteier, Oliver Schwabe, Lars Montag, Paolo Atzori, Ina Pillat, Knowbotic Research, Ludger Hoffacker, Alfred Banze, Anja Wiese, Egbert Mittelstaedt, Michael Noffz, Sibylle Stürmer, Mario Ramiro, Xinru Nie, Renate Lorenz, Ute Hörner, Anna Anders, Gunnar Friel, Thomas Roppelt, Vilém Flusser

Zu beziehen über den Buchhandel.